谨以此著献给我的恩师萧萐父、杨祖陶先生！

道家哲学研究

朱喆　著

商务印书馆
创于1897　The Commercial Press

图书在版编目（CIP）数据

道家哲学研究 / 朱喆著. — 北京：商务印书馆，
2020
ISBN 978-7-100-18663-6

Ⅰ.①道… Ⅱ.①朱… Ⅲ.①道家－哲学思想－研究
Ⅳ.①B223.05

中国版本图书馆CIP数据核字（2020）第103424号

道家哲学研究

朱 喆 著

商 务 印 书 馆 出 版
（北京王府井大街36号　邮政编码 100710）
商 务 印 书 馆 发 行
北京兰星球彩色印刷有限公司印刷
ISBN 978 - 7 - 100 - 18663 - 6

2020 年 11 月第 1 版　　　开本 680×960　1/16
2020 年 11 月第 1 次印刷　　印张 27

定价：168.00 元

作者简介

朱喆，又名朱哲，湖北蕲春人，1965
年6月生，武汉大学哲学博士，曾受业于
萧萐父、李德永、唐明邦诸师。现为武汉
理工大学马克思主义学院院长、学科首席
教授、博士生导师，全国宣传文化系统、
国务院特殊津贴专家、"文化名家暨四个
一批人才"、教育部新世纪优秀人才、全
国教学指导委员会委员、湖北名师、湖北
名师工作室主持人；全国朱子学会理事、

湖北省哲学学会副会长、湖北省高校研究生德育研究会副会长、湖北
省炎黄儒学会副会长；国家精品视频公开课"庄子的人生智慧"主讲
人、国家教学科研团队负责人。曾在《哲学研究》、《中国哲学史》、
《社会科学研究》、《中国文化月刊》（台湾）、《宗教学研究》、《宗教哲
学》（台湾）、《哲学与文化》（台湾）等海内外学术刊物发表学术论文
一百三十余篇，出版《教育哲学思想片论》（湖北人民出版社）、《中
国文化讲义》（武汉理工大学出版社）、《艺术文化学》（北京大学出版
社）、《佛画解码》（宗教文化出版社）、《吹沙纪程》（上海文艺出版
社）、校注《中华道藏》（华夏出版社）等著作。

目　录

外篇　道家思想的多维审视

附录　人物及著作评析

前　言

　　道家思想在中国传统文化中具有重要地位和影响，鲁迅先生、李约瑟博士都曾把道家思想比喻为中国文化的根。在反思传统、推进传统文化现代化过程中，道家思想都是不可绕过、不可避开的重要环节。再者，在物质的、技术的、功利的追求占据压倒一切的统治地位，而精神生活日益被忽视、被挤压、被驱赶的当代世界，人有可能成为马尔库塞所说的单面人，成为没有精神追求和情感生活的单纯的技术性动物和功利性动物。从物质的、技术的、功利的统治下拯救精神，就成了时代的呼声和要求，道家思想可以因应这种要求贡献出自己独特的精神资源。这就直接决定了我们以道家哲学特别是先秦道家哲学作为研究课题的重要价值。20 世纪 80 年代以后，特别是进入 90 年代，在回归本土文化的热潮中，道家思想引起了人们的极大关注和兴趣，学者们在道家思想与文化的研究上，有了长足的进步，取得了丰硕的研究成果，当然也有不足之处，如对先秦道家哲学的研究尚待深入。本书就是重点从哲学范畴的角度，在充分吸收和消化前人与时贤的研究成果的基础上，试图对先秦道家哲学做出个人的阐释。

　　本书开篇着重从时代影响、文化氛围和社会实践基础等层面探讨道家哲学思想的发生背景。从时代影响方面来看，道家哲学是一种反时代的时代精神，相较于此前时代以及同时代的儒、墨诸家思想实具突破性、超越性特点；从文化背景方面看，道家哲学思想既受北方史官文化（狭义）的滋养，同时亦受到南方巫文化（狭义）的影响，仅仅从老子的史官身份或单从南方文化来探寻道家哲学思想的背景是不够的；从社会实践基础看，道家哲学思想的发生与隐士群的社会实践活动分不开，这里需要先行着重说明的是，所谓隐士的社会实践，并不是说隐士有同我们通常意义上的社会实践活动一样的活动，先秦时期的隐士，特别是具有批判社会现实和文化的自觉意识的隐士，他们虽退隐于社会生活之外，但其各不相谋却又不约而同的个人行为却具有群体效应，并对当时的社会有重要影响，因此，可以说他们的行为也具有与社会实践活动一样的意义。先秦道家哲学思想的发生、道家风骨的形成是以上多种因素合力作用的结果。哲学范畴是哲学思想的骨架、核心。从先秦道家哲学来看，有无、天人、群己、生死、道言诸范畴大体上就构成了道家哲学的本体论、宇宙论、自然观、社会政治哲学、伦理哲学、生命哲学和语言哲学等方面的核心内容。有无论阐明先秦道家哲学之道论就是以无为本的有无相生论，核心在一个"无"字，道家本体论、宇宙发生论、境界论、实践论归本于"无"，"无"意味着无穷的生命力，无限的创造性，意味着无执、无定，意味着否定、批判的超越。庄学派以"无有"释老子之"无"是对老学的一大发展。可以说道家有无观中所体现的否定的思维方式，无为而无不为的实践原则，以无为本的本体论，有无相生的生成论，无有一无有的辩证法等都反映了其有无观是真正哲学意义上的有无观。天人论辩明道家之天的客观性、自然性，突破了传统的"天命""天帝"观念的迷信，并认为道家"天人合一"并不是以人合天，而是天人合一于"道"，道是在天人之上的。道家对人在天地之中的位置给予了合理的解释，人不是自然界的主宰者，人只是自然界的一分子，人的行为应以"自然"为法，追求天人和谐。当然讲天人同大，并不意味放弃人的主体能动性，人在物质的自然界里有必须遵循的自然规律，但在精神的世界里，人可以无限地提扬自己的境界，追求人格的至善至美和胸怀的博大，人可以也必须做自己精神世界的主宰者。群己问题是先秦道家诸子的社会政治哲学、伦理哲学的核心问题。道家"贵己""为我"的思想主张成为中国文化、思想史上个体主义的理论代表。他们是利己主义者，但不是自私自利之徒。他们致力于个体生命的保全及个人精神境界的超越提升，实是他们对恶的时代与社会的反抗。他们敏感地认识到社会、群体吞噬个体的强大力量。在为个体存在与个体自由而呐喊的另一面，他们"以百姓心为心""爱民治国""予人""为人""利他不争"。生死问题是人生最根本、最为切己的问题，先秦道家"重生""贵生"而非"贪生""恶死"，"重死""乐死"而非"轻生""恶生"，生死一体，生死合道的思想是中国古代"极高明"的生死智慧。道家死亡哲学实含有政治关怀、社会关怀到人生的"终极关怀"等不同层次。从根本上讲，道家死亡哲学是一种关于死亡的境界形而上学，它是以生死相即不二的辩证法来勘破生死的。"生死自然论"是对生死现象的客观认识；"生死齐同论"是对生死之别的主观消解；"生死超然论"则是对生死之痛的"悬解"与境界提升。这种生死智慧最终使人达到一种自在、自然与自由的超然境界。道言论揭示出道家诸子虽普遍地强调道不可言，但并非说道家否定和放弃言在达道方面的重要作用，"道可道，非常道"的思想中内在包含这样一层意思，即道是可道的，只是不能以通常的方式道。由于道不是一般的认识对象，因而一般的、通常的言说方式是难以达道的，这就要求体道者应通过不同寻常的言道方式来对待虚玄的道。这种非同寻常的语言就是意象语言，由言到道的过程中需要经过言—意—象—道诸环节。道家这种独特的道言观实质是中国古代语言哲学的代表，它对后世中国的文学艺术、哲学等有深刻的影响。先秦道家正是在认识到俗言、常言的局限性的基础上，强调要以非常言的方式言，强调要"贵言""善言"，最高的境界是以无言言。先秦道家明确区分了指谓本体世界和现象世界的"常名"与"名"，承认本体世界有难以把握的一面，对"可说的"与"不可说的"做了哲学的划界，其以言泯言，以辩去辩的超语言学态度实富有形而上学意味。综上以观，先秦道家哲学就其理论思辨的层次之深，涉及的问题和范围之多之广，就其相较于同时代的诸家和不同时代的现代哲学所具有的突破性和超越性价值来看，都堪称先秦时代哲学的代表。

一进入到中国古代的历史和文化，研究者首先就要面对"信古"与"疑古"、"宋学"与"汉学"的问题。始自有清一代，乾嘉考据之学所倡扬的实证学风，近代今文学家所孕育的怀疑主义，在引进的西方科学思潮的鼓荡之下，成为学界的主导潮流，影响至今。笔者认为，"信古"与"疑古"、"汉学"与"宋学"从来就不可截然分开。"疑古"正是以"信古"为驱动力，以求真为目标；"宋学"也一定要以"汉学"为基础，"汉学"也一定要进达到"宋学"才行。基于此，笔者对先秦道家哲学范畴的研究所取的立场、态度和方式是信而有疑，即汉学即宋学。"信"是整体的，"疑"是细节的、局部的，就先秦道家文献的取舍而言，我认为《老子》《列子》《庄子》《文子》以及《鹖冠子》《黄老帛书》等皆大体可采信。就研究方式言，笔者信从张君劢先生"以宋学家之精神发挥之于哲学或人生观"的主张，在文本的基础上，致力于意义的阐释，注重历史在自我心灵重构，而无意于远古文献的历史还原。素来"汉学"被人们称为真学问、真功夫，但笔者以为，哲学的研究，具体地说，对于道家哲学特别是先秦道家哲学的研究，只有本诸义理，才能体老、庄之冲旨，显大道之幽玄，发远古圣贤之神解，明我心之所同然。也只有本诸义理阐释，才能更好地发明道家哲学特别是先秦道家哲学的现代价值和意义。

［内 篇］

先秦道家哲学研究

第一章　先秦道家哲学的背景

第一节　春秋战国时代

被史家称为"古今一大变革之会"的春秋战国时代，始于周平王东迁，即公元前 770 年，终于秦始皇建立统一大帝国，即公元前 221 年，历时约 5 个世纪。这是中国历史上政治大动荡、社会大混乱、文化大融合的时代。一谈到这一时代，史家和学者们就会想到这一时代的巨大历史进步和文化、学术的空前繁荣。的确，这一时代在历史、思想、文化诸领域都有极为重要的开拓、创造，是具有划时代意义的"轴心时代"。它"承先启后，一方面摆脱原始巫术宗教的种种观念传统，另一方面开始奠定汉民族的文化—心理结构"[①]。它是后来时代的人们需要时时回顾与反思的思想与文化的轴心，它孕育了我们这个民族的灵魂，它给后来者一笔丰厚的历史与文化的馈赠，我们当然应该以感激的心情去接受这笔巨大的遗产。但仅此还不够，我们还应该以深刻的同情去看当时时代的人们所经受的巨大痛苦和无边的磨难，因为，这个时代也可以说是恶和苦难的时代。

---

① 李泽厚：《美的历程》，中国社会科学出版社 1984 年版，第 59 页。

一、恶的时代与苦难人生

黑格尔曾经指出："人们以为，当他们说人本性是善的这句话时，他们就说出了一种很伟大的思想；但是他们忘记了，当人们说人性是恶的这句话时，是说出了一种伟大得多的思想。"[①]恩格斯在《路德维希·费尔巴哈和德国古典哲学的终结》中对黑格尔的这一思想给予了更深刻的阐释："恶是历史发展的动力借以表现出来的形式"，"自从阶级对立产生以来，正是人的恶劣的情欲——贪欲和权势欲成了历史发展的杠杆"。在《家庭、私有制和国家的起源》中，恩格斯说过："卑劣的贪欲是文明从它存在的第一日起直至今日的动力；财富、财富，第三还是财富，——不是社会的财富，而是这个微不足道的单个人的个人的财富，这就是文明时代唯一的、具有决定意义的目的。"[②]黑格尔、恩格斯的这些论断是对人类文明与历史发展的本质揭示。从这个意义上可以说文明是在野蛮的沃土中生长的恶之花，以此观照春秋战国之世，庸俗的贪欲、粗暴的情欲、卑下的物欲鼓荡着这个时代，使之成为恶的时代。

公元前 770 年，东周平王立，为避戎寇，东迁洛邑。自此以后，"周室衰微，诸侯强并弱"[③]。诸侯们打着"尊王攘夷"的旗号大行"霸政"即"政由方伯"[④]。这与盛周之世的"礼乐征伐自天子出"[⑤]的状况恰恰形成鲜明的比照。在这一时期的历史舞台上，诸侯们再也不愿生活在"共主"的身影下，更不愿朝聘贡献，而致力于不断地扩展自己的利益，卿大夫们各自为城，使"国不堪贰"的制度遭到彻底破坏。仅以诸侯纪年为例，即可见一斑。历来关于春秋时期诸侯纪年，史家

---

① 《马克思恩格斯选集》第 4 卷，人民出版社 1972 年版，第 233 页。
② 《马克思恩格斯选集》第 4 卷，人民出版社 1972 年版，第 173 页。
③ 《史记·周本纪》。
④ 《史记·周本纪》。
⑤ 《论语·季氏》。

多有议论。如《春秋》经有"隐公，元年，春王正月。"《公羊传》曰："元年者何？君之始年也。春者何？岁之始也。王者孰谓？谓文王也。曷为先言王而后言正月？王正月也。何言乎王正月？大一统也。"对此徐彦疏曰："左氏之义，不论天子诸侯，皆得称元年，公羊之义，惟天子乃得称元年。隐公，诸侯也。而称元年者，春秋托王于鲁也。"叶适在《习学记言》卷九曰："古者无正朔，各自称年；其月，则天子之月也。"朱熹则认为建年号，使年有统纪，是秦皇汉武之功。陈登原在《国史旧闻》卷八曰："古者无年号……盖由诸侯各自纪年，说明秦前并无统一之事。"窃以为《公羊传》之说可采信，徐彦之疏实有所本，当为合理的解释，而其他诸说于史不合。尧以来，历代相承的"观象授时"是我国历史在治历问题上的一个优良传统。《洪范》五纪："五曰历数"表明西周就重视历法。《周礼·春官·大史》谓："正岁年以序事，颁之于官府及都鄙，颁告朔于邦国。"太史为史官之长，是协助周王的重要职官。《史记·历书》："幽、厉之后，周室衰微，陪臣执政，史不记时，君不告朔。"正因为如此，诸侯各自纪年。这不仅仅只有历法上的意义，诸侯各自纪年当是对天子名分的一种僭越，是周室衰微的一个结果，具有政治上的象征性。对于春秋战国之政，恽敬氏《大云山房文稿·三代因革论一》说："夫五霸，更三王者也；七雄，更五霸者也。""五霸""七雄"之说，可谓简洁、活脱地勾画出了春秋战国的恶霸之政。在"共主"名存而实亡的情况下，利益的重新分配自然是不可避免的事情，因而频繁的兼并战争是春秋战国之恶的一个显著的特征。据鲁史《春秋》记载（仅仅载于鲁史内），春秋242年间，列国间战争凡483次，以强凌弱，以众暴寡的朝聘盟会凡450次，两者合计933次。《史记·太史公自序》云："《春秋》之中，弑君三十六，亡国五十二，诸侯奔走不保社稷者不可胜数。"例如，楚国"春秋时先后吞并四十五国，疆土最大。楚国君臣自称是蛮夷，专力攻伐华夏诸侯，五年不出兵，算是莫大耻辱，死后见不得祖先"①。依荀子之说，齐国桓公并国三十五，桓公的大吞并，使齐国成为列国中最富强的国家。王应麟《困学纪闻》卷六谓："《春秋》书侵者才五十八，而书伐者至于二百十三，苏氏谓三传侵伐之例，非正也。有隙曰侵，有辞曰伐。愚谓春秋无义战，非皆有辞而战也。"欲加之侵，何患无隙；欲加之伐，何患无辞。仅以鲁史《春秋》的统计来算，平均每年要发生两次战争，几乎每年要签订两个不平等条约。以三家分晋为标志，诸侯兼并的春秋时期转入了战争更加激烈的战国时代。陈汉章《上古史》谓："综计战国二百四十八年中，魏赵用兵四十八，魏韩用兵四十九，魏秦七，魏楚二。魏伐宋郑中山各二，伐翟燕齐各一。韩秦用兵二十一，韩伐齐郑各三，伐宋二，救鲁一。赵秦用兵二十，伐燕一。燕伐齐赵各一。齐伐魏九，伐鲁燕各三，伐赵燕各一。楚救郑伐郑各二，攻鲁三，伐燕齐秦各一。秦伐楚九，伐燕伐齐各三，伐蜀三。五国伐秦二，三国击秦二，五国击秦一。四国击楚一，三国击楚二，三国救赵一。"激烈的兼并战争演变为齐、楚、燕、韩、赵、魏、秦七强并立之势。为了"广辟土地，著税敛材"②，兼并战争的规模和残酷程度愈来愈大。较之春秋时代，战国时代有了锋利的铁兵器，而且还创制了具有远射能力的弩机。《孙膑兵法》把"劲弩趋发"称为最厉害的战法。足兵尚武之风大盛，各大国兵力都在几十万乃至上百万。这只要看看《战国策》就知道了，仅以秦国为例，秦有带甲百万，车万乘，骑万匹。与此相适应，研究兵法和指导战争的军事学，是战国时发展最盛的学问之一。汉初张良、韩信整理兵书，共得 182 家，其中战国时代军事家占大多数，最著名的有《齐孙子》(孙膑兵法)、《公孙鞅》(卫鞅兵法)、《吴起》(吴起兵法)、《庞煖》(庞煖兵法)、《兒

---

① 范文澜：《中国通史简编》第一册，人民出版社 1965 年版，第 177 页。
② 《墨子·公孟》。

良》（兒良兵法）、《魏公子》（信陵君集宾客所著的兵法）等①。大规模的战争造成的伤亡动辄数万到数十万。仅以战国末年而言，公元前317年，秦大败韩、赵、魏、燕、齐五国联军，斩杀赵、韩军8万余人；公元前293年，秦大破韩、魏联军于伊阙，斩杀24万人；楚国号称有百万之师，经秦的多次攻伐，最后剩下十余万人；公元前260年，秦、赵长平大战，赵兵饥饿46日，杀人而食，秦大将白起大败赵军，斩杀赵兵40余万人，这是战国史上最大也是最残忍的一场战争。对此，朱熹曾说："春秋时期，相杀甚者若相骂然。长平坑杀四十万人，史过言不足信，败则有之，若谓之尽坑，四十万人，将几多所在，又赵卒都是百战之士，岂有四十万人，肯束手待死，决不足信。"②朱子之疑是不信其残忍如此，实际史家并未过言，推想那个时代，地广人稀，尽坑40万"几多所在"不成问题，而赵卒乃饥饿、疲敝之师，实无抗死之力也。

　　战国时代，在大行不义之侵伐的同时，还广施滥刑重典、横征暴敛，以显暴君之淫威、以遂贪主之欲。滥刑重典，从古籍所载的名目繁多的刑罚种类即可见一斑。《庄子·胠箧》载："龙逢斩，比干剖，苌弘胣，子胥靡。"郭象注曰："胣，裂也。一说刳肠曰胣。""靡，糜也"，崔氏曰："烂之于江中也。"《史记·伍子胥传》曰："乃取子胥尸，盛以鸱夷革，浮之江中。"《左传·宣公十年》载楚伐陈："杀夏征舒，轘诸栗门。"杜氏语曰："车裂曰轘。"《左传·哀公十八年》载："白公之徒，拘石乞而问白公之死焉。曰：不言则烹。乞曰：克则为卿，不克则烹，何害？乃烹石乞。"《韩非子·和氏》载"楚"人和氏，两献玉璞，两刖其足。《吕氏春秋·至忠》载："文挚出辞以大怒王，王大怒，将生烹文挚，炊之三日三夜。"《史记·刺客传》载："赵襄

子最怨智伯，乃漆其头，以为饮器。"刑罚之残忍，真可谓无所不用其极，并且遍及各国。最著者当数秦国，《盐铁论·非鞅》载："商君以重刑峭法，为秦国基，又作为相坐之法。"《刑德》曰："昔秦法烦于秋荼，禁网密于凝脂。"商鞅变法是秦强盛的重要原因，"秦行商君法而富强，……然而……车裂商君者何也？大臣者苦法而细民恶治也"[1]。商鞅的结局耐人寻味。春秋战国时期各国所用的斩、剖、脍、靡、镬、烹、刖、漆、连坐等名目繁多的残酷刑罚，实远多于此前时代的"五刑"之说也。从赋敛的方面看，赋税徭役是人民最基本的贡献，《孟子·滕文公上》载："夏后氏五十而贡，殷人七十而助，周人百亩而彻，其实皆什一也。"历来史家关于"贡彻助"多有歧义，主要缘于史料不足征。秦汉去古未远，从他们的所行税来看，孟子"什一税"之说大体是可信的，应是春秋以前的最基本的税务。除税以外，还有赋役，赋供军用，力役则为军民两用。在春秋之初，大体一仍旧制，税赋力役均不致妨害民之生业，但随着统治者日渐奢侈，战争连年不断，田租早就不是什一之数。《礼记·王制》曰："用民之力，岁不过三日。""五十不从力政"，"六十不与服戎"（指兵役以外的役）。但到后来，从 15 岁到 60 岁均在应征之列。特别是那些"无定时、无定数、无定物"的"恶税"[2]，从上到下的层层盘剥，富商大贾，贱买贵卖，从中谋利，使人民"解冻而耕，暴背而耨"，却"无积粟之实"[3]，"道路有死人"，饥饿更是当时的一种普遍的社会现象。《老子》第七十七章就深刻地指出："民之饥，以其上食税之多也。"以战国时的楚怀王为例，楚怀王之大臣父兄"厚赋敛诸百姓"，使全国陷入"食贵于玉，薪贵于桂"，"盗贼公行，而弗能禁"的境地。[4]

---

① 《韩非子·和氏》。
② 吕思勉：《吕著中国通史》，华东师范大学出版社 1992 年版，第 126 页。
③ 《战国策·秦策四》。
④ 《战国策·楚策三》。

与前述相应的则是整个社会的伦常秩序的大崩坏。大体上可以说春秋早期的社会基本上还是一个有"辞"，或者说大致守礼、讲理的社会，西周以来的传统礼仪规范还具有形式上的作用，还规约着诸侯霸主们的贪欲，但是愈往后发展，诗、书、礼、乐的思想，连形式的作用也没有了，霸主们在贪欲的驱使下，凭借赤裸裸的武力，"广地侵壤，并兼不已；举不义之兵，伐无罪之国，杀不辜之民，绝先圣之后，大国出攻，小国城守，驱人之牛马，偎人之子女，毁人之宗庙，迁人之重宝"①。刘向《战国策·书录》云："仲尼既没之后，田氏取齐，六卿分晋，道德大废，上下失序。至秦孝公，捐礼让而贵战争，弃仁义而用诈谲，苟以取强而已矣。夫篡盗之人，列为侯王；诈谲之国，兴立为强。"顾炎武在《日知录》卷十三中说战国时代"绝不言礼与信矣"，绝无祭祀聘享，无宗姓氏族之论，无宴会赋诗之谊等等，卑劣的情欲，淹没了一切。"嗜欲多，礼义废，君臣相欺，父子相疑"②，甚至相残相杀。仅以庄子所属的宋国来看，据《史记·宋微子世家》所载：宋第五代君宋湣公卒，弟炀公即位，而湣公子鲋祀弑炀公而自立为君，是为厉公；第十五代国君殇公，因怒太宰华督杀大司马孔父嘉并抢夺其妻，而被华督所杀；第十七代君湣公捷因责骂上大夫南宫万，而被南宫万所谋杀；第二十一代国君成公去世，成公弟禦杀太子及大司马公孙固，自立为君，第二十三代国君昭公暴虐无道，其庶母王姬私通昭公弟公子鲍，杀昭公。不独宋国这样，其他诸国莫不如此。这是一个充满贪欲与凶残，君不君、臣不臣、父不父、子不子的充满恶的混乱年代。在这个年代里，一切伦常秩序，不论是根诸天的父子、兄弟关系，还是成诸义的夫妇、君臣关系，都在泛滥的欲望中被瓦解，被弃绝不顾。

---

① 《淮南子·本经训》。

② 《淮南子·本经训》。

兼并战争之恶，人伦关系之恶，恶刑恶典，恶赋恶敛，以及在此背后的人的恶欲，构成恶的时代的基本内容。生活在这个时代里的人们的基本生存状况就是饱受饥饿的煎熬和死亡的威胁（恐惧）。对于这样一个苦难时代，我们可以从《诗经》《楚辞》《战国策》等先秦载籍中听到人们痛苦的呐喊，还可以从先秦诸子（尤其是道家）听到他们愤激的批评。"君子于役，不日不月，曷其有佸？鸡栖于桀，日之夕矣，羊牛下括，君子于役，苟无饥渴。"[1] 日落西山，牛羊下括，鸡栖于埘，而丈夫的兵役却永无归期，妻子也只有默祷役中的丈夫没有饥渴之忧。然而战争总是残酷的，"天时坠兮威灵怒，严杀尽兮弃原野。出不入兮往不返，平原忽兮路超远"[2]。残酷的战争粉碎了多少亲人的思念、祈盼，吞噬了多少热血男儿的生命。征战者捐躯疆场，而在家的人又深受剥削者的重压，"不能辰夜，不夙则暮"[3] 的劳作仍食不果腹，衣不御寒，而"不狩不猎""不稼不穑"[4]，"无仪""无耻""无礼"[5]，相鼠不如的统治阶级却过着"彼有旨酒，又有佳肴"[6] 的荒淫无耻的生活。对此苦难的人生，唯有"苟寐无觉""苟寐无聪"[7]，到死方是解脱。

在老、孔、墨的时代，仅孔子（前 551—前 479）生活的 70 多年间，各类战争达 90 次，当时的社会是"饥者不得食，寒者不得衣，劳者不得息"[8]，"百姓饥寒冻馁而死者不得胜数"[9]。庄、孟时代，"争地以战，杀人盈野；争城以战，杀人盈城"[10]，统治者"庖有肥肉，厩有

---

① 《诗经·国风·君子于役》。
② 《楚辞·九歌·国殇》。
③ 《诗经·国风·东方未明》。
④ 《诗经·魏风·伐檀》。
⑤ 《诗经·相鼠》。
⑥ 《诗经·小雅·正月》。
⑦ 《诗经·国风·兔爰》。
⑧ 《墨子·非乐》。
⑨ 《墨子·非攻中》。
⑩ 《孟子·离娄上》。

肥马"，"仓廪实，府库充"，与之相反的是"民有饥色，野有饿莩"，
"老弱转乎沟壑，壮者散之四方者"①。"今世殊死者相枕也，桁杨者相
推，刑戮者相望也。"②"百姓不聊生，族类离散，流亡为臣妾（奴隶），
满海内矣。"③这是一个"福轻乎羽，莫之知载；祸重乎地，莫之知
避"④的时代。足兵尚武，长役重赋，滥刑重典，使华夏大地乱了 500
年，使炎黄子孙痛苦了 500 年，而此后历史的进步，悠久的文明无不
要回溯到这 500 年中。

以"恶"和"苦难"作切入点，来把握春秋战国之世，无疑会招
致人们的非议。但笔者认为，只有从这些负面的东西中才能更深刻地
理解历史进步的意蕴和文明的代价，也只有从这方面着手才能为理解
先秦道家的哲学思想提供坚实的基础。老子的"无为而治"的治世主
张，"损不足以奉有余"的批评，杨朱的"贵己""全生"，列子的"贵
正""贵虚"，庄子的"齐物论""逍遥游"，等等，无一不是针对着
"恶的时代"和"苦难人生"的一种救世和自救。恶是历史发展的杠
杆，苦难则是精神的眼睛。比较先秦诸子，孔儒看到了礼崩乐坏，墨
家要非攻非兵，道家关切的是个体、生命、自由等这样一些最基本的
价值观念；儒墨之学是正面的社会救治，而道家则是个体的抗争，是
一种反时代的时代精神。与黑格尔、恩格斯相比，黑格尔、恩格斯是
从"恶"与"痛苦"看到了历史的进步、文明的发展，而道家诸子则
恰是从"恶"与"苦难"中看到了文明的病和历史的宿命。

二、轴心时代与哲学突破

论及人类文化与历史的发展，迄今有三种理论不能不引起我们的

---

① 《孟子·梁惠王》。
② 《庄子·在宥》。
③ 《战国策·秦策四》。
④ 《庄子·人间世》。

关注。一是以黑格尔为代表的西方中心论；一是以张光直为代表的世界文明与历史演进的中国形态论；一是以雅斯贝尔斯为代表的"轴心时代"理论。

读过黑格尔的《历史哲学》和《哲学史讲演录》就知道，他是以充满优越感的西方中心立场来建构他的历史哲学的，绝对精神的发展是从中国、印度到西方渐次递进的，在西方达到了它所能达到的最高阶段。人类的文化与历史的发展是以西方形态为目的，西方文化成为人类历史与文化的代表。与这一诠释框架相反，张光直先生在《中国青铜时代（二集）》一书中，运用连续性与破裂性这两个概念，通过对中国、玛雅和苏米（美）尔文明的比较研究，揭示出"中国形态论可能是全世界向文明转进的主要形态，而西方的形态实在是个例外"[①]。中国的文明形态是连续性的，而西方则是破裂性的。应该说张氏之说并非简单地对西方中心论的颠覆，而是对人们不加怀疑地把西方社会科学所提供的法则作为普遍性原理来使用提出的质疑，这是西方人对中国文明与历史的认识日渐深入，而中国人对世界史和西方文明的了解渐趋客观的必然结果。与前两说不同的是雅斯贝尔斯（Karl Jaspers，1883—1969）提出的著名的"轴心时代"理论，反对黑格尔的西方中心立场，为我们对历史与文化的认识提供了新的视野。

雅斯贝尔斯提出，人类在经历史前和远古文明之后，在公元前500年左右，更具体地是在大约公元前800—前200年期间内，世界范围内各不相同而又不约而同地出现了一些最不平常的历史事件。即"在中国孔子和老子非常活跃，中国所有的哲学流派，包括墨子、庄子、列子和诸子百家都出现了，和中国一样，印度出现了《奥义书》和佛陀，探究了以怀疑主义、唯物主义，到诡辩派、虚无主义的全部

---

① 张光直：《中国青铜时代（二集）》，生活·读书·新知三联书店1990年版，第131—142页。

范围的哲学可能性。伊朗的琐罗亚斯德传授一种挑战性的观点，认为人世生活就是一场善与恶的斗争。在巴勒斯坦，从以利亚经由比赛亚和耶利米到比赛亚第二，先知们纷纷涌现。希腊贤哲如云，其中有荷马，哲学家巴门尼德、赫拉克利特和柏拉图，许多悲剧作者，以及修昔底德和阿基米德。在这数世纪内，这些名字所包含的一切，几乎同时在中国、印度和西方这三个互不知晓的地区发展起来”①。这些最不平常的历史事件使这一时期成为世界历史的“轴心时代”。其影响是巨大的，“人类一直靠轴心时代所产生的思考和创造的一切而生存，每次新的飞跃都回顾这一时期，并被它重燃火焰……轴心期潜力的苏醒和对轴心期潜力的回归，或者说复兴，总是提供了精神的动力”②。雅斯贝尔斯的“轴心时代”（Axial Period）理论深刻而无可辩驳地证明了中、西、印的不同历史与文化类型并不像黑格尔所认为的那样，而是“同时代的，并无联系并列存在的一个整体”③。这一理论既保留了世界历史与文化的整体性，同时又给各不相同的历史与文化类型留下了各自的地位和地盘，体现了一种历史与文化多元发展的眼光与心态。

与“轴心时代”理论相应，由马克斯·韦伯（Max Weber）提出，经帕森斯（Talcatt Parsons）特别发挥的“哲学的突破”观念，相较于前者，是更转进一层的、更具体的对此时代的认识。帕氏认为，在公元前1000年之内，希腊、以色列、印度和中国四大古代文明，都先后经历了一个“哲学的突破”（philosophical breakthough）阶段。所谓“哲学的突破”是指对构成人类处境之宇宙的本质发生了一种理性的认识，从而对人类处境及其基本意义获得了新的理解。帕氏认为四大文明相较而言，中国古代的“哲学的突破”最为温和。

以“轴心时代”和“哲学的突破”理论来观照春秋战国时代和

---

① 雅斯贝尔斯：《历史的起源与目标》，魏楚雄、愈新天译，华夏出版社1989年版，第9页。
② 雅斯贝尔斯：《历史的起源与目标》，魏楚雄、愈新天译，第14页。
③ 雅斯贝尔斯：《历史的起源与目标》，魏楚雄、愈新天译，第18页。

道家思想是富于启发意义的。公元前 770—前 221 年，恰在"轴心时代"的范围，更主要的倒不只是这种时间上的相吻合，而是这一时代涌现出来的诸子百家及其文化的贡献，特别是对后世的巨大影响，足当"轴心时代"之称。在这一时代，政治学和社会学意义上的"时代断裂"，恰恰为学术与文化的发展提供了繁盛的契机和生存空间。百家蜂起，诸子猬集，在思想、文化诸领域，做出了极为重要的开拓、创造。儒、墨、道诸家诸子各以自己的理论贡献，各有特点而又互补互融，共同构成中国文化的整体，共同模塑着中国人的精神品格。在百家诸子中，最具"哲学的突破"的是先秦道家。帕氏所谓中国古代"哲学的突破"最温和之说，是过于笼统和浮面的，是仅仅针对着儒家思想而得出的结论。如果我们从儒、墨来看，孔子"从周"、墨子"法夏"，孔儒对周公倾心向往，"信而好古，述而不作""祖述尧舜，宪章文武"，墨子对《尚书》的频繁征引，这的确体现了张光直先生所说的中国文明形态的连续性特点，在这里"哲学的突破"也的确是过于温和的。但我们如果把眼光转向道家诸子，对上述结论似应做出某种程度的修正。

余英时先生在《士与中国文化》一书中，把帕森斯"哲学的突破"理解为反传统文化，这种理解是外在的，或者说较为形式的。笔者认为，更为本质或内在的突破应当是创新，即赋予世界及人类自身以一种前所未有的理性认识与新的诠释。即使按余先生的理解，把先秦道家排斥在"突破"理论之外 [①] 也是于事于理都说不通的。实际上，无论就形式还是就内在本质而言，先秦道家就是中国轴心时代"哲学的突破"的代表。在形式上，先秦道家最激烈最深刻地批判了三代以来的礼乐文化传统，如《老子》第三十八章直指仁义礼为"忠信之薄而乱之首"，《庄子·天道》则提出"退仁义，宾礼乐"，《老子》第十八

---

① 余英时：《士与中国文化》，上海人民出版社 1987 年版，第 26—30 页。

章："大道废，焉有仁义；智慧出，焉有大伪；六亲不和，焉有孝慈。"
仁义之出、大伪之行恰恰是道德废、智慧出的表现，在这里，老子、
庄子"着重揭露了文明社会所出现的争夺、祸乱、虚伪、罪恶以及种
种违反人性的异化现象"①。由此可以看出，先秦道家与其他诸家，特
别是与先秦儒家表现出的价值取向上的显著区别。从内在创新的方面
看，先秦道家是第一个也是第一次提出了宇宙本体论模型。张岱年先
生就曾指出，"老子是中国古代哲学本体论的创始者"，"道是老子本体
论的最高范畴"。②李泽厚先生亦指出："有关天道的观念在中国古代
由来久远，但在《老子》这里终于得到了一种哲学性质的净化或纯粹
化。而这正是《老子》之所以为《老子》。"③李先生实际上是指老子之
道已超越了天道，"道"优先或高于"天"。"有物混成，先天地生"④，
"道者万物之奥"⑤，"渊兮似万物之宗"⑥。法国汉学家戴密微认为老、庄
思想是"对世界的起源、结构及其存在原因的哲学思辨"⑦。先秦道家把
以无为体、以有为用、合有无为一体的核心范畴"道"作为天地万物
的内在基础和根据，是对世界的一种究极的把握和全新的阐释。这是
中国古代理论思维的一次空前大提高，其理论的抽象性和富于辩证性
的思辨水平是前轴心时代所没有的，也是同时代的其他诸家所不及的。
在此之后，先秦道家思想也一直为秦、汉儒家，宋明理学以及现代新
儒家提供智慧资源，特别是成为与印度佛教，乃至现代西方哲学的主
要契接者和对话者。先秦道家对"真人""真性""无待""独化"学说

---

① 萧萐父：《道家学风浅议》，载《道家文化研究》第10辑，上海古籍出版社1996年版，
第2页。

② 张岱年：《论老子的本体论》，《社会科学战线》1994年第1期，第99页。

③ 李泽厚：《中国古代思想史论》，人民出版社1986年版，第92页。

④ 《老子》第二十五章。

⑤ 《老子》第六十二章。

⑥ 《老子》第四章。

⑦ 戴密微：《道家的谜》，载《楚辞研究集成·海外编》，吴岳添译，湖北人民出版社1988
年版，第210页。

的建构，"个体性原则"的提出，对相对主义的文化价值观的申论，其"适己性"的内圣学与"与物化"的外王学等，都是轴心时代里独树一帜的智慧之论。①

当然，讲先秦道家哲学对前轴心时代的突破，并不意味着两者之间毫无联系；而讲儒、墨诸家对三代文化的继承也并不意味着他们只知墨守成规旧制而了无创新。实际上，先秦道家的哲学突破是立基于对三代文化甚至更加古远文化的继承，而儒、墨诸家对三代文化的继承也不过是守先以待后，寓开来于继往。只是相比较而言，先秦道家以突破为显著特点，而儒、墨则以连续性为显著特点。他们的结合，正表明中国文化的发展无论是从纵的（即轴心时代与前轴心时代），还是从横的（诸家诸子之间）方面来考量，都是连续中有突破，突破中有连续。这才是此一时代中国文化发展的真实面貌。一个流传至今的传统成见认为，道家之书是衰乱之世的"衰乱之书"，语涉讥讽。实际上，这一见解（成见）既有对史实的隔膜，更缺乏对这一现象的深入思考。殊不知哲学就是乱世之学，倚乱世而兴正是哲学史上带有规律性的普遍现象。"哲学开始于一个现实世界的没落。"②密纳发的猫头鹰到黄昏时才起飞。例如，在古雅典，民众生活的败坏，反而导致哲学兴盛的到来，而亚历山大里亚新柏拉图派哲学家对希腊古典哲学的辉煌发挥，正与罗马帝国的没落密不可分，中国轴心时代里的诸子学兴起也正与此一时期世道人心之乱相关联。不同的是儒、墨及其他的诸家诸子致力于正面的社会拯救，而道家之"精神逃避在思想的空旷领域里，它建立一个思想王国以反抗现实的世界"③。它对乱世的批判是对乱世的拯救，它对个体生命价值的呼唤是对个体的拯救。这正是一种哲学的拯救，当然也是哲学的突破。从另一个角度看，老子及其所创

---

①　郭齐勇：《"新儒家"和"新道家"的超越》，《中国文化月刊》1993 年 5 月号。

②　黑格尔：《哲学史讲演录》第一册，商务印书馆 1993 年版，第 54 页。

③　黑格尔：《哲学史讲演录》第一册，第 54 页。

导的道家哲学总是在社会处于混乱（现象世界的乱或精神、价值观念的乱）衰败之时格外地引起人们的注意和重视，这说明人们只有在类似于或接近于老子、道家的社会处境或精神处境时，才能最接近他们，才能对道家思想有最多的共鸣和最普遍的回应。

回到本节题目，概括地说，春秋战国时代就是恶的时代、苦难的时代，也是中国历史与文化的轴心时代。先秦道家哲学思想正是这一时代的理论结晶，也兼是对这一时代之恶与人生之苦的一次哲学升华。从一个宏大和久远的历史背景看，当时不免消极性的道家哲学有了正面的积极的价值，其超迈前人的哲学突破，和对生命、自由、个体的基本价值关切，使得它成为轴心时代重要的一分子。

第二节　史官文化背景

一、巫史—道家

老子、道家与史官的关系，史有明载。《庄子·天道》谓："周之征藏史有老聃者。"《史记·老子传》载："老聃，周守藏室之史也。"《史记·张汤传》曰："老子为柱下史。"《汉志》更把老子与史官的关系提升到道家与史官的关系，如《汉志·诸子略》云："道家者流盖出于史官。历记成败、存亡、祸福、古今之道，然后知秉要执本，清虚以自守，卑弱以自持。"后世学者遂多以此为典据来探寻道家思想之源。与此有异的是，《汉书》称左史记言，右史记事；事为《春秋》，言为《尚书》。清代史学大家章学诚在《文史通义·易教下》云："六经皆史也，古人不著书，古人未尝离事而言理。六经皆先王之政典也。"这实际是说儒学亦以史官文化为源。更有晚近学者把儒家看作是史官文化的"嫡传""正宗"，而把道家排斥在史官文化之外。例如，谢选骏在《神话与民族精神》中说"儒家从古史传说的系统，吸取了更多的灵感，从古史的理想模式中，建立了自己入世的理论框架。相反，道家则从不入于古史的原始宗教和独立神话中，找到了理论依据，标榜自己'出世'的渊源"。"道家学说，正是史官文化对人类基本情感压制态度的副产品。传说中的道家鼻祖老聃，终于出关西去，他的继起者庄周，则以嘲讽的态度和否定的立场对待社会和文明——他们与史官文化的分庭抗礼，仅仅是古代中国社会文化心理（'灵魂'）分裂状态的一个缩影。"① 这些相互歧异，甚至矛盾的说法，促使我们不得不更深入地思考道家与史官文化背景的有关问题，其一，老子的史官背景与先秦道家的史官文化背景是否是同一个问题；其二，先秦道家思想与其史官文化背景究竟是一种什么样的关系。窃以为这两个问题如不能得到清楚明晰的把握，则先秦道家的史官文化背景就不能得到明确的理解。

始自《汉志》以来，许多学者在谈到先秦道家思想之史官文化背景时，多举老子曾为周之史官，这是远远不够的。笔者认为，这是把老子的史官背景与先秦道家的思想文化背景混同为一个问题。老子作为先秦道家的创始人，他的思想根源——史官身份——当然可以代表先秦道家思想文化背景，但两者并不能视为同一个问题。仅仅以老子的史官身份为先秦道家的思想文化背景就难以区分同以史官文化为背景的儒、道两家何以在思想旨趣上有那么大的显明差异。这种思想旨趣上的差异，除了不同的思想者对同一背景的关切点不同以外，恐怕与思想背景的不同有关系。

老子曾为周之史官，史籍中有多见，这一点较为一致，只是究竟是什么性质的史官，史家多异议。李泰棻先生曾概括为以下五说：

（1）征藏史，《庄子·天道》谓：周之征藏史有老聃者；

（2）守藏室史，《史记·老子传》及《老子铭》均谓老子为周守藏室之史；

---

① 谢选骏：《神话与民族精神》，山东人民出版社 1986 年版，第 401 页。

（3）柱下史，《史记》老子本传及《张苍传》的《索隐》《列仙传》《汉官仪》等，均持此说；

（4）太史，《礼记·曾子问》的《正义》引《论语》郑注云："老聃，周之太史"；

（5）小史，马叙伦《老子校诂·考考》谓"老子盖为小史"①。

综析五说，柱下史，主柱下方书，故与藏室史、征藏史意义本同，都是指主藏书之事，且此三说之作者去周未远，当较可信据。但令人费解的是"征藏史""藏室史"均不见于《周礼》的"大史、小史、外史、内史、御史"②的"五史说"，更不见于《礼记》中的"太史、内史"③的"两史说"。我以为征藏史、藏室史、柱下史可能都只是一种笼统的描摹性的不确切说法，故不合之官制，其所以如此，恐怕与老聃居周之衰世有关。周之衰世，列强除了要分享周之财富、土地和人民以外，书史、图籍、族谱等"文化财产"当然也在瓜分之列。史书图谱的散落、佚失自是不可避免之势，如《左传·昭公二十六年》即载："王子朝及召氏之族、毛伯得、尹氏固、南宫嚚奉周之典籍以奔楚。"《汉书·艺文志》载："周室既微，载籍残缺。"由于书史图谱的大量减少，史官职分可能并非如盛周时那么严格，史官之设可能也无法一仍旧制，故老子有可能既行太史之职，又行内史之责，泛称老子为藏室史、征藏史可能更切于当时的实际。而郑玄之"太史说"与马叙伦的"小史说"也就都有几分道理，只是各有所据罢了。如果这种推断大致不差的话，则老子即使兼掌内史、太史之职，也仍然主要是管理书史图谱，而过去史官的"达王命、为王使"以及沟通天人等职事，因为周王的名存实亡，也渐渐消失了。今人说老子为国家图书馆馆长并不离谱。如上之考论，老子究竟是什么性质的史官，由于史不足征，仍

---

① 李泰棻：《老庄研究》，人民出版社1958年版，第8—9页。

② 《周礼·春官宗伯》。

③ 《礼记·玉藻》。

无定说，但有一点可以肯定，老子所做的史官已是一种较为狭隘意义上的史官。这对于那种从史官身份、史官性质来寻道家思想之源的做法恐怕是不利的否证。况且从地域上看，周之史官文化主要是一种北方文化，而南方"我蛮夷也主义"①的楚文化都是非史官文化。如果仅以周之史官文化为道家思想之背景，也显与学者多有共识的道家文化为楚文化的说法相抵牾。因此，先秦道家思想的背景既要从史官文化那里找，也要从非史官文化那里找。

足以与周之史官文化分庭抗礼的文化，主要是南方楚文化，楚国历来被视为道家思想的发源地，许多重要的道家人物为楚人。如《史记》载老聃、老莱子均为楚人，《汉志》中记环渊、鹖冠子、老莱子、长卢子为楚人。《论语》中孔子游楚时所遇狂接舆、长沮、桀溺、荷蓧丈人等，均为道家人物。《庄子》中亦曾记有肩吾、连叔、庚桑楚、南荣趎等多名楚道家人物之行止。后世学者遂多从楚文化寻绎道家思想之源。如刘师培曾说：

> 东周以降，学术日昌，然南北学者立术各殊，以江河为界划而学术所被，复以山国泽国为区分，山国之地，地土垆瘠，阻于交通。故民之生其间者，崇尚实际，修身力行，有坚忍不拔之风。泽国之地，土壤膏腴，便于交通。故民之生其间者，崇尚虚无，活泼进取，有遗世特立之风。故学术互异，悉由民习之不同。

他又说：

> 盖山国之民，修身力行，则近于儒；坚忍不拔则近于墨。此北方之学，所由发源于山国之地也。楚国之壤，北有江汉，南有

---

① 钱穆：《国史大纲》，商务印书馆 1940 年版，第 43 页。

潇湘，地为泽国。故老子之学，起于其间。从其说者，大抵遗弃尘世，渺视宇宙，以自然为主，以谦逊为宗。如接舆、沮溺之避世，许行之并耕，宋玉、屈平之厌世，溯其起源，悉为老聃之支派，此南方之学所由发源于泽国之地也。[①]

　　冯友兰先生在论述道家思想时，也是把老、庄放在楚文化的背景之上。任继愈先生在《老子研究的方法问题》[②] 一文中，把先秦时期的文化按地域划分为邹鲁文化（孔孟学派）、三晋文化（申、韩派）、燕齐文化（管子、稷下、五行学说）以及荆楚文化，老子、庄子、屈原等思想家正是荆楚文化的代表。被冯友兰先生称之为具有极新之思想，最不受周之文化拘束的楚文化，是一种什么样的文化呢？简而言之，就是巫文化或"巫觋文化"。

　　巫风在古代中国社会本是很普遍的现象，巫文化传统也相当久远。依《国语·楚语》和《尚书·吕刑》所载，在帝颛顼和帝尧时期就有两次针对九黎和三苗的"绝地天通"的宗教改革。这两次围绕神人关系的宗教改革是饶有意味的。九黎和三苗两行"民神杂糅"与颛顼和帝尧的两度"绝地天通"，正反映了南北文化的分野。随着社会的发展，到了春秋战国时期，北方各国巫文化的影响大大削弱，实践理性取代了神灵观念而占据主导地位，但在南方的楚国，从君王到一般民众，都笃信巫鬼神灵。"民神杂糅，不可方物；夫人作享，家为巫史"的情况直到战国还是如此。对于楚巫文化的繁盛，恐怕不能仅仅理解为对北方文化的抗拒，以及统治者信好巫鬼的影响所致，而应当从精神、信仰方面来把握。巫文化传统在南方表现为追求神人之间的直接沟通，每一个个体都有直接面对神灵的权利，巫鬼神灵观念对人们具

　　① 刘师培：《国学发微：外五种》，广陵书社 2013 年版，第 226—227 页。
　　② 任继愈：《老子研究的方法问题》，《中国哲学史研究》1981 年第 1 期。

有精神慰藉的作用；而在北方表现为强调神人相分，通过巫师来连接神人，因此，神巫更具有垄断神权、施行教化的作用。换言之，北方巫文化传统容易转向政治与伦理，而南方楚国的巫文化却更容易孕育出哲学与神话。事实上，周之代殷开始了巫史文化的最初分化、变革，开始了由"究天道"向"讲人事"的转向，春秋时代则较为彻底地完成了由宗教礼仪向道德劝谕的转换，北方史官文化最终取代了巫文化，而南方巫文化却走向了更加成熟的时期。先秦楚道家和《楚辞》无疑是这一巫文化发展成熟的代表。日本学者井简俊彦氏的"道家起于神巫"之说认为，《老子》极言之"无"，实起源于巫舞，其论据虽过于简略，但结论确有几分道理。①

综合上述，先秦道家思想既有北方的史官文化背景，亦有南方的巫文化背景。只是先秦道家从这两种不同的文化背景中吸取不同的滋养罢了。史官文化"重实际故重经验，重经验故重先例"②。所谓历记成败、兴亡、祸福、古今之道正是重实际经验的具体表现，先秦道家"通古今之变""道贯古今"的历史理性，正是对历史的理论抽象。丰富而生动的历史事件和历史人物化作了冷峻的历史哲学，凝成了道破万丈红尘的历史真理，显现了道家哲学冷而真的一面。先秦道家"究天人之际""天地与我并生，万物与我为一"的宇宙精神，人与天、地、道同大的"人大"意识，齐同物我、平视神人的博大平齐的眼光，诗与寓言的表达方式，汪洋恣肆、诙诡谲奇的浪漫之思等，显现了先秦道家哲学热与美的一面。而这与楚巫文化的交通神人的巫风，富于想象的史诗与神话的文化土壤相关联。只有从这两种背景出发，才会对道家哲学有热与冷、美与真的多面理解。"冷"是对历史的理性沉思；"热"是对生命的热望、肯定；"真"是大道、人性之真；"美"是

---

① 井简俊彦：《苏斐教与道家思想中主要的哲学概念之比较研究》，东京，1967。
② 梁启超：《新史学》，商务印书馆 2014 年版，第 136 页。

精神、境界之美。如果说屈原所创之《楚辞》体现了巫史两种文化在文学上的合流①，那么，我们也可以说以《老子》《庄子》为代表的先秦道家则在哲学上体现了巫史文化的融合。只有从这两种背景出发，道家南北派的说法，乃至儒道之间思想旨趣上的异同，才能有合理而坚实的存在根据。

当然，从一个更加古远的时代来看，例如，从殷商西周时代看，中国历史上，向来有巫史不分家的传统，史巫连称，不仅见之载籍，而且还可以证之于地下出土的殷商金甲之文。如《周易·巽卦》云："用史巫纷若。"前引《国语·楚语》有"夫人作享，家为巫史"。《礼记·礼运》说："祝嘏辞说，藏于宋祝巫史，非礼也。"《汉书·地理志》亦有"好祭祀，用史巫"之说。从殷墟卜辞看，如廪辛卜辞（前 4·21·7）有"卿史于寮北宗不遘大雨。"武丁卜辞（乙 6360）"方祸象取乎御史"。"寮"为卜辞祭山之法中的一种，又从"大雨"可约略推知卿史主祭祀山神以求雨或不雨。"方"在卜辞中如果与东、西、南、北连用，则多指四方地主之神。单独一个"方"字，则与"社稷"之"社"相类，如《诗经·小雅·甫田》有"以社以方"，《诗经·大雅·云汉》有"方、社不莫"。卜辞中祭社与祭方，皆与求雨有密切关系。因此，陈梦家在《殷虚卜辞综述》中说"史、卿史、御史似皆主祭祀之事"②，这种推断是有道理的，可见早期巫史连称，巫史不分，史官主神事，说明史官在最初是神职人员。其实，后世学者对此亦有推断和申论，如晚清国学大师章太炎曾对古代史官的文化渊源做过系统的考察，并从神话学的角度论断："古史多出神官"③，高亨先生亦说："古史巫之职不分"④。

---

① 范文澜：《中国通史简编》修订本第一编，人民出版社 1965 年版，第 285 页。

② 陈梦家：《殷虚卜辞综述》，中华书局 1988 年版，第 520 页。

③ 章太炎：《訄书》，华夏出版社 2002 年版，第 47 页。

④ 高亨：《周易古经今注》，中华书局 1984 年版，第 330 页。

如果我们再从史字的构形及其文字初创期的含义、用法做一粗浅的探讨，这对于"史源于巫"的演变也会有所启发。"史"字，甲骨文第一期、第二期作🖎形，第一期晚期的一种刻辞和第三期以后均作🖎形。此字隶定为史或吏或事，三字本为一字，此为学术界公认。但对其早期含义与用法，学者多异议。如王国维认为藏书、读书、作书者为史[①]；罗振玉则认为掌文书者为史[②]；马叙伦解释为持笔写字[③]；等等。据晚近古文字学家的研究成果，史字的本义应训为事，殷墟甲骨文中的史字，大部分都是事字的意思[④]，窃以为这一训释最为妥帖，史官即事官，即职事之官。职什么事呢？当然是职巫事之事，因而史源于巫也就不难理解。王、罗、马诸家说实际上均受许慎《说文解字》对"史"字的解释之拘限，许慎谓："史，记事者也。"这种记事之史应是晚出的狭义的史，是广义的史官日渐分化后的产物，或者说是史官文化的次生形态。有学者研究指出，西周时"史官的职务主要为掌祭祀、掌典仪、掌册告、掌记事"[⑤]。到春秋战国时期，礼崩乐坏，史官主要掌记事，所谓"动则左史书之，言则右史书之"[⑥]。"左史记言，右史记事，事为《春秋》，言为《尚书》"[⑦]正是这一实情的反映。春秋时期，史官虽仍有"司天""司鬼神""司灾祥""司卜筮"等职能，但已是巫官文化特质的孑遗。六经皆史也，据此定孔儒为史官文化之"嫡传"亦无不可，但此时的史官文化已是狭义的史官文化。实际上，狭义的史官文化也即是狭义的巫文化，所以党晴梵先生说："儒接受'小巫'的知识；墨接受'巫匠'的知识；老接受'大巫'（史巫）的知识。"[⑧]这样

---

① 王国维：《观堂集林》第一册卷六《释史》，中华书局 1959 年版，第 269 页。

② 罗振玉：《殷墟书契考释》中，第 19 页。

③ 马叙伦：《中国文字之源流与研究方法之新倾向》，学林社 1941 年版。

④ 胡厚宣：《甲骨探史录》，生活·读书·新知三联书店 1982 年版，第 303—339 页。

⑤ 陈来：《古代宗教与伦理》，生活·读书·新知三联书店 1996 年版，第 51 页。

⑥ 《礼记·玉藻》。

⑦ 《汉书·艺文志》。

⑧ 党晴梵：《先秦思想史论略》，陕西人民出版社 1959 年版，第 25 页。

说是有道理的。

如上之论，我们可以说：晚周至战国时狭义的史官文化加上南方巫文化即是广义的史官文化。因此，从广义角度说史官文化是先秦道家的文化背景是不错的，但以往学者不加辨识、笼而统之地说史官文化是道家的文化背景则不对，至少是值得商榷的。

二、出史入道

史官与道家确乎有某种不可解的因缘，也多为学者所关注。如上所论，北方史官文化和南方巫文化共同成为先秦道家思想的文化背景，但先秦道家是怎样对待这两种不同的文化背景的？这两种文化背景又各自为先秦道家贡献了什么样的思想资源呢？这些都是已往学者有所疏略而实际上应予以清楚把握的问题。

先秦道家对待史官文化与巫觋文化的态度是有区别的。具体表现为对待史官文化是超越中有所依傍，重在超越；对待巫觋文化是承继中又有所舍弃，重在承继。先秦诸家中，史官文化之于道家与史官文化之于儒家，有着显明的差别。先秦儒家素以史官文化的正宗、嫡传自居。文王作为西周史官文化的代表，自然成为孔儒效仿、继承的典范，"素王"之说、"宪章文武"、"从周"、"不作"，正反映了孔儒对史官文化的态度。《庄子·天下》曰："古之人其备乎？……其明而在数度者，旧法、世传之史尚多有之；其在于《诗》、《书》、《礼》、《乐》者，邹鲁之士、缙绅先生多能明之。"先秦儒家据以为本的六经，乃"周史之大宗也"，"礼不可以口舌存，儒者得之史"，"乐不可以口耳存，儒者得之史"。[①]孔儒是以倾心向往、忠心继承的态度来对待史官文化的。三代以来，特别是周之礼乐文化也的确是赖孔儒而得以传扬。与孔儒相反，老子虽身为周之史官，最终却辞官归居。对此，史

---

① 龚自珍：《龚定盦全集类编·古史钩沈论》，世界书局1937年版。

家解释为"见周之衰，乃遂去"①。这可能是比较直观的看法，更深层的原因恐怕是老子思想对史官文化的背反。《老子》第三十八章曰："失道而后德，失德而后仁，失仁而后义，失义而后礼。夫礼者，忠信之薄而乱之首也。"第十八章："大道废，有仁义；智慧出，有大伪；六亲不和，有孝慈；国家昏乱，有忠臣。"第十九章："绝仁弃义，民复孝慈；绝圣弃智，民利百倍；绝巧弃利，盗贼无有。"老子、道家一方面敏锐地看到"仁义，先王之蘧庐也，止可以一宿而不可以久处"，"古之至人，假道于仁，托宿于义，以游逍遥之虚。""夫六经，先王之陈迹也，岂其所以迹哉！"另一方面更深刻地揭示出以仁义礼智为核心的史官文化的异化现象，因而要弃绝这种异化了的史官文化。孔子为什么治六经，时间既久且熟知其故，"论先王之道而明周、召之迹"，然而，周游列国，"一君无所钩用"②呢？原因在于孔儒太拘执于六经也。"礼者，世俗之所为也；真者，所以受于天也，自然不可易也。"③老子、道家也并非全不要仁义礼智，他们法天贵真，追求的是至仁、至义、至礼，是一种超越了史官文化的局限性的发乎本心，出乎自然的文化。当然，老子、道家除了对史官文化的批判、超越的一面外，也有汲取和依傍的一面。吕思勉先生在解释老子"知礼"与"反礼"的矛盾时说："知礼乃其学识，薄礼是其宗旨，二者各不相干。"④其实二者并不是各不相干，"知礼"恰是"反礼"的知识准备。老子对史官文化异化现象的批判，正是由于老子曾为周之史官，烂熟于史官文化。再者，史官文化重人事、重征实、重经验、重先例的特点对道家通古今之变的历史之道的形成有重要影响。在先秦道家看来，道贯古今，千古一也。《老子》第十四章讲"执古之道，以御今之有。能知

① 《史记·老子传》。
② 《庄子·天运》。
③ 《庄子·渔父》。
④ 吕思勉：《先秦学术概论》，中国大百科全书出版社1985年版，第28页。

古始，是谓道纪"。《庄子》讲"参万岁而一成纯"。对此，王夫之曾给以深刻阐释："言万岁，亦荒远矣，虽圣人有所不知，而何以参之？乃数千年以内见闻可及者，天运之变，物理之不齐，升降、隆亏、治乱之数，质文风尚之殊，自当参其变而知其常，以应一成纯之局。"[1]可见，这还不仅仅是"史鉴于祖，以措于今"的历史意识，而是已经上升到了历史哲学的高度。先秦道家正是在"与时迁移，应物变化"的发展变化中，既"究万物之情"，又超越具体的历史现象而达到对古今之变的本质把握，这就是历史的"道纪"。

如果说先秦道家通达古今之变的历史理性主要受惠于史官文化的滋养，那么其关乎天人之际的哲学智慧就主要得益于巫文化的熏染。在盛行巫文化的时代和社会里，巫觋是时代之精英和社会的主角。巫觋的主要职责、功能是沟通天人。虽然在南方巫文化的历史上，曾有"家为巫史""民神杂糅"的传统，但因帝颛顼和帝尧的两次"绝地天通"的宗教改革的影响，沟通天人之责主要还是靠专职的巫觋来承担。《说文解字·巫部》曰："巫，巫祝也。女能事无形，以舞降神者也。"张光直先生对此解释为："巫师能举行仪式请神自上界下降，降下来把信息、指示交与下界。"[2]巫觋除了具有以舞降神的一面外，还可以"靠着上插云霄的高山"与天神相交通，因为"上插云霄的高山就是神圣所常游的地方"。[3]《山海经·大荒西经》曰："大荒之中有山……有灵山，巫咸、巫即、巫盼、巫彭、巫姑、巫真、巫礼、巫抵、巫谢、巫罗十巫从此升降。"袁珂先生说："上下于天，宣神旨，达民情之意。"[4]可以说沟通天人是巫文化的最重要特色。在巫风浓郁的楚文化氛围中，先秦楚道家把巫觋沟通天人的实践转变为对天人之道的哲学探索。同

---

[1]　王夫之：《俟解》，《船山全书》第十二册，岳麓书社 1992 年版，第 485 页。

[2]　张光直：《中国青铜时代（二集）》，生活·读书·新知三联书店 1990 年版，第 48 页。

[3]　徐旭生：《中国古史的传说时代》，文物出版社 1985 年版，第 79 页。

[4]　袁珂：《山海经校注》，上海古籍出版社 1987 年版，第 397 页。

受楚文化滋养而又与道家相映成趣的是"激宕淋漓，异于风雅"，充满浪漫主义气息的"楚辞"中所闪现着的理性主义的光辉，其中最具代表性的是屈原的《天问》。诗人以 170 多个问题，对从"遂古之初"到战国之世如此长时段，从天地构形、万物生成到神话与人事、历史与现实等如此全方位的诸多现象，提出了普遍的诘问。这早已溢出了所谓"宣神旨，达民情"的范围，表现出了"上下求索"的理性意识。同样，以诗与寓言为表现形式的先秦道家，则是直接给这一个世界以哲学理论的把握。在他们看来，域中四大，天、地、道、人，各居其一。另一方面，"人法地，地法天，天法道，道法自然"。道贯天、地、人，以道统天人的智慧之思，达到了前无古人的思辨层次，如果说南方成熟期的巫文化具有"诗性神学"的色彩，那么，可以说先秦道家则是在这"诗性神学"中生长出来的"诗性玄学"①。在这里神话的铺张扬厉被舍弃了，而关于天人交通的有关思想却得到了哲学的改造。

回到题旨，上面所论，就是试图回答先秦道家是如何出史入道的。在先秦道家史上，最具有象征意味的要算是老子的"免而归居"与"出关西去"。《史记·老子传》载老子"居周久之，见周之衰，乃遂去"。老子究竟去了哪里，是径直出关了吗？《史记》并未交代清楚。《庄子·天道》说："周之征藏史有老聃者，免而归居。"结合这两处记载，老子的行止的确可以用"出史入道"来概括："免而归居"是"出史"，"出关西去"是"入道"。对于"出史"与"入道"关系的认识，最有深致，最获我心之所同然者，当推龚定盦的《尊史》：

> 史之尊，非其职语言司谤誉之谓，尊其心也。心如何而尊？能入。何谓入？天下山川形势，人心风气，土所宜，姓所系，国之祖宗之令，下逮吏胥之所守。其于言礼、言兵、言狱、言政、

---

① 维柯：《新科学》，朱光潜译，商务印书馆 1998 年版，第 181 页。

言掌故、言文章、言人贤否，皆如其言家事，可谓能入矣。又如何而尊？曰能出。何谓出？天下山川形势，人心风气，土所宜，姓所系，国之祖宗之令，下逮吏胥之所守，皆有联事焉，皆非所专官。其于言礼、言兵、言狱、言政、言掌故、言文章、言人贤否，辟犹人在堂下，号咷舞歌，哀乐万千。堂上观者，肃然踞坐，眣睐而指点焉。可谓能出矣。不能入者非实录。垣外之耳，乌能治堂中之优也耶？如此则史之言，必有余癢。不能出者，必无高情至论。优人哀乐万千，手口沸羹，彼岂复能自言其哀乐也耶？如此史之言，必有余喘。是故欲为史，若为史之别子也者，毋癢毋喘，自尊其心。心尊，则其言亦尊；心尊，则其官亦尊矣；心尊，则其人亦尊矣。尊之所归宿则如何？曰：乃又有所大出入焉。出乎史，入乎道。欲知道者，必先为史。此非载所闻，及刘向、班固之所闻。向、固有征乎？我征之曰：古有柱下史李聃，卒为道家大宗，我无征也软哉！①

龚氏所谓尊史、尊心，实尊道、尊老也，实尊老之心、尊道之心也。老子能出史，是先已入史，能入才能于世事人情体会得深；能出才能够超以象外，得其环中。老子所以"卒为道家大宗"，正在于老子"出乎史，入乎道"。当然"出史"并不必然"入道"，而"入道"也并非定要"出史"，后老子的先秦道家人物没有一人再做史官，不做史官，何来出史之说，然而照样"入道"。龚氏所谓"出史入道"的"大出入说"，其深意恐怕是在"入世"与"出世"也：只有遍历人情世事、万千哀乐，出世才能有基础，才不致堕入虚妄；只有超越于人情世事，才能对于人间世事看得深切透彻，才有高情至论，才会对于文明的病有从根救起的宏愿。

① 龚自珍：《龚定盦全集类编》。

第三节　隐者的社会实践基础

一、先秦"游士"

论及隐者，自然要从中国古代社会的士阶层说起。士阶层无疑是中国历代社会最具特色的一个阶层，是中国历史上最大的一个变数和动因。中国古代社会政治、经济、文化乃至整个文明性格的许多秘密都可以到这一阶层中去寻找。先秦时期的"游士"尤其突出地显现出上述特点，并大致由此规定了往后中国士阶层的命运。

用"游士"来概述先秦士阶层，不仅史有明载，亦为学者所共识，实为最妥帖的说法。不过，一般对"游士"的理解较为片面，如史家、学者多认为"游士"即是指那些"离其宗国，轻去其乡"，游说他土，以干时君世主，以取禄位之士。春秋战国之世，正是"布衣驰骛之时，而游说者之秋也"[①]。窃以为对先秦"游士"应予以多面化、立体化的理解，具体可以从三个方面来把握：

其一，春秋战国之世，诸侯列国出于富国强兵的需要，开布衣卿相之局和"礼贤下士"之风，受过"六艺"（礼、乐、射、御、书、数）教育，能文能武的士子纷纷以游说、游学的方式参与到社会政治、文化生活之中，对当时和后世以深刻的影响。例如，春秋晚期，邓析讲学于郑，孔子聚徒讲习六艺于鲁，"弟子盖三千焉，身通六艺者七十有二人"[②]，发展成为儒家学派，卒为儒宗。孟子"后车数十乘，从者数百人，以传食于诸侯"[③]。游学和游说所以成为一时风尚，除了统治者的需要，也是士进于仕途的两个主要门径。以秦国为例，卫鞅本魏人公叔痤之家臣，入秦后因说动秦惠王任相；甘茂乃上蔡监门官史举之家臣，入秦后做秦武王的左丞相；范雎、蔡泽均因游说之才而做过秦昭

---

①《史记·李斯传》。

②《史记·孔子世家》。

③《孟子·滕文公下》。

王之相国。其他诸国亦皆如此，如燕昭王时，郭隗因其说动昭王，不仅昭王为其筑宫室，还造成了"士争凑燕"的局面[①]。战国中后期，发展到有权势的大臣每多养士以为食客。如齐孟尝君田文、赵平原君赵胜、魏信陵君魏无忌、楚春申君黄歇、秦文信侯吕不韦所养食客均达到三千人。游说、游学之士确对当时的列国以极重要的影响，王充《论衡·效力》谓："六国之时，贤才之臣（实指游士），入楚楚重，出齐齐轻，为赵赵完，畔魏魏伤"，确是实情。史家谓士为春秋战国时最活跃的一个阶层，正在于士子离宗国、去乡土，以其文才武艺而游用于列国之间。

其二，先秦士子之所以被称为游士，最根本的原因就是士阶层的社会地位由于旧制度的崩解而名存实亡，士子们丧失了过去稳固的禄位之资，因而他们上下游移，上者可至"士大夫"，下者则为"士庶人"。历来关于先秦士阶层的地位问题，史家、学者争论颇多，童书业先生就曾指出：春秋时代天子、诸侯、卿大夫皆是宗法贵族，应无疑义，但士是否是贵族，则需讨论。[②]窃以为士的地位所以难定，是因为士是一个非常独特的阶层，特别是在制度上：一方面，士没有大夫的那种"采邑"，也没有大夫的那种"家""室"，因而士对官职的依赖性很强。顾炎武《日知录·士何事》条就指出，古代之士皆大抵为有官职之人；另一方面，士可以进仕为官，庶人、工、商则无功不能进仕，士可以受教育，庶人、工、商则至多受低级教育，不能受高级教育。士在古代政制中的独特情况表明，士更多的只是一种身份的标识，从制度上讲，士属于贵族之列，有某些特权，但如不与官职相结合，那多半就是空的。金文和古载籍中所以出现"士大夫"和"士庶人"之说，如金文《中山王𬺓壶》[③]有"愿从士、大夫"，《邾公华钟》

---

① 《战国策·燕策一》。
② 童书业：《春秋左传研究》，上海人民出版社 1983 年版，第 123—124 页。
③ 《文物》1979 年第 1 期，第 21 页、图 23。

有"以乐大夫，以宴士、庶子"①，《国语·楚语下》中观射夫论祭祀时曾两次言及"士庶人"，等等。这并不是说在宗法制度上，士的地位高可以与卿大夫平列，低则与庶人同等，而可能是指士子在仕途上可以达到卿大夫之位，而不能得意于仕途者则与庶人为伍。换言之，士的地位在宗法制度上并无变化，变化的只是具体的士人，用俗话说就是"铁打的营盘流水的兵"。造成这一情况的一个重要的原因可能就是鲁僖公九年，即公元前651年，诸侯在葵丘会盟，在盟约中明确提出"士无世官，官事无摄"②。也就是说士的官爵禄位不世袭，这就更促进或推动了士子的流动或游移，特别是战国之时，实际上，"士阶层处于不断沉浮分化之中，或仕或隐，或出或处，或上升为贵族，或下降为庶民，其间界限当难划定，故史籍中常称之为'游士'"③。实际上，从此以后中国历史上，士子们命运好时，可以是士大夫；命运不济时，则沦落到社会的最底层，如元代有"八娼、九儒、十丐"之说，高不过娼妓，低不过乞丐。"士"在平民百姓看来是官僚，而在官僚们看来也就是高级平民而已。所以余英时先生把中国文化传统中的"士"看作是一个"未定项"是有道理的。④从根本上来讲，中国士子所以成为游士，就是因为他们不属于任何固定的经济阶级，文才武艺成为他们唯一的凭借。

其三，先秦时的游士，还指此一时期存在着一批游离于社会政治、文化生活之外的士子。他们既不聚徒讲学，也无意于时君世主，而是游迹于大自然的山水之间，或者说"游方之外"。他们与"游方之内"的士子相比，同样在学问、道德、人品等方面都有极高的成就，不同的只是他们浮云富贵，敝屣功名，"天子不能臣，诸侯不能友"。孔子

---

① 《三代吉金文存》62。

② 《孟子·告子下》。

③ 萧萐父：《吹沙集》，巴蜀书社1991年版，第155页。

④ 余英时：《士与中国文化》，上海人民出版社1987年版，第11页。

在周游列国时所碰到的晨门者、荷蒉者、长沮、桀溺、楚狂接舆等人均为"游方之外"者，他们均对孔子心存君国的救世主义，对他积极投身于社会政治、文化的改革与建设的行为提出了批评、讥笑和讽刺。实际上，这样一批自洁其行、高尚其志，与现实社会保持距离的游士也就是所谓的隐士。

二、隐者群落

在中国历史上，"游方之外"的隐士群落的出现可以上溯至古史的传说时代，据史籍所载，尧、舜之时就出现了一批"五帝弗得而友，三王弗得而师"①的避世之士，如石户之农、巢父、北人无择、子州支伯、善卷、许由、伯成子高等等。他们共同的特点就是让天下而不受，不漫于利，不牵于势，高节厉行，独乐其意，视天下如六合之外。如尧让天下于许由，许由逃于箕山；舜以天下让于石户之农和北人无择，石户之农负妻携子以入于海，终身不返，北人无择则投于苍领之渊。他们几乎是用一种决绝的态度来捍卫、维护其价值观念和行为方式。此后更有卞随、务光、伯夷、叔齐、虞仲、夷逸、柳下惠、朱张、少连、蘧伯玉等承善卷、许由之续，恪守隐者风范，不事王侯，高尚其事。春秋战国之世，由于士阶层的分化，更是出现了诸如老聃、老莱子、杨朱、子华子、列子、庄周、鹖冠子、北昏瞀人、南郭子綦、长沮、桀溺、石门晨门、荷蓧丈人等一大批隐者，他们一方面保持着前辈隐者不慕荣利、傲视王侯、退隐野处的传统；另一方面，他们"在布衣之位，荡然肆志，不诎于诸侯，谈说于当世，折卿相之权"②，"各著书言治乱之事"③，"不治而议论"。例如庄周有《庄子》，老聃有《老子》，列御寇有《列子》，他们表现出更高的理论自觉性，特别是他们

---

① 《吕氏春秋·离俗》。

② 《史记·鲁仲连列传》。

③ 《史记·孟荀列传》。

不再只是像前辈隐者一味地与俗世保持距离，而是又从"方外"关照"方内"，以一种超然冷静的眼光来看人间世，以一种独立不阿的批判态度和"以德抗权""以道抑尊"的精神回到现实世界，因而他们对于政治的恶、社会的乱和人民的苦看得更为真切、深刻。他们以博古通今的历史教养，深观社会矛盾运动，冷静分析和总结历史经验，实际上具有极高的治世才能[1]。这一渊源古远，兴盛于春秋战国之世的隐者群落既为当世的儒家学者所称道，更为后世文人士大夫所推许和效仿。如孟子推"於陵仲子"为齐国士子之巨擘[2]，孔子称赞虞仲、夷逸之辈"隐居放言，身中清，废中权"[3]，认为他们隐居不仕而放言高情至论；处身清高而合乎权变之道。"鸟，吾知其能飞；鱼，吾知其能游；兽，吾知其能走。走者可以为罔，游者可以为纶，飞者可以为矰。至于龙，吾不能知，其乘风云而上天？吾今日见老子，其犹龙邪！"[4] 足见孔子对老子推崇备至。在后世学者看来，"柱史归周，而道阐关尹，去职而真成。晨门藏名于抱关，沮溺避世而耦耕。汉阴抱瓮以忘机；渔父乘流而濯缨。於陵灌园以逃相，莱氏负戴以辞卿。南华漆园以寓迹，列子郑圃以消声"。这些真正的隐者"体旷容寂，神清气冲；迥出尘表，深观化宗；偃太和之室，泳元古之风；收人之所不宝，弃人之所必崇；以道德为林圃，永逍遥于其中"[5]，成为后世学者追仿的榜样。战国以后，隐者群落可谓代不乏人，蔚为一股重要的社会势力，如黄石公、盖公、"商山四皓"、张良、严光、陶潜、范缜、陶弘景等，均为著名的隐士。处世士子纷纷以访隐、招隐，结交隐士为荣耀。"桃源一向绝风尘，柳市南头访隐沦。"[6] "子陵没已久，读史思其贤。谁谓颍

---

① 萧萐父：《吹沙集》，第 153 页。

② 《孟子·滕文公下》。

③ 《论语·微子》。

④ 《史记·老子传》。

⑤ 吴筠：《逸人赋》。

⑥ 王维：《春日与裴迪过新昌里访吕逸人不遇》。

阳人，千秋如比肩。"[①] "行行访名岳，处处必留连。"[②] "杖策招隐士，荒涂横古今。岭穴无结构，丘中有鸣琴。"[③] 贵为君王的梁武帝、明宣宗等亦有《逸民吟》《招隐歌》及《招隐敕》等。特别是自范晔《后汉书》开始，隐士群团开始在正史中占有一席之地。其后，唐修《晋书》《隋书》，宋修《唐书》直至清修《明史》等，均依《后汉书》之例，专设《隐逸列传》，将各代著名隐士的事迹载入国史，语多褒扬。私家史著中更有晋皇甫谧撰《高士传》和清高兆的《续高士传》，广收天下古今名隐以传世。不唯如此，隐者群团的思想和行为孕育了道家学派，成为道家依存的社会基础。[④] 立基于隐者群的道家和儒家共同塑造着中国士子乃至整个中国人的精神品格，成为操持中国文化的幕后主角。

三、道家风骨

关于道家和隐者的关系，素为史家、学者所重视。《史记》明载："老子，隐君子也。老子修道德，其学以自隐无名为务。"庄周宁拒楚威王之聘而甘愿"曳尾于涂中"。列子归隐，"三年不出，为其妻爨，食豕如食人，于事无与亲。雕琢复朴，块然独以其形立。纷而封哉，一以是终"[⑤]。这些都足见先秦道家学派的主要代表人物均是隐者。晚近学者亦多注意到道家与隐者的渊源关系，如冯友兰先生在《中国哲学简史》《中国哲学史新编》等著述中，多次指出："有一般人抱有技艺才能，然而不愿意责与他人，这便是隐士。道家即出于隐士。""这些'隐者'、'逸民'之流，是道家思想的前驱。""道家出于隐士，故其理想中之人物，为许由务光之徒，此等人对于政治社会，皆取旁观态度，

---

① 张谓：《读后汉逸人传》。
② 陈周弘让：《留赠山中隐士》。
③ 左思：《招隐》。
④ 萧萐父：《吹沙集》，第155页。
⑤ 《庄子·应帝王》。

此态度在道家思想中，随时皆可见。"陈荣捷先生在论述道家思想的兴起时，特别强调隐者的前导作用。他说："在某种意义上，说隐者是道家的先河，未尝不可。隐士避世俗，自洁全生，或且游于方外，独与天地往来，自古以来都有。"① 南怀瑾先生亦指出："道家渊源于隐士思想，演变为老、庄或黄、老。"② 业师萧萐父教授则指出："单就道家，论其起源，似可概括地表述为出于史官的文化背景而基于隐者的社会实践，前者指其理论渊源，后者指其依存的社会基础。"③ 在《道家风骨略论》一文中，萧师亦指出，隐者群的生活实践"乃是道家风骨得以形成和滋长的主要社会根基"④。衡论诸说，萧先生的见解较为中肯而切实，其余诸说稍嫌笼统，缺乏进一步分疏，但都肯认道家与隐者群的渊源关系。

但先秦道家与隐者群落究竟是一种什么样的渊源关系？或者说生长于隐者群落的先秦道家与一般隐者相比，有没有和有什么样的独特之处？对此学者们少有论述。冯友兰先生在论及道家源于隐者时，曾正确地指出："道家也不是普通的隐者，只图'避世'而'欲洁其身'，不想在理论上为自己的退隐行为辩护。道家是这样的人，他们退隐了，还要提出一个思想体系，赋予他们的行为以意义。"⑤ 但冯先生所论仅止于此，未加更深入的阐发，且冯先生所述，语涉贬义。在冯先生看来，道家的理论辩护也只是为他们的败北主义辩护。萧萐父先生虽以思想和学风中含有的某种内在的精神气质入手，对道家独特的风骨有深入的分析、总结和肯定，但他是从儒、道对比的角度来申论的。对独特的道家风骨的认识，既要从儒、道比较的角度加以把握，也要从道家

①　陈荣捷：《战国道家》，历史语言研究所《集刊》第44本第3分册，台北1972年，第437页。

②　南怀瑾：《道家与道教》，复旦大学出版社1991年版，第142页。

③　萧萐父：《吹沙集》，第153页。

④　萧萐父：《道家风骨略论》，载《道家文化研究》第2辑，上海古籍出版社1992年版，第5页。

⑤　冯友兰：《中国哲学简史》，北京大学出版社1985年版，第75页。

与一般隐者比较的角度来把握。笔者认为，道家风骨主要体现在"避"与"隐"，具体地说就是"避于俗世"与"隐于自然"。先秦道家虽渊源于隐者群，但他们的"避"与"隐"是"大避"与"大隐"，不同于一般的隐士。《论语·宪问》曰："贤者避世，其次避地，其次避色，其次避言。"王康琚《反招隐诗》云："小隐隐林薮，大隐隐朝市。"白居易《中隐》诗云"大隐隐朝市，小隐入丘樊。丘樊太冷落，朝市太嚣喧。不如作中隐，隐在留司官。似出复似处，非忙亦非闲。"由上可见避与隐是有境界之别的，就像荀子所说的儒有"陋儒""散儒""俗儒""雅儒""小儒""大儒"等分别一样。道家的"避"不是避地、避色、避言，而是避世，但只要人活在这个世界上，就不可能"避世"，因此，道家的"避世"实乃是对这个世界的一种批判的"趋往"，"避"本身被当作一种批判的方式，一种否定，因为在这个充满恶欲的俗世界，真诚、善良与美都被淹没在假、恶、丑之中。道家的"隐"不是隐山林、隐丘樊，不是隐姓埋名、销声匿迹、江海寄平生，而是隐于朝市。朝市长喧嚣，如何能隐？隐于心也，隐于自然也。朝市又何妨，心远地自偏。自然也并不仅仅只是自然山水，更在于心性之自然。因此，我们总能听到他们批评的声音，总能看到他们的身影。如庄子游于人间世：一会儿雕陵游，一会儿濠梁辩，一会儿过于魏，一会儿行于山中；列子为妻子烧火做饭，食豕如食人；"楚之隐人"鹖冠子，虽"居深山，以鹖为冠"，但曾为庞煖师，传书十九篇；更不用说游学于稷下的北方道家诸子了。

　　对于充满了辩证慧见的先秦道家的隐与避，实不能予以简单理解，而应当从避与趋、隐与显的辩证关联中来把握。避世正是以一种"避"的方式"趋"世，一种对世界的否定的、批判的观照；而隐也决不仅仅是"贵无""全生"而已，"道隐无名"①，隐是求道，隐是求得"静

――――――――――

　　① 《老子》第四十章。

心"，求得对世事人情的玄解，从而做到更好地显（更好地用于世）。避与趋、隐与显也就是无为而无不为，无用而无不用。"避于俗世"是否定外在世界，"隐于自然"是趋向内在心灵；避是外在批判，隐是内在超越；避是弃，隐是取；避是看到了假、恶、丑，隐是为了求得真、善、美；避是不满于假仁义以遂私欲、浇漓天下之纯朴的现实，而隐则是为实践自然无为、复归于朴的理想；避是"被褐怀玉"、掉背独行，隐是"道法自然"、因任物化；避是是非有别、物我分殊，隐是均同物我、齐彼物论；避是即世兴感、自陈块垒，隐是扫灭情累、自我开解。这就是道家风骨！

第二章　有无论

怀特海（A. N. Whitehead）曾经说过："一部西方哲学史不过是柏拉图的注脚。"[①]如果对西方哲学史有所了解的话，这并非不实之誉。因为柏拉图的"理念论"哲学确为其后的西方哲学提供了可资汲取和开发的源头活水和精神资源，是西方"轴心时代"里重要的哲学原典。以此比照中国先秦时代的诸子百家之学，我们亦可以说，先秦道家的创始人老子所创道论，正是中国古代的"第一哲学"，《老子》五千言成为此后中国哲学得以发展、延伸的最基本的文本之一。此后的哲人们无论是尊之者还是抑之者都不过是对老子道论的不断注释和发挥，或援借老子有关思想以作为各自哲学创制的重要资源。可以说，以老子以及要本于老子的庄子为代表的先秦道家塑造了中国哲学的形上品格。

这里需要进一步阐明的是，"道""道德"等词实在是先秦时期儒、墨、道等诸子百家的共同名词。韩愈在其《原道》一文中曾谓："仁义为定名，道德为虚位。""道""德"等词在春秋战国时期确是诸子百家共同使用的一个形式上的"共名"（故称"虚位"）。所以金岳霖先生说："中国思想中最崇高的概念似乎是道。所谓修道、行道、得道，都是以道为最终目标。""不道之道，各家所欲言而不能尽的道，国人对

---

① 转引自余英时：《中国思想传统的现代诠释》，江苏人民出版社 1989 年版，第 48 页。

之油然而生景仰之心的道，才是中国思想中最崇高的概念，最基本的原动力。"[1] 使老子、道家哲学足当"第一哲学"之称的倒不是这个"共名"，而是这个"虚位"的"共名"之内的有无之论。正是道家的有无论才使道家与其他诸家鲜明地区别开来，并因此而具有哲学突破性和超越性，"虚位"的"共名"只是显现了道家与其他诸家在思想文化方面的相互联系的一面。以老、庄为代表的先秦道家虚玄的道论就是有无论。张岱年先生曾指出，先秦时期的有无论始自老子[2]，有无问题是道家最富于哲学思辨的问题。

第一节　先秦道家无有论

一、"无"论

"有"和"无"是先秦道家思想中层次颇多、意蕴繁复的一对范畴。如何理解有、无问题也就是如何把握先秦道家之道论的关键问题，而这又是一个难点问题。例如一代大儒熊十力先生在中年以"心物"释"有无"，而到了晚年则以"体用"释"有无"。[3] 无独有偶，冯友兰先生在释老之"有无"范畴时，更是三易其解，在其两卷本《中国哲学史》中，他认为道即无，但此"无"非具体事物，不受名之限制，而"有"则有三义：一是具体事物，一是指道生天地万物的功用，一指太一。在其《中国哲学史新编》第一册中，他认为老子的"道"相当于古希腊哲学家阿那克西曼德的"无限"，而这"无限"就是"未分化的物质"，"有"则指"有名"。1983 年，冯先生发表的"新编"（修订本）第二册中，则视"无"为"万物的共相"，"无"即"道"，"有"也是"共相"，"道""无""有"是异名同谓。从诸家的析解中可

---

①　金岳霖：《论道·绪论》，商务印书馆 1987 年版，第 16 页。

②　张岱年：《中国哲学大纲》，中国社会科学出版社 1982 年版，第 142 页。

③　郭齐勇：《熊十力思想研究》，天津人民出版社 1983 年版，第 285 页。

以看到，最难以说清楚的就是"有生于无"的思想。老子、道家，"有生于无"的"无"究竟意味着什么呢？笔者以为考诸道家诸子，特别是老、庄的本文，"无"实有以下数层意涵：

1."无"本论

所谓"无"本论就是指道家以"无"为本的本体论，道家诸子中，老子最先提出以"无"为本的思想。在《老子》书中，老子第一次超越于"无物""无名""无为""无事""无味""无兵""无欲""无疵"等"无"的殊相，而达到了"无"的共相，即提出了"一般"意义上的"无"范畴，特别是表达了以"无"为本的本体论思想。

《老子》第一章云：

> 无，名天地之始。
> 常无，欲以观其妙。

第二章云：

> 有无相生，难易相成，长短相形，高下相倾，音声相和，前后相随。

第十一章云：

> 三十辐共一毂，当其无，有车之用；
> 埏埴以为器，当其无，有器之用；
> 凿户牖以为室，当其无，有室之用；
> 故有之以为利，无之以为用。

第四十章云：

> 反者，道之动；弱者，道之用。
>
> 天下万物生于有，有生于无。

在这里，"无"既是天地之始、本原，又是万物的内在根据。"无"作为"天地之始"和"有"之所生者，似有始基、本原的意思，显然，老子在此以"无"为始、本原的思想，较之于《尚书·洪范·九畴》中的"金、木、水、火、土"的"五行说"，以及伯阳甫的"阴阳"二气说，是一次更高的抽象，确具有哲学突破的意义。从《老子》第十一章来看，毂、器、室之用正在于其中的"无"，正是这个"无"使车子有车子之用，使房屋有房屋之用，使陶器有陶器之用。人们通常把"无"只是理解为空间上的"无"，这是不够的，也不能把"毂""器"只是理解为具体的物，"毂""器""室"只不过是"有"的"殊相"，是老子用来说"有"的例子，空间上的"无"也只是为了拟说本体意义上的"无"。可以说，正是"无"使"有"有了存在的根据，正是"无"使"有"有起来，正是"无"规定了"有"之所以"有"。任继愈先生认为老子在此是把"有""无"关系弄颠倒了，认为老子把"无"作为第一性的东西，把"有"作为第二性的东西，因而是错误的。[1] 当然，从现象上看，没有辐条、砖瓦、陶土，哪来车子、房屋和陶器呢！但问题的根本并不在此，辐条、砖瓦和陶土，只是作为车、室、器的材料而已，并不能赋予车子、房屋、陶器以生命、以形式，只有毂中无、室中空、器中虚，才使材料有了形式（存在形式）、有了生命，也就是说，正是"无"才使"有"有了"有"起来的根据，这里的"空""无"有些类似于亚里士多德的"形式因"，在

---

① 任继愈：《老子新译》，上海古籍出版社 1985 年版，第 82 页。

亚氏那里"形式因"是第一本体。就质料和形式二者来说，质料没有限制，没有任何规定性，有了规定性才有具体事物，形式正是质料成为确定事物的原因。正如泥土对于容器来说是没有规定性的，只有赋予泥土以形式，泥土才成为具体的器物，或者说，正是空、无否定了泥土的无规定性，泥土才成为具体的器。《庄子·外物》中庄子和惠施关于"无用"与"有用"的辩论正深刻地揭明了上述之道理。[①] 庄子曰："天地非不广且大也，人之所用容足耳，然则厕足而垫之致黄泉，人尚有用乎？"惠子曰："无用。"庄子曰："然则无用之为用也亦明矣。"大路之用正赖于路面之无和路外之无，路外无用之地恰恰是路得以有路之用的根据，没有路外无用之地，则路不成其为路也，这也正是足之所蹍者，"然待所不蹍而后行"[②]。这也即是说，"'有'所给人的便利，完全靠'无'起着决定性的作用"[③]。正因为"无"是"有"的根据，所以才说"有生于无"，这里"有生于无"应理解为"有"存在于、生存于"无"。当然"无"作为"有"的根据自然内在于"有"中，"无"作为"有"的根据，在使"有""有起来"的同时，"有"也使"无""有起来"，因而"无"不是绝对的虚空，不是绝对的空无所有，这就是"有无相生"。如果以生死来拟说，把生视为"有"，把死比作"无"，人的生命之所以有价值、有意义，正在于人有一死，人若不死，则生命当了无生趣，人作为向死的存在，死贯穿于、内在于生命的整个过程。当然，有限的人生也使得死有了生的意义，这也可以说是生死相生吧！

综上所述，正是在"无"作为天地万物的始基、本原和万有的根据这样两层含义上，我们才可以说先秦道家之"无"有本体论的意义。

---

① 朱哲：《道家哲学的价值观初论》，《社会科学研究》1996 年第 6 期，第 41 页。

② 《淮南子·说山训》。

③ 任继愈：《老子新译》，第 83 页。

2. 宇宙生成论

冯友兰先生在其哲学史论著中认为老子宇宙生成论和本体论划界不清，造成混乱，就在于用了"生"字。[①] 我以为并非老子划界不清，而是宇宙生成论与本体论在道家创始人那里本来就是密切相关的，用一个"生"字正好把二者融合在一起，只是这的确给我们这些具有现代思维、富于分析理性的后来者带来了理解上的混乱与困难。在冯先生看来，有无既是异名同谓，既是"有无相生"，就不能说是"有生于无"。[②] 这是用现代的形式逻辑、分析逻辑对老子辩证思想的发难。笔者以为，从整个先秦道家的有关思想来看，道家"天下万物生于有，有生于无"的宇宙生成论思想，正应当从"有无相生"才能得到真正切实的理解、说明。

老子在讲"无，名天地之始"时，亦讲"有物混成，先天地生"[③]。这里"先天地生"的"有物混成"，正是"天地之始"的"无"。"无"不是不存在，不是虚无，"无"只不过是天地万物混沌未形的初始状态，即"混成"状态。是什么混成呢？涂又光先生认为是"希""夷""微"三者混成，我认为此说似可商量，希、夷、微只是从视、听、搏三种感觉方式对"混成"状态的反映，并不等于"有物"。其实是对立的两个方面混成在一起。"有物"即指"有"与"无"，也即是肯定与否定两种因素、两个方面。《老子》第二章中的"有无相生"正是指统一体内部对立两个方面的相互生成。不能把有无理解为存在与不存在，如果把此章中的有无理解为存在与不存在，则显然与此章中的"高下""难易""音声""长短"就不是同一个层次，因为"高下""长短""音声""难易"均是"有"的层面的相反相生的现象。陈鼓应先生曾提出："'有无相生'的'有''无'则指现象界事物之

---

① 冯友兰：《中国哲学史新编》第二册，人民出版社 1984 年版，第 51 页。
② 冯友兰：《中国哲学史新编》第二册，第 51 页。
③ 《老子》第二十五章。

对待关系而言"，或者说"有无相生"的"有""无"是"变名"而非"常名"的"有""无"。再者，如果把有无理解为存在与不存在，那不存在是如何能生出存在呢？这也就是说"有无相生"中的"无"与"天下万物生于有，有生于无"中的"无"不是同一个"无"。具体地说，"有无相生"中的"无"是"有生于无"的"无"中之"无"。在宇宙生成论的意义上，"有生于无"中的"无"是"似无实有"的"无"，是"无动不生无而生有"的"无"①，其中恰含有"有无相生"中的"无""有"两个方面，正是这两个方面的相反相生，才促动着"有"从"无"中生出来，才使万物有了生万物的"有"，或者说"无"中包含着自身对自身的否定，从而才有"有"从"无"中生出来。这一点，说老子"建之以常无有"②，并以"无有"释"无"，其实是大有深意的，而并非仅仅是合"常无""常有"而为说。

《庄子·大宗师》云：

> 孰能以**无**为首，以生为脊，以死为尻，孰知死生存亡之一体者？③

《庄子·庚桑楚》谓：

> 有乎生，有乎死；有乎出，有乎入。入出而无见其形，是谓天门。天门者，**无有**也。万物出乎**无有**。有不能以**有**为有，必出乎**无有**，既而有生，生俄而死。以**无有**为首，以生为体，以死为尻。

---

① 《列子·天瑞》。
② 《庄子·天下》。
③ 黑体为笔者所加，下同。

《庄子·知北游》谓：

> 光曜问乎无有曰："夫子有乎？"其无有乎也。①光曜不得问，而孰视其状貌，窅然空然。终日视之而不见，听之而不闻，搏之而不得也。光曜曰："至矣，其孰能至此乎？予能有无矣，而未能无无也。及为无有矣，何从至此哉！"

《庄子·天地》云：

> 泰初有无，无有无名。一之所起，有一而未形。物得以生，谓之德；未形者有分，且然无间谓之命；留动而生物，物成生理谓之形；形体保神，各有仪则谓之性；性修反德，德至同于初。

《庄子·天下》云：

> 以本为精，以物为粗，以有积为不足，澹然独与神明居。古之道术有在于是者，关尹、老聃闻其风悦之。建之以常无有，主之以太一，以濡弱谦下为表，以空虚不毁万物为实。

上举数例可以看出，庄学派讲"以无为首""以无有为首"，讲"光曜问乎无有"，正是以"无有"来诠释"无"或把"无"理解为"无有"的。在老子那里，"无"是"天地之始"，庄学派则讲"始无有"，"泰初有无，无有无名"，泰初之"无"就是"无有"。在此，不能把"无有"理解为否定意义的"没有"，而是包含肯定与否定的两方面。这个"无有"是万物出生入死的总门、天门，是"众妙之门"②，是

---

① 此处脱"无有弗应也"五字，据《淮南子·道应训》补。
② 《老子》第一章。

"玄牝之门"①：万物出乎"无有"，入乎"无有"；生乎"无有"，死而归乎"无有"。《老子》第四十三章讲："出入无有，入于无间"，"无间"亦"无有"也。这个"无有"在最初始状态时是"有一而未形"的"太一"，虽"未形"却"有分"，既"有分"又"无间"。分者，分别、差异之谓也。宣颖谓"分"指分阴分阳，笔者以为"有分"指"分有分无"。无间者，浑成一体也。宣颖谓阳变阴合、流行无间，林希逸谓有分而又分不得故谓无间。无论是"分阴分阳"，还是"分有分无"，都是说这个"未形"的"无"中，有着既不能分开而又确实彼此差异、彼此对立的两个方面。正是这样的"无有"之"无"（即"太一"，即"道"），才是生命的种子、生命的动力，万物正是赖此以生。一旦这个"有分""无间"而"未形"的"无"流动起来②，就会生一、生二、生三，就会生天地，生万物，这也就是生理流行则万物成形。道家庄学派以"无有"释"无"，正表明道家之"无"不是空无所有，不是虚无。梁启超在《老子哲学》中认为老子之"无"都是"空无"，"空者像一面镜子，镜内空无一物，而能照出一切物象，老子所说的'无'，正是这个意思。"胡适亦认为老子之"无"就是空虚的空处。如果仅仅把老子的"无"理解为空无，那"无"就只能是镜子、空处，"无"就只能照物、容物，而不能生物、化物。庄学派以"无有"释"无"的"无有"说，正把老子之"无"中本有而又未明言的内核揭示了出来，老子生有、生万物的"无"，只不过是"未形"、没有展开的"道"的初始（或本原、本真）时的"窅然空然"状态，是"似无实**有**"之"无"。老子所谓"有""无""始""母"本来就是"同出异名"的一体，"始"与"母"本是同一个女人，所以分"无"分"有"是为

---

① 《老子》第六章。
② "留动而生物"中的"留动"当为"流动"才是，陆德明《释文》云：留或作流。陆说极是。

了区别道生万物的两个阶段①，笔者以为也是区别一体、一物内部的既对待又相生相成的肯定与否定的两种力量、两个方面。而且正是"道"内部的这两个方面、两种力量使得道生万物的过程展现为从无到有两个阶段。对此，实可以概括为"一无一有之谓道"。

综上以观，先秦道家之"无"实有宇宙生成论的意义，老子"天下万物生于有，有生于无"的过程也就是庄学派的天下万物生于"有"，"有"生于"无有"的过程。

3. 无我论

先秦道家之"无"，反映在个体自我的精神境界上就是"无我论"的超越境界论。

在道家创始人老子那里，"无我"主要体现在"身退""虚心""后身""外身"及"无身"，反对外在物欲对人心的宰制，主张通过"致虚极，守静笃""若遗""若昏""闷闷"等"异于人"的方式来维护生命的尊严和价值。在现实的人世中，功、名也许是不可避免的，其关键在于要懂得遵循"功成名遂，身退"②之道，"身退"也就是成功成名面前的"无我"。另外，老子还特别从人身之大患的角度提出"无身"的主张，"吾所以有大患，为吾有身；及吾无身，吾有何患？"③"五色"所以"令人目盲"，"五音"所以"令人耳聋"，"五味"所以"令人口爽"，"驰骋田猎"所以"令人心发狂"，"难得之货"所以"令人行妨"④，最根本的就在于人有身，"患因身有，身无患绝"，"身患不异也"⑤。"无身"并不是灭杀自我，"无身"是为了使人身无患，"贵大患"者实"贵身也"，"后身"是为了"身先"，"外身"是为了"身存"⑥。老

---

① 张岱年：《中国哲学大纲》，第 141 页。

② 《老子》第九章。

③ 《老子》第十三章。

④ 《老子》第十二章。

⑤ 马一浮：《老子注》。

⑥ 《老子》第七章。

子所谓落后于常人、俗人、众人的"若遗""若昏""闷闷"及"顽且鄙"①，实际上是超越于俗人的"昭昭""察察""有以""有余"的更难更高的境界。这就是"无身"而身存、贵大患实免患、后于人而超越于人的辩证慧识。

在道家诸子中，把"无我论"的超越精神发挥到极致的当数庄子"无己""外生""无待"诸说。

《庄子·逍遥游》谓：

> 夫列子御风而行，泠然善也。旬有五日而后反，彼于致福者，未数数然也。此虽免乎行，犹有所待者也。若夫乘天地之正，而御六气之辩，以游无穷者，彼且恶乎待哉？故曰：至人无己，神人无功，至人无名。

列子的境界，可谓高矣，御风而行，泠然善也，然而列子仍有所待，还没有达到真正"无待"的境界。而要达到"无待""无己""无功""无名"的"寥天一"的境界，就必须达到"至人""神人""圣人"的层次。这样的"无己"境界确实陈义过高，但也绝非高不可攀，不过要经过较长的精神历练。这个漫长的修道过程，就是庄子的"外天下""外物""外生"的过程。

《庄子·大宗师》谓：

> 吾犹守而告之，三日而后能外天下；已外天下矣，吾又守之，七日而后能外物；已外物矣，吾又守之，九日而后能外生；已外生矣，而后能朝彻；朝彻而后能见独，见独而后能无古今，无古今而后能入于不死不生。

---

① 《老子》第二十章。

在此寓言中，三日、七日、九日均非实指。而是喻说修道、体道的过程绝非一日之功，是一个长期的过程。在这个过程中，关隘重重，一关更比一关难。业师李德永教授认为三外之中"外物"最关紧要，"因物质生活条件一项最为切己，喜怒哀乐之情，有我无我之分，每每萦怀于此"①。笔者认为，三外之中"外生"也即是"无我"最关紧要。从修养的时间上看，"外生"最长，足见最难；从切己性来看，天下最大，离己也最远，物次之，最切近于己者无过于一己之生死；从"外天下""外物""外生""朝彻""见独""无古今"等诸环节来看，"三外"属一个大阶段，主要是"无"的功夫，而"朝彻""见独""无古今""不死不生"属一个大阶段，王孝鱼先生概括为"四悟"阶段，这"四悟"实为进道过程中的心灵状态。②"三外"之中的"外生"恰处于两大阶段的连接处，是关口中的关口，一旦达到"外生"，则此后的"见独""朝彻"等均不在话下，是自然而然的事。王夫之《庄子解》卷六亦谓"以要言之，外生而已矣"。人的精神境界的超升、历练，一旦达到了"外生"，就会获得一种"透明性"，这就有如经历漫漫长夜之后的破晓初明，一种在痛苦的黑暗中摸索之后的突然觉悟，一切都心明眼亮。这种"透明性"是"人生智慧的透明性"，而不是黑格尔的所谓"概念的透明性"，在这种透明性中，人洞悉到了生命的真谛，明白了生命的价值和意义，明白了我应当为什么而活着！在现实生活中，那些曾亲历死亡，从死亡线上活过来的人们，对此最有体会。

从"外天下""外物"到"外生"的"无我"过程确乎是一个漫长而困难的过程，它需要求道者矢志如一，勤求苦练；庖丁解牛、梓庆为鐻、吕梁丈人之游等寓言故事足以说明这一点。庖丁所以能达到"游刃有余""十九年而刀刃若新发于硎"③的境界，正是经历了由见全

---

① 李德永：《庄子超越精神赏析》，载《不尽长江滚滚来》，东方出版社 1994 年版，第 13 页。

② 陈鼓应：《老庄新论》，上海古籍出版社 1992 年版，第 171 页。

③ 《庄子·养生主》。

牛到不见全牛，由刀之厚到无厚的过程。以厚刀用于全牛，则触处是伤刀的骨头，则必至"月更刀""岁更刀"；一旦技进于道，所见牛非全牛，所用厚刀无厚，"以无厚入有间"当然牛可解而刀无伤。"不见全牛"就是"外天下""外物"，"无厚"就是"无我"，"无我"就是要去心知之执、解情识之结和破生死之惑；就是要不待功、不待名、不待利，物物而不物于物；就是要解除自困、自苦、自累。"无我"了，世界就会变得海阔天空，就可以"陆行不遇兕虎，入军不被甲兵"[①]；就可以"天下往，往而不害，安平泰"[②]，人间处处是自由福祉。这种"无我"实是超越小我，达到"天地与我并生，万物与我为一"的大我、至我的超越境界。相反，执于小我，滞于私我，膨胀了自我，这就是"有厚""无间"，以"有厚"入"无间"，则处处是桎梏，时时有掣肘；处处有伤刀的骨头，时时有伤心的争斗。这样，人间就是牢笼，世界就是地狱。这种膨胀了的自我，恰恰是害我、失我、丧我也。

综上所论，先秦道家之"无"实有超越的精神境界的含义。

4. 无为论

先秦道家之"无"，反映在社会政治层面，就是"无为论"，"无为而无不为"是其核心原则。司马谈《论六家要旨》谓："道家无为，又曰无不为，其实易行，其辞难知。"[③]《老子》第三十七章讲"道常无为，而无不为"，第二章讲"圣人处无为之事"。《庄子·应帝王》云："无为名尸，无为谋府，无为事任，无为知主。"足见庄子对"无为"的重视。《老子》书中"无为"出现十二次，其中有六次是直接关于社会政治方面的。[④]先秦稷下道家学者亦主张"无为论"，如《管子·心

---

① 《老子》第五十章。
② 《老子》第三十五章。
③ 《史记·太史公自序》。
④ 李泽厚：《中国古代思想史论》，第88页。

术上》云："无为之道，因也"，"无为之谓道"，"故必知不言、无为之事，然后知道之纪"。稷下学者们把老子的"无为"之道更加具体化为"静因之道"。《黄老帛书》中的《道原》亦云："无为，其（道）素也。"可以说，"无为"是仅次于"道"的又一个为道家诸子所公认的核心范畴。

先秦道家"无为论"实际上是道家无本论在社会政治方面的具体体现；是道家创始人在对兴亡祸福的史官文化的历史总结中获得的历史真理。当然，"无为"说也是对当世的务于争竞、造作有为、伤生残性的社会现实的批判；"无为"的主张自然也寄寓着道家诸子对理想社会、理想之治的设计和向往。

首先，道家"无为"说实际上是自然道论或无本论思想向社会、政治层面的演绎延伸，或者说是人之道遵循天之道的结果。《老子》第二十五章云："人法地，地法天，天法道，道法自然。"天道自然，则人道无为。《庄子·知北游》云："圣人者原天地之美，而达万物之理。是故圣人无为，大圣不作，观于天地之谓也。"天道自然，天地无为，效法自然、遵从天地的人就应当无为任天，不将不迎，应当"与天为一"。无为之道正是观于天地，效法天道的结果。其次，无为说的提出也不仅仅是"道"与"自然"观念的哲学推导，同时也是道家诸子以远古"小国寡民"社会"上古至德之世"、"华胥氏之国"（《列子》）、"成鸠氏时代"（《鹖冠子》）为参照，对兴亡、祸福、成败、古今之道的历史总结。在老子看来，人类历史的过程就是一个"失道而后德，失德而后仁，失仁而后义，失义而后礼"[①]的过程，是一个由自然无为到有作有为到妄作滥为的过程，仁、义、礼的愈加繁复正说明为的程度加深。如果以辩证的眼光来看，仁义礼的兴起一方面固然也说明了人的文明程度的提高，说明文化的进化，但从另一个方面未尝不可说

---

① 《老子》第三十八章。

是人性败坏程度的加剧。庄子更是把"无为"到"有为"的变化过程落实到中国历史的"三代上下"。《庄子·在宥》云："自三代以下者，匈匈焉终以赏罚为事，彼何暇安其性命之情哉！""夫施及三王而天下大骇矣，下有桀跖，上有曾史，而儒墨毕起，于是乎喜怒相疑，愚知相欺，善否相非，诞信相讥，而天下衰矣。……于是斧锯制焉，绳墨杀焉，椎凿决焉，天下脊脊大乱，罪在撄人心。"这正是有为、好知扰乱了天下人心。而"三代以上"的上古至德之世，"其行填填，其视颠颠，当是时也，山无蹊隧，泽无舟梁，万物群生，连属其乡，禽兽成群，草木遂长。是故禽兽可系羁而游，鸟鹊之巢可攀援而窥。夫至德之世，同与禽兽居，族与万物并，恶乎知君子小人哉！"①"至德之世，不尚贤，不使能，上如标枝，民如野鹿，端正而不知以为仁，实而不知以为忠，当而不知以为信，蠢动而相使，不以为赐。"②"民结绳而用之，甘其食，美其服，乐其俗，安其居，邻国相望，鸡狗之音相闻，民至老死不相往来。"③这正是自然无为之治的盛世。先秦道家诸子正是在对他们认为的"三代上下"一治一乱、一无为一有为的历史反思中，极力伸张"无为"的社会政治学说。再次，先秦道家这种依天道以论人事、推远古而及当今的"无为"说，真正用意当是对春秋战国"有为"虐政及战乱争竞之世的尖锐批判。正如笔者在探源篇所论，春秋战国时代是一个恶的时代，统治者的"恶劣情欲"无限制地膨胀、泛滥鼓动着他们妄行乱为，造成整个社会愈加混乱不堪。在这样的社会里，统治者不合理的、畸形病态的"有为"只会更加激化当时的各种社会矛盾。

----

① 《庄子·马蹄》。
② 《庄子·天地》。
③ 《庄子·胠箧》。

老子就深刻地指出：

　　朝甚除，田甚芜，仓甚虚；服文采，带利剑，厌饮食；财货
有余，是谓盗竽。盗竽非道也哉！①

　　民之轻死者，以其上求生生之厚也，是以轻死。

　　民之饥者，以其上食税之多也，是以饥；民之难治者，以其
上之有为也，是以难治。②

庄子亦尖锐地指出：

　　爱利出乎仁义，捐仁义者寡，利仁义者众。夫仁义之行，唯
且无诚，且假乎禽贪者器。③

　　诸侯之门，仁义存焉。④

　　仁义憯然乃愤吾心，乱莫大焉。⑤

　　上诚好知而无道，则天下大乱矣，何以知其然邪？夫弓弩毕
弋机变之知多，则鸟乱于上矣；钩饵罔罟罾笱之知多，则鱼乱于水
矣；削格罗落罝罘之知多，则兽乱于泽矣；知诈渐毒颉滑坚白解垢
同异之变多，则俗惑于辩矣。故天下每每大乱，罪在于好知。⑥

　　"无为"说就是要反对统治者食税之多、求生之厚的强盗行为，就
是要绝弃仁义、圣智，甚至否定典章制度、财货器物以及精巧工技和
优美音乐等一切文明成果。这一点常常为历代批评家所严厉指责，以

---

① 《老子》第五十三章。
② 《老子》第七十五章。
③ 《庄子·徐无鬼》。
④ 《庄子·胠箧》。
⑤ 《庄子·天运》。
⑥ 《庄子·胠箧》。

为道家反文明、反人类，是开历史的倒车。^①笔者认为如果联系当时
"富者奢侈、穷困者冻馁"，"损不足以奉有余"的充满残酷剥削和压
迫，充满血腥战争的社会现实来看，先秦道家"无为"论中的这种激
烈批判，恰恰闪耀着人性的光辉，具有强烈的人道主义情怀。因为在
这样的社会里，愈讲仁义礼，则剥削者的虚伪文饰就愈多；"无道"的
统治者愈好知，则他们剥削人民的手段就愈多；文明、文化的程度愈
高，则被统治者所需付出的体力和智力的劳动就愈重；奇技利器愈多，
统治者借以满足其贪欲所发动的战争场次、规模就愈多、愈大，人民
陈尸疆场、战死于异地的可能性就愈大。一句话，在这样的时代和社
会里，统治者的"有为"与人民的痛苦和社会的混乱是一种恶的正比
例关系，而不是相反。因此，可以说"无为"论所具有的批判精神是
极富现实性和超越性的，既有当时的现实意义，又具有当今的现代意
义。由此，也不难理解他们以"无为"为原则对于理想世界的种种设
想的积极意义。

综上所述，先秦道家之"**无论**"实具有本体论、宇宙生成论、无
我的境界论、无为的社会政治论等数层主要意涵。

二、"有"论

先秦道家，特别是老、列、庄论"有"，大体上可分为"变有"与
"常有"、本体"有"与现象"有"、"有"与"无有"这样一些层次，
是一种哲学意义上的"有"论。

谈到"有"，有必要先从"有"的语词意义说起，许慎《说文解
字》谓："有，不宜有也。《春秋传》曰：'日月有食之。'从月又声。"
许氏之说殊为难解，段玉裁之注曲为其说，不足信据。这一点古文字
学家们早有论述。据古文字学家们的研究，"有"字最早见于西周初期

---

①　朱哲：《老子文化思想商兑》，《中州学刊》1995 年第 4 期，第 77 页。

金文，直到战国时的金文，字形基本相同，无大变化（见图 1）。

（1）西周初金文　　　（2）西周末金文　　　（3）春秋金文　　　（4）战国金文

图 1　西周初期至战国"有"

　　由上可知"有"字基本构形从又（像右手形）从肉，是一个会意字，而并非许说的形声字。容庚先生说："有，从又持肉会意，当在肉部下。《说文》从月，非。"① 杨树达先生说："有无之有与寽、获、取诸字，义皆相类，故造文之意亦大同。寽字甲金文皆从又持贝，许君云从见者，误也。获字甲金文做隻，从又持隹，取字从又持耳，古文、小篆无异形，以三文证有字，以手持肉，其为有无之有甚明。"② 容、杨之说极是。有字从又持肉，本义即是持有、拥有，从而表达出把握着确切存在的"有"之意念。这或许正反映了人们早期有"有"的意识是从具体可感、确切上手的东西开始形成的，至于为什么从肉，恐怕与原始狩猎取食或祭祀活动有关系。据笔者初步考查，在《老子》以前的载籍中还没有出现《老子》书中的"有"。如以《尚书》为例，"有"字共出现 403 次，没有单独出现的情况，基本有两种形式，即"某某某有"，如"我有师师"；或"有某某某"，如"有典有则"。"有"总是同"某某某"联系在一起，这表明"有"还没有从"事事物物"中抽象出来。到了《老子》，开始有"天下万物生于有，有生于无"的说法，这里的"有"显然摆脱了某种具体的东西，就此而言，

① 《金文编》卷七"有"字条下。
② 杨树达：《积微居金文说·虢仲盨跋》。

老子、道家之"有"论是一种"共相"意义上的"有"，这无疑可以力证老子、道家的哲学突破性不为虚誉。

当然老子、道家之"有"虽超过前人，却也是从有事有物的众有、万有中得来的。如"吾所以有大患者""有身"①，"有大伪"②，"域中有四大"③，"大军之后，必有凶年"④，"和大怨，必有余怨"⑤，"天下有道"⑥，"天下有始"⑦，"孰能有余以奉天下"⑧，"始制有名"⑨，"言有宗、事有君"⑩等，这些都是具体的"有"或者说是"殊相"的"有"，也可称为现象的"有"，或者说是"变有"。具体的事物总是变动不居、变化莫测的，如"飘风不终朝，骤雨不终日"⑪。显然，着眼于"变有"是无法"御有"的。因此，先秦道家之"有"论，主要表现为超越现象"有""变有"而达到本体"有""常有"的层次，试图对万有的本原、本体以及世界的永恒存在性给以哲学的把握。

老子是中国哲学史上第一次提出"有"范畴的哲学家，并且是第一位以"无"为万物本原、本体的哲学家。《老子》第四十章讲"天下万物生于有，有生于无"，如前"无本论"所述，"无"其实不是别的，不是空无，也不仅仅是"有"的无形状态，而是说"无"是"有"的根据，"有""无"其实是一个东西，"无"内在于"有"之中，"有"的用正是"无"所赋予、决定的，这就是"有"之利者、用者正在于"无"。换一种说法，"无"只不过是"有"的一种形态，是一种最为

---

① 《老子》第十三章。
② 《老子》第十八章。
③ 《老子》第二十五章。
④ 《老子》第三十章。
⑤ 《老子》第七十九章。
⑥ 《老子》第四十六章。
⑦ 《老子》第五十二章。
⑧ 《老子》第七十七章。
⑨ 《老子》第三十二章。
⑩ 《老子》第七十章。
⑪ 《老子》第二十三章。

抽象的"有"，即"无有"，或者说是"本体有"，这个没有任何具体内容的"无有"恰恰是万有的根本，是生命的种子。如果说老子主要致力于从现象的"有"深入到本体"有"（即"无"）的层次，那么庄学派则主要致力于从"变有"中把握"常有"，特别是通过对宇宙万物的终始问题的探索达到对世界永恒存在性的深刻认识，尤其具有重要意义。庄子从人们关于现象的有"始"有"终"、有"有"有"无"的"变有"观念出发，揭示出我们这个世界、宇宙万有的"无无无有""无始无终"的永恒存在性。如《庄子·齐物论》云：

> 有始也者，有未始有始也者，有未始［有］夫未始有始也者；有有也者，有无也者，有未始有无也者，有未始［有］夫未始有无也者。俄而有无矣，而未知有无之果孰有孰无也。今我则已有谓矣，而未知吾所谓之［其］果有谓乎？其果无谓乎？

对此段庄子的"有无""终始"之论，学者们多有不同看法，有人认为庄子是否定了人们执着于有无、终始之论，突出了其相对性的思想（如王先谦）；有人认为庄子是通过否定时空的有无终始而达到对自然道体的认识，如张默生先生云："前一种推法，是由时间立论，故说终始；后一种推法，是由空间立论，故说有无。但是推至穷极，不但无始、无无始，而且无有无、无无有无，则时空更何从建立？这便是自然之所以为自然，也可姑名为道体罢"[1]；有人认为庄子陷入不可知论中，如邓晓芒师认为庄子的有无终始之论"因抽象力的不足而陷入了'恶无限'的追溯，最终陷入到了某种'不可知'论中"[2]。笔者认为，庄子齐"有"齐"无"、齐"终"齐"始"之论，恰恰是即"有"

---

[1]   张默生：《庄子新释》，齐鲁书社 1993 年版，第 115 页。
[2]   邓晓芒：《思辨的张力》，湖南教育出版社 1992 年版，第 151 页。

即"无"、即"终"即"始"之论，也就是说庄子恰恰是从世界万物的变化无常、运动不居的特性入手而又越过这一变动不居的特性达到对万物的恒常性和本原性的认识。这个世界本来就是一个"无古无今，无始无终"[①]的存在，宇宙本来如此，也永远如此，如"吾观之本，其往无穷；吾求之末，其来无止。无穷无止，言之无也，与物同理"[②]。庄子倒不是陷入了不可知论，而是超越了有无之论、终始之辩的有限性达到对宇宙存在的无限性的认识，而是超越了"变有"而达到"常有"的认识，即摆脱"变有"的不可知达到对"常有"的确切可知：无始无终就是无限有，无无无有就是无穷有。世界就是本来如此的无限存在。人们的执有执无之论只是一种相对性的认识，"因其有而有之，则万物莫不有；因其所无而无之，则万物莫不无"[③]。事物本来是即有即无，有无统一的，所谓"无无""无有""无始""无终"之论只是要人回到对宇宙的本原状态的体认。执着于"变有""现象的有"，就会有"有无终始"之争；达到了"常有"，就会突破"有无终始"之论中的主观局限性。《庄子·天下》所概括的"芴漠无形，变化无常，死与生与，天地并与，神明往与！芒乎何之，忽乎何适，万物毕罗，莫足以归"，"独与天地精神往来而不敖倪于万物，不谴是非，以与世俗处。……上与造物者游，而下与外死生无终始者为友"。这些特点正反映了上述庄子超越有限性达到无限性、超越相对性达到绝对性、超越"变有"达到"常有"的思想。

综上所述，先秦道家之"有"论，从现象"有"达到本体"有"，从"变有"到"常有"，特别是以无为有等思想，具有深刻的理论意义和超越的价值。

---

① 《庄子·知北游》。

② 《庄子·则阳》。

③ 《庄子·秋水》。

三、"道"论

所谓先秦道家之道论实际也就是道、无、有三者的关系论。对于先秦道家的道、无、有的关系，历来注家、学者多有不同的注释与理解，要而言之，不外以下三种看法：一是道无论，认为无即道；一是认为道即有，或称道有论；一是认为道统有无，或称综合论。

1. 道无论

持此论者认为道家之"道"就是"无"，古今不少学者从老子重视"无"的思想出发，把"无"与"道"等同起来，在现代学者中，如梁启超、胡适、冯友兰诸先生均持此论。如胡适讲："老子所讲的'无'与'道'，简直是一样的。所以他既说'道生一，一生二，二生三，三生万物'，一方面又说'天下万物生于有，有生于无'。道与无同是万物的母，可见道即是无，无即是道。"①梁启超在其《老子研究》中认为，"老子以为万有的根，实在是那'非有、非无、非非有、非非无'的本体，既已一切俱非，所以姑且从俗，说个无字。"并且梁氏把"无"比作镜子，镜子可以照物，老子之"道"、老子之"无"就是可以照出一切物象的镜子。冯友兰先生亦认为道就是无，有指天地万物。道为万物所以生的原理，是一种抽象，与天地万物之具体或实有不同，所以"事物可名曰有；道非事物，只可谓为无"②，把道家之"道"视为"空处""镜子"无疑是难以解决何以道生万物的问题，冯氏把"道"理解为万物所以生的原理就是解决道生万物这一问题的，但还不够清晰，再者，事物固然可以称为有，但"有"，特别是"常有""本体有"还不能等同于物，有为万物之母，"有"与"万物"仍有差异，只能说"殊相""有"才等同于万物。

---

① 胡适:《中国哲学史大纲》卷上，商务印书馆 1987 年版，第 58 页。
② 冯友兰:《中国哲学史》上册，中华书局 1984 年版，第 220、221 页。另参见《三松堂学术文集·道家哲学》，北京大学出版社 1984 年版，第 149 页。

2. 道有论

持此论者，如严灵峰先生针对胡适的"道是无"的观点，特别力证"道即是有"，严先生说："'有'与'道'是同一个事物之两种称谓。即'有'，为'万物之母'的名；'道'是同一个事物之字了。这样看来，我们可以说，'道'即是'有'，'有'即是'道'。"[①] 严先生还论证说："道生一，一生二，二生三，三生万物……这就是说明：道为万物之母。……又说：'有，名万物之母'……可见，'有'，也就是'万物之母'。是则老子以'道'为'有'，与'有'同体，无可置疑。"[②] 严氏是把"无"放在"道"之上的更高一个层次，无在道先，"无"就是"道法自然"中的"自然"，"无"就是指一种自然境域。我以为严先生之说亦可商量，说"有"与"道"同体并无不可，但严先生的论证是不够的：其一，"道为万物之母"与"有，名万物之母"两者之间有区别，不能由此推出"有"等于"道"，道既有"母"的一面，还有"始"的一面，也就是说"道"比"有"多；其二，如果把"道"等同于"有"，"自然"等同于"无"，则"道法自然"就可转换成"有法无"，而"有法无"与"有生于无"是不同的。这也证明"有"不等同"道"。况且把"道"视为道家哲学的次级范畴，于道家《老子》及其他原典多有不合处，难以令人信服，恐怕有、无均应放在道之内来谈，"道"应是道家哲学的最高范畴。

3. 道统有无论

多数学者都认识到道包含有无两个方面，道是有无的结合、统一，如张岱年、詹剑峰、陈鼓应诸先生均持此论。张岱年先生认为老子之道是有无两方面的统一，"有无同出于道，道一方面是无，一方面又是有"[③]。"庄子最注重有与无的统一"，"道实超乎有无，而为有无

---

①　《老列庄三子研究文集》。

②　参见严灵峰：《无求备斋学术新著》，台湾商务印书馆 1987 年版。

③　张岱年：《老子哲学辩微》，《中国哲学史论文集》第 1 辑，山东人民出版社 1979 年版，第 14 页。

之所本"。① 詹剑峰先生认为道统有无，有与无皆道之常。② 陈鼓应先生认为"有""无"似对应而又统一于"道"，由于"道"之"不见其形"，故以"无"来形容它；而这个"不见其形"的"道"却又能生万物，所以又用"有"来指称它。③ 应该说，上述诸家见解都各有理据，讲统一固然不错，但关键在于三者如何统一，这是要害所在。张、詹两先生认为道统有无，道超乎有、无，但道有没有所本？统一于道之中的有无是同等地位的还是有本末主次之别呢？这似乎要有区分，从张、詹两先生的论述来看，似乎是将两者平齐看待的，如詹先生就说是"有无并举，未尝偏有取舍"，我认为从老子、庄子等人的著作来看，道之中的有无当有区别（容后申述）。陈先生虽未明言道统有无，而是说有无都是用来指称道的，仍可视为统一论，只不过这种有无统一于道是较为外在的。更有学者如萧汉明先生认为有无统一于道只是一种概念的统一。④ 笔者认为，"有""无"固然是统一地用来指称道的，有无固然也是概念的统一，但何尝不可以说正是恒道的这样两个统一的方面在老子、庄子道论中的反映呢？或者说正是恒常之道有着这样两个统一于道的方面才决定了先秦道家之道论中的有无范畴，观念的东西无非是现实东西的反映，如果我们承认先秦道家道论是真理、是深奥的哲学智慧，而不是戏论的话。

综析诸家见解，结合原典分析，笔者以为，道家之道论应以无为本，是在以无为本的基础上的道统有无论，也即是说有无统一于道，而有无两者又有本末之别，不可等量齐观，有无的统一也并不仅是指谓或概念的统一。

首先，先秦道家之道论是以无为本的，尽管道包含有无两个方面，

---

① 张岱年：《中国哲学大纲》，第 141 页。
② 詹剑峰：《老子其人其书及其道论》，湖北人民出版社 1982 年版，第 253 页。
③ 陈鼓应：《老子注译及评介》，中华书局 1984 年版，第 6 页。
④ 李德永：《中国辩证法史稿》，武汉大学出版社 1990 年版，第 185 页。

但他们更重视无，或者说无在道中是居本体地位。

《老子》第一章云：

> 无，名天地之始；有，名万物之母。故常无欲以观其妙：常
> 有，欲以观其徼。
>
> 此两者，同出而异名。

据朱谦之《老子校释》引，《说文》云："始，女之初也。"无疑
母由少女而来，故始先于母，无先于有；从"徼"与"妙"看，荀悦
《申鉴》云："理微谓之妙也"。朱谦之谓"理显谓之徼也"。由此可
知"无"微"有"显，"无"妙"有"徼。所谓"同出异名"只能说明
"有""无"同出于"道"、统一于"道"，但并不意味两者在"道"中
无差异。又如：

> 道生一，一生二，二生三，三生万物。
> 天下万物生于有，有生于无。
> 道隐无名。[1]
> 道常无为，而无不为。[2]
> 道常无名。[3]

由此可知，"无"是常常被老子视为与"道"同等地位的范畴来看
待的，前述"道无论"者把道等同于无，是有道理的，只是他们对无
的理解似过于直观，还不够透彻清晰。

---

[1]　以上三条均出自《老子》第四十章。

[2]　《老子》第三十七章。

[3]　《老子》第三十二章。

　　从《庄子》来看，"道无终始"①，道，无也。"道不私故无名"②，"无名无实"，由于道本无，故必须以"无"的方式去体道、安道、知道，"无思无虑始知道，无处无服始安道，无从无道始得道"③。"道无问，问无应"④"以道观之，物无贵贱"⑤"夫道未始有封，言未始有常""道昭而不道""大道不称"⑥等等，这些都是视道为无而为言的。现代不少学者以无为本体的思想，也正是体认到"道本无"这一点的，如冯达文先生认为道家的"本原"是"无"，实际也就是"无本论"⑦。

　　"道"即"无"，"道"以无为本，"道"又统一"有""无"两个方面，这并不矛盾，因为"道即无"之"无"并不是单纯的"无"，不是绝对的空无，而是含有肯定与否定的对立两个方面、两个因素、两种反向的力，这样的两种力、两个方面也就是"有无相生"的"有""无"，也就是庄子的万物出入乎"无""有"的"无""有"，但应该明白的是此"无""有"不同于"有生于无"中的"有"和"无"，此"无""有"仅等于"有生于无"中的"无"（宇宙生成论已有申述）。说"道"是"有生于无"中的"有"与"无"的统一，是指道生万物过程中的"有""无"统一，也即是"道""物"统一，也即是"道""器"统一；说"道"是"有无相生"中的"有""无"统一，是指道之"始"和"根"中的肯定否定、彼此冲突的两个方面的统一。"无"所以能生出"有"，就在于"无"中的彼此两种反向的力的相反相生。这个"无"（即"道"）是生命的种子。以物观之，它是"无物"；以象观之，它是"无象"；以用观之，它是"无用"；以形观之，它是

---

① 《庄子·秋水》。
② 《庄子·则阳》。
③ 《庄子·知北游》。
④ 《庄子·知北游》。
⑤ 《庄子·秋水》。
⑥ 《庄子·齐物论》。
⑦ 冯达文：《道——回归自然》，广东人民出版社 1996 年版，第 4 页。

"无形"。但是，这个"无"中"有信""有精""有真"，这个"无"恰恰是无限的"有"，有无限的生命力，它可以生出天地万物，可以生出整个世界，万物以它为始，它又内在于万物中，万物最终又回到它的怀抱。这个"无"就是"道"，就是永恒存在的永恒的生命力，就是生生者、化化者、形形者、物物者。这就是我所体认的道家之道论。

第二节　儒、墨、道有无论比观

一、实有、实际、实行

笔者遍查儒家《论语》《孟子》《荀子》等原典，尚未发现与道家"有""无"观念相同的抽象的有无观。例如，《荀子》书中"有"字 705 见，"无"字 643 见，但没有一例与《老子》中的"有生于无"那样相同的"有""无"范畴。当然，这并不影响先秦儒家巨子们的"有""无"思想，只不过他们的"有""无"观念还只是"殊相"意义上的，还没有与具体的事物分开罢了。总括地说先秦儒家的有无思想主要表现在刚健有为的处世态度和对历史与文化传统的继承与维护中所体现的肯定的思维方式，儒家也讲"无为"也讲"无"，只不过他们所讲的"无"实际是"有"的另一种表述方式。

在孔子的思想中，积极有为是一个贯穿孔子思想的方方面面的行为准则。如：在教与学的方面，孔子主张"学而时习之"[1]，"温故而知新"[2]，"学而不厌，诲人不倦"[3]，"有教无类"[4]，等等；在仁、义、礼等方面，孔子主张"志于道，据于德，依于仁，游于艺"[5]，"应于礼""仁

---

[1] 《论语·学而》。

[2] 《论语·为政》。

[3] 《论语·述而》。

[4] 《论语·卫灵公》。

[5] 《论语·述而》。

以为己任"①，"言忠信、行笃敬"②，志士仁人，杀身以成仁，无求生以害仁，既孝且悌，等等；特别是孔子在践行其重建周公之世的理想时，表现出一种"知其不可而为之"的积极进取、不退堕、不气馁的大有为气概。孔子也讲"非""不""无"，但仍然体现的是一种"有为"的意思，如孔子讲"非礼勿视，非礼勿听，非礼勿言，非礼勿动"③"三年无改于父之道"④"人而不仁，如礼何？"⑤"见义不为，无勇也"⑥等，但孔子使用这些否定词恰恰表达的是对"礼""仁""孝""勇"的肯定，是要人们在礼、仁、孝、勇等德目下积极有为。在记录孔子言行的书中，虽然也有两处谈到天道自然的思想，如《论语·泰伯》云："巍巍乎，唯天为大，唯尧则之"，《论语·阳货》云："天何言哉？四时行焉，百物生焉。天何言哉！"但是，孔子并没有从天道自然的思想推出人道无为的行为规范。虽然孔子也讲到"为政以德，譬如北辰，居其所而众星共之"⑦，这其中似乎有"无为而治"的思想，但这里的"无为而治"恰恰是指君主自身在德行上的积极有为的修养，然后借以感化、影响人们，这是一种率先垂范的有为而治。

在《论语》中还可以发现一个特别的例证，反映了孔子注重实有的思想，与老子重空重无的思想相映成趣。《论语·为政》谓：

> 子曰："人而无信，不知其可也。大车无輗，小车无軏，其何以行之哉！"

---

① 《论语·泰伯》。
② 《论语·卫灵公》。
③ 《论语·颜渊》。
④ 《论语·里仁》。
⑤ 《论语·八佾》。
⑥ 《论语·为政》。
⑦ 《论语·为政》。

　　孔子在此的意思很明显，就是说做人要诚信，或要信实。孔子特别以大车的"輗"和小车的"軏"来比拟"信"。据杨伯峻《论语译注》云：大车和小车前均有一根横木，大车的横木叫鬲，小车的横木叫衡，"輗""軏"正是"鬲"与"衡"上的活动插销，没有这两个活动插销，就无法套住牲口，如此，车子就不能行走。插销是插入"孔"中的实木也，也就是说孔子看到了车子之用正在于车子的"輗"与"軏"这些实有的东西，这与老子注重车子的"毂"中"空"大异其趣，这典型地反映了两者的思想差异。孔子注重实有的思想反映在其对待历史与文化传统上持一种肯定的思维方式和继承的态度。如孔子说"周监于二代，郁郁乎文哉！吾从周"[①]，"祖述尧舜，宪章文武"[②]，"论《诗》、《书》，作《春秋》""修旧起废"[③]等正反映了上述特点。

　　孔子以后的儒家诸子，特别是荀子尤其发挥了刚健有为的思想。"有为"思想，在《大学》中表现为修身、齐家、治国、平天下，在孟子那里主要表现为"为义"，人能"居仁由义"就是"有为"，无为者，自弃者也。荀子可以说是彻底的有为论者，在人伦关系和社会政治生活中，荀子主张"其行有礼"[④]，"宽惠而有礼"[⑤]，"礼者，人道之极也"[⑥]，"人莫贵乎生，莫乐乎安。所以养生乐安者，莫大乎礼义"[⑦]，"长幼有差""贵贱有等"[⑧]，"敬之有道"[⑨]，"动则有功，居则有名"[⑩]。荀子认为"人无礼不生，事无礼不成""国家无礼不宁""不富无以养民

---

① 《论语·八佾》。
② 《汉书·艺文志》。
③ 《史记·太史公自序》。
④ 《荀子·儒效》。
⑤ 《荀子·君道》。
⑥ 《荀子·礼论》。
⑦ 《荀子·强国》。
⑧ 《荀子·富国》。
⑨ 《荀子·臣道》。
⑩ 《荀子·王霸》。

情”“不教无以理民性”①，社会“无礼义则悖乱而不治”②。仁义礼本是儒家共同的德目，皆为孔孟荀所注重，但三人于三者仍有区别，孔子最重仁，孟子最重义，荀子最重礼，行仁、行义首先是要从一己出发，为仁由己，而为礼则显然把“有为”的范围大大地拓展开了，在荀子那里“礼”几乎涵盖了一切方面。荀子的“有为论”反映在天人关系上，尤为突出。在孔子那里，虽讲人道有为，但也承认天道自然，甚至有时还有人合于天的思想，荀子却批评道家推天道以及于人事，因任自然的做法，主张天人相分，与天地参，人宰制天，以天合人。如荀子批评庄子“蔽于天而不知人。……由天谓之道，尽因矣”③，认为道家、庄子是因任自然之天而废弃了人事。

《荀子·天论》云：

> 天行有常，不为尧存，不为桀亡。应之以治则吉，应之以乱则凶，强本而节用，则天不能贫；养备而动时，则天不能病；修道而不贰，则天不能祸。故水旱不能使之饥，寒暑不能使之疾，妖怪不能使之凶。本荒而用侈，则天不能使之富；养略而动罕，则天不能使之全；倍道而妄行，则天不能使之吉，故水旱未至而饥，寒暑未薄而疾，妖怪未至而凶。受时与治世同，而殃祸与治世异，不可以怨天，其道然也！故明于天人之分，则可谓至人矣。

《荀子·儒效》云：

> 道者非天之道，非地之道，人之所以道也。

---

① 《荀子·大略》。
② 《荀子·性恶》。
③ 《荀子·解蔽》。

《荀子·王制》云：

> 天地生君子，君子理天地。君子者，天地之参也，万物之总也，民之父母也。无君子则天地不理，礼义无统。

《荀子·天论》还云：

> 大天而思之，孰与物畜而制之？从天而颂之，孰与制天命而用之？望时而待之，孰与应时而使之？因物而多之，孰与骋能而化之？思物而物之，孰与理物而勿失之也？愿于物之所以生，孰与有物之所以成？故错人而思天，则失万物之情！

在荀子看来，自然历程（天行）不以人的意志为转移，也与人世的治乱无关系，它有它自己之"常"。而人世祸乱在于人为，不可以怨天，人世之治必须靠人力去争取。人类生活的最上境界就是与天地参，人对于天地万物应当使之、化之、制之、用之，人应当制天命而用之而不是错人思天。人是自然生长出来的自然的主人。应该说，荀子的思想突出了人的主体性，强调通过人的健动有为去求治避乱、主宰天命自然等思想在当时具有极重要的现实意义。但是，从今天的社会现实来看，道家因任自然的思想却有着超越性的意义，而荀子的天人相分，以天合人的思想愈来愈显现出其局限性，人类的贫、富、吉、凶、祸、福、饥、饱等都与自然之天相关联，天下固然是**天下人**的天下，但更是天下的天下[①]。

综上所述，儒家有无观重在一个"有"字，重实有，重实际，重实行，主张刚健有为，在思维层次上表现为肯定的思维方式。他们的

[①]《吕氏春秋·去私》。

思想中**所体现的有无观**是政治、伦理和社会学层面的，还没有从具体的事事物物中提升出来，还都是在殊相"有"的层次上。

二、知有无之道，必凭耳目之实

先秦墨家的有无观大体上可以分为两个方面：一是体现在具体意义上的"有为"与"无为"观念，在思维方式上既有肯定亦有否定；二是他们提出了"共相"意义上的"有""无"范畴，并开始初步地讨论了有无的关系问题。在思维层次上似乎要高于孔子、儒家。

从具体意义的"有为"与"无为"观念来看，墨子提出的"兼爱""尚贤""尚同"均是"有为"，而"非攻""非命""非乐"则均是"无为"。当然，在墨子那里"有为"与"无为"只是一体两面而已。墨子"有为""无为"思想的核心就是"利"：有为为利，无为亦为了利；有为是兴利，无为是免害。《墨子·兼爱中》言："仁人之所以为事者，必兴天下之利，除去天下之害，以此为事者也。"孟子在评说墨子之行时曾说："墨子兼爱，摩顶放踵，利天下而为之。"①《墨子·贵义》曾言："凡言凡动，利于天鬼百姓者为之。凡言凡动，害于天鬼百姓者舍之。""有为"就是要为天下人谋福利，而"无为"就是要消除不利者，因而"无为"的总原则和根本方法就是"兼爱"。"兼爱"就是不分别人我，"视人之国若视其国，视人之家若视其家，视人之身若视其身"②，兴天下人之利。墨子兼爱众生、利济天下，栖栖惶惶，奔走救世，为兴利免害，牺牲自己亦在所不惜，的确体现了一种大有为精神。在墨子看来，只要人人有为于利，无为于害，则天下必得大治，人人必得大利而免于大害也。在思维方式上，兼爱、尚贤、尚同等思想充分反映了墨子对天下人之大利以及对有利于天下人之利益的行为的肯定，而"非命""非乐""禁攻寝兵"等思想，则体现了墨子对有

---

① 《孟子·尽心》。

② 《墨子·兼爱中》。

害于天下人的利益的行事的否定。

从抽象的共相意义上的"有""无"范畴来看，在墨家诸子中，墨子首先提出了共相的"有""无"范畴，墨辩学者则进一步深化了"有""无"思想。

如《墨子·明鬼》谓：

> 天下之所以察知有与无之道者，必以众之耳目之实，知有与亡（无）为仪者也。请惑（读为"诚或"）闻之见之，则必以为有，莫见莫闻，则必以为无。

从《墨子·明鬼》看，墨子虽是从具体的鬼神有无问题谈起的，但他却由此开始上升到一般的察有无之道的问题，在思维层次上似有一个跃升。这里的有无之道已经开始超越了具体的鬼神有无问题。"有""无"范畴不再是殊相的有鬼无鬼、有神无神这样具体意义上的论述，已经是一般"有"、一般"无"意义上的论述。墨子在此指出判定"有""无"的根据或标准就在于耳目见闻之实，事物的有或无、存在或不存在只要诉诸耳目闻见即可判定，这表现出了一种可贵的"唯物主义的感觉论"，但还不够精细和深刻。"有"与"无"还与具体的物、事相关联，"有"与"无"范畴正处于一种转折期。

墨辩学者对于"有"与"无"的认识，较之于墨子明显转进一层，他们已经认识到"有"与"无"之间的关系，在墨子那里只是提出了共相"有"、共相"无"，还未触及两者之间关系问题。墨辩学者们对"无"还做了不同种类的区分。

如《墨子·经说下》云：

> 无，若无马，则有之而后无。无天陷，则无之而无。（"马"依孙诒让校改）

《墨子·经下》云：

　　无不必待有，说在所谓。

在此，可以析知，"无"有两种情况，一是"有"而后"无"，如无马之"无"，是先有"马"而后可以说"无"；一是本来没有的"无"，即"无之而无"。前一种"无"是待"有"之"无"；后一种"无"是不必待"有"之"无"，有纯"无"的意思。从上述可知，墨辩学者主要是谈"无"待于"有"或不待"有"的方面，还没有触及"有"是否待"无"的一方面。这反映了他们的理论思维刚刚摆脱具体事物而又不能离开具体事物的特点，在"有""无"的关系上还没有达到辩证思维的层次。

虽然，《墨子》一书中涉及或论述共相意义上的"有"与"无"处不多，但也绝不是偶然的论述，墨辩学者提出"有之而后无"，他们只谈"无"待不待"有"，而不讲"有"待不待"无"，这可能是他们对老子"有生于无"的思想的一种反动[1]。这里，附带一提的是，墨辩学者提出的"无之而无"的思想可能是对庞朴先生在《说"无"》一文中把"无"区分为三个阶段的否证。庞先生曾举王夫之《思问录·内篇》中关于"龟无毛"的例子否证《墨子》中的"无之而无"为纯无，认为"天陷"之"无"是待"地陷"之"有"而来的。庞先生的论证是不能令人信服的，因为同样用王夫之的论证亦可否证庞先生的"纯无"说，庞氏的"无而纯无"也是待"有而后无"与"似无实有"而为说的，笔者以为墨辩学者对"无"的区分更有道理。

综上所述，墨家的有无观既体现了他们的功利主义思想，又反映了他们在名辩之学上所达到的理论思维的层次。

---

[1] 萧萐父、李锦全：《中国哲学史》上，人民出版社1982年版，第198页。萧、李二师之说似过于肯定。

三、以无为本，有无相生

先秦道家以无为本、有无统一的道论，落实到现实行为上就是主张自然无为的原则；在思维方式上表现为反世俗、反惯例、反传统的否定的思维方式，在对有无范畴的理解及其关系的认识上"达到了中国古代有、无范畴理解的最深层次"[1]。

与儒、墨两家不同的是，先秦道家在行为方式上则以无为为核心原则。如在《老子》一书中至少有三十章反复申述无为的行为方式和态度，如"不言""不为始""不恃""弗居"[2]，"不仁"[3]，"不争"[4]，"不有""不恃""不宰"[5]，"不应"[6]，"勿矜""勿伐""勿强"[7]，"不美"[8]，"无欲"[9]，"不德"[10]，"不行""不见""不为"[11]，"无事"[12]，"不欲""不学""不敢为"[13]，"不武""不怒""不与"[14]，"无行""无臂""无兵"[15]，"不责于人"[16]，等等。此后老子的后学如列子、庄子、杨朱、北方的稷下道家、南方的黄老道家，都坚持这一核心原则，虽理解上各有差异，但思想主旨是一致的。如杨朱的贵己重生，列子的贵正、贵虚，庄子的逍遥超越，稷下学者的静因之道等都是以"无为"为宗，又是对"无为"

---

[1]　邓晓芒：《思辨的张力》，第 151 页。
[2]　《老子》第二章。
[3]　《老子》第五章。
[4]　《老子》第八、六十六、六十八章。
[5]　《老子》第十、五十一章。
[6]　《老子》第二十四章。
[7]　《老子》第三十章。
[8]　《老子》第三十一章。
[9]　《老子》第三十七章。
[10]　《老子》第三十八章。
[11]　《老子》第四十七章。
[12]　《老子》第十八、第六十三章等。
[13]　《老子》第六十四章。
[14]　《老子》第六十八章。
[15]　《老子》第六十五章。
[16]　《老子》第七十九章。

观念的具体展开。这里需要特别说明的是，行为方式的"无为"并不是实践上的无所作为，而是给某些世俗、惯常的行为划定界限、给以限制甚至予以取消，其最终结果是为了更好地有为。

在思维方式上，先秦道家"独异于人"①之处就是否定。他们对传统、时俗与常人习惯、肯定与追求的东西，统统说一个"不"字，说一个"无"字，"大道不称""大辩不言"，"绝圣弃智""绝仁弃义"，"无欲""不争""不宰""不闻"，等等。分而论之，道家讲天道自然是对人格之神和主宰之天的否定；人道无为则是对人的私意造作、益生厚生的否定；退仁义、摒礼乐，绝圣弃智，是对圣智礼乐文化传统和异化了的伦理规范的否定；齐彼物论，和同是非，静观玄览是对辩言争胜、智巧之思与见闻之知的否定；虚心实腹，少私寡欲，见素抱朴是对心狂行妨，逐物不返，斫朴入华，心为物役的否定；等等。一句话，先秦道家的否定，就是要否定时俗与常识上的浮浅性、局限性与机械性，就是要否定传统观念的绝对性、永恒性与普遍性。当然，道家之否定并不简单地就等于抛弃，更准确地说是扬弃，是超越，是在批判中又有所肯定，在舍弃中又有所追求。道家这种否定的思维方式恰恰是一种富于**创造性的思维方式**，它通过对人们的惯常经验的否定，促动人们用一种全新的眼光来对待这个世界。

从"有""无"范畴的提出及其对"有""无"关系的理解来看，先秦道家最先提出共相意义的"有""无"范畴，在对"有""无"关系的理解上极富辩证性。虽然他们没有具体明言"有"与"无"的不同层次，但从其实际思想内容上可以析知，"有"可分为共相"有"与殊相"有"，或抽象"有"与具体"有"，或现象"有"与本体"有"，或"变有"与"常有"这样两个层次；同样"无"范畴亦可以区分为"常无"与"变无"，或具体"无"与抽象"无"，或现象"无"与本

---

① 《老子》第二十章。

体"无"，或共相"无"与殊相"无"这样两个层次。在对"有""无"
关系的理解上，老子既提出了"有生于无"、以无为本的思想，同时
又明确地说"有无相生"。庄学派更是把老子的"有""无"思想发展
到极高的哲学思辨层次。庄学派特别提出了一个"无有"范畴，把老
子"有生于无"之"无"理解为"无有"，使老子思想更加清晰可解。
庄学派一方面讲"以无有为无"①，一方面又讲"以无有为有"②。"无有"
所以是"无"，是相对于万物、万有来说的；"无有"所以是"有"，
则是说它是万物、万有的根据、始基、本原，虽然是最高抽象，但毕
竟是"有"。庄学派把老子之"无"理解为"无""有"两方面是在承
认"无本论"的情况下，解决了"无"如何生"有"的宇宙生成论问
题（前节已有申述），同时也是在辩证法的层次上解决了"有""无"
的统一问题，如庄学派讲"无有一无有"。这里不能把"无有一无有"
只是理解为无有就是没有，更应理解为"无"与"有"统一于"无
有"。这也就是说先秦道家的"有无论"是熔本体论、宇宙生成论、辩
证法于一炉的，如图2所示：

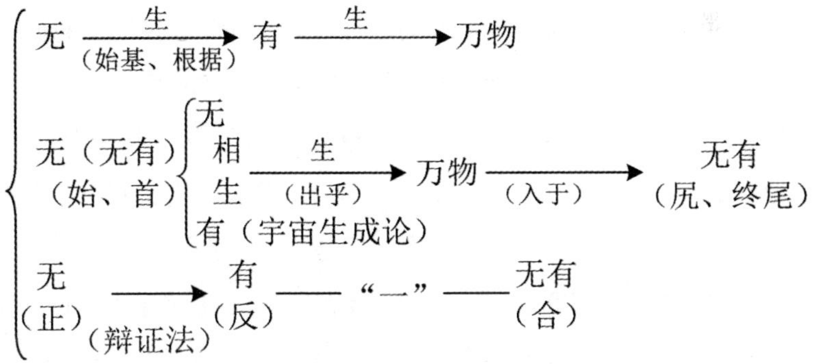

图 2　先秦道家有无关系

---

① 《庄子·庚桑楚》《庄子·大宗师》。
② 《庄子·齐物论》。

综上所述，道家有无观中所体现的否定的思维方式，无为而无不为的实践原则，以无为本的本体论，有无相生的生成论，无有一无有的辩证法等都反映了其有无观是真正哲学意义上的有无观。

四、儒、墨、道有无观合论

儒、墨、道三家的有无观，可谓同中有异，异中有同，从总体说，异多于同。

儒、墨、道三家都触及或直接论述到有无问题，这是三者的相同、相似处。就三者相异之处看，儒家注重实有，主张刚健有为，持肯定的思维方式，但他们对有无的理解是非常具体的；墨家既重实有、强调有为，但也认识到了虚、空，亦讲无为，他们对有无问题的理解既有很具体的，也有抽象的有无范畴；道家注重无为，以无为本，但也并不是不讲有为，他们持一种否定的思维方式，他们的有无范畴是真正哲学意义上的。

儒家重有为，有为于仁、义、礼，无为于非仁、非义、非礼；墨家重有为，有为于兼爱，有为于天下人之大利，无为于争斗，无为于天下人之大害；道家重无为，有为于无为，无为而无不为，有为于因道，无为于违道。儒家之有，有传统，有历史，有君臣父子，有家国天下；墨家之有，有兼爱之心，有普遍共同之利，有不待无而有；墨家之无，无攻无兵，有而后无，无之而无；道家之有，有有、有无；道家之无，本无、无有。儒家之有无观是社会政治和伦理意义上的有无观，墨家之有无观既是社会学、政治学上的，也是名学上的有无观，而道家之有无观则是真正哲学智慧上的、哲学思辨意义上的有无观。

综上所论，先秦道家"有生于无""有无相生""无有一无有"的思想，是其道论中最具哲学思辨的内容，较之于儒、墨等诸子思想，具有鲜明的突破性和超越性。就此而言，先秦道家哲学是此一时期当之无愧的中国哲学的代表，是中国哲学的主根。

第三节　先秦道家有无论与西方哲学有无观

有和无的问题是"世界各国思想家向来深思的根本问题"[1]。先秦道家的有无论使中国哲学可以毫无愧色地立身于世界哲学之列。把先秦道家的有无论与西方哲学，特别是现代西方哲学的有无观相比较，可以较为明显地看到先秦道家哲学的超越性及其并非"虚幻的深度"（黑格尔语）。虽然道家有无论与西方哲学的有无观有着根本的差异，但这并不妨碍两者之间——尤其是先秦道家与现代西方哲学之间——的呼应或遥契关系。大体上可以说，先秦道家哲学是"无"的智慧，而西方哲学的主流则是"有"的哲学。在西方哲学史上，在海德格尔以前的哲学家中，普罗提诺、普鲁克洛、爱留根纳、艾克哈特、库萨的尼古拉、耶柯比等人都主张或近似于主张以"无"为最高原则，他们的学说或思想主张由于被贬斥为神秘主义而未得到应有的重视，居于非主流地位。在这些哲学家的眼里，"无"并不是虚幻不实的非存在，而是被视为高于"有"的超越存在。西方哲学中主流学派重"有"轻"无"和非主流学派的重"无"思想，与先秦道家哲学相比较，既有彼此殊异的一面，亦有相互融合、共通的一面。

一、"有"的哲学与"无"的智慧

诚如邓晓芒先生所言："西方总的说来是'有'的哲学，无论他们如何规定有、无关系，他们的第一个基本的范畴总是有。"[2]例如在古希腊哲学家巴门尼德看来，"有"是存在的，而"无"是不存在的。他特别区别了知识的两条道路，一条是只有"有"存在，"无"是不存在的，真理就在这条道路上；一条是"有"不存在，"有"必然是"无"。

---

[1]　宇野精一：《中国思想之研究：道家与道教思想》，台湾幼狮文化事业公司 1983 年版，第43 页。

[2]　邓晓芒：《思辨的张力》，第 15 页。

巴氏认为这第二条路是非理性的道路，因为"无"是不能认识、不能达到，也不能被说出的，这是一条错误的道路。"真理只是'有'。这个'有'不是被产生的，是不消逝的，完全的，自成一类的，不动的和无终结的。"[1] 古希腊智者派的结论是"一切真理，没有错误；因为错误是无，无是不可思议的"。黑格尔称赞真正的哲学是从巴门尼德开始的。到了哲学家赫拉克利特那里，"有"与"无"被视为同一，"有"存在，"无"也同样存在，"有"既是有的宾词，也是"无"的宾词。在笔者看来，这种"有"也是"无"的宾词，则表明赫拉克利特的"无"，仍是待"有"之"无"，是"有"而后"无"，万物的不存在是在先有万物存在的基础上来说的，"不存在"是那个"存在"的"不存在"。中世纪基督教神学认为，上帝从"无"中创造了整个世界，但是最先的东西并不是"无"，而是道，即泰初有道。道不是"无"，道是创造世界的最高原则。在西方哲学史上，对"有"最具自觉意识并特别强调应以"有"为开端的哲学家当是黑格尔，他的逻辑学就是以"有"做开端的。在黑格尔看来，只有那"既是思维（我思）的有，也是思维对象（存在）的有"才是唯一合适作为逻辑学开端的范畴，以"有"做开端，"无"就是"有"的自身否定。西方哲学中这种以"有"为开端，还不仅仅是一个开端的问题，而是整个文化心理传统决定的、哲学传统决定的，是一个思维方式的问题，是一个如何看世界的根本问题。这种以"有"为开端的哲学是从存在开始的，表现出的首先就是一种肯定的思维方式，而且这种"有"的哲学总是把一切都对象化，包括人自身，世界不仅与人分离了，人也与自身相分离。这种哲学自然孕育出一种原子论的、分析的方法，它的确能够锻炼人们的理性思辨能力，培养一种理性精神。这种"有"的哲学始终是一种**哲学科学**。在这种"有"的哲学里，没有什么是不可言说的，凡是可以说的都可

---

① 黑格尔：《哲学史讲演录》第一册，第 265—266 页。

以说清楚，也没有什么是不可认识的。但是这种过于重理性、重对象化，从存在开始的哲学发展到极致就会走向反面，非理性终将对理性构成挑战，"有"的哲学在不断地自我否定中可能走向"无"。

与西方这种"有"的哲学恰成对应的是，先秦道家哲学是以"无"为本的"无"的哲学，或者说是"无"的智慧。《老子》第四十章讲："天下万物生于有，有生于无。"第一章云："无，名天地之始。"《庄子》亦讲"泰初有无，无有无名"，万物出乎无有，入乎无有，"有不能以有为有"①。先秦道家是明确地以"无"为开端，以"无"为道之本的，"无"既是本原的，也是本质的。由于道本无，所以在把握道时，就只能以体"无"的方式，必须"堕肢体，黜聪明，离形去知"，必须超越逻辑和理性，借重于空灵澄澈的直觉；在思维上应当从肯定、直接、具体、表面转入否定、抽象、精细和深入。在这里，不要把"无"理解为消极意义的空无，先秦道家以"无"为本，以"无"为开端恰恰是对人们不能把握的本原、本始状态的一个规定，"无，名天地之始"，这个"无"是对"无状之状""无象之象"的抽象，这个"无"不仅不能被证伪，恰恰是关于存在的真理，或者说科学愈发展就愈是证明着这个"无"的存在。"事物原是从未知的原因发生，向未知的世界展开。极微之物，一其为必然性的发展，无宁有突破性的发展。可察知的事，远不如不可察知的事多。由是观之，'有生于无'说确实具有真理性。"②

从老子的"天下万物生于有，有生于无"和黑格尔的"有—无—变"来看，后者明显可见逻辑推演之迹，而前者则显为对世界本原、本质的超越的玄思。从认识上看，以"无"为开端，是"将认识的对象推进到人们日常所能感知的范围以外"③，而"排除了私欲邪念的蛊

① 《庄子·庚桑楚》。
② 宇野精一：《中国思想之研究：道家与道教思想》，第43页。
③ 萧汉明、严曼萍：《论〈老子〉"玄鉴"与"静观"的直觉主义认识论》，《哲学研究》1986年第9期。

惑和感觉经验的成见"的"静观""玄览",静默内视的"理性直觉主义"①的认识方法显然超越了一般的感性直观,也超越了理性思辨。总括地说,先秦道家"无"的哲学更是一种智慧的玄思,"无"的哲学重在对"常道"的体察,而"有"的哲学则重在对世界的科学把握和理性分析,两者之间的区别是十分显明的。

二、"无"超越"有"与以"无"为本

在西方哲学史上,与重"有"的主流派相异的是一个重"无"的派,只不过这一派哲学家的思想往往被目为神秘主义而归位于非主流,因而他们的思想往往被忽略。把他们的思想与先秦道家以"无"为本的思想相比较,会明显地感受到他们之间的融通性、相似性及其间的遥契和呼应关系。如古希腊后期的新柏拉图主义者普罗提诺(Plotinus,204—269)明确主张最真实、最高的东西就是"太一",这个"太一"是指最高的统一性,"太一"是无意志、无思想、无区别的,但又是最充实、最完满的东西,世上万物及万物的区别,都是"太一"流溢出来的。流溢不是溢出,"太一"既是"有"的整体,又是"无",因而这个"太一"是不可言说、不可知、不可定义的。普罗提诺说:"我们对于'太一'的理解与我们对其他认识对象的认识不同,并没有理智的性质,也没有抽象思想的性质,而具有高于理智的呈现性质。因为理智借概念而进行,概念则是一种属于多的东西,灵魂陷入数目和多的时候,就失去太一了。……因为这个道理,所以柏拉图说,'太一'是语言文字所不能名状的。"②普氏主张人应靠"出神"状态来与"太一"合一。很显然普氏的"太一"范畴要明显高于柏拉图的"理念"哲学。普氏以后,普鲁克洛(Proclus,410—485)对

---

① 萧萐父、罗炽主编:《众妙之门》,湖南教育出版社1991年版,第311页。
② 北京大学哲学系外国哲学史教研室编译:《古希腊罗马哲学》,商务印书馆1982年版,第459—467页。

"统一性"进行了研究。爱留根纳（John Scotus Erigena，约810—877）对最高统一体的不可说、不可言进行了研究。在库萨的尼古拉的思想里，把握最高统一体就要靠一种"出神"状态，一种直观，这种状态被称为"有学识的无知"。在西方哲学史上，这些哲学家及其深刻的思想因为被贴上了神秘主义、异端思想等标签而遭到冷遇。在现代西方的哲学家中，把"无"视为超越于"有"的最高原则的哲学家，当属海德格尔。海氏认为"无"是"对现实存在物的超出"即"超越"，但超越不是舍弃和消除现实存在物，超越"有"而达到"无"，乃是"万物和我自己都沉入到无分轩轾的状态"，"无是我们与现实存在物作整体相合一时才遇到的"。超越"有"达到"无"的目的就是"为了回到现实存在物本身并把它们作为整体来把握"。海氏认为哲学的最高任务就是通过"无"来把握人与存在的协调统一之整体。海氏承认有不可言说者，并认为无、不可言说都属于最高境。这种最高境界的无，是一般"公众逻辑"的语言所不能说的，因为这种语言常会遮蔽存在，只有在语言不能表达的地方，在不可说的地方，通过"无"的境界，才能使"存在"敞开，让人领悟到"存在"的真谛。海氏的"无"超越"有"的思想无疑是西方哲学史上关于"有""无"问题的一大突破[①]。在此之前的非主流的神秘主义思想经由海氏的发挥而开始成为西方哲学中的"显学"。

　　把先秦道家以"无"为本的思想与海德格尔以及前海德格尔的神秘主义思想相比较，可以清楚地看到中西方之间在"无"的玄思上的融通性、相似性。先秦道家之道论就是以"无"为本的有无统一论，"无"是本体，当然也是境界意义上的，"无"不仅超越于"物""有"，而且"无"能生"有"、生"万物"。在老、庄那里道之"无"不仅仅

---

　　① 张世英：《说不可说》，《北京大学学报》1995年第1期，第42页。有关海氏"无"的思想的原文，可参见其《什么是形而上学？》，法兰克福1955年版；《形而上学导论》，（Ralph Manheim）英译本，耶鲁大学出版社1959年版。

是对世界本原、本质状态的一个**规定**，同时更是对"道"的界定的一个**否定**，因为道涵盖一切，超出一切观念和现象，道是"万有"，是"大全"。对于这个"大全""万有"不可能给以具体规定，一旦予以规定，"大全"则不全，"万有"也不"万"，唯有通过"无"方可以把握这"统一整体"。所谓以道观之，万物一齐，无贵无贱或同贵同贱的齐同思想正是海氏的"无分轩轾说"。道家学者强调通过"心斋""坐忘"等途径来体会大道、同于大通，这与普罗提诺和库萨的尼古拉通过"出神"与"太一"合一的思想，确有相通之处。"道不可言，言而非也"，通过"无"去体道，也就是通过"无"去领会存在的真谛，去敞亮存在；而老子区分"为学"与"为道"的思想也正是看到了对"太一"的理解与对一般对象的理解的不同。综上所论，我们似乎可以说，从普罗提诺到耶柯比的神秘主义思想似可看作是先秦道家哲学的西方古代版，而海氏的"无"超越"有"的思想则是先秦道家"有无论"的现代西方版。通过以上比较可以看到，道家有无论与西方神秘主义者的重无论，特别是与海德格尔的有关思想的相同、相通之处，足见先秦道家道论的超越性的价值。

第三章　天人论

天人问题无疑是中国古代哲学的一个基本问题，张岱年先生曾指出天人关系是人生论的开端，"由宇宙论到人生论，第一步便是天人关系论"①。在天人关系中，"天人合一"思想占据着重要地位，这一观念大体上可以视为中国传统文化的一个最具代表性的特点。国学大师钱穆先生曾言"此一观念实是整个中国传统文化思想之归宿处"，"是中国文化对人类最大的贡献"。②要真正切实地把握这一重要观念，恐怕要从先秦时期之诸子百家的天人之论说起。学者们多以为先秦诸子百家中论及天人关系的，应以儒家为正、为主，笔者以为此说似可商量，如果单从先秦时期来看，对于天人关系的认识最有理致、最具有突破性和超越性价值的当数先秦道家的天人论。

第一节　先秦道家天人论

一、天论

谈到"天"，有必要从"天"字的起源说起。"天"字的构形和起源及其最初的字义，恐怕与人的身体部位有关，从下面所引殷代卜辞

---

① 张岱年：《中国哲学大纲》，第181页。
② 钱穆：《中国文化对人类未来可有的贡献》，《中国文化》第4期。

里"天"字的构形来看,"天"字象人形正面或背面站立姿势（图3）:

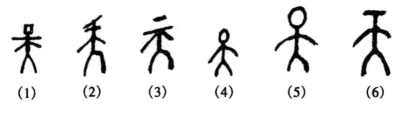

(1)　　(2)　　(3)　　(4)　　(5)　　(6)

图3　殷代"天"字构形

　　王国维在《观堂集林·释天》中说:"古文天字,本象人形,殷虚卜辞或作𡗕……盂鼎大丰敦作𠀡,其首独巨。案《说文》'天,颠也。'《易·睽·六三》:'其人天且劓。'马融亦释天为凿颠之刑。是天本谓人颠顶,故象人形……所以独坟其首者,正特其所象之处也。……𠀡字于𡗕上加一,正以识其在人之首……此盖古六书中之指事也。"[1]有学者认为王氏把同一个"天"字释为既象形又指事,是自相矛盾,失之穿凿。我以为王氏区别上图两类不同字形的天字是有理据的,（1）（4）（5）皆象形,（2）（3）（6）皆指事,这种既象形又指事的情况或可能由象形而转为指事亦无不可,或许由两种类型的文字起源法不同所造成也并非不可能,据笔者陋见,唐兰先生在其《古文字学导论》中就曾说过有人认为指事在象形之前,但也有不少人认为象形在指事之前,两种造字法难分先后。[2]我倒以为这种情况似应理解为是由象形转向指事的,这样一个过程正是维柯所说的"人在无知中就把他自己当作权衡世间一切事物的标准"[3],即人们通过对自己身体最高部位即"人之颠顶"的认识来认识人头顶上自然高广之天。这是古代原始思维发生的一般规律。据古文字学家们的研究,由人体头顶部位之"天"转进到

────────────

① 王国维:《观堂集林》（一）,中华书局1959年版,第282页。
② 唐兰:《古文字学导论》,齐鲁书社1981年版,第394页。
③ 维柯:《新科学》,朱光潜译,第201页。

人头顶之上的自然之"天"，这一过程是在西周时期完成的，并且与此同时，自然天体观念与"上帝"天神发生了联系，殷商人特创"上帝"一词专指天帝，其中已隐含"帝"在天上之意。到了周代，更是直接把"上帝"传说与"天"概念直接结合起来，认为"上帝"在"天"上。如周初《天亡簋》铭文说：

> 天亡佑王，衣祀于王，丕显考文王、事喜上帝，文王德在上。①

先秦古籍如《诗经·大雅·文王》云："文王在上，于昭于天。……文王陟降，在帝左右。"《尚书·周书·召诰》说的"皇天上帝"，《诗经·大雅·云汉》所谓"昊天上帝"等，把"帝"与"天"连称，这就把自然之天神化为上帝，且在不少地方是以"天"代"帝"。从先秦有关载籍可以看出，周虽然大体上与夏、商两代一样信奉天帝，服天命，但周人以"监于有夏""监于有殷"中，特别是从殷人亡国的事件中，深刻认识到"天命靡常"②，认识到"皇天无亲，惟德是辅"③，他们体认到仅仅信奉天帝、天命还不够，还应辅以人事，社会的兴衰隆替与是否尊尚礼法、是否注重人事、是否强调德性具有更直接的关系。这也可以说，西周已经出现了对"天命"的怀疑态度，尽管如此，但信奉天命、天帝、天神仍是主流思想。如此不惮辞费地交代"天"字的来源以及"天帝""天命"观念的形成及变化是为了给出先秦道家"天论"的思想背景。

先秦道家诸子中（尤以老、庄为突出代表），"天论"在他们的道论中占有重要地位，"天"范畴是他们的一个重要范畴。《老子》一书中，"天"字凡 91 见，其中单音词 12 见，录之如下：

---

① 《三代吉金文存》9·13。
② 《诗经·大雅·文王》。
③ 《尚书·周书·蔡仲之命》。

天长地久。①

知常，容。容乃公，公乃全，全乃天，天乃道，道乃久，没身不殆。②

故道大，天大，地大，人亦大。……人法地，地法天，天法道，道法自然。③

天得一以清。天无以清，将恐裂。④

治人事天莫若啬。⑤

天将救之，以慈卫之。⑥

是谓用人，是谓配天，古之极也。⑦

天之所恶，孰知其故？⑧

另外，"天"字与别字组成的双音词或词组，有 79 见。其中"天地"9 见，如"天地不仁"；"天下"60 见，如："将欲取天下而为之"；"天门""天网"各 1 见，如"天网恢恢""是谓天门"；"天道"2 见，如"天道无亲，常与善人"；"天之道"5 见，如"天之道：不争而善胜"；"天子"1 见。逐一考察老子所提到的"天"字，除"天下"（意指社会等）、"天子"（即共主）外，其余的"天"均指"无人格""无意志"的自然之天，也即是说《老子》一书中"天"字多达 91 见，但并未有"天命""天帝"观念。《老子》中虽有"事天""配天""天将救之""天之所恶"，但都并不是视天为有人格、有意志之天。"事

① 《老子》第七章。
② 《老子》第十六章。
③ 《老子》第二十五章。
④ 《老子》第三十一章。
⑤ 《老子》第五十九章。
⑥ 《老子》第六十七章。
⑦ 《老子》第六十八章。
⑧ 《老子》第七十三章。

天""配天"是指从事或符合于自然之道。所谓"天救""天恶"并不是说"天"有好恶、有意志，本来是"天地不仁"，人若遵从天道，则得天利，违逆天道，则得天惩。这其实并不是天仁、天利、天惩，而是人自利、自惩也，人世社会间利害得失不在天，而在人类自身的行为是否合乎自然之天道。概括老子"天"范畴，不外以下数层意涵：

其一，自然之天是与人相对的无人格、无意志之天，如"天地不仁""天道无亲"，"不争""不言"等。

其二，"天"是自然存在，不以人的意志为转移，具有规律性、长久性、客观性，如"天法道，道法自然""天长地久""全乃天，天乃道，道乃久，没身不殆""人法地，地法天"，人必须遵从天道。

其三，"天"具有包容性、均平性、无为性。如："人之道，损不足以奉有余"，而"天之道"则是"损有余而补不足"，"知常，容。容乃公，公乃全，全乃天"。"天"作为"道"的具象化，具有包容大全、万有的公平性、包容性，"天地相合，以降甘露，民莫之令而自均"。天道自然无为，具有无为性，与人道之有为恰相对应。

老子后学中，唯庄子对老子之天论做了最详尽、最广泛、最深刻的发挥。"天"字在《庄子》书中约655见，逐条考察，没有发现一例有"天命""天神""天帝"的人格天、意志之天的含义，均多指自然之天或自然，单独一个"天"字约290见，意涵颇多，主要指"自然之天"；"天"字的其余365见均作复合词或词组，庄子所独创的带"天"字的词语恐怕要居先秦诸子之冠。在《庄子》一书中，作"天子"者，共21见，指古代"共主"，如"今大王有天子之位"；"天下"约275见，含义较多，如既指社会，亦指宇宙，或指天下人等，如"尧舜有天下"，"愿天下之安宁"，"通天下一气耳"；"天王""天运""天褒""天怨""天幸""天灾""天民""天气""天放""天符""天池""天弢""天师""天根""天性""天伦"各1见；"天人"2见，如"忘人因以为天人矣"；"天游"2见，如"心无天游";"天道"6见,如"天道运而无所积";"天乐"5见,如"与天和者谓之天乐";"天籁"2见,如"敢问天籁";"天光"2见,如"发乎天光者";"天年"约6见,如"故不终其天年而中道夭";"天和"2见,如"天和将至";"天行"3见,如"其生也天行";"天德"约4见,如"天德之象也";"天机"约4见,如"其天机浅";"天钧"2见,如"是谓天钧";"天理"约2见,如"依乎天理";"天门"3见,如"天门弗开矣";"天时"2见,如"天时非贤也";"天倪"约4见,如"和之以天倪";等等。

通观庄子之"天论",《庄子》一书中有两处明确地对"天"给以界定:

无为为之之谓天。①

何谓天?何谓人?牛马四足,是谓天;落马首,穿牛鼻,是谓人。②

所谓"无为为之之谓天",就是说以无为的态度去为就是天,就合于道,在这里"天"庶几与"道"同等;而"牛马四足,是谓天"是指"天"即本性如此,自然如此,本来如此,一事一物的本性、本然状态即是"天"。显然这里的"天"是与"人"即人为造作对举而说的,因此"天"亦即指非人为的方面。这两处界定,大体上规定了我们如何理解庄子天论的两大方面:

其一,从"天"与"人"即"自然"与"人为"的关系看,庄子"天"范畴的一个极重要的含义就是"自然"。显然庄子的"天"范畴是对老子"自然之天"的一个深化、发展,因为这里的"天"

---

① 《庄子·天地》。
② 《庄子·秋水》。

已不再是自然天体、宇宙。要理解这个"天"范畴，必须把它放在"天""人"对举中来看，庄子认为"牛马四足"就是"天"，显然这里的"天"是指事物的本然、本性即事物之自然状态，而"落马首，穿牛鼻"就是"人"，这里的"人"是特指破坏了事物之本性、本然的人为。对于牛马而言，"牛马四足"是牛马内在之天性，是牛马之自然，而"落马首，穿牛鼻"则是外在于牛马而强加于牛马的人为，这就是"天在内，人在外"①。庄子明确反对以外在的人为强行破坏事物内在之本性、本然的做法，倡导"无以人灭天"②。应该说庄子在这里明显地体现了天人相分、天人对举的思想，又如"天也，非人也。天之生是使独也，人之貌有与也，是以知其天也，非人也"③。"圣人工乎天而拙乎人"④，"知而不言，所以之天也；知而言之，所以之人也；古之圣人，天而不人"⑤。而且《庄子》全书中充满了对"失其性""易其性""伤其性""离其性""反其性""苦其性""灭其情"等以人灭天的行为的批判。庄子确乎是明于天人相分的，当然这里的"天人相分"思想并非是普遍意义上的，从本原、根源上讲，天人本是不分的，但由于人的私意造作，以人为强加于物，这就造成了天人相分相异。总之，在"天""人"对举关系中的"天"就是"自然"，是非人为的事物之本性、本然。

其二，从"天"与"道"的关系来看，庄学派是把"天"与"道"做同等看待，两者共同之处就是"自然"。《庄子·天地》有"道兼于天"说，实际上这也就是说"道"合于自然，也即是老子的"道法自然"。把"天"规定或释为自然，也即是老子的"道法自然"。把

---

① 《庄子·秋水》。
② 《庄子·秋水》。
③ 《庄子·养生主》。
④ 《庄子·庚桑楚》。
⑤ 《庄子·列御寇》。

"天"规定或释为自然，则"天"就具有最高本体的地位。在老子那里，"天"从属于"道"，"天"与"道"还不是同一个层次上的范畴，"天"是自然之"天"，"道"是抽象之"道"。而在庄子这里，庄学派已经把"自然之天"抽象为"自然"，这样，"道""天""自然"这三个本有区别的范畴在庄学中已融通为一了，"天"不再只是自然之天体，而是"道"，或者说庄子之"天"已经超越了自然之天体而达到了"道"。《庄子》中的"天游""天乐""天府""天理""天均""天倪""天机""天门""天行""天食"诸范畴，均是从不同方面述说自然之道的，而不仅仅是述说自然天体、宇宙的。所谓"天门"就是指自然之总门，众妙之门；"天机"者，自然之生机也；"天钧"即自然均衡、变化之理；"天食"即自然之饲养；"天行"即顺乎自然而行；"天游"即自然之逍遥游；"天府"即自然之府库；等等。这些范畴是在"道"或在本体论意义上使用的。在老子那里，道即自然，在庄子这里，道即自然即天也，庄子天论实论道也。当然庄子之"天"毕竟是从自然之天抽象而来，因此"天"与"道"还是有所区别，在《庄子》中，"天"还有不少地方就是指自然之天体，如"无所逃于天地之间""上际于天""天无私覆"等均是指自然之天。这一点是需要特别辨明的。

综上所述，庄学派在区别自然与人为的前提上明确地提出了天人相分的思想，反对以人灭天，特别是他们从自然之天中抽象出"自然"性作为"天"的特定含义，使得"天"范畴有了本体论意味（或可称本体之天），使"天"庶几与"道"同等，这无疑是对老子思想的一大发展、深化。此外，老庄以外的先秦道家诸子大体都是秉承老、庄之天论而立说的，都认识到"天"就是"自然之天"，就是非人为的"自然"，"天命""天神""天帝"的观念在这里被予以批判地否定。一句话，道家之天论较之于此前传统的天命论、天帝论思想具有鲜明的哲学突破性的特点。

二、人论

先秦道家的人论，主要立足于"人"与"天"的关系，注重"人"的自然特征，追求"天人合一"的精神境界，力主"人""天"之间的和谐、适应，既不主张以天制人，也反对"以人灭天""以故灭命"，特别注重人的精神境界的提升和理想人格的培养。可以说先秦道家对于人在宇宙中的位置，对于人的精神境界方面等的认识是有着深刻的合理性的。

先秦道家创始人老子，在其《老子》一书中对人做了多方面的论述。"人"字在《老子》一书中凡 76 见，作单音词 24 见，其余多与其他字组成复合词或词组。如"圣人"凡 28 见，"众人" 5 见，"俗人" 2 见，"愚人" 1 见，"善人" 4 见，"人主" 1 见，等等。首先，老子对人在宇宙中的地位给予了确切的规定，如《老子》第二十五章云："故道大，天大，地大，人亦大。域中有四大，而人居其一焉。人法地，地法天，天法道，道法自然。""人"王弼本、帛书本均作"王"，但王弼本在释"王"字时是按"人"字作注的，如王弼注曰："天地之性人为贵，虽不职大，亦复为大。与三匹，故曰亦大也。"从全章内容看，似应以"人"为是，用"王"则不类，且宋范应元本正作"人"。在老子看来，人是与天、地、道同大的，宇宙四大，人居其一，这突出了人的"卓越位置"，人"实高于物""而非与物同等"[①]，虽然人高于物，但人并非宇宙中之独大者，人还必须法地、法天、法道，人再大也在天地之间，也要遵从自然之道。老子既看到了人之"大"性，也认识到了人有自己的限度和范围，这无疑是非常深刻、合理的。老子可谓是中国最早对人在宇宙中的地位有如此清醒、合理认识的哲学家。其次，老子明确地对人做了不同种类的分划，突出理想人格的培养。如他区分了"俗人"与"圣人"、"善人"与"不善人"、"愚人"与"众

[①]　张岱年：《中国哲学大纲》，第 168 页。

人"，等等。"善人"是宝道之人，"不善人"者反之；"愚人"是似愚之人，实即得道者，"众人"则指一般俗世的芸芸众生。只有"圣人"是人中之杰，他们抱道合德，见素抱朴，"为而不争"，"为而不恃"，"自知不自见，自爱不自贵"，"被褐怀玉"，"欲不欲，不贵难得之货"，"处无为之事"，"行不言之教"。圣人"后其身""外其身"，"处众人之所恶"，"去甚、去奢、去泰"。圣人"不伤人"，"常善救人"，但圣人又"不仁"。老子的理想人格就是圣人，圣人是得道之人，圣人是天下人的榜样、楷模，即圣人为天下式。作为"君王""侯王""人主"，就应行"圣人之治"，这样才能够治理好国家天下。

总之，老子的人论突出表现在"人大说"与"圣人说"。"人大说"突出了人在宇宙中的卓越地位，对传统的"天命""天帝"观念是一次重要的批判与突破。"圣人说"强调以道为原则的理想人格的培养，对于提升人的精神品格、协调"人"与"天"的关系都具有重要意义。

老子以下的道家诸子中，庄子的人论最突出、最深刻地发展了老子的人论思想。首先，庄子及其后学对老子的"人大说"做了更加具体的阐释。在庄学派看来，老子的所谓"人大"主要是指人的精神及其境界的博大、浩大，在形体上人则是渺小、软弱的，受制于自然天地的有限存在。

如《庄子·秋水》云：

> 吾在于天地之间，犹小石小木之在大山也。方存乎见少，又奚以自多？计四海之在天地之间也，不似礨空之在大泽乎？计中国之在海内，不似稊米之在大仓乎？号物之数谓之万，人处一焉。人卒九州，谷食之所生，舟车之所通，人处一焉。此其比万物也，不似豪末之在于马体乎？

又如《庄子·知北游》云:

> 汝身非汝有也。……孰有之哉? 曰:是天地之委形也。生非
> 汝有,是天地之委形也。性命非汝有,是天地之委顺也。子孙非
> 汝有,是天地之委蜕也。

人在天地之间的确如小石小草之在大山,人只不过是宇宙万物中之一物也,从形体、力量诸方面来讲,人就像马体上的一根毫毛,人依赖于天地而生,受制于天地而长,死而归入天地,人的确是渺小的。张岱年先生在概括中国古代哲学家关于人在宇宙间的地位的有关思想时,就把庄学派视为"渺小说"的代表。[①]我认为此说似可商量,其实庄子及其后学并不只是持"渺小说"来论人的,庄学派仍然是坚持老子"人大说",只不过他们对"人大"有了更加具体而合乎实情的理性认识,即人在形体上是渺小的,但人的精神及其境界是浩大、博大的,庄学派强调的正是人的精神及其境界的"大"。

"人生如白驹过隙""生也有涯",人的生命的确是短暂的,何能比天地之久远;人生天地间如有国于蜗之左角、右角[②],人的形躯也的确是过于渺小。但人可以通过逍遥无待之游,实现主体的超拔飞跃,通过天籁齐物之论达到物我的同体肯定;人可以乘天地之正,御六气之变,参赞化育,兼怀万物,如大鹏之飞,击水三千,扶摇九万,游心于生天生地之道;人可以"法地""法天","修道""得道",一旦得道,则"天地与我并生,万物与我为一",这样人完全可以与天地同其大,与日月同久长。"道"是人能否与天地同大的关键:人如果能体道、修道、得道、行道,则人必与天、地、道同大;反之,人若失性

---

① 张岱年:《中国哲学大纲》,第 167 页。
② 《庄子·则阳》。

于俗，丧己于物，心为物役，背道而驰，则人就不可能与天、地、道同大。

其次，庄学派在对人做了层次各别、标准各异的不同划分的前提下，特别提出了"四人说"的理想人格论。《庄子》一书对人的认识、归类可谓非常细致，具体有如下众多"人"称：舟人、大人、丈人、小人、无名人、天人、工人、道人、藏人、戴晋人、越人、匠人、全人、市人、主人、齐人、宰人、宗人、宵人、寡人、家人、盗人、鲁人、幸人、楚人、真人、至人、恶人、圣人、贾人、贤人、暴人、不善人、善人、罪人、庖人、庶人、良人、民人、流人、渔人、津人、神人、散人、封人、故人、狄人、轮人、细人、妇人、非人、燧人、北人、胞人、陈人、门人、畸人、佞人、仁人、倚人、僻人等等①。庄学人论的核心就是"人说"，即通过外杂篇重在对外在物累的超克和通过内篇重在对人内在心灵的超拔提升，从而使人达到"至人""真人""神人""圣人"或"圣人""至人""天人""神人"的理想境界。

通观《庄子》全书有关人论的思想，内篇与外杂篇各有侧重，外杂篇重在对外物变易人的天性、宰制人心的现象之揭露和批判，力图使人摆脱物累，超克物欲，要人通过"外天下""外物""外生"而回到自身、自性、自心。如《庄子·骈拇》云："三代以下者，天下莫不以物易其性矣！小人则以身殉利，士则以身殉名，大夫则以身殉家，圣人则以身殉天下。故此数子者，事业不同，名声异号，其于伤性以身为殉，一也。""自虞氏招仁义以挠天下，天下莫不奔命于仁义。"仁、义、礼、智、声、色、货、利等全面地侵扰（撄）人的天性，使人心之醇浇，使人性之朴散。为了守住人性之本、之真，就应当"外天地，遗万物""通乎道，合乎德，退仁义，宾礼乐"②；应当"察盈

---

① 此处可参《庄子引得》，其中对"人"即有归类。《庄子引得》，上海古籍出版社 1986 年版，第 263—264 页。

② 《庄子·天道》。

虚""明坦途""知无常"①，就应当改变那种"明乎礼义而陋乎知人心"②，驰逐于外物而失守其本性的状况。与上述外杂篇不同的是，内篇尤其注重内在人格的培养和内在精神境界的提升与扩展。在这一点上庄子仍然是秉承老子的"圣人说"，只不过庄子对此"圣人说"做了更加具体细致的申说，如"天人""至人""真人""神人"等就是对"圣人"内容的具体推展。从《庄子》内篇看，"圣人"一词28见，出现的频率最高，"真人"9见，"至人"6见，"神人"4见。总之，无论是"圣人说"，还是"真人""至人""神人"说，都是指道家理想人格的，只不过是对理想人格的不同层面的称述罢了。

1. 真人说

"真人"一词，主要出现在《庄子·大宗师》中，录之如下：

何谓真人？古之真人，不逆寡，不雄成，不谟士。若然者，过而弗悔，当而不自得也。若然者，登高不栗，入水不濡，入火不热，是知之能登假于道也若此。

古之真人，其寝不梦，其觉无忧，其食不甘，其息深深。真人息以踵，众人之息以喉。

古之真人，不知说生，不知恶死。其出不䜣，其入不距。翛然而往，翛然而来而已矣。不忘其所始，不求其所终。受而喜之，忘而复之。是之谓不以心捐道，不以人助天，是之谓真人。

古之真人，其状义而不朋，若不足而不承；与乎其觚而不坚也，张乎其虚而不华也；邴邴乎其似喜也，崔崔乎其不得已也，滀乎进我色也，与乎止我德也，广乎其似世也，謷乎其未可制也，

---

① 《庄子·秋水》。
② 《庄子·田子方》。

连乎其似好闭也，悦乎忘其言也。[以刑为体，以礼为翼……而人真以为勤行者也。]① 故其好之也一，其弗好之也一，其一也一，其不一也一，其一与天为徒，其不一与人为徒，天与人不相胜也，是之谓真人。

上述所谓"真人"说，多是对"真人"情貌及行状的表述，最关紧要的是"不以心捐道，不以人助天""其一与天为徒，其不一与人为徒，天与人不相胜也"这几句。从外杂篇有关论述来看，如《秋水》云："无以人灭天，无以故灭命，无以得殉名。……是谓反其真。"《刻意》谓："虚无恬淡，乃合天德。……能体纯素，谓之真人。"纯者，不杂也；素者，素朴也。纯素即大道即自然即天也，体纯素即体天也。本诸内篇，辅以外杂篇，可知"真人"就是明于天人之分，不助天，不灭天，能体天，与天为徒，同天合一的人。一句话，真人不离于天。天者，自然也；不离于天，不离于自然也。也就是说真人是以天即自然为宗本的人，这里的"真人"也就是《庄子·天下》中的"天人"："不离于宗，谓之天人。""宗"是什么意思？宗，即大道自然，也即是天，同篇即有"以天为宗"的说法。庄子的理想人格，从内篇看有"圣人""神人""至人""真人"四人说，从《天下》看，有"圣人""神人""至人"和"天人"四人说，对于两者的不一致，学者们多不加深究，如上之论，"真人"即"天人"也，故内篇与《天下》是一致的，《天下》所概括的理想人格论也即是内篇的理想人格论，不辨明这一点就会前后矛盾，也不利于说明"圣人"范畴。

2."至人""神人"说

《庄子》内篇中还出现了"至人"说和"神人"说，如：

---

① "以刑为体……而人真以为勤行者也。"这十三句与《大宗师》以及与整个庄子思想明显不类，张默生、陈鼓应诸先生均指出了这一点，张、陈之说极是，今从二先生说，删此十三句。

至人无己，神人无功。

藐姑射之山，有神人居焉。肌肤若冰雪，绰约若处子；不食五谷，吸风饮露；乘云气，御飞龙，而游乎四海之外；其神凝，使物不疵疠而年谷熟。[①]

至人神矣！大泽焚而不能热，河汉沍而不能寒，疾雷破山、飘风振海而不能惊。若然者，乘云气，骑日月，而游乎四海之外，死生无变于己，而况利害之端乎！[②]

至人用心若镜，不将不迎，应而不藏，故能胜物而不伤。[③]

夫道不欲杂，杂则多，多则扰，扰则忧，忧而不救。古之至人，先存诸己而后存诸人，所存于己者未定，何暇至于暴人之所行？

嗟乎神人，以此不材。

此乃神人之所以为祥也。[④]

综上所述，"至人"就是游乎四海之外，超越生死利害、不将不迎，存己而后存人，无己无人的人。至人虚己无我，体与物冥，化解了自我中心，超越了自我、物物之间的一切差别，做无待逍遥之游，不离于真。说到底，至人是指理想人格的至上的超越的精神境界。"神人"就是指"以不祥为大祥""以不用为大用"，应物而不逐物，无功而全其生的人，是神凝而一，不离于精的人。"至人说"是就至上的超越境界说的，"神人说"是就无用之用的神妙之用而说的。"至"者，究极也，究极之本也即是究极之境界也。"神"者，妙用之神也。

3. 圣人说

"圣人"一词在《庄子》内篇中出现次数最多，且此一语词多出现

---

① 《庄子·逍遥游》。
② 《庄子·齐物论》。
③ 《庄子·应帝王》。
④ 《庄子·人间世》。

在结论部分，与老子书中使用圣人一词的情形颇相类似，往往在圣人前多冠以"是以""故"等关联词。①

如《齐物论》云：

> 是以圣人不由，而照之于天，亦因是也。
> 是以圣人和之以是非，而休乎天钧，是之谓两行。
> 六合之外，圣人存而不论；六合之内，圣人论而不议。春秋经世先王之志，圣人议而不辩。……圣人怀之，众人辩之以相示也。
> 圣人不从事于务，不就利，不违害，不喜求，不缘道，无谓有谓，有谓无谓，而游乎尘垢之外。
> 众人役役，圣人愚芚，参万岁而一成纯。

又如《逍遥游》云：

> 故曰：至人无己，神人无功，圣人无名。

《人间世》云：

> 天下有道，圣人成焉；天下无道，圣人生焉。

《大宗师》云：

> 故圣人之用兵也，亡国而不失人心；利泽乎万世，不为爱物。
> 故圣人将游于物之所不得遁而皆存，善妖善老，善始善终，人犹效之，又况万物之所系而一化之所待乎！

---

①　郑志明：《先天道与一贯道》，台北正一善书出版社，第187页。

《德充符》云：

> 故圣人有所游，而知为孽，约为胶，德为接，工为商。圣人不谋，恶用知？不听，恶用胶？无丧，恶用德？不货，恶用商？四者，天鬻也。天鬻者，天食也。

综上所述，圣人是无名、不论、不议、不辩、不陷于是非对待中，参万岁而一成纯，严守天人之分，为而不恃，功成而不居，应物变化的得道之人，是庄子所标举的理想人格和理想境界。笔者认为，"圣人"是庄子理想人格之总名，而"真人""至人""神人"只是对理想人格的不同层面的认识或称述。成玄英疏谓"至人""神人""圣人"三者一也，只不过"至言其体，神言其用，圣言其名"。宣颖则认为"圣人""至人""神人"中应以"至人"为主。郭象注以"天人""至人""神人""圣人"为一。宣颖在释《天下》"四人说"时以"天人"为第一等人。从成、宣、郭诸家来看，宣颖之说前后矛盾，一以"至人"为主，一以"天人"为主，不可从。实际上"四者合一"说已经包含了"三者合一"说。我以为"四者合一"之"一"指理想人格而言，但"四者"又有层次的差别，"圣人"说是综合地、总括地说，"至人""真人"（即"天人"）"神人"是个别地说，"圣人"一词统括"真人""神人""至人"。"圣人"就总名说；"至人"就至上境界说；"神人"就妙用说；"真人"（即"天人"）就宗本说。《天下》谓"不离于宗，谓之天人。不离于精，谓之神人。不离于真，谓之至人。以天为宗，以德为本，以道为门，兆于变化，谓之圣人。""以天为宗"者，真人或天下之所宗也；"以德为本"者，德为大道落实之妙用，神人所本也；应物变化，以道为进达至上境界之门户，至人之所为也。就内篇有关"圣人"的论述来看，圣人和以是非，休乎天钧，照之于天，正是"以天为宗"；圣人有道无道皆生焉成焉，正是"以道为门"；"游于物之所不得随而皆存"正是"观于机兆，随物变化者"；逍遥于尘垢之外，无为而利泽万世，功成不居，此所谓"以德为本"也。

综上所述，先秦道家的人论重在"人大说"和"圣人说"，前者突出了人在天地间的地位，后者阐扬了道家的理想人格和理想境界。

三、天人合一论

作为中国文化核心观念和最高境界的"天人合一"论，应该说是先秦时期诸家诸子的共同理念，但先秦诸子中，明言"人与天一也"的思想当属先秦道家为最早。

关于"天人合一"这一命题，晚近学界多有认识，从 20 世纪 40 年代张岱年先生对"天人合一"的集中论述①到最近几年以《传统文化与现代化》为核心的关于"天人合一"的讨论，这使我们对这一命题的认识更加清晰、深入。个人以为这些讨论亦存在一些不足之处：一是对天人合一的分析还不够精细，宏论较多，微观剖析不够；二是偏重于儒家天人合一思想的把握，而轻忽了道家的有关思想。如李存山先生谓"对中国古代'天人合一'命题的理解也应以儒家的'天人合一'思想为主"②。要准确把握诸家"天人合一"说的思想内涵，先得对"天人合一"这一命题做一般分析。张岱年先生认为"天人合一"实分为"天人相通"和"天人相类"两层意思③，笔者认为，"天人合一"这一命题应有三层意涵，即天人合于天，天人合于人，天人合于非天、非人的某物，如道。天人合天，一者天也；天人合人，一者人也；天人合道，一者道也。天人合天，即以人合天；天人合人，即以天合于人；天人合道，即天人相合也。对先秦道家的"天人合一"说，学者多沿用荀子批评庄子蔽于天而不知人的旧说，认为道家是以人合天，

---

① 参见张岱年：《中国哲学大纲》。
② 李存山：《析天人合一》，《传统文化与现代化》1994 年第 4 期，第 15 页。
③ 张岱年：《中国哲学大纲》，第 173 页。

放弃了人的主动性。我认为先秦道家"天人合一"论是天人合于道，一者，道也，自然也。这不是放弃人的主动性，而是更重客观必然性或自然规律性。

在先秦道家诸子中，老子最先表达了或论述到天人合一的思想。如《老子》第二十五章云："人法地，地法天，天法道，道法自然。"在这里，天与地合而为自然之天即宇宙天地，或者说"天""地"合而为与"人"相对的"天"，而道即自然则是通贯"天""人"的"一"，"天地"遵从自然之道，人也遵从自然之道，"天地"与"人"合于自然之道。李存山先生把"天""地""道"合起来称为与"人"相对的"天"，并由此把老子"天人合一"思想归结为"以人合天"①。笔者以为此说似过于武断，"道"显然不能与"天""地"合为同一个层次，"天""地""人"均是实体的物，而"道"则是一种理论抽象的产物；"道"是形而上者，"天""地""人"则是有形者；"道"是从"天""地""人"中抽象出来的共同性，即"自然"性。因为，由《老子》此章不能归纳出"以人合天"说，只能是天人合于自然、合于道，这才是先秦道家"天人合一"论的基本思想。如果说老子最先论及天人合一思想，那么庄学派则是最先明确提出了"人与天一也"的说法。如《庄子·山木》云："无受天损易，无受人益难。无始而非卒也，人与天一也。""何谓人与天一邪？""有人，天也；有天，亦天也。"《达生》谓："夫形全精复，与天为一。"郭象注曰："凡所谓天，皆明不为而自然耳。"成玄英疏曰："夫人伦万物，莫不自然，爰及自然也，是以人天不二，万物混同。""夫形全不扰，故能保完天命；精固不亏，所以复本还原。形神全固，故与玄天之德为一。"《德充符》谓："自其异者视之，肝胆楚越也；自其同者视之，万物皆一也。""一"是什么？一者，气也，道也。《知北游》云："通天下一气耳"，《齐物论》谓：

① 李存山：《析天人合一》，《传统文化与现代化》1994 年第 4 期，第 15 页。

"道通为一"。道家诸子中把"天人合一"思想提高到一种极高精神境界者当属庄子，《大宗师》云："其一也一，其不一也一，其一与天为徒，其不一与人为徒。天与人不相胜也，是之谓真人。"《齐物论》云："天地与我并生，万物与我为一。"庄学派讲人与天一，同时又讲人与天不相胜。人与天不相胜而相合，这正说明庄学派并不是讲以人合天，而是主张天人合于"自然"、合于"道"，也可以说是"以天合天"①。这里的"以天合天"并不是指以人之天合于天，而是指以人之天（自然）合于天之天（自然），也就是说人天合于"自然"。"以人合天"则可能蔽于天而不知人；"以天合天"则既要知人亦要知天。前者表现出的是天对人的宰制性；后者强调的是天人之间的融合性、协调性。"天人合一"思想在道家，尤其是在庄子那里是一种物我同体肯定、天人浑融不分的超越境界，是需要通过人的努力去实践、去证成的理想状态。从实际上看，天人本是一源的，即"人与天一也"。但一有了人，天人之间的分化、矛盾、冲突是必然的，不可避免的：牛马四足是谓天，落马首、穿牛鼻是谓人；无为为之是谓天，有为为之是谓人；天之道损有余以事不足，人之道损不足以事有余。这就是道家的天人之分。道家明于天人之分，不是为了以人胜天，天与人本不相胜，而是**为了使天人彼此相合**。合于什么呢？合于道、合于自然。如何能达到"天人合一"境界，或者说如何做到天人**彼此相合**呢？从天合于人的方面看，道家所谓天道自然无为，"天无私覆，地无私载"，天道自然均平这都是先秦道家所认识到的天有益于人的方面，或者说天道的这种特性是道家从"自然"之天的诸般特性中特别挑选出来的内容，这显然并不是"自然之天"的全部，道家所以这样做就是为了使天能符合于人；从人合于天的方面看，人应当"法天贵真"②，自然无为，人

---

① 《庄子·达生》。

② 《庄子·渔父》。

应当归宗反体，回真返朴，返本还原，借以重建人的本原本真的纯朴天性，借以摆脱外在的物之役、情之累和内在的心之滞和意之染对人本真之性的障蔽和戕害。上述所论，正说明先秦道家"天人合一"论是天人彼此融合论，而不是天人相胜论。这里特别要辨明的是"天人合一"实有两层含义，即自然与人为合一，自然界与人类合一。

综上以观，先秦道家的"天人合一"论就是其道论，"合一"之"一"就是"道"，即"自然"。他们既看到了天、人同大，天、人不相胜的一面，同时又认识到了两者的融合、共通的方面。"合"有动态的意思，"天人合一"就是双方彼此融合、协调的过程，也是个人精神境界不断提升的过程。先秦道家是从天人**本原**之"合"的观照中，看到了**实际**的"天人相分"，又从**实际**的"天人相分"中去求**真际**的"天人相合"。可以说，这种"天人合一"论是本原论、过程论和理想境界论的三者统一。

第二节　儒、墨、道天人论比观

一、主宰之天、自然之天、性命之天

"天人"范畴是先秦儒家的一对重要范畴，天人关系论是儒家思想的核心问题之一，可以说儒家之学也就是天人性命之学。从孔子的思想来看，《论语》一书中"天"字49见，单音词"天"字19见，表示"天空"之义者3见，如《子张》："犹天之不可阶而升也"；表示天理、天常、天神（或称主宰之天）者16见，如《八佾》："获罪于天，无所祷也"。作复合词，"天子"2见，如《八佾》"天子穆穆"；"天下"23见，如《八佾》"知其说者之于天下也"，表示天下人、社会、国家等意思；"天命"3见，如《为政》："五十而知天命"；"天禄"1见，如《尧曰》："天禄永终"；"天道"1见，如《公冶长》："夫子之言性与天道"。"人"字，162见，一般用法114见，如《学而》："其为人也

孝弟"；表狭义的"人"，不包括"民"在内，一般指有公职者之人有
5 见，如《宪问》："修己以安人"；作量词有 9 见，如《泰伯》："舜
有五人"；表"人才"义者 2 见，如《雍也》："女得人焉耳乎"；作
代词，表"人家"义者有 31 见，如《学而》："不患人之不己知，患
不知人也"；表"大夫"义者 1 见，如《八佾》："孰谓鄹人之子知礼
乎"。由上统计可知，孔子之"天"主要的还是"天理、天命、天帝、
天神"之"天"，如"天丧予""天厌之""知我者，其天乎""天之将
丧斯文"等等。这里的"天"是有道德意志、能够"福善祸淫"的有
人格之天即"上帝"，仍是"主宰之天"。当然孔子也讲自然之天，如
《阳货》"天何言哉？四时行焉，百物生焉"，但此一意义的"天"很
少见。孔子思想的这样一种倾向与他重传统、重历史有极大关系。被
儒家奉为经典的《尚书》《诗经》中讲的多是"主宰之天"，如《诗
经·大雅·烝民》的首句即是"天生恶民，有物有则，民之秉彝，好
是懿德"。《尚书》《皋陶谟》有"天工人其工之""天叙有典""天秩有
礼""天命有德"，《甘誓》有"今予惟恭行天之罚"，《汤誓》有"致
天之罚"，等等。这里的"天"既是自然之天，也是有意志的主宰之
天，作为人间共主的天子，其"敬德"与"保民"的行为正是上帝意
志的体现。在孔子那里，"人"多是指伦理道德关系中的人，人的主
体性、独立性主要体现在对仁义礼的自觉体认与践行上。如"为仁由
己""知其不可而为之"等等。从子贡说"夫子之言性与天道，不可得
而闻也"① 来看，在孔子思想中，"天人合一"思想还没有明确的论述。
但从孔子赞美尧之伟大时讲："唯天为大，唯尧则之"② 却又似有"天人
合一"的思想因素，因为尧之则天之"天"既有"主宰之天"的意思，
也有"自然之天"的意思。

---

① 《论语·公冶长》。
② 《论语·泰伯》。

孔子以后，《孟子》《中庸》《荀子》等儒家原典中，对性命之天、对人在宇宙中的地位以及对天人合一思想已有了更加明确、具体的论述。在《孟子》一书中，从孟子承孔子，亦讲"主宰之天"，如《万章上》："尧荐舜于天，天受之""舜有天下也""天与之"。但孟子较多地是讲"性命之天"（或"命运之天"）和"义理之天"。如《尽心》讲："莫之为而为者，天也；莫之致而致者，命也""尽其心者，知其性也；知其性，则知天矣。存其心，养其性，所以事天也。寿夭不贰，修身以俟之，所以应命也"。"天命"是有着巨大威力的、不可抗拒的力量。在孟子看来，心、性、天三者一也，性在于心，尽心可知性；而性又受于天，知性可知天。孟子认为仁、义、礼、智诸善端皆是天生的，是"天之所以予我者"①。在孔子那里天人分而为二的思想被孟子统一起来、结合起来，天命、天是人心性的根据，人之善性是天赋的，人修养自己的心性也就是求天人之合一。此外，在孟子的思想中已经开始出现摆脱对"主宰之天"的追求，转向探讨人性、心理修养的道路。《中庸》一书，开篇即讲"天命之谓性，率性之谓道，修道之谓教"。天命、道德、人性、教化是一脉相通的，或者说是同一的。"性命之天"也是"义理之天"，"天"是道德、教化的根本。《中庸》还云："唯天下至诚，为能尽其性；能尽其性，则能尽人之性；能尽人之性，则能尽物之性；能尽物之性，则可以赞天地之化育；可以赞天地之化育，则可以与天地参矣。""诚者天之道，诚之者人之道"，人通过人心知人性，尽人性而尽物性，"反身而诚"，借以把握天道之诚，最终达到天道与人道合一，参赞天地之化育的境界。

《孟子》《中庸》以后的《荀子》在对天、人及天人关系的认识上与前者又有所不同，荀子更倾向于把"天"视为自然之天，天就是客观存在的自然世界。如《荀子·天论》谓：

---

① 《孟子·告子》。

列星随旋，日月递炤，四时代御，阴阳大化，风雨博施，万物各得其和以生，各得其养以成，不见其事而见其功，夫是之谓神；皆知其所以成，莫知其无形，夫是之谓天功。

又如《荀子·礼论》谓：

天地合而万物生，阴阳接而变化起。

虽然"不见其事而见其功"的"无形之天"，由于其机能甚神，似有"主宰之天"的意味（董仲舒即作此解），但主要的义项是自然之天。万物之生，变化之起都在于天地和合、阴阳交接，并且荀子还把世间一切现象归纳为"天地之变，阴阳之化"[①]。《天论》谓："天有常道矣，地有常数矣。""常道""常数"可以看作是自然规律，这些"常道""常数"不以人的意志为转移，即"不为尧存，不为桀亡"，人只有遵循这些"常道""常数"才行，"倍道妄行，则天不能使之吉"[②]。在论到与"天"相对的"人"时，荀子特别突出了"人"的地位，如《王制》说："水火有气而无生，草木有生而无知，禽兽有知而无义，人有气有生有知亦且有义，故最为天下贵也。"人在其性能上是世间最优异者，在价值位列上是最高贵者，人既是有生有气的物质存在，又是有知有义的精神存在。在天人关系论上，荀子看到了天人的统一性，如《天论》说："形具而神生，好恶喜怒哀乐藏焉，夫是之谓天官；心居中虚以治五官，夫是之谓天君。"所谓天情、天官、天君正是人中有天。荀子更注重的是"天人之分"，如《礼论》谓："天能生物，不能辨物；地能载人也，不能治人也。"《天论》谓："天有其时，地有其

---

① 《荀子·天论》。
② 《荀子·天论》。

财，人有其治。""故明于天人之分，则可谓至人矣。"明于天人之分就是要充分发挥人的主体能动作用，"制天命而用之"，这种"制天命而用之"的思想实是一种以人为主体的天人合一论，也就是"以天合人论"。

综上所述，先秦儒家在天人问题上，普遍重视主体的能动作用，如孔子的"为仁由己"，思、孟的尽性知天、修心养性，特别是荀子的"制天命而用之"的思想中，典型地表现出由"主宰之天"向自然之天的转变。在思、孟那里，"天人合一"落实在人的心性上，把外在之天安置在人之心性之中，作为心性的根据和基础，这实际上也是以天合人，荀子则是更明确地主张以天合于人，不过需要阐明的是，儒家的"天人合一"论主要是解决道德本原以及对这一本原的认识问题。作为主体主要还是伦理道德意义上的人。

二、以天志为法

天人之学作为先秦时期的共同话题，自然也在墨学派的议论之中。从《墨子》一书看，"天"字约 848 见，作单音词约 365 见，与其他字组成复合词的有"天命"6 见，如《非儒》："固有天命"；"天德""天贼"各 1 见，如《天志下》："是谓天贼""是谓天德"；"天志"4 见，如《明鬼下》："此诰文王之以天志为法也"；"天下"约有 471 见，比"天"作单音词时出现得还多，主要表示"天下人""社会""国家"等意涵，如《鲁问》："其不能暖天下之寒者既可睹矣"，《尚同中》："天下得而赏之""天下既以立矣"，等等。"天下"一词在《墨子》一书中出现的频率之高，恐怕要居先秦诸子使用"天下"一词之冠，这与墨家兼怀天下，泛爱众生的"兼爱"精神不无关系。作"天子"者，86 见，表示体现天的意志的天下共主。综析墨子之"天"，虽然也有"自然之天"的义项，如《兼爱下》："今天大旱"，《非攻下》："名参乎天地"等，但主要的意涵，是指能够"福善祸淫""赏善罚暴"的"主宰之天"，所以梁任公谓墨子之"天""纯然是一个'人格神'，有意欲，有感觉，有情操，有行为"①。墨子认为天有"天志"，《天志上》曰："我有天志，譬若轮人之有规，匠人之有矩，以度天下之方圆"，《天志下》曰："子墨子置天志以为仪法"。"天志"是什么呢？天的意志就是《法仪》所谓"天必欲人之相爱相利，而不欲人之相恶相贼也"。为什么天是这样呢？因为天是兼爱众生，兼利天下的。那么从哪里体现了"天"兼爱兼利天下众生的呢？这就是因为"天"是"兼而有之""兼而食之"②。墨子还譬喻地说，天子有天下也，无异乎国君之有四境之内也。今国君夫岂欲其臣民之相为不利哉？在墨子看来，"天"的这样一种意志是制定一切行为、事物的标准，"顺天意者，兼相爱交相利，必得赏；反天意者，别相爱，交相贼，必得罚"③。在墨子的鬼神理论中，还特别有"天鬼说"，"天鬼"的主要职责就是司赏罚，"尊天事鬼爱利万民，是故天鬼赏之"，相反，"诟天侮鬼贼傲万民，是故天鬼罚之"。④

由上述论可知，墨子不仅把"天"人格化，还把"天"鬼化，"天"地地道道的是一种人格神。墨子在此不仅仅是继承了西周以来的"主宰之天""人格之天"的思想，而且还有所发展。当然墨子之所以把"天"神化、鬼化，最根本的目的还是在利用"天"来为他的兼爱兼利的哲学提供一种神秘的具有威慑力量的理论根据，交相爱、兼相利的究极根据就是天，就是天鬼。

从墨子的"人"论来看，首先，墨子理想中的"人"应当是兼相爱、交相利，具有博爱精神和利他主义情怀的人。《小取》曰："爱人，待周爱人然后为爱人；不爱人，不待周不爱人，不周爱，因为不爱人矣。"真正的爱就必须超越差别，爱人应该周遍地爱，这种爱人

---

① 梁启超：《墨子学案》，上海书店 1992 年版，第 46 页。

② 《墨子·法仪》。

③ 《墨子·天志上》。

④ 《墨子·尚贤中》。

利他说实质是充分地肯定了人的价值，这种爱人说可以说是古代中国的"爱的宗教"，极具欣赏的价值。其次，墨子非常注重人口数量的多寡，人和其他生物的区别在于人是靠劳作而生存的，人的数量多少就决定了劳力的强弱，为此，《节用》曰："是丈夫年二十毋敢不处家；女子年十五，毋敢不事人。"《过辞》曰："内无拘女，外无寡夫，则天下之民众。"此用现代的话说，墨子明确提出了早婚和不蓄妾的思想，借以增加人口。此外，在命定与人力关系上，墨子明确主张"非命"，并且以"三表法"来否证"命"的存在，倡导"力行说"，批判"有命说"。墨子认为社会的安危治乱，人们的富贵贫贱不在有命而在力行。《非命下》谓："曰命者，暴王所作，穷人所术，非仁者之言也。""人矫天命""无加之咎"。人若"信有命而致行之"则"天下必乱矣"，"上以事天鬼，无鬼不使；下以持养百姓，百姓不利"。①相反，坚持力行者，则可以内治官府、外治人民，可以使天下人民富强起来。"富""强""宁""治""荣"均是赖于人的力行所致，而"穷""弱""乱""辱"等状况则是怠于力行所致。可以说在天命与力行的关系上，墨子是主张以人胜天，即力行胜于天命，或者说墨子思想中有以天合于人的思想因素。

从天人关系方面来看，《墨子·经上》云："知，材也""知，接也"。"材"是指主体的认识能力，"接"是指主体要与客体相接触。这也就是说墨子既讲主体与客体、天与人的相分，亦讲主体与客体、天与人的相合。从"天志"的角度看，墨家追求"天人合一"，即人应当像天"兼有兼食"那样兼相爱交相利，人的行为应当与天之所欲相一致，并且通过"天鬼"的赏罚以作为这种合一的保证。这里的"合一"，究其本质是"人道"本于"天道"，人之"动作有为，必度于

---

① 《墨子·非命下》。

天"①。从"天命"的角度看，墨子主张"天人相分"，人应当相信自己的力行，并且通过力行去改变祸、乱、危、辱、穷等状况。

三、儒、墨、道天人论合论

天人问题作为中国文化、中国哲学的核心问题之一，自然是儒、墨、道诸家共同关心和探讨的问题，诸家对于"天人之际"都有自己的认识和理解，"天人合一"是他们共同的宇宙观（或世界观）和伦理道德观，这是就其同者而言的。

从相异之处来看，儒家之天既是主宰之天，亦是德性之天；墨家之天纯然是"主宰之天"；道家之天则是自然之天。"主宰之天"是对历史的继承，"德性之天"是对现实的拯救，"自然之天"是对传统的突破。儒家之人是重仁义礼智之德性之人，是伦理关系中人；墨家之人是体现了"天志"的兼爱兼利之人；道家之人是自然之人、自由之人。儒家之人是天地之心；墨家之人是天地之志；道家之人在天地之间，与天地同大。儒家天人合一，一在心性；墨家天人合一，一在天志；道家天人合一，一在道也。儒家天人合一，至诚尽性、尽性知天、参赞化育；墨家天人合一，人从天欲，兼爱利他，以人合天；道家天人合一，天人自然，万物一体，天人相合。儒家天人相分，人制天命；墨家天人相分，尚力行，黜天命；道家天人相分，反人为，尚自然。总之，儒家天人论多从仁义道德立论，墨家天人论是准宗教意义上的天人论，道家天人论则是多从自然之道立论。从上述比较可知，道家天人论实具有突破性和超越性价值，它彻底突破了西周以来主宰之天、天命之天的传统，把"天"从自然神学中解放出来，并从自然之天地中抽象出"自然性"范畴，以作为天地人共同效法的大道。特别是先秦道家对人在天地之中的地位的辩证把握极具理性精神。

---

① 《墨子·法仪》。

第三节　先秦道家天人论与西方哲学天人观

天人问题无疑是中西文化的核心问题之一。把先秦道家的天人之论同西方哲学，特别是现代西方哲学的天人观做一比较，对于我们深刻地认识道家天人论的超越性价值以及认识道家天人论的局限性都有着十分重要的借鉴意义。

一、"天人相分"与"天人合一"

天人问题也就是人与自然的关系问题。在西方文化、西方哲学中，"天"即"自然"（nature），是一个实体概念，人是与实体的"自然"相对立的主体，天人论就是人与自然对立的二元论，人是自然的主人，人应当征服自然，战胜自然。不是自然为人立法，而是康德所说的"人为自然立法"。天人二元对立是西方近现代哲学的主导潮流，荷尔德林认为，在古希腊人那里，自然曾经是自由的、自在的，近代以来，人成了主宰者，自然成为一个客体。人的劳动统治着自然，技术控制了现实，人对自然这个客体进行加工、利用、剥削和耗尽，使自然变成了女仆，造成了人与自然的分裂与异化。在古希腊时代，虽然早期自然哲学家把自然从原始的神话拟人观中解放出来，人们开始用一种较自由的客观态度来对待自然和人自身，但人作为自然的一部分，还没有从自然中分离出来，人还不是创造自然的自然，人还和自然物一样是自自然然的，哲学家们还是按照他们说明世界万物的同样方式来说明人本身的。如阿那克西美尼谓："我们的灵魂是气，这气使我们结成整体，整个世界也是一样，由气息和气包围着。"[①] 但在智者派那里，人的地位开始渐渐从自然中突出出来，如普罗泰戈拉（Protagoras，约

①　北京大学哲学系编：《西方哲学原著选读》上卷，商务印书馆1992年版，第18页。

前 480—前 408）提出："人是万物的尺度。"①无疑这是一次意义重大的转变，由此开始了人与自然的分裂。特别是经由文艺复兴以来的近现代哲学的一个最重要成果就是"主体性原则"的确立和发展。康德明确提出"人为自然界立法""自然界的最高立法必须是在我们心中，即在我们的理智中""理智的法则不是理智从自然界得来的，而是理智给自然界规定的。"②黑格尔更是把自然界视为其"绝对精神"的外化或异在。"自然界中表现出来的某种发展和联系，那并不是属于自然本身，而是属于理念或精神的。"③总之，近代以来的西方文化、西方哲学普遍把人看作是自然界的全部和最高本质，把整个自然界看作是向人的生成过程，把人以外的自然界看作是趋向于人、服务于人、成为人这一绝对目的的手段，认为只有坚持人本主义，才是真正彻底的自然主义。

与西方近现代哲学不同的是，先秦道家所讲的"自然"范畴并不是一个实体性概念，而是一个动态化、功能化的范畴，是从回答何谓"道"而产生的，是从天、地、人中抽象出来的范畴。"自然"所表达的是不计外道，化性自为的意义，它既是对天地万物本然状态、通常状态和理想状态的一种肯认，更是一种价值判断，一种对真生命的守护④。在道家那里，相当于西方"自然"概念的范畴是天地或万物，人与自然的关系就是天人关系，天人之间不是主宰与被主宰的关系，人与自然之间是同大的，即天大，地大，人亦大，天地不大于人，人也不大于天地，这也就是庄学派所讲的天与人不相胜。天人虽不相胜，但天人可以相合，相合于"自然"性。天地自然，人亦自然；天道自然，人道无为；天有天之大，人有人之大，天地之大，无不包无不容，

---

①　北京大学哲学系编：《古希腊罗马哲学》，商务印书馆 1961 年版，第 138 页。
②　康德：《未来形而上学导论》，商务印书馆 1978 年版，第 92、93 页。
③　陈修斋、杨祖陶：《欧洲哲学史稿》，湖北人民出版社 1983 年版，第 535 页。
④　郁建兴：《中国思想中的自然主义》，《杭州大学学报》1991 年第 4 期，第 1 页。

无不覆无不载，人之大，顶天立地，均平万物，齐同众生，无待而游，气势浩大，胸怀博大；人是人的人，天下是天下的天下；人是人的目的，天下万物是天下万物的目的，天与人在**各是其所是**这一点上是共同的、相合的，这也就是天与人可以为徒的地方，这就是"天人合一"的"一"。

在天人问题上，先秦道家讲天道自然，人道无为，反对以人灭天，以故灭命，并不是放弃人自身的权利和地位，并不是取消人的意志和欲望。他们恰是从当时社会、时代的大有为中看到了人为的力量对自身所造成的祸害和痛苦。人与天之间的最大冲突就是人总是要满足自己的欲望，而自然并不按人的意志行事。对于人与天之间的这种冲突、矛盾，人可以通过自己的意志和行为去消解，使人能够与天共生共荣、共长共久。道家没有把人理解为天地间最贵者，没有把人理解为自然的本质，而是把人视为与自然同等重要的。真正的人是体认到人天之间的这样一种关系并领悟自己的天性的人，而不是宰制自然的人，**人是自然的人而不是自然的主人**。占有自然、控制自然的另一面就是人被自然所占有、所控制，人主宰物也是物役使人。因此，先秦道家最注重的是天人合于自然，既不制天而用，也不以人合天。

综上所述，先秦道家天人合一论与西方近代以来的天人之论是迥然异趣的，但也应该看到西方天人相分、天人对立的思想中亦有天人相合的因子，他们也并不是全不要天人合一，只不过他们的天人合一是以天合人罢了；先秦道家力主天人合一，也并不是没有看到天人相分之处或者说他们正是在强调保持各自性分的前提下讲天人合一的。一句话，两者之间大异中有小同。

二、"回归自然"与"道法自然"

在西方文化及哲学史上，发端于18世纪向19世纪转折期间的浪漫主义运动，以谢林、里特尔、诺瓦利斯以及此后的荷尔德林、海德格尔等人为代表，他们针对技术文明带来的人与自然的疏离和对抗，积极追求人与自然的契合交感，他们反对把自然当作是可以加以因果分析和数学解析的"死的自然"，主张把自然看成是具有生命属性的有机体。他们认为自然的一切部分是同一的和同质的，没有哪一个部分从属于其他部分。自然构成一个活生生的有机体，整体完全反映在它的各个部分之中。自然不是征服的对象，而是崇拜的对象。西方从近代以来，一直把自然视为被征服、被索取的对象，西方人一直把人看作是自然的主宰者。针对这一状况，早期浪漫派思想家力主返回自然，里特尔曾言："跟被分解的自然恢复统一，返回到与它的最初和谐，这是人向往已久的事情，他每天都在以这种向往充实自己的感情和思想。"①诗人荷尔德林认为谁压迫自然，谁就达不到爱，达不到人与世界的美好统一，人们要力求克服自然状况的丧失，返回到人与自然的**本原的统一性**。为此，荷尔德林特别提出"真正的启蒙"说，即要人们重新看待自然，要把自然看成万物的母亲，不要单纯把自然看成技术劳动的可利用和可剥夺的客体和对象，人应当学会倾听自然的语言。威廉·洪堡曾深刻地指出："人类活动的最佳方式，正是那种最能模仿大自然方式的方式。"②

浪漫主义运动的重要代表人物海德格尔指出："自然"不是知识性、科学性的对象，而是一种**本原性存在**，一个主客体未分时的世界。海德格尔认为人的行为应当像古代的风车那样，"风车的叶片虽然在风中转动，但叶片始终直接听任风的吹刮，风车并不开发气流中的能量以便加以储存"③。像风车一样，就是有风则行，无风则止，不应当对自然强取和苛求，从而造成对自然的严重伤害，并危及人的生存。

---

① 古留加：《德国古典哲学新论》，沈真、侯鸿勋译，中国社会科学出版社1993年版，第178页。

② 古留加：《德国古典哲学新论》，沈真、侯鸿勋译，第169页。

③ 宋祖良：《论一种语言观的哲学意义》，《哲学研究》1994年第9期，第26页。

应该承认西方浪漫主义运动提出的回归自然，批判了现代文明与科学技术，表明了他们只是对勘天役物的机械自然观的反动，他们与机械的自然观有着共同的文化背景，也就是说他们的"回归自然"与先秦道家的"道法自然说"有着本质的区别，但毕竟二者之间因为浪漫主义的反动和转向，从而使得中西古今文化、哲学有了可以对话的共同性。

先秦道家"道法自然"说就是一种主张天、地、人彼此同大，相与为徒，共同遵循"自然"法则的天人和谐论。这里的"和"不是一团和气的"和"，而是"和而不同"。"道法自然"的天人和谐论正是在承认并保持天人各自本然状态和必然发展趋势的前提下的"和""合"论。"道法自然"作为道家的核心命题之一，关键在"自然"这一范畴。如前面所述，道家的"自然"范畴不是一个实体概念，"自然"范畴是对天、地、人等一切事物的本然状态、通常状态和发展趋势的一种确认，"自然"一词究其词义就是**自来如此**、**自然如此**、**自己如此**。"自来如此"是就其历史发展的由来说的；"自然如此"是就其将来发展的趋势说的；"自己如此"是区别人我、彼此而说的。如《老子》第六十四章云："是以圣人欲不欲，不贵难得之货，学不学，复众人之所过，以辅万物之自然而不敢为"。这里的辅万物之自然而不敢为就是承认万物自身的本然特性和状态而不妄加人为的扰乱破坏，这里的"自然"就是"自己如此"，是与"他然"相对的。《老子》第五十一章云："道之尊，德之贵，夫莫之命而**常自然**"，《庄子·缮性》云："当是时也，阴阳和静，鬼神不扰，四时得节，万物不伤，群生不夭，人虽有知，无所用之，此之谓至一。当是时也，莫之为而**常自然**"。在这里，"道之尊""德之贵""阴阳和静，鬼神不扰，四时得节，万物不伤，群生不夭"等状态是自有其历史因由而非谁的命令、谁的所为的"自来如此"（即自然），这里的"自然"是与"突然""无故而然"相对的。《庄子·渔父》谓："事亲以适，不论所以矣；饮酒以乐，不选其具矣；处丧以哀，无问其礼矣。礼者世俗之所为也，真者所以受于天也，自然不可易也。"受于"天"必然表现为"真"，从于"俗"则势当谨于"礼"，这是将会如此，势当如此，通常如此，不可移易的。在此的"自然"表示一种必然性，真正的孝，必然合于孝道，真正的哀痛自然合于礼义，这里的"自然"是与"偶然"相对应的。先秦道家"自然论"在天人关系上伸展开来就是"万物将自宾"①，"万物将自化""天下将自定"②，人承认并维护这种"自宾""自化""自定"就是"辅万物之自然"③，就是合于道的行为。这种"道法自然"的和谐论正是要确保万物各自的历史由来、现实状态和发展趋势，就是要保持每一事物的独特性，承认事物的差异性，就是要保护每一个体的生存权利和生存空间。道家"天人合一"之"一"就是"自然"，天人和谐就是建筑在这种"自然论"的前提下的，把"天"无限夸大，视为主宰人的天帝，把人的命运视为天定或者以天合人，把人看成宇宙至尊，强调制天而用，这些都会破坏人与自然的平衡谐调，这些都是道家所批判的对象。由此论述可知，先秦道家"道法自然"的"天人和谐论"绝不只是对大自然的一种浪漫主义的亲近，而是有着坚实的理论依据的。西方浪漫主义运动对主流的天人相分、以人为本思想的批判，呼唤回归自然、崇拜自然不正反映了西方近代以来的人本主义可能走向自己反面的弊端，而道家天人和谐论却可能为维护人自身贡献力量。就此而言，道家哲学就有其超越的价值在。浪漫主义运动的代表人物的思想与道家天人论的趋同也足以说明这一点。

从客观公正的立场来看，应该说西方以人为本的天人论与先秦道家的天人合一论都各有其理论局限性。道家自然论思想确实有着转变为精神胜利法、混世主义和辩护主义的契机，特别是在对道家自然主

---

① 《老子》第三十二章。
② 《老子》第三十七章。
③ 《老子》第六十四章。

义思想做片面理解时尤其容易出现这种转变。如果我们把着眼点放在各自的优长处，则道家自然论与西方人本论实可以互补互融。因为，对于人类的发展来说，"回归自然"和"更加文明化"都是必不可少的，如果没有前一种要求，人就会淹没在文化的谎言里，同样，如果没有后一种要求，人就会回到动物的本能世界。

三、西方生态哲学与道家生态智慧

在西方哲学、文化史上，生态哲学约是 20 世纪 70 年代才兴起的新的领域，但有关生态的思想可以追溯到 19 世纪或更早，由于工业文明和科学技术的飞速发展，工业文明所带来的生态危机日益严重起来，这直接激发了学者们对生态问题的关注。1866 年，海克尔（E. Haeckel）提出了生态学（Oecologie）一词，1876 年，美国"国家公园之父"缪尔（Muir）便开始推行原野保护及国家公园计划。1949 年，被誉为"生态保护之父"、现代生态伦理学创始人之一的莱奥波德（A. Leopold）出版了名著《砂地郡历志》，呼唤世人应对大自然怀一种新的伦理。到了 20 世纪 70 年代生态哲学诞生以后，一大批思想家、哲人出现在这一领域，如辛格、奈斯、泰勒、卡里科特、诺斯顿、哈格罗、马修斯、笛福等，他们对生态问题进行了更加广泛、深入的研究。如辛格提出"动物解放"的主张，宣称人与动物应平等；奈斯则提出"深度生态学"理论，这一理论主张生物及无生物都有本身的价值，表现为一种整体主义的伦理观；笛福和塞森斯更是著有《深度生态学》一书，阐扬伦理整体主义；泰勒（Taylor）著有《尊重自然》一书；等等。大体上，现代西方生态哲学可分为三大思想主张：一是以人为主体的生态哲学，这可以看作是传统人本主义哲学在生态领域里的延伸，这一派哲学认为保护生态环境是为了保障人的福利和经济价值；一是个体主义生态哲学，或可称为个体生命的生态学；一是整体主义的生态学。三派主张中最为可述的当数后两种生态哲学思想。

从个体主义生态哲学来看，最突出的代表是泰勒及其《尊重自然》一书。泰勒认为生物自身的善及无生物价值是生态哲学的形上基础，他认为只要我们站在"非人类的生物"立场上就可以做出客观的判断，非人类的生物都具有"天生的价值"。在他看来，动物和植物都是存在者，既是存在者，原本就有自身的善，生活于自然中的动植物都以自己独特的方式保存并实现自身的善。泰勒最终的目的在于唤醒人们尊重自然。尊重大自然的态度是终极的道德态度，人应当把自己看作生态系统中一分子而不是更多。人并不比其他生物更重要，人与其他动物及植物具有同样的价值及自身善，具有同样的目的性，都是生态系统中的一员，而且"许多非人类的物种所具有的能力，是人类所缺乏的"，人类并非天生比其他生物优越。泰勒的理想世界是人与人相互尊重、人尊重自然这两种态度并存的世界。总之，泰勒从个体生命出发，最终达到的是整个宇宙众生的平等齐同。

从整体主义的生态哲学来看，最突出的代表有莱奥波德、奈斯、笛福、塞森斯、诺斯顿、马修斯等人。这一生态哲学认为，自然是人及动植物安顿自身的家园，诺斯顿即指出，人性需要自然，人一生都居住在大自然之中，人应当努力学会在自然环境里逍遥自在。自然是人的母亲。"自然环境被发现是母胎，我们由其中生出，且实际上从来未曾离开过。"（诺斯顿语）"深度生态学"或"深层环境论"者认为生态学的形上基础主要表现在三个方面，即地球上一切生命都有其内在价值；生命形式的丰富性和殊多性是生命价值的表现，都有益于生生不息的生命；自我实现不仅仅指人也指一切非人类的世界，非人类的世界也有自我，也追求自我实现。"小我"与"大我"之间的关系是子系统和母系统之间的关系，人应当平等对待一切有"自我"特质的自然事物，人虽然独特，但也只是自然界中独特的一分子。人只有以情、爱、谦之德对待大自然，才能达到重视整个自然生态的理想世界，即"绿色"社会或生态国。

　　综上所述，西方现代生态哲学的学者们的观点虽然各有歧异处，但共同旨趣很显明，即"尊重自然"（泰勒），"敬畏生命"（史怀泽），承认自然事物和人有同等价值，强调个体小我与宇宙大我的密切联系，主张广泛意义上的生态伦理观念，等等。[①]

　　与现代西方的生态哲学思想相比，先秦道家的天人之论中其实蕴含着不亚于现代生态哲学的生态智慧，当代著名的生态哲学家卡普拉曾指出："在伟大的宗教传统中，道家提供了最深刻和最美妙的生态智慧的表达之一。"[②]先秦道家当然没有像生态哲学家们那样谈论生态问题，但从道家天人之论中有关天人平等、万物均齐、顺物自然等思想中确实可培育人的"环保心灵"[③]。

　　就人与天即人与自然的关系看，如前已述，道家创始人老子就明确视天与人同大：天大，地大，人亦大，天与地合即为自然界，人与大自然具有同等重要的地位，具有同样的价值，天与人是平等的。在天人问题上，先秦道家明确反对那种狭隘的仁义观念，他们认为"天地不仁""圣人不仁"，"不仁"并不是要去掉仁而是要破除狭隘的仁义观念，例如儒家讲仁仅仅适用于同类，仁者仁于同类也，在同类之外，仁是不适用的。如在人与自然之间，儒家是以人为贵，以自然物为贱的，**天下是天下人的天下**。道家则认为"天下是天下之天下"[④]，仁爱观念一旦扩展到天地自然，也就无所谓仁了。道家这种天人平等观念中内在地包含把人对人的情感和态度扩展到自然身上的意蕴，包含对人的伦理观念也应该适用于人对自然的关系中的意蕴。就万物均齐这一点来看，《庄子·秋水》云："以道观之，物无贵贱"，《老子》第

---

　　① 庄庆信：《中国大地哲学与西方环境哲学的会通》，《哲学与文化》1994 年第 3、4 期，第 213—227、312—328 页。

　　② 弗·卡普拉：《转折点——科学、社会、兴趣中的新文化》，中国人民大学出版社 1989 年版，第 30 页。

　　③ 傅伟勋：《超脱心灵、齐物心灵和环保心灵的哲学奠基》，《哲学杂志》1995 年第 13 期。

　　④ 《吕氏春秋·去私》。

二十七章谓："人无弃人，物无弃财"，一切人、一切物皆有价值，皆有功能，《庄子·齐物论》就是要均齐万物，求得万事万物的究竟平等。"道家的齐物智慧，不但求得人与人间的究竟平等，也得要求万物（尤指人与其他动物之间）的究竟平等"[1]，傅伟勋先生认为道家这种求得万物究竟平等的"齐物心灵"在哲理上"必须在最高的终极真实层面，自我提升之为一种'环保心灵'"，"如无环保心灵的建立，齐物心灵等于落空，无有齐物心灵的建立，所谓超脱心灵，也只变成孤伶伶的'自了'存在而已"。傅氏认为"自我实现、万物平等与地球完整即是当代心灵必须探索的三大目标"。[2] 道家齐物智慧是否必须提升为环保心灵，似可以讨论，但由齐物智慧可以引申出"环保心灵"应无疑义。如老、庄"与天为一""万物一体"的思想内在地包含着对天地万物的同体肯定，这一同体肯定也就是庄子的"天钧"，也就是老子的"损有余而补不足"，这一同体肯定实可以引申出"生态平衡"问题。就因任自然，任物自然而言，道家贵因、贵循思想既揭示了人必须服从自然规律的道理，也揭示了应当从情感上尊重自然、热爱大自然，如《庄子·达生》言："天地者，万物之父母也。"天地者，人之巨室也。自然是生养我们的衣食父母，是人栖居之所，是我们唯一的生存地盘，是我们的"根"……这地盘或本根的损伤或毁坏，也同时意味着我们本身的损伤毁坏。[3] 任物自然，因循自然绝不是要弱化人的主体地位和人的能动性，恰是为了人自身的更好生存与发展，只有这样才能达到"天地与我并生，万物与我为一"的理想境界，这样才真正可能拓展人的生存空间，延续人的生存时间。而那种因任自然，与万物居而不相害，乘云气，御飞龙，餐风饮露，陆行不避虎的理想社会不正是道家的"生态国"吗？任物自然，就是要"依乎天理……因

---

① 傅伟勋：《超脱心灵、齐物心灵和环保心灵的哲学奠基》，《哲学杂志》1995 年第 13 期。
② 傅伟勋：《超脱心灵、齐物心灵和环保心灵的哲学奠基》，《哲学杂志》1995 年第 13 期。
③ 傅伟勋：《超脱心灵、齐物心灵和环保心灵的哲学奠基》，《哲学杂志》1995 年第 13 期。

其固然"①，"鸟养养鸟"②，不以人灭天，不以故灭命；因任自然，就是要"配神明，醇天地，育万物，和天下"，与天地精神相往来，"而不敖倪于万物，不谴是非，以与世俗处"③；因任自然，最终是要使人能够逍遥游于天地之间，即游于自然。综上所述，道家天人论实蕴含着可以为今用的丰富的生态智慧，具有超越的价值，经过人们创造性阐释、转换，的确可以培育我们的"环保心灵"。

---

① 《庄子·养生主》。
② 《庄子·达生》。
③ 《庄子·天下》。

第四章 群己论

　　个人与群体、社会，我与他人的关系问题曾经是并始终是哲学，尤其是社会政治哲学、历史哲学、伦理哲学的核心问题，也是中外文化共同的问题。如果说天人论主要关注的是人在宇宙中的地位、人与自然的关系问题，那么群己论主要探讨的就是个人在社会中的地位、个体与群体的关系问题。以群体为本位，个人消融在群体之中，这既是中国文化史、中国哲学史的事实，也是学者们的共识。但在先秦诸子中，道家以"贵己""为我"为标志，提出了以个体为本位的思想主张，并且把这种"贵己""为我"的思想主张贯彻到他们的社会生活实践之中，闪耀着个体主义的思想光辉，较之于同时代的儒、墨等诸家思想，表现出鲜明的突破性和超越性的特点。虽然道家的个体主义思想与西方的人本主义和个人主义思想有着巨大的差异，但经过创造性的诠释，道家的个体主义、为我主义思想仍有它积极的现代价值，仍可以和现代的个人主义思想相融通。

第一节　先秦道家群己论

一、以百姓心为心

　　正如仅仅只注意到儒、墨关于群己观中的集体主义和利他主义有简单化、笼统性弊端一样，人们把先秦道家诸子的群己之论仅仅归结为个体主义、利己主义也有失于简单化和片面性。虽然个人主义是人类心灵中最深刻的生存意识，而普遍的利己心态和实用主义倾向使人们最关注个体生存状态的真实与自由。但是巨大的宇宙和复杂的现实社会却是人们难以摆脱也不能摆脱的生存背景。如果没有社会作为参照物，个体存在的位置就是不可想象的。在先秦百家诸子中，以崇尚自我、个体为主的道家也概莫能外。道家诸子充分肯定个体、自我，并不意味着他们无视群体和他人。在他们的政治、伦理哲学中，有深切地同情民众的一面。老子、庄子可以说都是深体民情的哲人。

《老子》第四十九章云："圣人无常心，以百姓心为心。"圣人不以一己之私心为念，而是以百姓的意志作为他的意志。不唯如此，圣人还具有博大的包容心，他能够包容天下一切善与不善、信与不信的人与事物。"善者，吾善之；不善者吾亦善之。""信者吾信之，不信者吾亦信之"。《老子》第十章云："爱民治国，能无知乎？"在此，老子明确地提出了"爱民治国"的命题。老子"以百姓心为心"的思想落到实处就是"爱民治国"。如何"爱民治国"呢？《老子》第五十七章云："以正治国。""我无为而民自化，我好静而民自正。我无事而民自富，我无欲而民自朴。"这里的"正"就是"无为"。真正的爱民就是让民"自化""自正""自富""自朴"，这才是"国治"，这才是"以百姓心为心"。如果统治者以一己之私心，以一己之意愿凌驾或取代众人意愿与私心，这样就会扰乱民心、民性。以"无为"治国就能达到"不赏而民劝，不罚而民畏"，"上如标枝"则"民如野鹿"①。上无临下之心，则人们自然纯朴，如野鹿般自在自得也。之所以造成"民之难治"，是因为违背了"无为"之道。"以智治国，国之贼"，"不以智治国"也即是"以正治国"，此为"国之福"也。②要"使民不争""使民

---

① 《庄子·天地》。
② 《老子》第六十五章。

不为盗""使民心不乱",就应当"为无为"也。①"民之难治",就是因为其上"智多"②,就在于"其上之有为"③,即违背了"无为"之道。

《老子》第七十五章云:"民之饥,以其上食税之多,是以饥""民之轻死,以其上求生之厚,是以轻死。"在老子看来,统治者的自私自利,妄动妄为是造成人们饥困的根源,是造成"民不畏威""民不畏死"的根源。《庄子·徐无鬼》云:"天地之养也一,登高不可以为长,居下不可以为短。君独为万乘之主,以苦一国之民,以养耳目鼻口,夫神者不自许也。"庄子反对这种苦一国之民以养一国之君的做法,老子则认为以天下私一人是"以百姓为刍狗",是"不仁"的做法。老、庄既看到了民众的苦难,也意识到民众的强大力量。《庄子·在宥》谓:"卑而不可不因者,民也。""恃于民而不轻"。广大民众相较于圣人,虽然地位卑下,但却是圣人不能不依靠,不能不凭借的力量。《老子》第七十四章云:"民不畏死,奈何以死惧之?"第七十二章云:"民不畏威,则大威至。"严刑与淫威是不能制伏人民的。哪里有压迫,哪里就有反抗。"无狎其所居""无厌其所生"④,不要逼迫人们不得安宁,也不要阻塞了人民的谋生之路。"夫唯不厌,是以不厌",只有不压迫人民,人民才不会感到压迫。作为圣人应当"以得为在民,以失为在己,以正为在民,以枉为在己"⑤,"爱天下,故天下可附""恶天下,故天下可离"⑥。在社会政治中、在社会实践中,不管是圣人还是凡人,只要他离开了"人民",离开群体,他都将一事无成,甚至难以生存。综上以观,老庄道家以百姓心为心,以无为治民,"爱民""因民""重民",反映了先秦道家富有民本主义思想。

---

① 《老子》第三章。
② 《老子》第六十五章。
③ 《老子》第七十五章。
④ 《老子》第七十二章。
⑤ 《庄子·则阳》。
⑥ 《管子·心术下》。

不少学者都指斥老子有愚民思想。《老子》第六十五章云："古之善为道者，非以明民，将以愚之。"不少人由此论定老子推行愚民政策，是文化蒙昧主义者。老子是不是真的主张愚民政策，是文化蒙昧主义者呢？考诸字义，"明"字，王弼注为："明谓多见巧诈，蔽其朴也。"河上公注曰："明，知巧诈也。"所谓"非以明民"也就是要弃除人民的智巧伪诈。"愚"字，王弼注为："愚谓无知，守其真顺自然也。"河上公注曰："愚，使朴质不诈伪也。"范应元说："'将以愚之'使淳朴无散，智诈不生也。所谓'愚之'者，非欺也，但因其自然不以穿凿私意导之也。"可见，老子这里并不是要人民愚昧无知，而是反对智巧伪诈，要人民保持淳朴敦厚之性。其实，老子不仅仅讲"愚民"，也讲"愚君"，既讲愚人，亦讲"我愚"。如《老子》第二十章云："我愚人之心也哉，沌沌兮！众人昭昭，我独昏昏。众人察察，我独闷闷。澹兮，其若海，飂兮，若无止。众人皆有以，而我顽且鄙。"上述可见"愚"不是愚昧，恰是指达到大道的状态，这里的"愚"是大智若愚。老子"以百姓心为心""爱民治国"，何来愚民之说。

二、道法自然、贵己重生

在以群体为本位的中国文化传统中，道家诸子道法自然、贵己为我的思想主张成为中国文化中个体主义的思想代表，较之于同时代其他诸家诸子的思想，道家的个体主义思想主张无疑具有极大的突破性和超越性的价值，是中国传统文化中最值得珍视的思想资源之一。道家诸子，如挂官西去的老子，宁曳尾涂中的庄周，穷不受粟的列子，一毛不拔的杨朱等，都是中国历史上极富人格魅力的文化名人。他们的所言所行成为中国文化史上独具风采的文化景观。

冯友兰先生在谈到道家思想时指出："道家哲学是没落的奴隶主贵

族意识的集中反映。'为我'的思想贯穿于道家各派之中"①，"我们可以说先秦道家都是为我的"，"道家哲学的出发点是全生避害"②。"先秦道家虽然有许多派别，但也有一个一贯的中心思想：'为我'。'我'的主要东西，就是'我'的生命。"③"道家注重个体，他们不但不说一类事物所必依照之理，似乎对于类亦不注重。"④道家虽然也很重视群体，富于民本思想，但最具特色的就是其个体主义的思想主张。

《老子》第二十五章云：

人法地，地法天，天法道，道法自然。

"法"者，以之为法也，取则之意。人取则于地，地取则于天，天取法于道，道以自然为法也。道、天、地、人虽然同为域中四大，但四者又确有层次的区别。人赖大地之供养而生，大地为人类之母亲。大地又为自然高广之天所包裹。由人到天，有层次的自然升高之别。由于道统天、地、人三者，道高于天、地、人三者，故有"天法道"之说也。"道法自然"者，道以自然为法也。人法地，地法天，天法道，道法自然。这里面其实也包含着人法地、法天、法自然之义。人法地，地无私载，地无不载；人法天，天无私覆，天无不包；人法道，以自然为法也。"自然"一词，历来注家颇多歧解。李泰棻在《老庄研究》中袭熊十力之说，谓"自"是"自己"，"然"是"如此"，"自然"便是"自己如此"之义。车载则认为"《老子》书所提出的'自然'一词，实质上是指'无为'而言"。詹剑峰先生则依《广雅·释诂》之"然，成也"解"自然"为自成、自因。透过表述之异，诸

_____

① 冯友兰：《中国哲学史新编》第一册，第160页。
② 冯友兰：《中国哲学简史》，第84、82页。
③ 冯友兰：《中国哲学史论文二集》，上海人民出版社1962年版，第171页。
④ 冯友兰：《新理学》，载《三松堂全集》，河南人民出版社1985年版，第90页。

家义解并无实质区别。所谓"无为"，不假"有为"也；所谓"自成""自因"，不假"外因"，不假外成也。这都是讲"自己如此"的意思。如前章所述，我以为"自然"当有三义，即"自来如此""自己如此""自当如此"。人取法自然，当准此三义。"自己如此"，突出自己，区别人我；"自来如此"，强调其来有自，自成有因；"自当如此"，强调理有固然，势有必至。"道法自然"落实到天下万物，就是"万物将自化""天下将自正"①。《庄子·则阳》讲"万物殊理"，每一个体都有其自成之因，都有其发展之势，也就是每一个体都有其生存变化之道。应该说整个先秦道家正是以"道法自然"为总体原则建立起一套自我学说、个体学说的。

先秦道家诸子都非常注重个体、自我，以《老子》为例，全书五千言，"我"字 17 见，如第二十章："我独异于人，而贵食母"；"吾"字 22 见，如第七十章："吾言甚易知，甚易行"；"自"字 20 见，如第三十三章："自知者明""自胜者强"；"己"字 2 见，如第八十一章："既以为人己愈有"。全书表现出鲜明的自我意识与个体精神，建立了一套较为完整的自我学说。老子认为每一个处在主一客关系，处在我一他关系中的人，最重要的是自知、自胜、自足及自我实现。

《老子》第三十三章云：

> 知人者智，自知者明；胜人者有力，自胜者强；知足者富，强行者有志；不失其所者久，死而不亡者寿。

在知人和自知这两者之中最难的是自知，一个人自知其长，自知其无知，这才是高明；真正的强者是能够战胜自我者；知足者，自足者，才是最富有的人；有志者自我践行；不失其自身者可谓长久，

---

① 《老子》第三十七章。

但能够创造出超越自身的价值，才算是不朽。每一个个体都应是自知、自强、自足、自我践行、创造超越自我之价值的个体。由此可见老子不是要人做弱者，而恰恰是要人做强者，每一个体都要求"自明"，求"自彰"，求"有功"，求"长"，求"大成""大盈""大辩""大巧""大直"，每一个个体都要"使我介然有知，行于大道"①，以"慈""俭""不为天下先""柔""弱"②等方式方法为宝，最终成大智，修大德，有大功，成大器。

当然，老子既讲成其大，又反对自高自大，自我吹嘘，个人要自知但不要自见，要自爱但不要自贵。老子反对自是、自伐、自矜，因为"自见者不明，自是者不彰，自伐者无功，自矜者不长"③。老子所追求的个体自我的"大"是自我强大，胸怀博大，精神气势之浩大，不是恃强专横，自高自大，不是贪心欲念的无限放大。老子既讲"成其大"，也讲"知其止"，任何事物的发展都有它的限度，否极泰来，物极必反。"知止所以不殆"，"功成"应知"身退"，"知止""身退"不是不思进取，"知止不殆，可以长久"④，知止身退恰恰是保持长久。居功自傲，"富贵而骄""多藏""厚爱"，则"自遗其咎"⑤"大费""厚亡"，自取其辱，最终迷失自我。

庄子的个体学说，自我学说当然仍是秉承老子的"道法自然"这一总原则，人法自然，取则自我，人以自己为目的，人不能以自我以外的某种东西为目的。庄子所强调的个体自我主要在两个方面：一是个体生命的自然完成；一是个体精神的自我超越。首先，在庄子看来，生命"天""赋"，要保障个体生命的自然完成，就要"终其天年而不

---

① 《老子》第五十三章。
② 《老子》第六十七章。
③ 《老子》第二十四章。
④ 《老子》第四十四章。
⑤ 《老子》第九章。

中道夭"，因此，人们要注意"保身""全生"，要"养亲""尽年"①。
不失其身，全其生命，尽其天年。人总是生活在社会中，各种社会
关系如"大轭""肯綮"，要做到尽个人生命之"天年"就应当"因
其固然""依乎天理"②，与世无忤。否则，在生命的历程中，触处有
"大轭"，时时有杀机，稍有不慎，就会尽弃其身。庄子对个体自我
的关注，不在个体的社会价值，而在个体生命的自然终结。这实在也
是出于无奈。在一个"仅免刑焉"的社会里，什么"高峰体验""自
我实现"都不如"安全需要""生理需要"来得现实和直接。所有以
机心害道，以人为加之自然，残生伤性，使人成为非人的东西，都是
庄子极力反对的。"自五代以下者，天下莫不以物易其性矣。小人则
以身殉利，士则以身殉名，大夫则以身殉家，圣人则以身殉天下。故
此数子者，事业不同，名声异号，其于伤性以身为殉，一也。"③"跖
与曾行义有间矣，然其失性均也。"④庄子在评论"有虞氏"与"泰
氏"时说：

> 有虞氏不及泰氏。有虞氏其犹藏仁以要人，亦得人矣，而未
> 始出于非人。泰氏其卧徐徐，其觉于于，一以己为马，一以己为
> 牛，其知情信，其德甚真，而未始入于非人。⑤

在庄子看来，所有以名、利、仁、义、家、天下等外在之物害身、
伤身的人都是"入于非人"，"非人"就是人的"异化"。人的"非人
化"的根源不在"我"之外，就在于人自身，故"入于非人"也就是

----

① 《庄子·养生主》。
② 《庄子·养生主》。
③ 《庄子·骈拇》。
④ 《庄子·天地》。
⑤ 《庄子·应帝王》。

人的"自丧"。

> 我必先之，彼故知之；我必卖之，彼故鬻之。若我而不有之，彼恶得而知之？若我而不卖之，彼恶得而鬻之？嗟乎！我悲人之自丧者。①

钟泰《庄子发微》云："自丧者，丧其性命之真也。"《庄子·缮性》云："丧己于物，失性于俗者，谓之倒置之民！"个体本是社会的一分子，社会本应是为个体服务的。但在一个"福轻乎羽，莫之知载；祸重乎地，莫之知避"的时代，在一个充满恶和苦难的社会里。个体如果执着于社会的价值观念，那就无异于"山木自寇也，膏火自煎也"②，也就是"自丧"。一个丧己于物、失性于俗的人，一个以身殉名、以身殉利的人，何谈"保身""全生"，又如何能"养亲""尽年"。

个体生命的保全是最基本的，但止于此却是远远不够的。真正的自我实现，应当是个体自我的精神超越。庄子不仅揭示出个体与社会之间的冲突（主要是社会对个体的吞噬），而且还深刻地指出，在同一个体身上，仍然存在着"本我"与"社会我"的对立，而这种冲突对立更难以克服。

《齐物论》开篇即谓：

> 南郭子綦隐几而坐，仰天而嘘，嗒焉似丧其耦。颜成子游立侍乎前，曰："何居乎？形固可使如槁木，而心固可使如死灰乎？今之隐机者，非昔之隐机者也。"子綦曰："偃，不亦善乎，而问之也！今者吾丧我，汝知之乎？"

---

① 《庄子·徐无鬼》。
② 《庄子·人间世》。

　　陆长庚在《南华真经副墨》中谓："盖神与形为耦，忘其形，是丧其耦也。"林希逸在《南华真经口义》中说："吾即我也。不曰我丧我，而曰吾丧我，言人身中才有一毫私心未化，则吾、我之间亦有分别矣。"杨复吉《梦阑琐笔》云："吾、我二字，学者多以为一义，殊不知就己而言则曰吾，因人而言则曰我。"其实可以说，"我"是针对他人而存在的"吾"，"吾"是意识到自身存在的"我"。此处"丧其耦"与"吾丧我"两者区别在于一指外说，即忘其形；一指内说，"吾"忘掉了作为社会存在的"我"。前者是外在超越，后者是内在超越。"吾丧我"所丧之"我"是"社会我"而非"本我"。"吾丧我"的具体内容就是"无己""无功""无名"。个体所具有的功名观念恰恰表明个体是作为社会人而存在的。一个人如果囿于这些功名观念，个体就将被社会所吞噬。因此，庄子主张"无功""无名""无己"。"无功"就是不为社会做什么，社会也不报偿于我；"无名"就是不向社会要求什么，社会也就无名于我；"无己"就是去掉"社会我"，保存"本我"。"三无"的实质就是指个体"无待"于社会。由"无功""无名"到"无己"，这是一个渐次递进的修养过程，超越过程。钟泰《庄子发微》云："无己必自无名、无功始，故先之以无名，次之以无功。无名者，不自有其名；无功者，不自有其功。不自有者，无己之渐也，故终归于无己而止焉"。一个人只有外忘其形，内忘其"社会我"，才能够"乘道德而浮游"，"无誉无訾，一龙一蛇，与时俱化；一上一下，以和为量，浮游乎万物之祖，物物而不物于物"。[①]这才是真正的逍遥游。这也即是"坐忘"，即"堕肢体，黜聪明，离形去知，同于大通"，此谓"坐忘"。[②]在《庄子》中，所谓"无功""无名""无己""忘仁义""忘礼乐""坐忘""外天下""外物""外生"都表达着大致相同

---

① 《庄子·山木》。

② 《庄子·大宗师》。

的意涵。不过"无功""无名""外天下""外物""忘仁义""忘礼乐"属于同一个层次,而"坐忘""外生""无己"为同一个层次。可以说"坐忘""外生"就是"无己"。"外生""坐忘""无己"是就否定方面而言,而"朝彻""见独"则是就肯定方面立说。一肯定一否定,一取一弃,就是要践行自然,反对人为,就是追求精神自由,反对外在桎梏;就是要个体挣脱囚缚,从群体社会中超拔出来。

在先秦道家诸子中,把一己之我强调到极致而又最为人诟病的要算杨朱。杨朱的生卒年代不详,其思想行迹散载于秦汉诸子著作中,主要有:《列子》中的《杨朱》《说符》《黄帝》《力命》《仲尼》,《墨子·贵义》,《孟子》中的《滕文公下》《尽心上》《尽心下》,《庄子》中的《骈拇》《胠箧》《应帝王》《山木》《徐无鬼》《寓言》《天下》,《管子·立政·九败》,《韩非子》中的《说林》《八说》《显学》,《淮南子》中的《俶真训》《氾论训》《说林训》,《荀子·王霸》,《说苑》中的《政理》《权谋》,《法言》中的《五百》《吾子》,《论衡·对作》,《吕氏春秋》中的《不二》《贵生》《重己》《本生》《情欲》等篇被认为保存了杨朱学派之思想。尽管杨朱在当时影响极大,但因缺乏必要的文献资料,再加上古史辨派疑古之风的深刻影响,不仅杨朱其人的思想受到批评,甚至杨朱本人的存在也受到质疑。考诸秦汉所有有关杨朱的载籍及今人的有关考据文字,本人认为杨朱不是庄周,也不是子莫,杨朱就是杨朱。蔡元培先生的"庄杨一人说"是颇为武断的假说,严复、钱穆、冯友兰等人的论证曲为其说,不足信据。古今中外颇多学者对杨朱思想多有误解。如孟子把杨朱视为一毛不拔的利己之徒,英人汤普生则把杨朱视为"为我主义"的代表。[①]上述秦汉载籍有关杨朱的思想,除《列子·杨朱》需进一步考定外,其余皆大体可采信。

---

① 汤普生:《杨朱——中国古代伦理学中的为我主义》,《中国哲学杂志》1980 年第 7 卷第 4 期,第 318—325 页。

应该说杨朱"贵己""为我""不以物累形"的思想发展了老、庄的自我学说、个体学说，可以说是中国古代个体主义思想的代表。

据《孟子》所言，杨朱思想在当时影响极大，《滕文公下》："杨朱墨翟之言盈天下，天下之言不归杨，则归墨"，《尽心下》："逃墨必归于杨，逃杨必归于儒，归斯受之而已矣"。杨朱"贵己""为我"，首先就体现在看重自己的生命，主张"全性保真，不以物累形"①，以物累形，心为物役，则性不能全，真不能保。《吕氏春秋·重己》云："物也者，所以养性也，非以性养也。今世之人，惑者多以性养物，则不知轻重也。"杨朱力倡个体学说，反对因为外物而亏生，特别是迫生之行为。杨朱认为每一个体都要"重生"，看重自己的生命，满足生命所需的基本欲望。"今吾生之为我有，而利我亦大矣。论其贵贱，爵为天子，不足以比焉；论其轻重，富有天下，不可以易之；……终身不复得。此三者，有道者之所慎也。"对于每一个人来说，生命存在是第一重要的，人生只有一次，失去就永远失去，天下之富不能比其轻重，天子之高位也不能比其尊贵。认识上的"重生"还必须落实到行为上的"全生"。《吕氏春秋·贵生》曰：

> 全生为上，亏生次之，死次之，迫生为下。故所谓尊生者，全生之谓。所谓全生者，六欲皆得其宜也。所谓亏生者，六欲分得其宜也。亏生则于其尊者薄矣。其亏弥甚者，其尊弥薄。所谓死者，无所以知，复其未生也。所谓迫生者，六欲莫得其宜也。皆获其所甚恶者，服是也，辱是也。

杨朱在此所讲的"全生""亏生""迫生"都是以个体欲望的满足为衡量标准，但这丝毫没有纵欲主义色彩。所谓"全生"也就是六

---

① 《淮南子·氾论训》。

欲各得其宜。宜者，适宜之谓也。不少论者认为《列子·杨朱》中的杨朱有纵欲主义思想。审读此篇，这种批评值得讨论。我们认为不能把此篇中的人物对话都视为杨朱的思想，即算是把书中人物的思想视为杨朱的思想，也不能得出"纵欲"一说。因为此篇中既讲"尽一生之欢，穷当年之乐"，但也讲"耽于嗜欲，则性命危矣""不得肆性于色"。杨朱在评价尧舜和桀纣时，虽然说桀纣"生有纵欲之欢，死被愚暴之名"，尧舜"生无一日之欢，死有万世之名"，似是褒桀纣，但实际上杨朱是通过这种比较说明，无论是"苦以至终"，还是"乐以至终"，都"同归于死"。自苦与纵欲都不是尊生、全生之行为。自苦固然不是全生，纵欲也不是全生，因为纵欲者反为欲所累，"无厌之性，阴阳之虫也，适足以害生也"。杨朱认为对于每一个个体来说，亏生、迫生的内容就是"寿""名""货""位"。个人追求"寿""名""货""位"是全生的必然要求，但走向极端，就会害生。例如，就人的寿命来说，"中道而夭"与"长生不死"都是害生，"过"犹"不及"也。杨朱明确地提出"不逆命""不矜贵""不要势""不贪富"才是"全生"。

孟子批评杨朱"拔一毛而利天下，不为也"[1]，"杨氏为我是无君也"[2]。后世许多人沿用孟子成说，划杨朱为极端自私利己者。其实孟子的批评并不公允确当，带有较为明显的学派纷争的色彩，而且孟子只是割取了杨朱"为我"思想中"不利天下"这一半，而舍弃了"不取天下"这一半。

《列子·杨朱》云：

杨朱曰："伯成子高不以一毫利物，舍国而隐耕；大禹不以一

---

[1]《孟子·尽心上》。
[2]《孟子·滕文公下》。

身自利，一体偏枯。古之人，损一毫利天下，不与也；悉天下奉一身，不取也。人人不损一毫人人不利天下，天下治矣。"

　　在一般人看来，人体中的一毛无足轻重，不必太珍惜，而杨朱不肯以无足轻重的一毛去换取天下大利，岂非自私自利之徒？其实"拔一毛利天下而不为"的主张并不表明杨朱不愿以微小代价去换取巨大的利益，这是一个如何看待个人和集体的关系的原则问题。在杨朱看来"一毛"并不能轻视，"一毛固一体万分中之一物，奈何轻之乎"。个体就是由多个一毛组成的。对于一个社会而言，每一个体就有如"一毛"，去掉一个个个体，架空了人人，天下、国家不就成了虚设的东西吗？杨朱的这种"人人不损一毫，人人不利天下""人人不取天下"的治世方案与老子"小国寡民"的理想社会设计并无二致。"人人不利天下""人人不取天下"不就是"各安其居，各乐其俗，民至老死不相往来"的另一种表述吗？人们所以指杨朱为极端自私自利之徒，就在于他们没能正确理解个体和群体、个人和天下的关系。他们认为集体是最重要的，而个体是微不足道的，他们往往用集体吞噬个体，另外，他们把利己与利他做了绝对对立的理解，并且很多人把"自私"与"利己"混为一谈。杨朱的思想究竟是"自私"，还是"利己"，贺麟先生做了最为精深的分析。他认为一个人的行为涉及人我利害关系时，大体可以分成六种可能：

　　（1）人己两利；

　　（2）利人无损于己；

　　（3）利己无损于人；

　　（4）损己利人；

　　（5）损人利己；

　　（6）人我两损。

　　"人己两利"是最理想的行为，"损人利己"即为"自私"。从纯道德立场上说，"自私"是比"人我两损"还要坏的行为，是人我关系上的最大恶行。利己无损于人即为我主义。杨朱不利天下，不取天下正属于为我不损人一类。因此，杨朱的"为我""贵己"的个体学说、自我学说，从伦理上判断是利己主义而非"自私"。杨朱从维护个体生命之全的角度，不利天下，一毛不拔，但他也不损他人、不损天下，一毫不取。其实，在当时人欲横流、社会失范、统治者横私天下的时代和社会里，杨朱的"利己主义""仍不失为一道德的理想、理性的原则。于不损人的范围内，讲求真实的利己，不仅不抱损人利己的主张，且较之伪善之流高明多了"。① 吕思勉先生在评价杨朱"不利天下，不取天下"之说时云："夫人人不损一毫，则无尧、舜，人人不利天下，则无桀、纣；无桀、纣，则无当时之乱；无尧、舜，则无将来之弊矣。故曰天下治也。杨子为我之说如此，以哲学论，亦可谓甚深微妙；或以自私自利目之，则浅之乎测杨子矣。"②

孟子斥责杨朱"为我"是"无君"，因而大加挞伐，这实在是儒家的霸道行为，其实"为我"并不一定导致"无君"，按照"普天之下莫非王土，率土之滨莫非王臣"来论，"我"为王臣，"为我"不正是为君、为王吗？从孝义看，身体发肤受之父母，"无我"则无父母，"无我"当为不孝。《礼记·祭义》云："天之所生，地之所养，无人为大。父母全而生之，子全而归之，可谓孝矣。不亏其体，不辱其身，可谓全矣。"如此论来，杨朱"为我"既忠且孝，当是一个合格的儒者。

究其实，杨朱"贵己""为我"的主张真正确立了个体存在的价值，也为社会奠定了最坚实的基础。其对个体和整体关系的理解是深刻而正确的，其"轻物重生""不以天下大利易其胫之一毛""全性保真""不以物累形"的思想背靠着的仍是"道法自然"的总原则。正如

---

① 贺麟：《文化与人生》，商务印书馆 1988 年版，第 199、200 页。

② 吕思勉：《先秦学术概论》，中国大百科全书出版社 1985 年版，第 46 页。

《文子·道原》所言："知大己而小天下，几于道矣。"

三、既以为人己愈有，既以予人己愈多

在先秦文化中，道家诸子虽然是个体主义、利己主义的倡导者、实践者和捍卫者，但他们也是深体民情的哲人。实际上他们对个人与社会、我与他人的关系有着深刻的辩证慧识。老子曾明确地认识到个人利益和群体利益、利己与利他并不是一种水火不容的冲突关系。"既以为人己愈有，既以予人己愈多。""为人""予人"带来的并不仅仅只是自我牺牲，相反，没有"为人""予人"，个体就不会"愈有""愈多"。在这里，老子似乎表明了个人利益就存在于群体利益之中的思想。"为人""予人"带来的恰恰是人我两利的结果。

德国哲学家、著名伦理学家包尔生（Friedrich Paulsen，1846—1908）在其名著《伦理学体系》中曾专门探讨了利己主义和利他主义之间的关系。他批判了那种把利他主义与利己主义看作是绝对对立的观点。他认为利己主义与利他主义之间交叉贯通。"所有推进或扰乱个人生活健康发展的品质的行为，同时也倾向于对集体生活的发展产生有益或有害的效果。但反过来也是真实的，有利于社会的德性也倾向于个人幸福产生一种好的效果，而缺少这些德性对个人生活却是一个伤害。""个人的幸福和每个人都是其组成部分的集体的幸福非常紧密地交织在一起，使任何一个关心他自己的真正幸福的人同时也推进着这些集体的幸福；反之亦然，所有真诚地履行集体加予他的义务的人，也是在为他自己的利益工作。"① 老子所谓以利他的"无私"来成就其私心，"为人"与"己愈有"、"予人"与"己愈多"，庄子以"丧我"而存"吾"等正是看到了个人与集体、我与他人的密切关系。在生活世界里，在道德实践中，我们不是也常常能够从对他人的无私帮助中体

---

① 包尔生：《伦理学体系》，中国社会科学出版社 1988 年版，第 327—328 页。

会到一种愉悦和快乐吗？"对他人幸福的推进必定伴随着一种自我满足的感情"。[1]

老子虽然讲"成其私"，但他也激烈地反对那种"损不足以奉有余"的自私自利者，这种自私是造成"民之饥""民之轻死"的根本原因。老子明确主张"去甚""去奢""去泰"，因为"甚""奢""泰"就是一种自私自利的表现。老子所讲的"无私"，既指一般意义上的无私心，亦有"公正无私"的含义。天之道"高者抑之，下者举之，有余者损之，不足者补之"，"天之道损有余而补不足"。[2]这就是公正无私，正是这种公正"无私"成就包括"我"在内的每一个体的"私利"。每个个体的利己与利他的行为如果带来的是对己或对他人的伤害，则这种行为就不合于"天之道"。《老子》第八十一章云："天之道利而不害。"这里的"不害"，笔者认为应有这样两个基本方面："利他"的行为不能造成对自己利益的损害；"利己"的行为也不能造成对他人、对集体利益的损害。这才是真正的"利而不害"，圣人的行为因为遵从"天之道"，"利而不害"，所以才能够做到为人与为己、予人与予己的两利结果。

当然，个人利益与他人利益、个体利益与群体利益有相互冲突的时候。没有一个人能免于这种冲突。老子也看到了这一点，也正因为如此，老子讲"利万物而不争"，利他不争，"不争"就是个体主动地去化解这种冲突。"不争"就是"无我"。"无我"在庄子那里就是"无厚"。如果他放松了对自我私心欲念的限制，自我无限膨胀，看不到他人和集体，则人间世处处是冲突、争斗。"不争""无我""无厚"就是要让自己超越利害冲突，"全生""保身"，实现逍遥游。

人与人之间的关系并不是狼与狼的关系，集体也并不是"一个

---

[1]　包尔生：《伦理学体系》，第211页。
[2]　《老子》第七十七章。

虚构的团体"①，一个集体是一个统一的存在，个人同它的关系就如同器官同身体的关系一样。个人必须超越自我狭隘的一面，而把视野扩展到集体。《老子》第五十四章云："修之于身，其德乃真。修之于家，其德乃余。修之于乡，其德乃长。修之于国，其德乃丰。修之于天下，其德乃普。"只有从一己推展到一国，乃至整个天下，才能达到国丰、天下普。要从个人推展到天下，个人就要克服"自见""自是""自矜""自伐"的自我局限性。个体如果不能超越自我，他看到的只是他自己，最终反而会损害自身的利益，造成人我两害。相反，如果一个人把自己放在集体中，把"我"放在"我—他"关系中，不局限于自我，则会人我两利，并最终实现自己的目的。道家诸子中，"一毛不拔"的"为我"主义者杨朱，在不少人看来，他是那样地决绝，但他也并不只关注个体自我的生命存在，他对人的遭际和归宿也充满谅解和同情。从《荀子》《韩非子》中对杨朱的片断记述可以证明这一点：

　　杨朱哭衢涂曰："此夫过举蹞步，而觉跌千里者夫！"哀哭之。②

　　杨朱之弟杨布，衣素衣而出。天雨解素衣，衣缁衣而反。其狗不知而吠之，杨布怒，将出之。杨朱曰："子毋击也，子亦犹是。曩者使女狗白而往，黑而来，子岂能毋怪哉？"③

　　季梁之死，杨朱望其门而歌。随梧之死，杨朱抚其尸而哭。④

一个对别人的处境能够宽容理解，对别人的前途能够由衷地关心，

---

① 边沁：《道德与立法原理导论》，时殷弘译，商务印书馆 2000 年版，第 58 页。
② 《荀子·王霸》。
③ 《韩非子·说林下》。
④ 《列子·仲尼》。

对他人的生死如此动情地关怀，这样的人不可能是一个极端自私自利之徒。

总之，先秦道家诸子崇尚个体，关注自我，但也并不是把自我视为脱离社群的孤绝的个体。实际上，他们深知个体与群体、人与我的密切关联。他们既讲"重己""贵我"，亦讲爱民治国；既讲"无名""无功""无己"，亦讲"功盖天下""化贷万物"[①]；既讲一毛不拔，也讲一毫不取；既讲"为我""利己"，亦讲"利他不争"；既讲"隐居不仕"，寄迹田园，也讲"乐俗""安居"，"从俗""从令"。他们是身在俗世，心游天地。在以群体为本位的中国文化传统中，在个体、自我普遍没有位置、不被尊重的社会里，道家诸子道法自然、贵我、重己的思想主张显得特别珍贵，确具有一种突破性、超越性的价值和意义。道家"为我""重己"的个人主义哲学成为中国社会里那些爱好自由、伸张个性的人们"抗拒公众义务及其巨大道德压力"[②]的重要思想武器。杨朱所以受到普遍欢迎，老、列、庄所以受到人们欣赏可能正说明了个人主义在人类心灵中的深刻程度。

第二节　儒、墨、道群己论比观

一、"尽其在我""克己复礼"

在先秦百家诸子中，儒家是注重社会秩序，强调礼制，注重人与人之间的社会关系（如等差定位与调适合作）的一派，他们习惯以共性、共相为不言而喻的前提，不太注重个性、殊相。他们心存天下、国家，很少顾及自我、个体。或者说他们所谓的个人价值的实现也得到社会舆论的赞扬、肯定或政治权力的认可，或得到家族、家庭的尊

---

① 《庄子·应帝王》。

② A. C. Graham, *Disputers of the Tao: Philosophical Argument in Ancient China*, Open Court Publishing Company, 1989, p. 56.

重。在群己关系问题上，儒家诸子一直奉行的是"克己复礼""尽其在我"的观念。所谓"克己复礼"就是抑制自己，使自己的行为合乎社会制度和道德规范。所谓"尽其在我"，就是指在群己关系中要求个人对群体、自我对社会承担责任、履行义务。儒家仁、义、礼、智、信、忠、恕、宽、敏、惠诸德目，无一不体现这种非对等关系。

孔子一以贯之之道就是"仁"。"己欲立而立人，己欲达而达人"即为孔子仁学之本旨。张岱年先生释为"自己求立，并使人亦立；自己求达，并使人亦达：即自强不息，而善为人谋。简言之，便是成己成人"[1]。实际上，作为"立人""达人"之起点的"己立""己达"只是手段，孔子的目的是他人。"成己"是为了实现"成人"，"自强不息"是"为人谋"。仅仅"己立""己达"，洁身自好，无害于他人，是算不得仁的，必须由己推展到他人、社会。《论语·阳货》曰："能行五者于天下，为仁矣。"《论语·宪问》曰："宪问耻。……克、伐、怨、欲不行焉可以为仁矣？子曰：可以为难矣，仁则吾不知也。""仁"是《论语》中最重要的范畴，多达 109 见。

> 樊迟问仁，子曰："爱人。"
>
> 子曰："为仁由己，而由人乎哉？"[2]
>
> 子曰："夫仁者，己欲立而立人，己欲达而达人。能近取譬，可谓仁之方也已。"[3]

仁即爱人，当然主要是爱他人。为仁由己而不由他人，不要对他人提出这种要求。要做到己立立人、己达达人，就要约之以礼，"立于礼""克己复礼"。

---

① 张岱年：《中国哲学大纲》，第 256—257 页。

② 《论语·颜渊》。

③ 《论语·雍也》。

《论语·颜渊》曰：

> 颜渊问仁，子曰："克己复礼为仁，一日克己复礼，天下归仁焉。……颜渊曰：请问其目！子曰："非礼勿视，非礼勿听，非礼勿言，非礼勿动。"

"克"者，抑制、克服之意也。礼者，依《说文》之解，"礼，履也。所以事神致福也"。克制、压抑个人的愿望，履行个人应承担的义务和责任。在孔子看来，个人的视听言动都要以礼予以规范，个人要自律、自约。抑制自己就是为使我合于社会的伦常关系，并通过自己的力行，最终达到"立人""达人"。

《论语·子路》曰："樊迟问仁，子曰：居处恭，执事敬，与人忠。""居恭""执敬"就是"克己复礼"。《论语·卫灵公》曰："子贡问曰：有一言而可以终身行之者乎？子曰：其恕乎！己所不欲，勿施于人。"《论语·里仁》"曾子曰：夫子之道，忠恕而已矣。"尽己谓忠，推己及人谓恕。在这里，孔子以"己"为起点，向上、向下、向内、向外推展：对上要忠，对下要恕；忠及于内，恕施于外。他人、社会、上级、下级都是"我"的目的，唯独"我"变成了手段。

孟子秉承孔子"仁"学，不过孟子解"仁"为反身而诚，反求诸己，但最终目的并无二致。孟子把那种不能践行仁义之徒称之为"自暴自弃"者。《孟子·离娄上》："孟子曰：自暴者，不可与有言也。自弃者，不可与有为也。言非礼义，谓之自暴也。吾身不能居仁由义，谓之自弃也。"孟子和孔子一样，把仁、义看得比生命还重要。孔子讲杀身成仁，孟子则言舍生取义。《孟子·告子上》："生亦我所欲，义亦我所欲也，二者不可得兼，舍生而取义者也。"

如果说孔子、孟子主要是从个体自觉的角度要人们服从社会、服务他人，荀子则是从外在强制的角度出发的。荀子"隆礼重法"，强调用礼法来规范人与人、人与社群的关系，即通过外在强制手段要个体承担对他人、对国家应尽义务和责任。《荀子·修身》讲："人无礼则不生，事无礼则不成，国家无礼则不宁。"

仁、义、礼作为规范人我关系的准则，在后儒董仲舒那里得到了最明确的表述。《春秋繁露·仁义法》云：

> 《春秋》之所治，人与我也。所以治人与我者，仁与义也。以仁安人，以义正我。众人不察，乃反以仁自裕，而以义没人。诡其处而逆其理，鲜不乱矣。是故《春秋》为仁义法：仁之法在爱人不在爱我；义之法，在正我不在正人。我不自正虽能正人，弗以为义；人不被其爱虽厚自爱，不予为仁。

爱人而不自爱，正我而不正人。"我"是"爱"的"主动者"，是"正"的"受动者"。施爱者是我，受爱者是他人；受正者是"我"，不是他人。总之，"我"是责任、义务的承担者。"我"是爱的奉献者，"我"是责罚的承受者。"我"有应尽的无限的责任与义务，唯独没有个人权利。"我"是作为仁义而存在的，舍弃了仁义，"我"就是自暴自弃者。

先秦儒家为了保证个人对自己、个人对社会尽义务、担责任，将每一个人都安置于不同的社会名分之下。

《论语·颜渊》云："君君、臣臣、父父、子子。"《易·家人卦象辞》云："父父、子子、兄兄、弟弟、夫夫、妇妇。"个体总是生活在社会关系中，具体地说，总是生活在家庭中，生活在某个团体中。团体、家庭总会给他一个名称，这是每一个人无法选择而又必须承受的东西。每一种名分，每一对人伦关系都有相应的义务规定。具体地说，儒家有"五伦说"与"十义说"。所谓"五伦"，是指君臣、父子、兄弟、夫妇、朋友五对人伦关系。所谓"十义"，是《礼记》提出的十项"人义",即对"五伦"相互义务的具体规定。《礼记》云:"何谓人义?父慈子孝、兄良弟悌、夫义妇听、长惠幼顺、君仁臣忠。"从规定上看,每对人伦关系中的双方都要承担相应的义务,如《论语·八佾》:"君使臣以礼,臣事君以忠",只有君臣都尽其名分,君才是君,臣才是臣。个人若不尽其义务,则不具其名分,不具名分,则人不为人,即父不父、子不子、兄不兄、弟不弟、夫不夫、妇不妇、长不长、幼不幼、君不君、臣不臣。在这个以人伦关系为基础的世界里,"我"不是作为"我"而存在的,"我"是人君,"我"是人臣,"我"是人父,"我"是人子,"我"是人夫,"我"是人妇。

从表面上看,每一对人伦关系中的双方似乎是平等的,因为臣尽忠的义务时,君亦要尽礼的义务,子尽孝道时父亦要尽慈。但是,实际上根本不存在平等,因为这种所谓的互为义务的关系是建立在双方极不平等的基础之上的,臣总为君之臣,子总为父之子。君主、人父的权威与地位永远要高于人臣和人子。儒家这样一种群己观实际上是一种"不平等地位上的义务本位的群己观"。儒家这种试图解决群己人我矛盾的义务本位的群己论对每一个人都提出了极高的要求。群体本应是"我"的集合,但实际上"我"只是群体的一个依附性器官,"我"不能拒绝群体,"我"只是一个假象,在天下、国家、家族、家庭的感召下,在人君、人父、人夫的感召下,"我"无处逃遁。① 实际上,儒家对个体自由、个体权利和个体人格的普遍轻视,最终将损害群体。

二、"兼爱利他""自苦为极"

在先秦诸子中,被庄子批评为"固不爱己"的墨家者流,"生不歌,死不服""生也勤,死也薄""腓无胈胫无毛""以裘褐为衣,以跂

---

① 邓晓芒:《灵之舞》,东方出版社 1995 年版,第 14 页。

踦为服，日夜不休，以自苦为极"①。他们是先秦时代最具宗教情怀的一派。在群己、人我的问题上，他们以"兼爱利他"为总原则。墨子这种自苦为极、兼爱利他的思想是其"兼以易别"的社会矛盾观在群己问题上的具体体现。

墨子作为小生产者的思想代表，作为中下层人民的代言人，对战国初期激烈的社会冲突，频繁的兼并战争有着深切的痛苦感受。在他看来，社会动荡、战乱不已的根源就在于社会有差等。正因为社会的等差，即"别"（矛盾），所以产生了"强劫弱、众暴寡、诈谋愚、贵傲贱"②。墨子要求"兴天下之利，除天下之害"，主张通过"兼以易别"的方法来解决问题。③如果人们以"兼相爱"来取代"交相恶"，就会达到"强不执弱，众不劫寡，富不侮贫，贵不傲贱，诈不欺愚"的理想社会状态。"兼以易别"落实到群己、人我关系上，就是"兼爱利他"。

利与害是墨子哲学的出发点。当然，要特别阐明的是墨子的"利""害"是天下人的"大利""大害"，而非一己之私利、私害。墨子也像儒家一样讲"仁义"，但他是以"利害"来诠释"仁义"的，他认为能兴利除害的人，就是仁者。墨子"贵义"，认为"万事莫贵于义"④，"义天下之良宝也"⑤，"义者，应当之谓也。利天下者，义也。害天下者，不义也。"利天下是应当的，害天下是不应当的。这样的仁义观念也就是兼爱利他。"兼"是群己不分，人我不别，视人如己。"别"是区别群己，分清人我，自爱而不爱人，利己而不利他。墨子还依此把天下人分成两大类，即"兼士"和"别士"，《墨子·兼爱下》曰：

---

① 《庄子·天下》。
② 《墨子·天志中》。
③ 《墨子·兼爱下》。
④ 《墨子·贵义》。
⑤ 《墨子·耕柱》。

别士之言曰：吾岂能为吾友之身，若为吾身；为吾友之亲，若为吾亲？是故退睹其友，饥即不食，寒即不衣，疾病不侍养，死丧不葬埋。别士之言若此，行若此。兼士之言不然，行亦不然。曰：吾闻为高士于天下者，必为其友之身若为其身；为其友之亲，若为其亲。然后可以为高士于天下。是故退睹其友，饥则食之，寒则衣之，疾病侍养之，死丧埋葬之。兼士之言若此，行若此。

在墨子看来，"兼爱"虽是直接利他，但也间接地利我，而"别士"不利人也可能不利己，即人我两不利。《墨子·兼爱中》曰：

夫爱人者，人必从而爱之；利人者，人必从而利之。恶人者，人必从而恶之；害人者，人必从而害之。

这就是说"兼"则群己、人我两利，"别"则很可能群己、人我两害。为了达到"兴天下之利，除天下之害"，墨子兼爱主张推到极致就是忘己济人，损己以增益其所从事之事业。《墨子·经上》云："任，士损己而益所为也。"《墨子·经论上》云："任，为身之所恶，以成人之急。"不顾自身而利人济人就是"任"。《墨子·大取》云："断指断腕，利于天下相若，无择也。死生利若一，无择也。"如能断腕谋大利于天下，如能舍生得大利予天下，断腕、舍生亦无不可。这是一种在其他诸家诸子那里见不到的伟大精神。

墨子特别强调"兼爱"的普遍性，即"周爱"，《墨子·小取》云：

爱人待周爱人，而后为爱人。不爱人不待周不爱人，失周爱，因为不爱人矣。

兼爱一切人才是爱人，爱分彼此、爱中有别则算不得真爱人。墨子完全把群己、人我合而为一。这种群己观要求"我"完全地公而无私，只讲奉献，不问索取。《墨子》中虽然也讲"权利"，如《经上》云："功利民也，欲正权利，且恶正权害。"《大取》云："于所体之中，而权轻重之谓权。权，非为是也，非非为非也。权，正也。"墨子所讲的"权利"是指个体经过自己的权衡考虑，选择有利的方面，避免有害的方面。现代的"权利"观念是指公民或法人依法享有的权力和利益，恰恰是一个与"义务"相对的范畴。

　　综上所述，在群己观上，我们可以看到墨子注重实用和功利，很多人以此批评墨子学说中过于强烈的工具理性的色彩。其实，墨子没有停留在实用和功利的层面，而是由此出发走得更远、更高：一是以利他为怀的宗教精神；一是抽象的逻辑和技术。胡适先生把墨家后学的发展概括为两种趋向是很有道理的：一是向以"钜子"为中心的宗教组织演化；一是向技术与逻辑转化的"别墨"。由"兴天下之利，除天下之害"转向宗教精神和技术逻辑两路向，实在是很自然的事情。遗憾的是中国文化、中国人缺乏对这两种东西的认同和接受。张岱年先生曾批评中国历来缺乏群我一体的思想，同样，我们也历来缺乏逻辑、技术。对于墨学的中绝，很多论者都指责墨子不合于世用，不合于人情。我以为只要看看现代中国人仍然缺乏宗教精神，仍然对逻辑、技术不感兴趣，就知道墨学为什么会中绝。其实要反省的并不仅仅是墨学不合人情、不合于世用，更要反省的是我们为什么不能接受墨学这套东西。

　　三、儒、墨、道群己观合论

　　每一个体只要他存在，就要面对群己、人我的关系。集体既是个体发展的结果，同时又是个体生活的一切社会条件的总和。如前所述，先秦时期儒、墨、道诸家由于各自哲学思想的歧异，在群己观上显现各不相同的理论特色和思想旨趣。自其同者观之，儒、墨、道诸家都认识到个体和群体、我与他人之间密不可分的社会联系。他们都认识到个体自我是出发点，无论是"立人""达人"，"兼爱利他"，还是"不利天下""不取天下"，都必须从一己之我开始。"立人""达人"是从"己立""己达"开始；"兼爱利他"是"我"行兼爱、"我"行利他；"不利天下"的是"我"，不"取天下"的也是"我"。他们都不同程度地意识到人、个人都有"类"特性，如都有社会性，儒墨都讲天下国家，道家虽最讲个人、讲殊相，但他们仍然深刻地认识到在同一个体身上，仍有"社会我"的一面。他们的群己、人我观点可以说是他们救治社会的方案，儒家是用仁义来救治社会，墨家则用兼爱、利他来救治社会，道家则是用"贵己""为我"来救治社会，具体的方案虽不同，但三者目标则一也。自其异者观之，儒家的群体是君臣有分、夫妇有别的讲差等的群体；墨家的群体是"兼"而无"别"的群体；道家的群体是每一个人各自发展的群体。儒家的个人是为仁义而存在的个人；墨家的个人是为利他而存在的个人；道家的个人是为自己而存在的个人。儒家立人、达人、爱人；墨家自苦、爱人、利人；道家贵己、为我、不利人、不害人。儒家讲究社会秩序；墨家追求社会平等；道家爱好个人自由。儒家有助于培育人们的道德心灵；墨家有助于培育人们的宗教精神；道家则有助于培养个人主义。比较而言，道家以"贵己""为我"的个人主义为突出特征的群己论最具现代意义和价值。

第三节　道家群己论与西方哲学群己观

中国文化是以群体为本位的文化，个人在传统文化观念中没有什么地位，这已是不争的事实。个人在自身找不到自己的价值和位置，只能到群体中，到同类中去寻找。个人只是某种社会载体（如道德载体），或是实现某种社会利益的手段。在个人与社会的关系中，个人常常是出发点，但越过这个点，个人就消失了。在中国文化的词典中，虽然也有"个人主义"这个词条，但从来都是表达一种贬义。《辞海》在界定"个人主义"时说"个人主义"是"一切以个人利益为出发点的思想……表现为损公肥私、损人利己、唯利是图、尔虞我诈等"。这一界定沿用多年，直到最新一版《辞海》才有所改进。《现代汉语词典》（第7版）亦认为"个人主义"是"资产阶级世界的核心观念，主张把个人的独立、自由、平等等价值及权利放在第一位。个人主义是资产阶级反对封建主义的思想武器。只顾自己、不顾他人的极端个人主义，是与集体主义的道德原则相违背的"。"为我""利己"在中国文化中常被视为恶德。由于我们从根本上漠视个人的正当要求，因而对"利己"和"自私"从来就是不加区别，混为一谈。在西方文化中，"个人""个人主义"都是些美丽而有尊严的语词。《简明不列颠百科全书》云："个人主义"是指"高度重视个人自由，广泛强调自我支配、自我控制，不受外来约束的个人或自我。"美国当代著名学者、思想家丹尼尔·贝尔在《资本主义文化矛盾》中说："个人主义思想是人类意识发展所取得的显著成就。"[1]

　　虽然，西方文化、西方哲学也讲个人和群体的关系，如马克思就曾指出："个人是社会的存在物。因此他的生命表现，即使不采取共同的，同其他人一起完成的生命表现这种直接形式，也是社会生活的表现和确证。"[2]"人的本质并不是单个人所固有的抽象物，实际上，它是一切社会关系的总和。"[3] 费希特亦曾指出：人的概念并非指单个人，它只能指类，因为单个人是不可思议的。虽然如此，但在西方哲学中，人的个体性或自由意志始终是第一前提，自我始终占据着价值观念的

---

　　[1]　丹尼尔·贝尔：《资本主义文化矛盾》，赵一凡等译，生活·读书·新知三联书店1989年版，第318页。

　　[2]　《马克思恩格斯全集》第四十二卷，人民出版社1957年版，第122—123页。

　　[3]　《马克思恩格斯全集》第三卷，人民出版社1957年版，第5页。

中心地位，个人就是目的本身。个人主义、自我意识、个人自由、个人价值、个人权利得到普遍肯定和尊重。

以中西文化比较为背景，并在此背景下把先秦道家以"贵己""为我"为突出特征的群己论与西方哲学中的群己观进行比较研究，将有助于我们更深刻地认识到先秦道家诸子的个体、自我学说的突破性和超越性的价值和意义，认识到道家群己观与西方群己论的差异及可以融通之处。

一、自然意识与自由精神

"道法自然"是先秦道家哲学的总原则。"自然"范畴也就成为道家哲学的核心范畴之一。道家"贵己""为我"的思想也要由"自然"范畴来解释。如前所述，中国文化从总体上讲究个人对群体、他人承担责任、履行义务，讲究个人为群体、他人谋利益，因而不存在什么个人自由。中国人基本上也不提什么自由意识。但先秦道家诸子特别强调"自然"，他们有很强的自然意识。老子曾多次讲到"自然"一词，如

> 功成事遂，百姓皆谓我自然。[1]
>
> 人法地，地法天，天法道，道法自然。[2]
>
> 道之尊，德之贵，夫莫之命而常自然。[3]
>
> 希言自然。[4]
>
> 是以圣人欲不欲，不贵难得之货；学不学，复众人之所过，

---

[1] 《老子》第十七章。

[2] 《老子》第二十五章。

[3] 《老子》第五十一章。

[4] 《老子》第二十三章。

以辅万物之自然而不敢为。①

　　在这里，"自然"不是我们今天所谓的大自然概念，也就是说道家"自然"范畴不是实体性概念，而是功能性、价值性概念。"自然"有自己如此、自来如此（自因）、自当如此、势当如此等多种意涵。《老子》虽未直言"自由"，但"自然"范畴实有自由与必然之意涵。自然，自己如此也，自如也，也即是自由。"道"与"德"不受外来的命令影响，而是自己决定自己，"夫莫之命而常自然"，这就是自由。功成事遂则身退，老百姓都认为是"事情""事物"自己如此。对于管理者来说，功成事遂而能身退，这就是管理者的自由。反之，如果管理者为功所系，则不自由。老百姓感觉到是管理者之所为，就不会有自然之感。上述所论，指"自然"意识中的"自由"义。"自然"观的另一层意思，即自来如此、自当如此，也就是说事物的发展有其自因，有其势所必至的必然性。老子讲"以辅万物之自然而不敢为""希言自然"，就是不加人为，让事物按照自己的发展规律发展，人应该协助其发展而不可横加干涉。"希言""不敢为"就是不加人为，任物自然。庄子讲"依乎天理……因其固然"，就是要人们不要人为去改变事物的"理"（自然天理）。实际上，人只有按照自然界的规律去改变自然界，人才会是自由的。解牛的庖丁之所以能够如歌如舞，挥洒自如，其刀历十九年，解数千牛而如新发于硎，如此自由无碍，游刃有余，就在于其"依乎天理""因其固然"，把握了牛体的自然结构。顺物自然，依万物之自然法则行止，人才会有真正的自由。在这里我们体会到，是"大自然"为人立法，"自然"就是法，人法"自然"。万物的"自宾""自化""自定"必有其自身的必然性。天人本一也，既可以说"自然界"是人无机的身体，也可以说人是会思想的芦苇。"大自

────────

① 《老子》第六十四章。

然"为人立法，也就是人为人自己立法。人按照自然万物的自身必然性去把握事物，人也按照人自己的规律对待自我。庄子通常是以"天"表"自然"义，"无为为之之谓天"，"自然意识"落实到个体行为上，就是"无为为之"，也就是以不拘系于物的态度为之，也就是以功成身退的心态为之，也即是指不以私意加之自然物的态度为之。人只有不为自己行为的结果所束缚，不为自己的私欲、私虑所束缚，顺物自然，人的行为才能是真正自由的。

与道家"自然意识"相反，西方哲学的"自然"范畴恰恰表达的是不自由的意涵。"自然"一词在西方主要是一个实体性的范畴。"自然"（指自然界）是人类所面对的"对象"，是受因果必然性控制的一个大系统。只有当我们能够把握它时，人才是自由的，也就是说只有当我们成为"自然"的主人时，我们才会有自由。在西方，"自然"常是一个与"自由"相对立的范畴，它意味着人必须服从的必然性。人的自由就体现在人在与大自然的冲突中实现人对自然的宰制。

"人们生来且始终是自由的，在权利上是平等的；社会的差别只可以基于共同的利益。"① 这是18世纪法国资产阶级革命的纲领性文件《人权宣言》的第一条。自由平等作为人的不可让渡的"天赋人权"，集中表达了西方近现代价值观念的基本前提。自由平等是近现代西方价值观念的最基本，也是最高的原则。西方文化中个人自由精神的确立，人们对"自由"与"自然"的认识有一个过程。古希腊时期的自由基本上是一种知识性、主人式的自由观。人成了自然的主人，人才是自由的。在中世纪，西方哲学经过基督教神学的洗礼，古希腊那种知识性、主人式的自由观，逐渐地变成了"意志自由"。由于人成为"上帝"的臣民，听从"上帝"的"命令"，等待"上帝"的"终审"，"上帝"才是真正的主人。因此"控制"的"自由"变成了"服从"的

---

① 《人权宣言》。

"自由"，知识的自由成为职责的"自由"①。近代，"自由"，在斯宾诺莎那里为"自因"；在康德那里则为"自由"的因果性；在黑格尔那里则为"绝对"，即"自由"和"必然"的统一。"自由"与"自然"在西方大体上经历了一个由对立到统一的过程。比较而言，先秦道家诸子在此问题上的突破性和超越性就在于他们一开始就深刻地认识到自由与必然的密切联系。他们的"自然"观念中既有"自己如此"的自由含义，亦有"自来如此""势当如此"的必然含义。人只有顺物自然，才是自由的。而西方文化则经历了一个漫漫的发展过程才达到马克思所谓的自由是对必然的认识和对世界的改造这个层次。当然，由于没有经历西方那样由对立到统一的过程，因而先秦道家诸子的"自然意识"就无法到西方"自由精神"那样的深刻程度。但是，先秦道家诸子的"自然意识"毕竟为中西文化在个体自由的相互融通方面提供了一个契合点，为现代社会个体自由精神的培养提供了可资借鉴的传统资源。

二、"存我为贵"与人本主义、个人主义

　　人本主义、个人主义在西方文化中的地位，可以借用美国学者罗伯特·贝拉教授的话来说明。他在《心灵的习惯》一书中说："美国文化最核心的东西是个人主义。……我们相信个人的尊严，乃至个人的神圣。我们为自己而思考，为自己而判断，为自己而做决定，按自己认为适当的方式而生活。违背这些权利的任何事情都是错误的，都是亵渎神明的。对于我们自己，对于我们关心的一切人，对于我们的社会和整个世界，我们最崇高的愿望都是同个人主义密切相连的。而我们自己和我们社会的一些最深层的问题，也是同个人主义密切相连的。但我们并不争论是否美国人应该放弃他们的个人主义，因为放弃个人

---

　　① 叶秀山：《漫谈庄子的自由观》，载《道家文化研究》第 8 辑，上海古籍出版社 1995 年版，第 138 页。

主义就等于放弃我们的最深刻的本质。"① 与中国传统文化不同，西方文化传统始终强调个人，社会是个人实现自己的手段，他们反对任何强加于个人的社会律令。如果说近代西方"个人至上"的观念还闪闪烁烁，不敢大张其帜，到了现代，"个人至上"的思想则完全丢开一切装扮，成为一种普遍的价值观。这一观念凸显了个人和社会的冲突，社会已被视为人的异己力量。

在西方文化中，个体意识的发展大体经历了两大阶段。从古希腊开始，个人被笼罩在神的光环之下，按文德尔班的说法，人的认识能力愈低下，就愈是需要"天启"。在那个时候，"神灵的启示是最高知识源泉"②。无论是亚里士多德主张上帝超越于宇宙，还是斯多噶派哲学主张上帝内在于宇宙，他们都是把上帝视为高于人的东西。进入中世纪后，随着基督教的传播，神、上帝开始从超越的地位进入人心，个体、人成为神恩的对象。每个人都被赋予这样的使命，即神的精神住在他身上，他的精神与神合一。神的个体化、特殊化，实际上也是神更加普遍化，普遍化为个人意识。无论是人笼罩在神的光环下，还是神人合一，人们始终是以神为本位的，个人微不足道，人听命于上帝，从属于神。然而，正是上帝这种无所不在的权威催生着人的觉醒。"在中世纪，人类意识的两方面——内心省察和外界观察都一样——一直是在一层共同的纱幕之下，处于睡眠或者半醒状态。这层纱幕是由信仰、幻想和幼稚的偏见织成的，透过它向外看，世界和历史都罩上了一层奇怪的色彩。人类只是作为一个种族、民族、党派、家族或社团的一员——只是通过某些一般的范畴而意识到自己。在意大利，这层纱幕最先烟消云散；对于国家和这个世界上的一切事物做客观的处理和考虑成为可能了。同时，主观方面也相应地强调表现了它自己；

---

① 段连城：《美国人与中国人》，新世界出版社 1993 年版，第 3 页。

② 文德尔班：《哲学史教程》上卷，罗达仁译，商务印书馆 1987 年版，296 页。

人成了精神的个体，并且也这样来认识自己。"①经过文艺复兴运动的洗礼，人文主义者对天主教会的腐败和虚伪进行了猛烈的攻击和彻底的揭露。按照人文主义者所提倡的新世界观，宇宙的主宰不是神而是人；人生的目的不是死后的"永生"，而是现世的享受；个人的自然欲望不是罪恶，而是应当满足的正当要求。神本主义开始为人本主义所取代。这是西方文化中人的第一次觉醒。推翻了上帝的权威，以人世间的政治权威、伦理道德权威取而代之，从文艺复兴到现当代，整个西方文化正在经历着人在权威下的觉醒，这是一次真正的个人主义的觉醒。

在先秦时期，道家诸子"贵己""重生""为我"的思想可以说是先秦时期的人的觉醒。这种觉醒主要强调的是个体生命的保护、个体欲望的承认与满足，以及个体精神境界的提升，反对外力对人的"非人化"以及人的"自丧"。他们认识到"有生之最灵者人也"。但人却是最软弱的，"爪牙不足以供守卫，肌肤不足以自捍御，趋走不足以逃利害，无毛羽御寒暑"②，人可以依凭的就是他的智慧，人的才智的可贵，就在于"存我"，即"智之所贵，存我为贵"。人不同于一般生物，人有意识，人要"存我""全生"，就要反对不义战争对生命的残害，就要反对统治者为一己之私心贪欲而加害于天下、他人。既要反对个人"厚爱"，也要反对"亏生""迫生"，要保持生命的自然发展，保证人的欲望的自然满足。从诸子百家的思想争论来看，"存我论""贵己论"无疑是与儒家的集体主义、家国主义和墨家的利他主义划定了边界，是对儒、墨淹没个人、牺牲自我的一种反抗。可以说先秦道家的"存我论""贵己论"所彰显的个人主义、为我主义是对集体主义、利他主义无限泛滥的遏制。

道家诸子的"个人觉醒"虽然还不是本体论意义上的，而只是生存

---

① 雅各布·布克哈特：《意大利文艺复兴时期的文化》，何新译，商务印书馆1979年版，第125页。

② 《列子·杨朱》。

论意义上，但却是可以和西方人本主义、个人主义觉醒相媲美的意义重大的个人觉醒。中国文化传统中个人主义思想的传承与发展，无一不追溯到先秦道家的"贵我"理论。后来时代里那些爱好自由、张扬个性、维护自我权益的思想家们无不以先秦道家的贵己、为我思想为资源。

第五章　生死论

在先秦道家的思想中，其虚玄的道论落实到现实人生层面，自然孕育出高情远致、透脱豁达的人生哲学，而其人生哲学的核心就是道家的生死观。先秦道家爱生、重生而不贪生，全生、长生而不恶死，生死一体、生死合道的思想，对死与不朽的探索，以及通过生死观阐述所表达的对春秋、战国这一"大争之世"给人民所带来的深重痛苦和灾难的愤激批评，这些既切近人生现实而又极富超越之功的思想，既是中国古代人生哲学宝库中极重要的思想资源，也是世界死亡哲学的奇葩。在先秦儒、墨、道诸子百家的人生论中，有关生死之论，实以先秦道家为最富，其所涉及的问题尤多，其所达到的境界亦很深，他们的生死观实堪称中国古代先秦时期死亡哲学的代表。西方哲人雅斯贝尔斯曾言"从事哲学即是学习死亡"，如此说来，先秦道家诸子对生死观的思索和论述也正是他们从事着哲学探索的明证。他们的死亡哲学思想与西方哲人的死亡观实有着深刻的呼应和契接之处，通过对道家生死观的梳理和总结，可以使之成为古今中西文化哲学融通的一个重要的结合点。

第一节　先秦道家生死论

一、"重生""贵生"而非"贪生""恶死"

先秦道家诸子"贵生而非贪生"的思想具体体现为：在思想上理

论上普遍"重生""贵生""惜生";在实践上致力于养生;在实际的目的和效果上,追求的是"长生""全生"。而道家的"贵生""长生"又绝非是贪生恶死,而是求尽其天年,实现生命之自然发展,完成生命的自然过程,合于生命的自然之道。

从对生命的态度观之,老子虽未明言"贵生""爱生""重生",但他强调"见素抱朴""知足""知止",主张损滋味、禁声色、廉货财、薄名利,力图长生久视,反对"益生""多藏""厚爱"等思想,特别是在"名与身孰亲,身与货孰多? 得与亡孰病"[①]等比较中,自有"贵生""重生"之义在。老子以下的道家诸子,莫不深明此理,都倡言"贵生""重生"之义。庄子"支离其形""以养其身","终其天年"[②],反对"以人灭天""以得殉名"[③],反对"丧己于物""失性于俗"[④],"心为物役",主张"保真""忘形""虚己游世"[⑤]等都是"贵生""重生"思想。道家杨朱学派,更是明确提出"贵生""重生"口号,《吕氏春秋·仲春纪·情欲》云:"由贵生动则得其情矣,不由贵生动则失其情矣。此二者,生死存亡之本也。"形动是否以"贵生"为原则,这是评价得失其情的标准,也是生死存亡的根本。"贵己"的阳生,"拔一毛利天下而不为",被孟子斥为"为我",被韩非讥为"轻物重生之士"[⑥],这只能说明杨朱极端主张"贵生""重生",而绝非自私自利。杨朱虽然讲损一毫利天下而不为,但他也讲"悉天下奉一身不取也",表现出一种典型的个体主义思想。再者,杨朱对一毫与一体关系的认识实先进于常人、俗见远甚,在他看来,一体即一,体中之一即一,也可以说一毛即一体,故轻一毛、损一毫也就是轻一体、损一体,也

---

① 《老子》第四十四章。
② 《庄子·人间世》。
③ 《庄子·秋水》。
④ 《庄子·缮性》。
⑤ 《庄子·山木》。
⑥ 《韩非子·显学》。

就是"轻生"。上述分析说明杨朱并非自私自利之徒，只是极其"重生"而已。稷下道家学者强调"无以物乱官"，认为"凡心之形，过知失生"，[①]要"察和之道"，内静外敬，因为"和乃生，不和不生"[②]。这也都是遵从"贵生"、"重生"的思想主张的。

先秦道家"贵生""重生"主张的进一步落实，就是"养生说"。东周以降，养生之论日盛，非道家所特有，但超越了却病延年之说而上升为一种生命哲学的养生论则为道家所独具。先秦道家以老、庄为突出代表，其养生论的思想主旨就是不益生、不戕生，抱朴守真，特别是养无养。《老子》第五十章云：

> 出生入死。生之徒十有三；死之徒十有三；而民之生，生而动，动皆之死地，亦十有三。夫何故也，以其生生之厚也。盖闻善摄生者，陆行不遇兕虎，入军不被甲兵。兕无所投其角，虎无所措其爪，兵无所容其刃。夫何故也？以其无死地焉。

老子在此明确地区分了"自戕其生"与"善摄生者"这两类人：前者益生，为求生生之厚，而将自己划入死地；后者不求生生之厚，不为物欲所困，善摄生。王弼曾注云："夫善摄生者，无以生为生，故无死地也。器之害者，莫甚乎戈兵；兽之害者，莫甚乎兕虎。而令兵戈无所容其锋刃；兕虎无所措其爪角，斯诚不以欲累其身者也，何死地之有乎？"善摄生者，也就是不以物欲累其身心。倘若人益生而不知止，困于物欲而不得开解，则害生者何止兕虎锋刃，事事有爪角。这也就是《韩非子·解老》所谓的："时雨降集，旷野闲静，而以昏晨犯山川，则风露之爪角害之；事上不忠，轻犯禁令，则刑法之爪角害

---

① 《管子·心术下》。
② 《管子·内业》。

之；处乡不节，憎爱无度，则争斗之爪角害之；嗜欲无限，动静不节，则痤疽之爪角害之；好用私智，而弃道理，则网罗之爪角害之。"一个人只有做到"闭门""塞兑"，不求生生之厚而离其本，不制于物而渝其真，见素抱朴，抟气至柔，少私寡欲，才是真正的益生而非戕生；相反，求生生之厚者，看似益生实为戕生也。庄子的"保身""养形"说更是把老子这一养生思想做了具体伸展、论证。《庄子·达生》对"保身""养形"与"物养"的关系做了十分深刻而辩证的解析："保身"亦即"养形"，"有生必先无离形""养形必先之物"，但是，有物也并不意味着能"养形"，"物有作而形不养者有之矣"；有形也并不意味着有生，"形不离而生亡者有之矣"。在庄子看来，物养过度，人虽未死，形虽未离，但其神已失，其真已渝，其朴已散，必如行尸走肉，所以说"养形果不足以存生"，真正的"保身""养形"应注意物养尺度或分寸，应以不戕生、不益生为判准。老、庄所谓"不益生"是就"知足""知止"立说的；而"不戕生"则是就"抱朴""守真"立说的。然而现实社会的情形是：人们不知足、不知止而益生，散朴、失真以戕生。老子特别指出了"五色""五音""五味""驰骋田猎""难得之货"等外物对人本真之性的扰乱作用。《庄子·天地》亦指出："失性有五：一曰五色乱目，使目不明；二曰五声乱耳，使耳不聪；三曰五臭熏鼻，困惾中颡；四曰五味浊口，使口厉爽；五曰趣舍滑心，使性飞扬。此五者，皆生之害也。"在现实社会中，"小人殉财，君子殉名"[①]；一般人贪生失性，统治者贵物轻人；特别是人民的"戕生"与统治者的"益生""厚生"有着密切关系。《老子》第七十五章云："民之轻死，以其上求生之厚，是以轻死。""轻死"即"戕生"，"求生之厚"即"益生"，统治者的"益生"导致了人民的"戕生"。老、庄不益生、不戕生的思想既是从反面（"不"）肯定"抱朴""守

---

① 《庄子·盗跖》。

真""知足""知止"的养生思想，也是对当时社会贵物轻人、丧己失性的现象的深刻批判。

　　老、庄的养生说，从反面看是不益生、不戕生，从正面看则是抱朴、守真、知足、知止。那么如何抱朴、守真、知足、知止呢？具体地说就是"致虚极，守静笃"，也就是知足、知止，净化物欲对心灵之蔽；也就是静笃不躁，抱朴不散，守真不失。"重为轻根，静为躁君"，躁而不静则会失君、失根。要"致虚极，守静笃"，就要持"三宝"、行"三去"。"三宝"者，即"慈、俭、不敢为天下先"，"三去"即"去甚、去奢、去泰"。慈者，仁慈，对他人说；俭者，俭啬，对自己说；"不敢为天下先"者，则合人我而为说也。天之道损有余以补不足，人之道则损不足以奉有余，如果真怀仁慈之心，则去甚、宝慈，这才合于天道；就对自己而言，去奢是要去掉对物质享受的奢侈，宝俭就是要保持对物质享受的俭约。孔子曾说："与其奢也宁俭"。去奢、宝俭也就是行啬道、爱养精神、积蓄力量；合人我而言，就要不为天下先，而绝不能"恃其富宠，以泰于国"[①]。圣人所以能"后其身而身先，外其身而身存"，就是深明"去泰""不为天下先"之理也。所谓"三去"之说也就是"为道日损"的"损道"，"损之又损，以至于无为，无为而无不为"。慈且勇，勇不敢为甚；俭者不敢为奢；不敢为天下先者，不敢泰。这才是"深根固柢，长生久视之道"。"致虚极"就是行"三去"、不益生；"守静笃"就是持"三宝"、不戕生。庄子"缘督以为经"的养生之道是对老子虚静之道的继承和发展。督，学者多从王夫之解，谓督为督脉，即"身后之中脉曰督"。《六书故·人三》云："督，衣缝当背之中达上下者，亦谓之督。"《字汇·目部》："督，中也。"我认为此处督字恐不能仅作督脉解，更应作"中"解，取其"中空"义。考诸《庄子·养生主》："为善无近名，为恶无近

---

　　① 《国语·晋语》。

刑，缘督以为经。"此处缘督当指取善恶之中，即不为恶、不为善，为善无异于近名，为恶则无异于近刑，故应当取自然中道。从此段以下的"庖丁解牛"的寓言看，庖丁如歌如舞的解牛之道，就在于"无厚"和"有间"两方面，其中"有间"就是指庖丁把握了牛的肉筋和骨结之间的"中空"处，也即是指把握了牛体结构的自然理路。督之中空义，也即是"得其环中"之"中"也。"缘督以为经"者，既讲心养，亦讲物养；既养形亦养神；不益生，不戕生；循虚而行，适得其中。庄子的养生之道特别注重心、物、形、神的结合或调匀，如由"及物"到"外物"就是由"物养"进到"心养"；由"保身""养形"到"心斋""坐忘"，就是由"形养"进到"神养"。"心养"并不意味着就舍弃"物养"，而是不止于"物养"，超越"物养"；"养神"也并非意味着舍弃"养形"，"养神"是"养形"的深入和提高。只有心、物、形、神俱养，不偏滞于一端，才能够抱有本原之朴，守住本真之性，真正合于自然之道。实际上也就是通过"养"而达到"无养"，《老子》第七十五章云："无以生为者，是贤于贵生"，正是指养生之至就是无养。合而论之，真正的养生之道就是"养无养"。"养无养"不等于"无养"，而是通过"养"达到对"养"的超越，"无养"是放任自己于自然状态，心为物役、神形相离，而"养无养"则是既合于自然，又不失"生主"，心、形各得其宜，精、气、神浑然相合。

先秦道家"贵生""重生"与"养生"之道，并非贪生、恶死之道。人们常以老子"长生久视"之说论定先秦道家力图长生不老，其实非也。《庄子·养生主》云："缘督以为经，可以保身，可以全生，可以养亲，可以尽年。"道家"贵生""重生""养生"的目的就是"全生""尽年"，老子所谓"长生"也就是庄子的"全生"，这实是肯定生命的自然价值，保全生命发展的自然过程，追求心、物、形、神的不离不分，相即相融，反对生命与物养关系上的异化。庄子批评"丧己于物，失性于俗者"为"倒置之民"①，在这里"倒置"就是"异化"：物本为养人之资，但现实却是"心为物役"，"生主"不主。"养生主"就是要通过养生，使人从物欲、物累中解脱出来，使倒置之民再倒置过来，从而使生命的尊严和价值得到肯定和彰显。"全生"之说在杨朱学派那里就是指六欲得其宜，既不驰于物欲，也不绝欲而偏枯。"全生"的另一面就是"亏生""迫生"。"全生""尽年"之说也是针对社会中伤生残性的残酷现实而提出的批评和抗议，极富人道主义情怀，应该说是一种自然主义的人道主义（探源篇多有议论，兹不赘述）。老子特别提出"无厌其所生"②，指统治者不应当阻塞民之生路。所谓"尽年"即"长生"，王夫之《庄子解》曾有精当的诠解："尽年而游，不损其逍遥；尽年而竟，无择于曼衍；尽年而应，不伤于天下；安万岁之不可知，而听薪之尽。则有生之年皆生也，虽死而固不亡也。""固不亡"者，"长生"之谓也。"尽年"者，尽其天年，尽其自然。"尽其自然"也就是"与物委蛇，而同其波"，纵浪于大化之中，与四时同春秋，与天地同久长，这就是长生久视之道。所谓"贪生""长生不死"之"生"，是虽"生"而"死"也，因为这种"生"是在不死的前提下来考虑生的。为了长生、贪生，他必须做他根本不能做的，也不能做他可能很想做的，这就违背了自然之道。这样一来，生成了一种负累，死成为一种压迫，即"迫生"也，人生当然也就无生趣可言。这样的贪生，不仅不能长生，反而自速其死。人们常常以庄子"宁曳尾于涂中"和"宁为孤犊"为"贪生"，其实误甚矣。

《庄子·秋水》云：

　　庄子钓于濮水，楚王使大夫二人往先焉。曰："愿以境内累

----

① 《庄子·缮性》。
② 《老子》第七十二章。

矣！"庄子持竿而不顾，曰："吾闻有神龟，死已三千岁矣。王巾笥而藏之庙堂之上。此龟者，宁其死为留骨而贵乎？宁其生而曳尾于涂中乎？"二大夫曰："宁生而曳尾涂中。"庄子曰："往矣，吾将曳尾于涂中。"

《庄子·列御寇》谓：

> 或聘于庄子，庄子应其使曰，子见夫牺牛乎？衣以文绣，食以刍叔，及其牵而入于大庙，虽欲为孤犊，其可得乎？

庄子以"宁曳尾于涂中"和"欲为孤犊"自况，实非贪生，而是真"爱生""重生"也。在庄子看来，名利富贵、"境内之累"足以害生、累生，牺牛虽"衣以文绣，食以刍叔"，但这将要以付出生命为代价呀！"宁曳尾于涂中""欲为孤犊"正是要保持生命的自在自足而不为外物所累所害。

综上所述，先秦道家"贵生""重生""爱生"而非"贪生""恶死"也。

二、"重死""乐死"而非"恶生""轻生"

郭象在谈到庄子的生死观时曾谓："旧说云庄子乐死恶生，斯说谬矣！"斯说之谬，谬在"恶生"。一般多认为庄子，实际上也认为整个道家都有乐死恶生的情况，这实是大谬不然。庄子乃至整个先秦道家都有乐死倾向，但绝不恶生，相反是普遍"重生""贵生"，前节已有申论。说先秦道家"不恶死"是就他们对死亡的达观态度言的；"乐死"则主要就社会、政治批判而言；"重死"则反映了他们在死亡问题上的理性精神。"死亡"的问题无疑是先秦道家思想中的核心问题之一，就他们所涉及的问题之多，论述之详，在先秦百家诸子中实无出其右者也。从具体内容来说，他们已涉及或论述了死亡的必然性与普遍性，人生的有限性与无限性，死亡和永生的个体性与群体性，生死的排拒和融会，死亡的超越与人生自由等有关死亡的形而上学的问题，还有有关死亡的政治学、社会学的问题。

死亡问题不仅具有人生观、价值观层面的意义，亦具有世界观、本体论层面的意义。死亡问题既是人生观的核心问题，又是人借以窥视或领悟本体存在的"妙门"。可以说，没有解决人生哲学的核心问题——死亡观——的人生哲学是没有根基的、不彻底的人生哲学，在这种哲学指导下不能直面死的人生，也就是尚未真正觉醒的人生。道家"重死"的思想反映了他们在终极关怀上的理性精神，他们的"贵生""重生"恰恰是在对"死亡"有深刻意识的前提下的"贵生""重生"。

先秦道家诸子的"重死"思想，首先体现在他们认识到或承认死亡的普遍性与必然性。《列子·杨朱》谓："万物所异者生也，所同者死也。""万物齐生齐死。""十年亦死；仁圣亦死，凶愚亦死。""孟孙阳问杨朱曰：'有人于此，贵生爱身，以蕲不死，可乎？'曰：'理无不死。'"[①] 杨朱已经明确地认识到死亡不仅是必然要发生的事件，而且是人人都要遭遇的普遍事件。《庄子·大宗师》云："死生，命也，其有夜旦之常，天也。人有所不得与，皆物之情也。"释德清谓"命"为自然不可免者，林希逸谓"人有所不得与"为"人力所不得而预"。这即是说死生是必然的，是人力所不能改变、干预的事情。死是必然不可免的，就像永远有白天和黑夜一样，是自然的规律，也是人力所不

---

① 关于《列子》一书，自唐柳宗元《辨列子》以后，古今人多指其伪，特别是在论及先秦思想时，人多弃之不用。笔者认为，《列子》一书，大体可采信，其中杂有的魏晋人的思想毕竟是少数，不可以偏诬其全。晚近有日人武内义雄《列子冤词》（见《先秦经籍考》，上海文艺出版社1990版，影印本）和许抗生《〈列子〉考辨》（载《道家文化研究》第1辑，第344页）力辩《列子》不伪，今从武、许之说。

能干预的事情，这是物理的实情。《庄子·德充符》亦谓："死生存亡、穷达富贵、贤与不肖，毁誉、饥渴、寒暑，是事之变，命之行也。"杨朱、庄周都认识到死亡的必然性、普遍性，所不同的是杨朱由此走向极端"重生""贵生"，而庄子却走向生死超然。其次，先秦道家还特别深刻地认识到个体生命的有限性与群体生命的无限性的转换关系。"生也有涯"就是指个体生命是有限的。《庄子·养生主》谓："指穷于为薪，火传也，不知其尽也。"对此，历代注家解说颇多歧义，比较典型的要属褚伯秀之说最有理致，其余诸家解迂曲而不够畅达，如郭象注就殊不明了。褚伯秀认为："指"应同"旨"，犹云理也。理尽于为薪，故火传不知其尽，义甚显明。夫一家之薪有尽，而天下之火无尽，善为薪者有以传之；一人之身有尽，而身中之神也无尽，善养生者有以存之。今人李存山在《庄子的薪火之喻与"悬解"》[①]一文中力辩"薪火之喻"并非意味形神关系，而是喻指庄子将个体生命融于宇宙大化的自然达观。我以为李氏之说是对褚氏之说的明确化、清晰化，薪火之喻既指个体生命融入宇宙大化中，也应当指个体生命的有限性与群体生命的无限性的关系：个体生命是有限的，犹如薪有尽时；而群体的生命却是无限的，具有无限性，如火之传延不绝。薪尽火传，也就是喻说个体生命的有限性在群体生命的无限性中得到超越，这是一种多么透脱达观的生命精神！最后，先秦道家还认识到生与死的对立与转换关系，特别是生与死之间的相生相成关系。如杨朱"理无久生"说已经触及正是死使生显得可贵、可重、可爱、可惜的深刻思想。《列子·杨朱》云：

孟孙阳问杨朱曰："有人于此，贵生爱身，以蕲不死，可

---

① 李存山：《庄子的薪火之喻与"悬解"》，载《道家文化研究》第6辑，上海古籍出版社1995年版。

乎？"曰："理无不死。""以蕲久生，可乎？"曰："理无久生。
生非贵之所能存，身非爱之所能厚。且久生奚为？五情好恶，古
犹今也；变易治乱，古犹今也；世事苦乐，古犹今也；四体安危，
古犹今也。既闻之矣，既见之矣，既更之矣，百年犹厌其多，况
久生之苦也乎？"

分也合也，成也毁也，气聚气散，形成形化，生而死、死而生，
这是自然之理、自然之道。身之可爱、生之可贵，正在于生理中有死
理，生命有尽头。在杨朱看来，久生是无意义的，因为人生在无限的
重复中变得痛苦。百年犹厌其多，何况不死呢？14 世纪的日本和尚兼
好法师曾云："人生能够常住不灭，恐世间将更无趣味。"①现代西方存
在主义哲学家波伏娃在其《人总是要死的》一书中揭示了"永生是不
值得追求的"道理。书中的主人公福斯卡以其不死，因而他的人生变
得毫无价值、无意义，在这里"不死"的"永生"恰恰否定了生。这
正是从反面阐明了相反者相生的道理。在老子那里，虽然没有明言生
与死的对应与转换关系，但《老子》第七十六章云："故坚强者，死
之徒；柔弱者，生之徒。"这已经隐含着对生与死对立转换关系的认
识，实际上老子对有无、难易、长短、高下、音声、前后、静躁、轻
重等对立现象已经有了十分深刻的认识，生与死作为一种矛盾现象，
理应蕴含在老子的朴素的矛盾观念中。如老子认识到"草木之生也柔
脆，其死也枯槁""物壮则老"②，事物从柔弱必然走向壮大，也必然走
向衰老、死亡，这是事物发展的必然规律。此外，《老子》中关于死
亡观念的特别深刻之处就在于他论及"死亡"与"不朽"的问题，《老
子》第三十三章云："知人者智，自知者明。胜人者有力，自胜者强。

---

① 周作人：《笠翁与兼好法师》，载《周作人人文类编·上下身》，湖南文艺出版社 1998 年版，
第 35 页。

② 《老子》第七十六章。

知足者富。强行者有志。不失其所者久。死而不亡者寿。"老子在此对"明""强""富""志""久""寿"等范畴做出了异于常人的理解：自知者才是真正的明智；能自己战胜自己的人才是真正强大有力；真正的富有不在财富的多少，而在知足知止；真正的有志者就是能勉力践行，持之以恒；真正的长久就是不失其根本。从此处可知"寿"不同于"长生"，一般人认为寿即长寿、长生之意，老子一方面讲"长生久视之道"，一方面讲"死而不亡者寿"。"长生久视"中的长生，指形体还没有死亡，实际上指全生。而"死而不亡"则已经有了死亡，或者说形体已经死亡但还有一种东西没有随形体之死而消亡，这才是长寿，也即是"不朽"。"死而不亡者寿"实可做如下置换："死而不亡者不朽"或"不朽者寿"。如用"有限"置换"死"，用"无限"置换"寿"，则这一句表明了以下思想：有限不止于有限者则为无限或者说有限者超越了自身就会达到无限的境界。历代注家对此句的诠解，多从王弼注，所谓"身没而道犹存"即"死而不亡"。王弼之解虽可从，但道理还不够明晰，还不通达。我以为联系上面的置换，似可解为：只要人意识生死对立转换只是自然变化中的一种，死不过是转入宇宙大化中的另一种形式的生，这样虽死犹生，也就是不朽。这也即是说个体的生命终有穷尽之处，而宇宙大化、生命之大道却生生不息，永无止时。从上述分析可知，以老、庄为代表的先秦道家在生与死、人生有限性与无限性的问题上的透脱豁达是有着深刻的理性认识做支撑的，这种思想对于我们的生死拘滞具有积极的解滞提升之功。综上以观，先秦道家非常重视死亡问题，并表现出一种理性精神、一种客观的态度，其理论思致实具有"死而上学"的意味。

　　如果说先秦道家"重死"思想体现了道家对待死亡的理性精神，那么"乐死"说则主要反映了他们在"终极关怀"中所表达的政治关怀、社会关怀以及对死亡的超脱态度。先秦道家"乐死"主要包含"以死为息"，以死为人生痛苦的解脱，"以死为归"这样几个层面。无论如何，在常人的经验里，死毕竟是人间、人生的一件畏怖之事，然而在先秦道家看来，这样令人畏怖的死却成了一种亲切可乐的经验。首先，他们认为生是一种劳作，一次浮游，而死却是休养和安息。《庄子·大宗师》谓："夫大块载我以形，劳我以生，佚我以劳，息我以死。"《庄子·刻意》亦云："其生若浮，其死若休"，在庄子看来，人生就是"终身役役，而不见其成功；苶然疲役，而不知其所归"[①]。"苦身疾作""夜以继日，思虑善否"[②]地持续不断劳作，相较于这样劳作的人生，死难道不是自然赐予我们的一种令人惬意的经验吗？浮者，浮游，后世"浮生"之说即本乎此。"浮生"说意味人生是一次到死方有止时的漂游，显然，这种浮游不同于逍遥游，这是一种没有根底如漂萍一般，而又身系重负不得开解的漂游，是游而累、累而游，这是一种无法定住的人生，对于这样的人生，死正是解除负累，使其休止、定住的好事。其次，死之可乐还在于它是对现实人生痛苦的一次大解脱。人的生与死是必然的，但人生死在一个什么样的时代和世界里却是偶然的，是造物主或上帝偶然性的产物，在这个意义上，人就是一种被抛的存在。有的人就生死在一个祥和安泰的世代里，幸福而满足地终其天年，然而有些人却刚好相反，这是我们不能选择，又不得不面对的最大的偶然性。老、庄和他们同时代的人民正是生活在一个"方今之时，仅免刑焉。福轻乎羽，莫之知载；祸重乎地，莫之知避"[③]，"朴散醇浇"、物欲横流、"屡贱踊贵"、杀伐争竞的乱离之世。

《庄子·山木》云：

　　夫丰狐文豹，栖于山林，伏于岩穴，静也；夜行昼居，戒也；

---

① 《庄子·齐物论》。

② 《庄子·至乐》。

③ 《庄子·人间世》。

虽饥渴隐约，犹且胥疏于江湖之上而求食焉，定也。然且不免于网罗机辟之患，是何罪之有哉？其皮为之灾也。

在春秋、战国之世，人民的生活不也正像丰狐文豹一样艰难吗？庄子认为其"不免网罗机辟之患"，是"其皮为之灾"，这实在只是一个方面也，更根本的原因当是人欲其皮为之灾也。人们的灾难也正是统治者之欲为之灾。老子认为，民之饥是因其上食税之多，民之轻死是因为统治者求生之厚所致也。这才是痛苦乱离的要源所在。庄子的乐死当然是针对着这一点而说的。《庄子·至乐》云：

> 庄子之楚，见空髑髅，髐然有形。撽以马捶，因而问之曰："夫子贪生失理而为此乎？将子有亡国之事、斧钺之诛而为此乎？将子有不善之行、愧遗父母妻子之丑而为此乎？将子有冻馁之患而为此乎？将子之春秋故及此乎？于是语卒，援髑髅，枕而卧。夜半，髑髅见梦曰："向子之谈者似辩士，视子所言，皆生人之累也，死则无此矣。子欲闻死之说乎？"庄子曰："然。"髑髅曰："死，无君于上，无臣于下，亦无四时之事，从然以天地为春秋，虽南面王乐，不能过也。"庄子不信，曰："吾使司命复生子形，为子骨肉肌肤，反子父母、妻子、闾里、知识，子欲之乎？"髑髅深矉蹙頞曰："吾安能弃南面王乐而复为人间之劳乎！"

在此，髑髅（或者说庄子）之乐死，正是因为"死，无君于上，无臣于下，亦无四时之事，从然以天地为春秋，虽南面王乐，不能过也"。生当然有生人之累，但最苦的是在于上下之君臣的剥削和压迫，因而死之最大乐趣就在于摆脱了"上之君"与"下之臣"的统治。在这样的乱世，"人之生也，与忧俱生。寿者惛惛，久忧不死，何苦也！"①生何其苦，则"生为附赘县疣"，死则为决疤溃痈，死成了生的解痛剂。②《尹文子·大道》谓："畏死，由生之可乐也。"生可乐，则死可怖；生无可乐，则死不可怖；生极苦，则死当可乐，这就是乐生苦死与苦生乐死的辩证法！在此，道家的乐死说实在是对现实社会生活、政治生活的尖锐批判。再次，死之可乐，还在于先秦道家把死视为归家。《庄子·齐物论》谓："予恶乎知说生之非惑也？予恶乎知恶死之非弱丧而不知归者邪？"弱丧，依郭象注：少而失其故居名为弱丧。陈鼓应先生谓：自幼流落。庄子在此正是以生为弱丧，以死为归家。《庄子·庚桑楚》亦云："以生为丧，以死为反"，丧亦即弱丧，反即归也。《列子·天瑞》亦云："古者谓死人为归人。夫言死人为归人，则生人为行人矣。行而不知归，失家者也。"《吕览》高诱注引《庄子》佚文也说"生寄也，死归也"。在一个苦难的人世间，"生"真的就是丧失了家园的流浪，而"死"就是在流浪的行程中时时望之怅然的故国旧都。死在这里成了苦寒之生的温暖的庇护所，而干戈、血腥、饥寒冻馁、上之君、下之臣等，都被拒之于"死"之家门外，这该是一个多么美好的家啊！

如上之论，生是劳作，死是休息；生是痛苦，死则是痛苦的解除；生是流浪，死是归家。道家如此乐死，自然要被人们误认为"恶生"了。如此一来，与前节之旨，岂不矛盾多多。对此，实应当作辩证的观解：一方面，道家乐死说绝非他们"轻生"，如《庄子·盗跖》中庄子借盗跖之口，批评了伯夷、叔齐、鲍焦、申徒狄、介子推、尾生等六人"离名轻死"，"无异于磔犬流豕操瓢而乞者"，认为他们自杀其生是不珍惜生命本根的行为；另一方面，道家"乐死"可以说是"恶生"，但"恶"的是苦难的人生，是恶统治者的强取豪夺、草菅人

---

① 《庄子·至乐》。

② 《庄子·大宗师》。

命、戕贼民命，并非一般意义上的恶生。如此"恶生"实"爱生""尊生""重生""惜生"也，乐死恶生是他们的忧世忧生之言、愤激之辞。在这里，道家的乐死之说虽有超脱的意义在，但主要的还是一种政治批判、社会批判，是对被抛状态的哀叹，是对痛苦心灵的自我慰藉，是对人世生命实有无限的悲情。只有达到了"其生也天行，其死也物化"的认识，才是达到了"天乐"①，即不苦不乐层次，而这正是他们即生即死的死亡哲学所要承担的任务，唯有至此，才算是从政治关怀、社会关怀进达到人生的"终极关怀"。

三、即生即死

先秦道家的死亡观就是即生即死的死亡哲学，主要由以下渐次递进的三个层面构成，即"生死自然论""生死齐同论""生死超然论"。

1. 生死自然论

先秦道家的"生死自然论"是道家"道法自然"和"万物自化"的原理在生死问题上的体现，具体有两个方面的意涵。首先，生死现象是生命物通常如此、自己如此、势当如此的变化，是生命物的自生自化。人的生死是"来不能却、去不能止"的自然变化，"生者，死之徒"，人的生命发展必然由柔弱而坚强，由坚强而老死，这是人的生命发展的自然规律。人能认识到并遵从这一自然规律，不惧死悦生，则人的生命与自然之道同其长久。天地长生，因其不自生；圣人身先身存就是自然之道也。相反，那些力图长生不死的"益生"行为是违背自然规律的，"益生曰祥（殃）""谓之不道，不道早已"②。不合生死自然之道，不仅不能长生，反而会导致速死。其次，就自然现象而言，人的生死是大自然（自然界）万千变化之一种，人的生死存亡就如同

---

① 《庄子·天道》。
② 《老子》第五十五章。

暴风骤雨一样，是一种自然的现象。从内在本质方面看，人的生死与自然界其他一切事物的生灭变化都是自然一气的聚散而已。

《庄子·大宗师》谓：

> 死生，命也，其有夜旦之常，天也；人之所不得与，皆物之情也。

《庄子·知北游》云：

> 人之生，气之聚也；聚则为生，散则为死。……故曰通天下，一气耳，圣人故贵一。

《庄子·秋水》云：

> 北海若曰："比形于天地，而受气于阴阳。"

《老子》第四十二章云：

> 道生一，一生二，二生三，三生万物，万物负阴而抱阳，冲气以为和。

《庄子·至乐》谓：

> 杂乎芒芴之间，变而有气，气变而有形，形变而有生，今又变而之死，是相与为春秋冬夏四时行也。

人的生死如夜旦之常，是必然的自然，是人不得干预也不能够干预的自然事实。人和自然万物的最根本之处就在于阴阳二气，人的生命由产生到灭亡都是气之变，气变而有形（聚气），形变而有生命，气散则生命消亡。人的生死如此，自然万物的生灭亦如此，天地万物通于一气。可以说"生死自然论"也就是"生死气化论"，这种生死自然气化的思想体现了先秦道家在生死观上清醒的理性精神。

2. 生死齐同论

道家创始人老子虽未明言生死一体，但在其对万物负阴抱阳的对立统一的认识中，当然隐含着对生与死的对立统一的认识，其所谓"柔弱者生之徒，坚强者死之徒"，就已谈到了生死的转换变化。庄子已经明确地认识到"生也死之徒，死也生之始"[1]，在这里生死互为徒、生死互为始已经开始把生死视同为一了。

《庄子·庚桑楚》云：

> 既而有生，生俄而死，以无有为首，以生为体，以死为尻，孰知有无死生之一守者，吾与之为友。

《庄子·大宗师》云：

> 孰能以无为首，以生为脊，以死为尻。孰知死生存亡之一体者，吾与之友矣。

《庄子·德充符》谓：

> 老聃曰："胡不直使彼以死生为一条，以可不可为一贯者，解其桎梏，其可乎？"

---

[1] 《庄子·知北游》。

有无生死从本质上讲是齐同的，是同为一体的，区别只在于首尾上下，庄子可谓是反复强调生死同体齐一的主张者。"以死生为一条"就是不必区分生与死，仅仅不做生与死的区别还不够，还要认识到生死一体，并且要守住"生死一体齐同"的观念。在庄子看来，"方生方死，方死方生……因是因非，因非因是"，"道通为一"也①。死生存亡的变化如日夜之相代，是气之聚散，生死的鸿沟被生死的相互转化、同为一条、同为一体、同为一气而填平。在老庄看来，人只要守住生死一体、生死一条、生死一气的生死齐同说，就算是明达生死之道了。以道观之，"生"并不那么可喜、可悦，因为与"生"俱来的就是"死"；"死"也并不那么可惧、可恶，"死"只不过是新"生"的开始。明乎此，人们自然就可以从生喜死惧、悦生恶死的生死情执中超脱出来，达到生死一如。

3. 生死超然论

基于"生死自然论"和"生死齐同论"，先秦道家合理地推出一种不悦生、不恶生的超然态度。人生斯世，如白驹过隙，开口而笑者，实无几日，所有对生的惜爱与眷恋，对死的恐惧与悲哀都是蔽于"是非之障"，牵缠于"生死之执"。如何揭障破执呢？

《庄子·齐物论》云：

> 至人神矣！大泽焚而不能热，河汉沍而不能寒，疾雷破山、飘风振海而不能惊。若然者，乘云气，骑日月，而游乎四海之外，死生无变于己。

《庄子·大宗师》云：

> 古之真人，不逆寡，不雄成，不谟士。

---

① 《庄子·齐物论》。

古之真人，不知说生，不知恶生。其出不䜣，其入不距，翛然而往，翛然而来而已矣。不忘其所始，不求其所终。受而喜之，忘而复之。是之谓不以心捐道，不以人助天，是之谓真人。

《庄子·逍遥游》云：

藐姑射之山，有神人居焉。肌肤若冰雪，绰约若处子；不食五谷，吸风饮露；乘云气，御飞龙，而游乎四海之外；其神凝，使物不疵疠而年谷熟。

在道家看来，只要我们能明乎生死乃自然物化，虽对待而齐同，"生而不悦，死而不祸""堕肢体，黜聪明，离形去知，同于大通"①，"虚而待物"，虚心集气，"达生之情""不务生之所无以为"②，"弃事""遗生"，"安排去化"，就可以揭蔽去执；就算是"明乎坦途"；就能够达到"天地与我并生，万物与我为一"，与至人同真，与神人同精，与天人同宗的超然境界。

先秦道家诸子中，"澹然独与神明居"的古之博大真人关尹、老聃，贵虚的列子，"独与天地精神往来而不敖倪于万物""上与造物者游，而下与外死生、无终始者为友"③的庄周，"外其形骸，临尸而歌"的孟子反、子琴张等，都达到了外天下、外物、外生死的生死超然的境界。

《庄子·至乐》云：

庄子妻死，惠子吊之，庄子则方箕踞鼓盆而歌。惠子曰："与

---

① 《庄子·大宗师》。
② 《庄子·达生》。
③ 《庄子·天下》。

人居，长子、老、身死，不哭亦足矣，又鼓盆而歌，不亦甚乎！"
庄子曰："不然。是其始死也，我独何能无概然？察其始，而本无
生；非徒无生也，而本无形；非徒无形也，而本无气。杂乎芒芴
之间，变而有气，气变而有形，形变而有生，今又变而之死。是
相与为春秋冬夏四时行也。人且偃然寝于巨室，而我噭噭然随而
哭之，自以为不通于命，故止也。"

《庄子·列御寇》云：

　　庄子将死，弟子欲厚葬之。庄子曰："吾以天地为棺椁，以
日月为连璧，星辰为珠玑，万物为赍送。吾葬具岂不备邪？何以
加此？"弟子曰："吾恐乌鸢之食夫子也。"庄子曰："在上为乌鸢
食，在下为蝼蚁食，夺彼与此，何其偏也！"以不平平，其平也
不平；以不征征，其征也不征。

　　从这则"鼓盆而歌"的寓言中，我们可以看到庄子对其妻死经历
了由"噭噭然随而哭"到"故止"，直至最后"鼓盆而歌"的情感变
化。噭噭然而哭者，人之常情也；止而不哭，则通乎性命之情也；鼓
盆而歌者，达乎天地人我生死之情也。在惠子看来，庄子无义无情，
其实庄子非无情，他是从生喜死惧的人之常情的"小情"跃升到了与
宇宙乾坤同其悠久的"大情""至情"。而这种情感变化实正与庄子对
生死的思想认识渐次提高环环对应着的：始则不察乎生死性命之始之
本；继则察生命之始本无生，识死亡之本本形变；终则体认到死不过
是寝于天地之巨室，返归其本始本真。正因为庄子在妻死的问题上勘
破了生死之执，明达"变而生""变而死"的转化之理，才会在对待自
己死亡时有"以天地为棺椁""以万物为赍送"的达观，甚至是一种豪
迈之情。虽死也要与"夺彼与此"的偏弊之情做抗争，表现出一种包

容万物、平齐众生的博大的宇宙精神。

综上所述，可以说先秦道家的死亡哲学是一种关于死亡的境界形而上学，它是以生死相即不二的辩证法来勘破生死的。"生死自然论"是对生死现象的客观认识；"生死齐同论"是对生死之别的主观消解；"生死超然论"则是对生死之痛的"悬解"与境界提升。借此，最终达到一种自在、自然与自由的超然境界。

第二节　儒、墨、道死亡论比观

一、生，事之以礼；死，葬之以礼

死亡作为人生不可避免的经验，对死亡的意识和认识自然也是先秦儒家，特别是孔子、孟子和荀子等儒家巨子们所探讨的重要问题。孔子曾在回答季路的"问死"时说："未知生，焉知死？"[1] 对此，不少中外学者（包括笔者以前亦如此）都认为孔子是不肯正视死亡问题。如雅克·乔朗在其名著《死亡与西方思想》一书中谴责孔子这是对死亡问题的简单回避。[2] 其实孔子此言的内在之意正是"生死事大"，生的学问尚且难以把握，更何况死的学问呢？生是向死的生，不知道、不深究生的学问，又如何能知晓死的学问呢？

孔子作为原始儒家的创始者，虽直接论述死亡的地方较少，但他的言与行却基本上规定了先秦儒家死亡观的基本内容。一方面，孔子对门生故旧的死表现出一种感人的悲悯之情，如"颜渊死，子哭之恸"[3]。另一方面，孔子对人的生死表现了一种冷静的理智态度和舍身殉道的崇高的道义感。如孔子说："死生有命，富贵在天"，朱熹曾释为："命禀于有生之初，非今所能移"，就是说人的生死在"有生之初"就

---

① 《论语·先进》。

② 参见段德智：《死亡哲学》，湖北人民出版社1991年版，第6、23页。

③ 《论语·先进》。

已经先天地决定了，人只能听天由命。又如孔子说："朝闻道，夕死可矣"，朱熹释之为："道者，事物当然之理，苟得闻之，则生顺死安，无复遗恨矣。"孔子所谓"死生有命"的命定论，虽听来有些消极，但却是辛辣的真理。而舍身求道则是在承认生死命定的必然性面前积极努力地实现儒者的价值理想，高扬了主体精神。如孔子讲"士不可以不弘毅，任重而道远，仁以为己任……死而后已"①，"志士仁人，无求生以害仁，有杀身以成仁"②。另外，孔子特别注重把生死与礼联系起来，如《论语·为政》云："生，事之以礼；死，葬之以礼，祭之以礼。"只有把"礼"贯彻到死，才是尽善、尽孝、尽礼也。孔子虽然讲"未能事人，焉能事鬼"③，但他又说"敬鬼神而远之，可谓知矣"④，"非其鬼而祭之，谄也"⑤，"祭神如神在"⑥。可见孔子是承认鬼神存在的。孔子十分注重文化传统的继承，因而敬信鬼神、肯定鬼神的存在也是情理之中的事。

孟子作为孔子后学的最重要的代表，继承并发扬了孔子的生死观，特别是申张了肇始于孔子的不苟且偷生、不逃避死亡、勇于担当、舍生取义的崇高的人生价值观。

《孟子·告子上》云：

　　鱼，我所欲也；熊掌，亦我所欲也，二者不可得兼，舍鱼而取熊掌者也。生亦我所欲也；义，亦我所欲也，二者不可得兼，舍生而取义者也。生亦我所欲，所欲有甚于生者，故不为苟得也；死亦我所恶，所恶有甚于死者，故患有所不辟也。如使人之所欲

---

① 《论语·泰伯》。
② 《论语·卫灵公》。
③ 《论语·先进》。
④ 《论语·雍也》。
⑤ 《论语·为政》。
⑥ 《论语·八佾》。

莫甚于生，则凡可以得生者，何不用也？使人之所恶莫甚于死者，
则凡可以辟患者，何不为也？由是则生而有不用也，由是则可以
辟患而有不为也，是故所欲有甚于生者，所恶有甚于死者。非独
贤者有是心也，人皆有之，贤者能勿丧耳。

悦生恶死乃人之常情，也是孟子之常情，但孟子没有止于此一常
情，而是把仁义礼看得高于生死，赋予了人的生死以仁义礼的价值。
孟子所谓欲甚于生者就是仁义礼，而恶甚于死者就是背弃仁义礼的言
与行。这种舍生取义的人生价值追求显然是对孔子"朝闻道，夕死可
矣"思想的发挥与展开。在孟子看来，道德操守、礼仪规范要远重于
人生幸福和人之生命。如《孟子·告子上》云："一箪食，一豆羹，得
之则生，弗得则死，嘑尔而与之，行道之人弗受；蹴尔而与之，乞人
不屑也。"孟子如此突出道义的至上价值，并不意味着孟子就轻视生
命，如《孟子·尽心上》云："知命者，不立乎崖墙之下。"当然，孟
子的"知命"保身也是为了"尽道"的。孟子特别区分了正命与非正
命的问题，"尽其道而死者，正命也；桎梏死者，非正命也"[1]。这一点
可以说是孟子生死观的终极理据。[2]

　　荀子作为先秦儒家的总结者，在继承了孔、孟生死观的基础上，特
别注重死亡所体现的礼治文化与人类文明生活的意义，特别区分了君子
之死与小人之死，突出君子之死的道德价值。如《荀子·礼论》云：

　　　　礼者，谨于治生死者也。生，人之始也；死，人之终也。终
　　始俱善人道毕矣。故君子敬始而慎终，终始如一，是君子之道，
　　礼义之文也。夫厚其生而薄其死，是敬其有知而慢其无知也，是

---

① 《孟子·尽心上》。

② 傅伟勋：《死亡的尊严与生命的尊严》，台北正中书局 1994 年版，第 161 页。

奸人之道而倍叛之心也。君子以倍叛之心接臧穀，犹且羞之，而况以事其所隆亲乎！……故送生不忠厚、不敬文，谓之野；送死不忠厚、不敬文，谓之瘠。君子贱野而羞瘠，故天子棺椁十重，诸侯五重，大夫三重，士再重，然后皆有衣衾多少厚薄之数，皆有翣菨文章之等，以敬饰之。使生死终始若一，一足以为人愿，是先王之道，忠臣孝子之极也。

又谓：

明死生之义，送以哀敬而终周藏也。故葬埋敬藏其形也；祭祀敬事其神也；其铭诔系世敬传其名也。事生饰始也，送死饰终也。终始具而孝子之事毕，圣人之道备矣。刻死而附生，谓之墨；刻生而附死，谓之惑；杀生而送死，谓之贼。大象其生以送其死，使死生终始莫不称宜而好善，是礼义之法式也。

荀子在此特别强调了礼的重要价值，"死生事大"在这里就是生死礼大也。只有把礼贯彻于人的生死终始全过程，才算是"人道毕矣""圣人之道备矣"，死成为检验人们能否真正践行礼制的一个重要标准，事生而不事死，慎始而不及终，则礼就不完整，就不彻底，当然也就不合先王圣人之道。荀子注重在死亡上的葬、祭、铭诔以及等级之别，除了体现生人的哀思之情，更主要的则在文饰人类的群居生活，体现"称情应文"的精神。人的生活是异于一般动物的"文"而不"野"的生活，礼仪法式是人之所以为文明人的一个标志，它是必须贯彻于人的一切方面的，不仅要文而不野，也要文而不瘠。同时荀子还强调礼仪法式在生死问题上的宜，即既不能刻生附死，也不能厚生薄死，更不能杀生送死。概言之，死亡的重要意义主要是体现了礼的完整性、适宜性以及文明性、文饰性。

　　荀子还特别注重孔儒关于君子之死与小人之死的区别，并借以申张君子之死的精神的、道德的价值。《荀子·大略》载："子贡曰：'大哉死乎！君子息焉，小人休焉。'"郝懿行认为此处的休、息与《檀弓》记言君子曰终、小人曰死之意相同，休、息一耳。笔者认为，此处的休与息是大有区别的。息，《集韵·职韵》："息，生也。"《释名·释言语》："息，塞也，言语滋息塞满也。"《广雅·释诂一》："息，安也。"《正字通·心部》："息，子息。子吾所生者，故曰息。"休，《尔雅·释言》："休，戾也。"郭璞注曰："戾，止也。"《左传·昭公五年》："兹敝邑休怠，而忘其死，亡无日矣。"杜预注曰："休，解（懈）也。"此处休指懈怠。推原荀子乃至整个儒家思想之主旨，君子息焉，君子息而生，死而不止，死得其正，死而安也；小人休焉，小人休而止，死而不生。也就是说小人死则死矣，而君子虽形死命终，但君子"重死持义"[1]，舍生取义，杀身成仁，死而尽礼，死得其所；虽死而"精神和道德当辉灿着如落霞之环照耀着世界"[2]，照耀着他死后的人间，君子是死而不朽的。

　　总之，儒家的死亡观主要注重于从生观照死，"儒家不以死为意，所注重的是得其正而死"[3]，注重死所体现的生人之礼。其"朝闻道，夕死可矣""杀身成仁""舍生取义"等思想体现出政治价值和伦理价值的高扬，在这里，理性主义的人生价值观压倒了对于死亡的恐惧，而群体伦理意识最终战胜了对于生的留恋，对后世历史以积极深远的影响。

二、"死人之礼"与"生人之利"

　　墨家的死亡观在前期墨子思想中表现为"明鬼"与"节葬"两个方面，在后期墨辩学者那里表现为一种利他主义。

<hr>

[1]《荀子·荣辱》。
[2] 尼采：《查拉斯图拉如是说》，楚图南译，海南国际新闻出版中心1996年版，第89页。
[3] 张岱年：《中国哲学大纲》，第481页。

　　墨子的死亡观集中在《墨子》中的《明鬼》和《节葬》篇中。在《明鬼》中，墨子表现出鲜明的敬鬼而致福、敬鬼神而致利的思想，这既有对传统尊鬼神观念的继承，同时又融进了墨家的思想特点。墨子不仅自己相信鬼神的存在，而且还极力用其"三表法"来论证鬼神的存在。首先，从"上本之于古者圣王之事"的第一表来看，墨子认为"故古圣王治天下也，必先鬼神而后人者，此也。故曰：官府选效，必先祭器祭服，毕藏于府。祝宗有司，毕立于朝，牺牲不与昔聚群。故古者圣王为政若此，古者圣王必以鬼神为，其务鬼厚矣。又恐后世子孙不能知也，故书之竹帛，传遗后世子孙，咸恐其腐蠹绝灭，后世子孙不得而记，故琢之盘盂，镂之金石以重之。有恐后世子孙不能敬君以取羊，故先王之书，圣人一尺之帛，一篇之书，语数鬼神之有也，重之重之"。墨子之意在于：古者圣王对待鬼神的态度及其载记证明鬼神的存在是有历史根据的。其次，从"下原察百姓耳目之实"来看，"自古以及今，生民以来者，亦有尝见鬼神之物，闻鬼神之声"，"夫天下之为闻见鬼神之物者，不可胜计也"。《明鬼》还特别举了不少例证，如杜伯乘马追杀周宣王，郑穆公处乎庙见句芒，鬼庄子仪荷杖击燕简公，等等。这说明神的存在是可以征验于百姓耳目之事实经验的。最后，从"有益于国家百姓之利"来看，墨子认为鬼神具有超越于常人的能力，"能赏贤而罚暴"，天下人如能相信鬼神的存在，则会有利于天下的安宁。可见，鬼神的存在是会带来实际的社会效益的。墨子从以上三方面（三表法）力证鬼神的存在，其目的无非是通过让人民相信鬼神存在借以达到治国家利万民的效果。墨子看到了鬼神观念对人的威慑力量。与其说墨子相信鬼神的存在，不如说他需要鬼神的存在。

　　墨子死亡观的另一个核心就是"节葬"说，这显然是对孔子儒家"厚葬久丧"制度的反对与批判。《淮南子》曾有："厚葬久丧以送死，孔子之所言也，而墨子非之。"例如针对儒家"天子棺椁十重，诸侯五重，大夫三重，士再重"的"厚葬"之礼仪，以及父母死必服丧三年，

伯叔父、兄弟死一年、族人死五月、三月等不同规定，墨子提出消去
分别，不分贵贱，一律"桐棺三寸"，他说"棺三寸，足以朽骨；衣三
领，足以朽肉。掘地之深，下无菹漏，气无发泄于上，垄足以期其所，
则止矣"。"死则既以葬矣，生者必无久哭，而疾而从事。人为其所能，
以交相利也。此圣王之法也。"①墨子认为"厚葬久丧"是不合于圣王之
道的，也不合于"节俭"的美德，特别是在财力人力方面的巨大浪费。
在墨子看来，"衣食者，人之生利也，然且犹尚有节；葬埋者，人之死
利也，夫何独无节此乎？"连活着的人都要节俭，更何况死人呢？与
儒家相反，墨子认为厚葬久丧导致"国贫""民穷"，实不利于国家的
富强安定；不是使社会有序化，而是使社会走向侈费混乱，这种过分
讲求死人之礼实足以害生人之利。墨子以后的墨辩派在死亡观上主张
"杀己以利天下"，表现出一种广泛意义上的利他主义，体现出了其人
道主义的兼爱情怀。

综上以观，墨家死亡观的"明鬼"与"节葬"的共同点就在于鬼
神、死亡对生人之利。"于墨子之法，不失死生之利者此也。"②这一死
亡观典型地体现了墨家的功利主义思想特色，墨子"其生也勤，其死
也薄"③，实践了自己的生死观，虽在当时受到人们，特别是儒家的尖锐
批判，但他对殉葬的不人道，对厚葬之礼的奢侈靡费，以及这一风气
给平民百姓带来的物质与精神上的巨大压力等现实的批判、揭露，直
到今天仍然具有重要的现实意义。

三、死亡形而上学

与儒、墨死亡观相比，道家的死亡观更具有世界观的或本体论意
义的一面，而不仅仅止于人生观或价值观意义的一面。这也即是说道

---

① 《墨子·节葬下》。
② 《墨子·节葬下》。
③ 《墨子·天下》。

家死亡观是哲学层面的死亡观，是一种死亡哲学。

一般"说死亡哲学具有世界观的和本体论的意义，说到底是因为对死亡问题的哲学思考是我们达到哲学本体认识的重要工具、捷径或契机"①。所谓对哲学本体的认识，就是对世界的总体的认识，就是超越哲学本体的认识，就是超越个体意识，达到对事物的普遍性，对万物的生灭流转、"一切皆一"的认识。死成为窥视本体存在的一个窗口，道家的死亡观正是这样的一个窗口。

例如，庄子正是从其妻死中得以察知人生之始"本无生也，非徒无生也本无形，非徒无形也而本无气"。那种恍惚、惚恍的"无气"正是世界的本，人之死也不过是回到了那个"本无气""本无生"的那个"本"。《庄子·大宗师》曾云：

> 吾犹告而守之，三日而后能外天下；已外天下矣，吾又守之，七日而后能外物；已外物矣，吾又守之，九日而后能外生；已外生矣，而后能朝彻；朝彻，而后能见独；见独，而后能无古今；无古今，而后能入于不死不生。杀生者不死，生生者不生。其为物，无不将，无不迎也；无不毁也，无不成也。其名为撄宁。

在这里"外天下""外物""外生"正是老子所谓的"为道日损"，这种"日损"功夫的最终目的是"见独"，即见道，也即是见那世界之本体。显然，在这一过程中，"外生"是跃入澄明、妙悟玄道的一个非常关键的环节，一个最后的关口，"日损"功夫不达到"外生"（忘生忘死），就不可能"见独"，就不可能把握世界的本体。一旦"见独"了，人就达到了对世界的"无古今""无生死"的认识层次。"撄宁"一词，不少注家诠释为在"扰乱中保持安宁"，如陈鼓应先生即

---

① 段德智：《死亡哲学》，第6页。

持此说。笔者认为，这种诠释虽不错，但似嫌不够，所谓"撄宁"似指纷纭物象背后的那个本体，因为从"其为物"及"其名"来看，"撄宁"也应作名词，而并不仅仅指一种心境状态。因此，对"撄宁也者，撄而后成者也"的解释，既可解为"在万物生死成毁纷纭烦乱中保持宁静的心境"，亦可解为：撄宁，就是指拂去了万物生死成毁的纷乱而达到的那个包容一切、生灭一切而自己不生不灭的本体，即道。其实"撄"也就是"外"，最难而又最重要的就是"外生"，也就是撄去生死情况，这样"独"就呈现出来，"独"就是"宁"。前面所述，如此不惮辞费，旨在揭明生死观确乎是把握世界本体的捷径、契机和重要工具。

此外，从前节所述亦可知，道家的死亡观是对生死问题作哲学的思考，如道家对死亡的必然性与普遍性的认识，对生与死的对立统一关系的辩证把握，对个体生命的有限性与宇宙大生命的无限性的关系的深刻揭示等，都使得道家死亡观（所显现的思维层次）要高于儒、墨两家的死亡观。

四、儒、墨、道死亡观合论

儒、墨、道诸家的死亡观都具有人生观或价值观的意义；都对人生中的死亡现象持一种自然、达观的态度；都从死亡这一角度反映了他们各自的思想主张和精神旨趣；都注重把生与死密切地联系起来观解死亡问题；都对我们现代中国人理解死亡、把握死亡，形成自己的生死观具有不同程度、不同方面的启发与教育意义。

从儒、墨、道诸家死亡观的相异处看，儒家观死，死中见礼；墨家观死，死中见利；道家观死，死中见道。儒家之死，死得有礼，死要文明，其死也安，其死也正；墨家之死，死不忘俭，其死也薄；道家之死，死得自然，其死也物化。儒家死而不休，死的是形体，不死的是道德精神；墨家死而不死，死的是形骸，不死的是"生人之利"；

道家"死而不亡"，死的是个体生命的有限性，不死的是群体生命、宇宙大全的无限性，死是自然之气散，不亡是大道的永存。儒家尊鬼神，敬鬼神而远之；墨家重鬼神，敬鬼神以致福，借鬼神行赏罚；道家无鬼神，鬼神亦自然，其鬼不神。总之，儒家死亡观是伦理学意义上的死亡观；墨家死亡观是功利主义的死亡观；道家死亡观是死亡的形而上学，具有世界观或本体论的意义。

第三节　道家生死智慧与现代西方死亡哲学

生和死，是人生的也是哲学的重大问题。把古老的东方道家的生死智慧与现代西方的死亡哲学比较，无疑是饶有意趣的。当然，如在比较之前不做具体的范围界定，这种比较就是十分困难的，就会漫于枝节、不得要领。笔者以为论及现代西方的死亡哲学，主要有两个大问题，即生与死的关系问题和死亡与哲学的关系问题。这两个不同层面的问题无疑也是道家生死智慧的核心问题。

一、"向死而在"与"生也死之徒，死也生之始"

在西方哲学史、思想史上，从古希腊、罗马以来，生与死、在与不在一直处于截然二分的对待模式中，无论是快乐主义者还是悲观主义者，无论是灵肉二分论者还是灵肉不分论者，都持这样一种观点。快乐主义者（如伊壁鸠鲁）认为：我存在时，死亡不存在；死亡存在时，我不存在。悲观主义者则普遍把死亡看成是心灵的创伤，因为死作为生的对立物，剥夺了生的权利和自由。灵肉二分论者认为灵魂不灭，肉体可死（如莱布尼茨），灵肉不分论者无论是视灵肉有死还是坚持灵肉永生都是在生死对立的框架中来对待死亡问题的。之所以造成这种认识，关键在于他们都是从知识的立场出发，把死作为一个对象化的东西，把死对象化，死就与生总是处于对立状态。直到昔尼卡、马尼里乌、蒙田等诗人、思想家开始把生与死看作是相互关涉的或一体的东西，也就是说他们开始从存在论或生存论的角度把握生与死的对立。"我们生时便开始了我们的死"（昔尼卡），"生，即是死的开始；最先的一刻早把我们生命的最后一刻安排"（马尼里乌），蒙田则区别了"在死"与"死了"，认为"生命无间歇的工作便是建造死"。"生的时候便已在死"，而"不生的时候"，已经是"死了"。①真正从本体论、生存论角度来论述生与死的关系，真正把生与死统一、协调起来的哲学家是海德格尔，他的著名论断就是"向死而在"。可以说海德格尔死亡哲学达到了西方死亡哲学迄今为止所能达到的高度。

海德格尔的死亡哲学集中体现在《存在与时间》这一巨著中。在此，海德格尔把死亡定义为"死，作为此在的终了，是此在最本己的可能性——它是无关涉的、确实的、本身又是不确定的，不可逃脱。死，作为此在的终了，在这一在者向着它的终了的在中。""此在"（Dasein）又译作"亲在"，也就是指"人的在"。海德格尔死亡哲学的两个十分鲜明的特点就是"本体论—死亡论"和"生存论—死亡论"②。

海德格尔的死亡哲学赋予死亡以哲学本体的高度，而这是通过对此在整体性结构的追求来实现的。在海德格尔看来，此在由生到死的过程，是由自己表现为整体，并由死亡规定为整体。生不是已经过去，死不是尚未到来，实际的此在以生的方式存在着，又都以生的方式在向死而在的意义上正在死去。死亡担当着"组建这一生存着的存在者的整体存在"，但是此在的死亡又绝不是此在持续的"不完满性"的终结，不能简单地看作是"悬欠"的"收齐"。如果仅把死亡视为生命的终结，那么死亡作为此在本体之本体便没有任何意义，因为死亡一经视作终结，"此在"便不"在此"。只有当死亡被视为是对整体性的追求，死亡

---

① 永毅、晓华主编：《死亡论》，广州文化出版社1988年版，第152、153页。
② 朱哲、鹿丽萍：《"避死以生"与"向死而在"》，《甘肃社会科学》1992年第3期。

才通贯生命的行程，使"此在"当下之际展开各种可能性，这样死亡才能实现其组建生存着的此在的整体存在的重任。海德格尔的死亡哲学可以说是一种努力把握此在可能性的整体存在的死亡本体论。

海德格尔"向死而在"的死亡哲学强调从生死互属性，从"此在"当下之际来把握死亡。"死亡"是一种生命现象，不能把死亡拒之于生命现象之外，死亡绝不是对此在的否定，"因为它贯穿此在，弥漫此在"，生与死、存在与虚无不能截然分割。在"死的自觉"中应领会到"此在"当下之际就是"向死而在"，在期待死亡这一意义上畏死统治着此在。这种"畏"使人从共同而在的沉沦中自拔出来，挣脱各种世俗关系，获得自由，独立地选择与安排自己的命运，展开本己的各种可能性（能在），从而把个体生存的主体结构、能动性真正完全地突出并展示出来，并因此重赋此在人生以价值感、意义感和力量感。海德格尔的这种"从存在论上标画此在式的向终结而存在"就是要"获得一种生存论的死亡概念"①。

应该说海德格尔的"向死而在"的死亡哲学是对生与死关系的最为现象学的揭示，确实是存在的真理。在这里，死恰恰凸现了生、凸现了个体生命的整体性、突出了人生的自由，说到底这是一种"此在"如何在的哲学。死亡虽然是此在的终结者，但它是使此在成为此在的终结者。

与"向死而在"这一命题极具相似性的是先秦道家生死观中的"生也死之徒，死也生之始"这一核心命题。

《庄子·知北游》云：

　　生也死之徒，死也生之始，孰知其纪！人之生，气之聚也；

---

① 参见中国科学院哲学研究所西方哲学史组编：《存在主义哲学》，商务印书馆 1963 年版；海德格尔：《存在与时间》，陈嘉映、王庆节译，生活·读书·新知三联书店 1987 年版。

> 聚则为生，散则为死。若死生为徒，吾又何患！故万物一也，是
> 其所美者为神奇，其所恶者为臭腐；臭腐复化为神奇，神奇复化
> 为臭腐。故曰：通天下一气耳。圣人故贵一。

这里的"死生为徒"说当上溯到《老子》一书，是对老子有关思想的明确化、普遍化。《老子》第五十章有："生之徒，十有三；死之徒，十有三。"《老子》第七十六章有"人之生也柔弱，其死也坚强。草木之生也柔脆，其死也枯槁。故坚强者，死之徒；柔弱者，生之徒。"老子在此看到了"坚强"与"死"、"柔弱"与"生"之间的同时性、互属性，就是说富于生命的强硬的东西正与死为类，而柔弱的东西恰恰与生长、发展联系在一起。应该说老子已经触摸到了生与死之间的互属性、同时性，但还未将其清晰化、普遍化。庄子则已明确地把生与死的互属性、同时性上升为一条规律，即"纪"，也就是"生死之纪"：生是死的同类，生与死是互属的；死与生同时开始。通常我们把"死"视为一个生命过程终止的那一个点。而在那一个点以外，又开始了另一个生命过程，因而也可说死也生之始。这种理解是似是而非的、直观的理解，其中潜藏着一个不可解的矛盾，即终结生命过程的"死亡"恰恰连接着生命过程。造成这一悖论的根本原因就在于把死亡当作了生命行程中的一个突然降临的事件。究其实，庄子的生死为徒、死也生之始，是把生死视为一个同步进行的过程，即生的过程也就是死的过程，在开始生时也开始了死。死作为生命现象，是一个过程，而不只是某一个特殊时刻。庄子反复讲"生死一体""生死一条""圣人贵一"，就是把生死视为一个过程。庄子讲"臭腐复化为神奇，神奇复化为臭腐"中使用"复化"是大有深意的，在这里正是把"臭腐化为神奇"与"神奇化为臭腐"视为同一个过程，才会用两个"复化"。如果是先有"臭腐化为神奇"，后有"神奇化为臭腐"，则只需用一个"复化"。"臭腐"与"神奇"在同一过程中各自向着自

己的对立面变化，故称"复化"，又如"庄周梦蝶"与"蝶梦庄周"就是"复化"，是一个同时发生的过程。在这里不存在先后之分，只有主次之别。没有先后之分，故有两个"复化"，有先后之分，就只有一个"复化"。一个"复化"只是转化、变化，没有"复合"义。所谓主次之别就是说在使气聚的力量表现为主，使气散的力量表现为次时，整个过程就显现为生；相反，就显现为死。只有把"生化"与"死化"视为同一个过程，才可以理解为什么这个大千世界是一个生生不息，化化不止的伟大过程，才可以理解道家"天地与我并生，万物与我为一"的大气概。

道家这种把生与死视为同一个过程的思想与海德格尔的"向死而在"都是对生死变化的最本质的揭示：人的存在是向着死的存在，生命的过程也就是朽死的过程。这是关于生与死的最辛辣的真理。这只要反思一下我们当下之际的生命行程就可以明了这一点，但我们常常遮蔽这一点。正如海德格尔所揭示的，我们通常是把死领会为在周围世界中照面的事件，把死看成是在我之外的属人的而不是属己的东西，或者把死亡理解为"暂时尚未"的东西。这都无法真正地消除对死亡的恐惧，只有理智地承认人是向死的存在，生的开始也是死的开始，才能够"生不喜，死不惧"，"若死生为徒，吾又何患！"

很显然，先秦道家生死为徒的思想与海德格尔的"向死而在"虽有相同、相通之处，但两者之间的差异也是显明的。海德格尔的"向死而在"恰恰凸显了生的整体性，促动此在展开它的各种可能性（潜能）；而道家的目的却是真正化解生死困惑，化解了个体小我生命的有限性，凸现了宇宙大我的无限性，个体小我与宇宙大我是同源共构的。不要把"我"仅仅理解为"方趾圆颅"，我不只在我，我也在风最尖啸的山谷，在浪最险恶的悬崖，在落日最凄绝的草原，我在风、我在海、我在陆地、我在星星，我在大化中。我化入了自然，不也是自然化入了我吗？人与自然，我与宇宙在本原本质的意义上讲是不可分的一体、一化、一气，体认到这一点，人就应该是无限自由的。先秦道家"生也死之徒，死也生之始"的思想虽没有海德格尔"向死而在"的死亡哲学那样缜密，但从生死智慧来讲，先秦道家实更胜一筹：海德格尔的"向死而在"使人努力、积极地生；道家则真正让人无畏地活。在海德格尔那里，死是使此在得以成为此在的死；而在先秦道家那里，死是化解小我，融入大我的死。

二、哲学与死亡

在西方哲学史上，向来有把死亡与哲学密切联系起来的传统。从古希腊的毕达哥拉斯、柏拉图到西塞罗、蒙田，到叔本华、雅斯贝尔斯等，他们都肯定死亡与哲学的联系，或认为哲学是死亡的练习（如柏拉图）、哲学即是学死（如蒙田）；或认为是"死真正地激起了哲学的灵感和冥想"（如叔本华），把死亡视为领悟本体的契机、工具和途径。

在古希腊与米利都学派、爱利亚派同时代的毕达哥拉斯，认为人的身体是灵魂的监狱，人死后灵魂轮回，如何解除灵魂的监狱，净化灵魂？毕氏认为哲学的学习就是净化灵魂的最佳方式。可以说毕达哥拉斯是第一个从哲学的角度来把握死亡的哲学家。对于哲学家来说，追求死亡—真理是他的使命；传播真理—灵魂的解脱是他的职责。他认为，只有当我们死了，我们才会得到我们所希望的智慧。对于柏拉图、西塞罗等人的"哲学即死亡练习"说，蒙田解释为"潜究和沉思往往把我们的灵魂引到我们身外来，使它离开躯壳活动，那就等于死亡的练习或类死"[1]。唯意志主义哲学家叔本华认为"死亡是给予哲学灵感的守护神和美神……如果没有死亡的问题，恐怕哲学也就不成其为哲学了"。在叔本华看来，死亡无疑是对生命意志的极大挑战，人对此

---

[1]　蒙田：《论哲学即是学死》，载《蒙田随笔选》，江伙生译，上海译文出版社2014年版，第11页。

必然产生恐惧，恐惧就是一种认识。对死亡的认识，必然带来形而上学的见解，各种宗教和哲学体系可以"帮助人们培养反省的理性，作为对死亡观念的解毒剂"[1]。存在主义哲学家雅斯贝尔斯认为，在人的短暂的一生中，痛苦、斗争、犯罪、死亡是不可避免的，这常使人处于一种"边缘状态"，人要想坦然地面对来临的"边缘状态"，唯有学会哲学思维。"从事哲学即是学习死亡；从事哲学即是飞向上帝；从事哲学即是认识作为实有的存在（大全）。"[2]

由上述可知，西方哲学家关于死亡与哲学的关系可以归结为两个方面：一方面通过死亡可以领会大全，死亡刺激哲学的灵思，"哲学把自己的存在归功于死，它总之是死的哲学"[3]；另一方面，哲学的沉思使人处于一种类死状态，因而可以通过哲学练习以消除对死亡的恐惧。

与西方哲人这一思想相映成趣的是，先秦道家就是以阴阳生死变化之道作为其学、其教的根本，同时整个道家思想可以被视为是教人如何死的死亡哲学。《老子》第四十二章云：

> 道生一，一生二，二生三，三生万物。万物负阴而抱阳，冲气以为和。人之所恶，惟孤寡不穀，而王侯以自称也。故物，或损之而益，或益之而损。人之所教，我亦教人："强梁者不得其死！"吾将以为教父。

此章关键在"强梁者不得其死！吾将以为教父"句。"教父"，范应元认为古本作"学父"，河上公本作"教父"。不论作"教父"，还是"学父"，都是把"强梁者不得其死"作为根本，为什么呢？众家

① 叔本华：《爱与生的苦恼》，陈晓南译，中国和平出版社1986年版，第149页。
② 雅斯贝尔斯：《哲学与科学》，载中国科学院哲学研究所西方哲学史组编：《存在主义哲学》，商务印书馆1963年版，第148页。
③ E.云格尔：《死论》，林克译，上海三联书店1995年版，第55页。

释"不得其死"为"不得好死","强梁者,坚强者也"①。坚强者,死之徒。死之徒者,属于"出生入死"②之徒也。出生入死者,未尽其生而死,故称"不得好死"。所以将"强梁者不得其死"视为根本宗旨,就是只有从生与死的究极之处才能说明"万物负阴而抱阳""反者道之动,弱者道之用"这些根本道理。魏源《老子本义》云:"以强梁胜人之益,而有不得其死之损,则所谓益之而损者非欤?以至柔无有之损,而有驰骋能人之益,所谓损之而益者非欤?然则宜弱不宜强,强梁之为教父,不待言而明,是真不言之教矣。"成玄英在疏解"学父"时说"将为学道之先"。这也即是说老子确有把"强梁者不得其死"的生死道理作为体道、学道的基础、契机或途径之意。如用王阳明《传习录》的话说,就是若于"生死念头","见得破,透得过,此心全体方是流行无碍,方是尽性至命之学"。此外,庄子主张通过"堕肢体,黜聪明,离形去知"的类死的"坐忘"实践来达到对"道"的领悟,即"同于大通"③,是从死亡到道的方面。

从"哲学是死亡的练习"这一方面看,道家之学就是一种广泛意义上的教我们死亡的死亡哲学。死亡是什么?死亡当然首先是形体的毁灭、生命的停止,但哲学意义上的死亡绝不只是如此。哲学意义上的"死亡"不是生物学、生理学意义上的死亡,这也就是为什么马克思说"辩证法是死"得以成立的道理。如果说生命就是运动,那么静止就是死亡;如果说生命是对其所是的肯定,那么否定就是死亡;如果说生命就是不断充实、占有,那么放弃就是死亡;如果说生命就是不断地向前,那么后退、反顾就是死亡。道家哲学讲柔静,讲虚,"致虚极,守静笃",讲"去甚,去奢,去泰",讲"不敢为天下先",讲"心斋""坐忘",讲"外天下""外物""外生",这都表明道家哲学

---

① 《老子》第七十六章。
② 《老子》第五十章。
③ 《庄子·大宗师》。

就是一种广泛意义上的死亡哲学。"守静笃"是对运动的否定，"致虚极""三去""三外"都是对充实、占有的否定，"不敢为天下先"是对"前""先"的否定。或者说道家哲学是反对"益道"（生生之道），主张"损道"的"损道学"，"损道"从它的否定的含义看，就是死亡学。支配着人类文明、支配着我们的日常生活之道就是"益道"：社会要不断前进，人类要不断地占有自然、征服自然，科学技术要不断进步，人类知识要不断地增多，仁、义、礼等道德规范越来越繁，等等。今天正是这种"益道"使得自然界危及人的生存，科学技术成为人的宰制力量，爆炸的知识使我们愈加困惑，繁复的礼仪使我们丧失了本真的自由。人类文明、文化的异化现象正表明这种"益道"把人类文明、文化送进了"死道"。相反，道家的"损道"看似死亡之道，然而"后其身而身先，外其身而身存"，"勇于不敢则活"，"外物"而为万物主，"外生"而尽其生，这样的"损道"实是"生道"。这绝不是像朱熹所说的是道家的权宜之计，这实在是对天道的深刻领悟。因而道家这种教我们死亡的死亡哲学才是真正要我们与宇宙万物之生同其长生的生命哲学；自然，人在"与万物并生"的生命过程中，死亡的恐惧也就被化解了。

综上所述，先秦道家的生死智慧，是中国古代的死亡哲学的代表，无疑也是世界哲学宝库中的无上的珍品。

第六章　道言论

　　在先秦道家哲学中，"道"与"言"的问题，是道家语言哲学的核心问题。这里所谓"道"是道家之"大道""常道"，所谓"言"指语言文字。道家的"道"与"言"的问题，韩非以下，历代学者多有论者，然而多语焉不详，未加深究，且误解亦多。一个普遍的看法是视言为如"筌"如"蹄"的工具，而没有看到在某种意义上"言"也就是"道"。流行的误解则认为先秦道家诸子断定任何意义上的"言"是达不到"常道"本身的。与上述传统的普遍看法和流行的误解相反，以海德格尔为代表的现代西方哲学家、神学理论家，以及一些从事西方哲学与文化研究的中国学者，以一种域外眼光来观照"道""言"问题，进行了积极的探索。实际上，以老、庄为代表的先秦道家诸子已经认识到"言"对于"道"的遮拨的吊诡关系，即语言对于道的既澄明又遮蔽的悖论关系。在先秦道家哲学中，语言还不仅仅只是工具论意义上的，而同时也是存在论意义上的。换言之，语言不仅仅只是达"道"、得"道"的"筌"与"蹄"，语言在某种意义上就是"常道"本身。先秦道家虽一再申言"道不可言"，但也绝不是绝对地排斥"言""道"关系，而是强调"言"进达"常道"的特别方式。他们当然知道"言"是进达"常道"的必不可少的媒介。先秦道家的道言观虽不能与20世纪经由语言学转向的现代西方的语言哲学相提并论，但较之于同时代的儒、墨、名等诸家的语言观，先秦"道家以诗与寓言，以隐喻、多义的比兴来表达形而上的意涵，深弘而肆，诙诡谲奇，文约意丰，哲理宏博，机趣盎然"①的语言风格，确与现代西方的语言哲学有着遥远而又切近的呼应关系。维特根斯坦曾指出：哲学的首要任务就是揭示出可说的与不可说但可显示的之间的界限。语言是生活的表（现）象，一种语言也即是一种生活方式。在这个意义上，先秦道家的道言观实可称之为此一时期的语言哲学，他们对"不可言""不可道""不可名"及"可道""可名""可言"的区分，试图在语言中超越语言封畛的努力，确有超迈当世而遥契当今语言哲学研究的深远意义。其道言观对后世美学、文艺及其批评，乃至对中国人的文化生活都有着正面和负面的深刻影响。

第一节　先秦道家道言观

一、道不可言，言而非也

在先秦道家的经典文本中，"道""言"问题无疑是一个重要的问题，它引起人们的广泛关注（不管关注的深度如何）就足以说明这一点。帛书甲本《道篇》首章、通行本《老子》首章就是"道可道，非恒（常）道；名可名，非恒（常）名。无，名万物（天地）之始也；有，名万物（天地）之母也。"在这里，"可道""可名"均指可以称说、可以称道的意思，也即是说老子首先就提出了"道"与"言"（称道、称名）问题，而且主要的意旨表达了"恒（常）道"不可言说的观念，这为历代注家所共认。《老子》第三十二章、第四十一章有"道常无名""道隐无名"之说，生万物又超越万物的"常道"是难以用语言文字称说的，所以《老子》中对道有多种不定的称谓，如第十六章："常"；第二十一章："惚恍""恍惚"；第二十五章："有物""强为之

---

① 郭齐勇：《"新儒家"和"新道家"的超越》，《中国文化月刊》1993 年第 5 期。

名曰大"；第三十四章："可名于小""可名为大"；第三十七章："无名之朴"；第三十九章："一"；第四十章："无"；第五十二章："天下母"；等等。在这里，"常道"不可道、不可名的思想，一方面彰显了语言的界限，"言"有它所不能言的"域"；另一方面表明"道"是既有限而又超越有限的"无限"，"道"是"大全"，是"万有"，是寻常日用须臾不可离而又亘古如斯的"逝""远""反"，偏而不全、限于一有、有而不变的"言"如何能够真切、完整、动态地反映出"常（恒）道"呢？因此，要把捉这不可道、不可名的"常道"，就必须让"言"向"道"开放，即以"无名"名与以"不言"（行不言之教）言。闻"道"者所以日损，知"道"者所以"弗言"，就是让"言"向"道"敞开，"言"者所以不知，恰是因为一落言筌，"道"路顿断。

老子首先所揭明的"常道"不可道、"常名"不可名的思想，在其后学中得到了普遍的认同，如列子曰："得意者无言，进知者亦无言"①，主张以无言为言，以无知为知；稷下道家认为"大道可安而不可说"②，"道也者，口之所不能言也；目之所不能视也；耳之所不能听也"③；文子认为"无穷之智寝说而不言"，而"著于竹帛，镂于金石，可传于人者，皆其粗也"④。真正的"大道""道"是不可以言传的。《吕氏春秋·审应览·精谕》谓："言者，谓之属也。""目击而道存矣，不可以容声矣。""至言去言，至为无为。"黄老道家认为道"人皆以之，莫知其名；人皆用之，莫见其形"⑤。之所以如此，是因为道不可名，道不可见。要本于老子的庄周对这一思想做了最为详尽的阐释与发挥。《庄子·知北游》指出："道不可闻，闻而非也；道不可见，见而非也；

---

① 《列子·仲尼》。
② 《管子·心术上》。
③ 《管子·内业》。
④ 《文子·精诚》。
⑤ 《黄帝四经·道原》。

道不可言，言而非也！知形形之不形乎！道不当名"。"夫道，窅然难言哉！"何以"道"不可"言"呢？这首先是由于"大道不称，大辩不言"①。道本自然，大道不待辞费，行之而成。"天地有大美而不言，四时有明法而不议，万物有成理而不说。"②在这里，天地、万物、四时都体现了大道行之而成，不言不说的特点。古之得道、体道、法道的圣人、真人、王天下者，皆"知虽落天地，不自虑也；辩虽雕万物，不自说也；能虽穷海内，不自为也"③。其因循物化，与天为徒，天与人不相胜，无为而无不为，"悗乎忘其言也"④，也正是体现了道成而不称，为而不言的特点。在这里，"道不可言"是指道不适合言，不宜于言，不允许言也。"可"应训为"适合""适宜""允许"。《广韵·哿韵》谓："可，许可也。"《庄子·天运》谓："故譬三皇五帝之礼义法度，其犹柤梨橘柚邪？其味相反，而皆可于口。"人既法道，大道不言，则人不适合言，不宜于言，不可以言也。故《庄子·徐无鬼》中明确倡导"狗以不善吠为良，人以不善言为贤"，人应当像至人一样，"原天地之美，而达万物之理"，"无为""不作""观于天地之谓也"⑤。其次，"道不可言"，是因为"夫道未始有封"⑥，"道，物之极。言默不足以载"⑦。道是神口不能言，圣心不能察之妙理（成玄英语），是"所言""所道""所意"，是"言辩而不及"⑧也。而"言未始有常"⑨，"可

---

① 《庄子·齐物论》。
② 《庄子·知北游》。
③ 《庄子·天道》。
④ 《庄子·大宗师》。
⑤ 《庄子·知北游》。
⑥ 《庄子·齐物论》。
⑦ 《庄子·则阳》。
⑧ 《庄子·齐物论》。
⑨ 《庄子·齐物论》。

以言论者，物之粗也"①。"可言可意，言而愈疏。"②"言者，风波也。"③
至理无言，言之则孟浪。言总是人之言、世之言也。在这里，"道不可
言"是指"常道""大道"是不能够"言"的。"可"应训为"能够"，
《诗经·秦风·黄鸟》谓："彼苍者天，歼我良人。如可赎兮，人百其
身。"人之言者，总是有限之言，如风波不定之言，甚至粗言、浅言
也，这怎么能够究尽没有封畛，"在太极之先而不为高，在六极之下而
不为深，先天地生而不为久，长于上古而不为老"④的"大道""常道"
呢？最后，"道不可言"是因为言不仅不能尽道，反而有遮蔽"大道"
的危险。本来"道恶乎往而不存，言恶乎存而不可"⑤。常道至道，非真
非伪；玄言至言，非非非是。大道周行，遍布万物；真言随物，何往
不可。然而"道隐于小成，言隐于荣华"⑥，人们的成见、偏滞之言常使
人自隐于道。滞于名言者，常因华词浮辩，难达深理。历代好老、列、
庄者，滞留于其言辞而不及其冲旨、不味其幽玄者，所在多有。这就
足证言遮蔽道的一面。言使人止于言，更甚者将人引向歧途，使人背
"道"而驰。

合此三者，道不可言也。

二、道可道，非常道；名可名，非常名

《老子》第一章"道可道，非常道；名可名，非常名"，历来受到
注家、研究者的高度重视，韩非子《解老》《喻老》以后，代有殊宗、
家传异说。仅以首句为例，据詹剑峰先生的统计分析，就有三派最具
代表性的意见（或诠释），即：

----

① 《庄子·秋水》。
② 《庄子·则阳》。
③ 《庄子·人间世》。
④ 《庄子·大宗师》。
⑤ 《庄子·齐物论》。
⑥ 《庄子·齐物论》。

（1）王弼注："可道之道，可名之名，指事造形，非其常也，故不可道，不可名"。

（2）司马光《道德真经论》谓："世俗之谈道者，皆曰道体微妙，不可名言。老子以为不然，曰，道亦可言道耳，然非常人之所谓道也。名亦可强名耳，然非常人之所谓名也。"

（3）唐玄宗《道德真经疏》云："道者，虚极妙本之强名"，"'可道'者，言此妙本通生万物，是万物之由径，可称为道，故云'可道'。'非常道'者，妙本生化，用无常方，强为之名，不可偏举，故或大或逝，或远或近，是不常于一道也；故云'非常道'。'名者'，称谓，'可名'者，言名生于用，可与立民也。'非常名者'，在天曰清，在地曰宁，得一虽不殊，约用则名异，是不常于一名也。故云'非常名'"。

詹先生认为三家之说各有理据不通之处，并独出新解，谓："道是存在的，然一般人所说的道，并非自然之道；名是要用的，然一般人所命之名，并非自然之名。"[①] 我以为包括詹氏之见在内，四家之说都有道理，但又很难说哪一家就是老子的本意，所以不可能也不必要去求得老子的本意。比较四说，最为人们所公认的要算王弼注，宋代苏辙《道德真经注》，明代焦竑的《老子翼》，清代魏源《老子本义》，梁启超《老子哲学》，晚近学者任继愈的《老子新译》、陈鼓应的《老子注译及评介》、张松如的《老子说解》等均认为老子之道为真常、永久不变的道，是不可言诠的。詹剑峰先生认为这是由于王弼注开了"道不可言诠、不可思议"的先路，我以为这倒不是王弼导乎先路，其实老子后学列、庄、文以及稷下道家学者亦多持此一看法，而且这一看法也绝非曲解，恰恰是解之深也。当然，这一较为普遍的诠解如果仅止于此，就有着不可克服的局限，即解"不可解"、名"不可名"、道

---

① 詹剑峰：《老子其人其书及其道论》，湖北人民出版社 1982 年版，第 179 页。

"不可道"的矛盾，而这正是詹氏批评的根本所在。

我以为此句理应有而实际也有这样一层含义，即"常道""常名"是可以道、可以名的，只不过不能用一般的称说、称名的方式去说、去名。在此，第一个"道"、第一个"名"指"常道""常名"，作名词，而第二、三个"道"字，第二、三个"名"字作"言说"、"称名"解，为动词，句中的"常"字，作寻常、旧常、故常解。《经籍纂诂》"常"字谓："八尺曰寻，倍寻曰常。"《国语·周语》有"不过墨丈寻常之间"。"常，旧典也。"①《国语·越语》有"无忘国常"。在这里"常"取"寻常""故常"义，是指其有"一般的、惯常的尺度"的意思。上述所谓"非常道""非常名"也就是说：不能采用寻常的方式、方法、尺度来言说"常道"、称名"常名"。拙见与司马光注有同有异，同者都承认"道"是可以言说、称名的；异者，司马氏释"非常道"为"非常人之所谓道也"，我释"非常道"为"不能用寻常的方式言说"。司马氏区别了常人所谓的道与道家所谓的道，重心仍在"道"也，我则区别了寻常的语言与道言，重心在言说方式上。这样突出"言说"义是力图揭发出道家诸子在言道方式上的独特的胜场，当然也力求化解"道'不可道'"的紧张。

先秦道家究竟有没有，如果有又有些什么样的不同寻常的言道方式呢？

首先要肯定地说，道家有自己非同寻常的言道方式，否则他们就会把自己逼入"说'不可说'"的悖论之中而无法抽身，予人以口实。道家"非常道"的言道方式，可以从以下几个方面来把握：

1. 道言的多义性

这种多义性具体表现在文本句读的不定性和字义的丰富性两方面，以《老子》一书最为典型。《老子》仅五千言，而后世点、校、注、

---

① 《经籍纂诂》卷二十二。

解、疏者，难以计数，且家异其说，言人人殊。据张与材在元大德乙巳年序杜道坚《道德玄经原旨》时说："《道德》八十一章，注者三千余家。"而元代以后，明、清两代都是我国历史上注解《老子》一书最多的时期之一。为数众多的注者，在对老子之道的理解上又是人各一义：或以为明治国之道，或以为明治身之道，或以为明重玄之道，或以为明事理因果之道，或以为明虚极无为治家治国之道。①

从文本句读的不定性来看，《老子》中的最关键章节，如通行本第一章就出现多种不同的断读法，如：

> 道，可道非常道；名，可名非常名。
> 道可道，非常道；名可名，非常名。
> 道、可道，非常道；名、可名，非常名。

第一种读法，最后一个"道""名"作为名词，即"常道""常名"，这样才妥帖，主旨在"常道"不可道，"常名"不可名；第二种断读法，将第二、三个"道""名"作动词用，于义最胜，主旨落在"言说""道"的行为方式上；第三种读法，可以兼有以上两种情况。

又如：

> 无名，万物之始；有名，万物之母。
> 无，名万物之始；有，名万物之母。

司马光、王安石、苏辙、梁启超、高亨、陈鼓应等人均持第二种读法，而蒋锡昌、任继愈、张松如、许啸天、钱锺书等人均持第一种读法。蒋锡昌、张松如均批评第二种读法无据，为误读。我以为

---

① 薛致玄：《道德真经茂室纂微开题科文疏》。

这两种读法都可以在《老子》中找到证据。如第三十二章有"道常无名……始制有名"，第三十七章有"吾将镇之以无名之朴"，第四十一章"道隐无名"，足证以"无名""有名"为读是可以的。又如第二章"有无相生"，第十一章"有之以为利，无之以为用"，第四十章"天下万物生于有，有生于无"，这些也足证以"无""有"为读也是有理据的。这两种读法都可行，都是众解中之一解。

又如：

> 常无，欲以观其妙；常有，欲以观其徼。
> 常无欲，以观其妙；常有欲，以观其徼。

司马光、王安石、苏辙、范应元、劳健、高亨、马叙伦、任继愈、陈鼓应等均持第一种读法，而河上公注、王弼注、帛书本、张松如等均持第二种读法。持第一种读法者，多举《庄子·天下》"建之以常无有"一句为证，可谓不为无据。持第二种读法者，亦可以从《老子》第三十四章"恒无欲也，可名于小"，第三章"恒使民无知无欲"，第五十七章"我无欲而民自朴"得到证明。

从以上数例来看，这种断读的不定性，除了古代文不断句的行文传统和注读者的不同理解以外，恐怕与文本本身的多义的不定表述不无关系，不同的断读法都能找到证据，可能并不是无意的。这种突破断读的固定程式的做法可能正是为了保持意义的开放性、灵活性，以免一经断定即成死句的情况。

从文本意涵的多义性、丰富性来看，《老子》一书，长仅五千言，然而文约意丰，言简而义无穷，以片言蕴百义来评概，实不为过。用西方哲学史上"唯名论"的代表奥康的威廉（William of Occam）的著名的"思维经济原则"来衡论，《老子》一书最具有"语言经济"的特点。以《老子》书中的"道"字为例，古今中外，可谓有多种不同的理解。如王弼认为"道""无"同格，"无"即"道"也；亦有学者认为老子之"道"是空间上的"虚"、时间上的"无"；有人认为"道"即瑜伽（如奥修）。傅伟勋先生曾据《老子》，将"道"析为六义，即：

（1）道体（Tao as Reality），

（2）道原（Tao as Origin），

（3）道理（Tao as Principle），

（4）道用（Tao as Function），

（5）道德（Tao as Virtue），

（6）道术（Tao as Technique）。

由"道原"到"道术"五个层面又合成"道相"。应该说傅先生的分析是对老子之"道"的相当全面的诠释。其实老子之"道"又何止六义，儒者看到了"儒道"，释家读出了"佛道"，道教徒读出了"丹道""气道"，等等。据学者考察[1]，在 18 世纪，老子思想已开始在西方传播。《道德经》在世界各国的译本是除《圣经》外数量最多的。可以说，"老学"是国际性的显学，老子之"道"也已成为世界之"道"。美国学者阿契·巴姆曾在《释道》一文中，通过对西语世界有关"道"字的多种不同译法的讨论，揭示了西方人对老子之"道"的多种不同的理解。他说："西方神学家（如希伯来教徒、基督教徒和伊斯兰教徒）把它（指'道'——引者按）称作'耶和华'、'上帝'、'真主'；印度教徒把它称作'梵'；柏拉图主义者把它当作'善的理念'；斯多噶主义者把它称作'逻各斯'；斯宾诺莎主义者把它当作'绝对'；柏格森主义者把它当作'生命冲动'；爱默生主义者把它当作'超灵'；弗洛伊德主义者把它当作'宇宙里比多'；唯物主义者——假如他们有兴趣的话——会把它当作'物质'、'能量'。"[2]上举例证表明，"道"无定诂，不能定诂，也无须定诂，随着每一位注老者的不同视界，"道"向他们敞开着新的含义。英国学者贝扶理认为"在某种意义上说，老子的话骨子里没有任何意思"，也就是说"道"无任何实际的含义。① 贝扶理的说法是有几分道理的，在某种意义上可以说"道"的根本义就是"无"，正因为它是"无"，所以它才能向一切"有"敞开，因此它就可能是一切。魏源《老子本义》亦谓："老子言道，必曰常曰玄，盖道无而已，真常者指其无之实。"这表明"道"不是凝固的，而是发散的；不是一成不变的，而是在"历史情景"中通过一次次注解展现出新的含义。以"道"为例所反映出的诠释义的丰富不定，不独老学如此，庄学亦然。崔大华先生近60万言的《庄子歧解》集录了自郭象《庄子注》到晚近学者陈鼓应先生的《庄子今注今译》和曹础基先生的《庄子浅注》共101家见解，这足以证明《庄子》一书字、词、句义的多样性、丰富性。我们可以说历代注老、解庄的过程，就是"老注人人，人人注老""庄注人人，人人注庄"的过程，也就是"道注人人，人人注道"的过程。老、庄，特别是老子以最简约的语言文字来表达丰富不定的意义，一方面反映了他们"谨言""贵言"的态度，如《老子》第十七章有"悠兮其贵言"；另一方面也是最主要的则反映他们力图保持"言"对"道"的开放性，力避"道言"变成常言、俗言、死言。语言文字本来就是"洛诵之孙""副墨之子"②，而"凝始""玄冥"的"道"是没有封畛、永恒变化的。

　　老子为了保持文本意义的多样性、不定性，还特别使用了一些极为独特的表述方式。如《老子》中使用一些"开合式的句子结构"③，如"大白若辱""大音希声""大象无形""进道若退""大方无隅""知者不言，言者不知""大成若缺""大盈若冲""大直若屈""大辩若

---

① 参见刘小枫主编：《道与言》，上海三联书店1995年版，第350页。
② 《庄子·大宗师》。
③ 参见罗兰·巴特的写作方式，以及《北京大学学报》1994年第5期有关论文。

讷""大巧若拙""天道无亲，常与善人"等等，这种开合式结构就是
通过自相矛盾的格言式构型，造成文本与读者惯常思维之间的紧张，
从而借以摧毁（或消解）表述和理解两方面在意义上的封闭性、固定
性。在这里，如果止于文字相、止于形式逻辑、止于常言就会陷入困
惑，因此，它要求诠释者必须超越常言、超越形式逻辑，即表测里，
略文采而揭心传，以意逆志，才能略得其深旨。诠释者的这种充分融
会了自己个人经验的理解也必然使"道"有了丰富多样的表现形式，
而这也正是"道"的无限生命力的表现。

2. 寓言、重言、卮言

在先秦道家诸子中，《庄子》一书可谓是对以"非常道""非常言"
的言"道"方式最具自觉意识的著作。司马迁曾称庄子"善属书离辞，
指事类情"[1]。《庄子·天下》谓：

> 以谬悠之说，荒唐之言，无端崖之辞，时恣纵而不傥，不以
> 觭见之也。
> 以天下为沈浊，不可与庄语。以卮言为曼衍，以重言为真，
> 以寓言为广。
> 其书虽瑰玮，而连犿无伤也；其辞虽参差，而諔诡可观。
> 其于本也，弘大而辟，深闳而肆，其于宗也，可谓稠适而上
> 遂矣。

依陆德明《释文》、郭象注、成玄英疏，"谬悠""荒唐"者，悠
远、广大、宏深、虚玄之谓也。这一见解已成为后世注读《庄子》者
不加怀疑的共识，但我以为这样悠远、广大、宏深、虚玄之语不正是
庄子"不可与庄语"的"庄语"吗？恐怕谬悠之说、荒唐之言不能仅

---

[1] 《史记·老子传》。

做此解。谬：荒诞、错误。如《书·冏命》谓："绳愆纠谬，格其非心。"《书·五子之歌》谓："无荒失朕命。"荒：废也。《庄子·田子方》谓："彼已尽矣，而女求之以为有，是求马于唐肆也。"唐：空也。可能谬悠之说、荒唐之言更应做荒诞不经、空疏不实之言解。庄子所谓"道在屎溺"[1]，庄子妻死，鼓盆而歌，庄周梦蝶、蝶梦庄周，"虎狼，仁也"[2]"以俗观之"[3]这在都是荒诞不经之说，空疏不实之言。当然，"以道观之"[4]则确是冥契玄道的宏深、广远之言也。林希逸谓：宗本皆指大道，言其宗本，无非弘大、深阔、调适之道也。庄子"以俗观之"的谬悠之说、荒唐之言、无端崖之辞正是宗本于道的"非常言"的"道言"，正是老子若反的正言。这样的"非常言"一旦诉诸笔墨文字，自然"其书瑰玮""其辞参差"。这种"瑰玮""参差"之辞正与"芴漠无形，变化无常"的大道宛转相合，适足以传"道"、达"道"也，而注读者亦可以通过沉潜往复于此"瑰玮""参差"之"道言"中而契接玄道矣。

《庄子》的《天下》《寓言》向来被学者、注家视为序例之作。其中作者明确地将其"非常言"的"道言"概括为寓言、重言和卮言。

历来关于三言的理解，歧义颇多。就寓言看，《寓言》谓："寓言十九，藉外论之，亲父不为其子媒，亲父誉之，不若非其父也。"《天下》谓："以寓言为广"。郭注云："言出于己，俗多不受，故藉外耳。"成疏谓"寓，寄也。世人愚迷，妄为猜忌，闻道己说，则起嫌疑。寄之他人，则十言而信九矣。"陆西星《读南华经杂说》谓："意在于此，寄言于彼也。"寓言，乃寄寓之言，但寄寓什么，众家并未明言，应该说，寓言之寄寓是指大道之寄寓也，寓言，寓道之言。何以"以寓

---

[1]《庄子·知北游》。
[2]《庄子·天运》。
[3]《庄子·秋水》。
[4]《庄子·秋水》。

言为广"，因为"道"广也。所以以"无端崖之辞"，言"道"广大无崖岸，难以定言、难以直言。就重言看，《寓言》谓："重言七，所以已言也。是为耆艾，年先矣，而无经纬本末以期年耆者，是非先也。"《天下》谓："以重言为真。"关于重言，成玄英谓："重言，长老乡闾尊重者，老人之言"；林希逸谓："重言者，借古人之名以自重，如黄帝、神农、孔子是也"；郭嵩焘谓重言为重复之言；曹础基谓重言庄重之言也；孙以楷谓重言增益之言也。以上诸见，成、林、郭、曹之解，虽各有理据，但都理有未安处，孙氏之解，颇迂曲，不足为训。重言实应有得道者之言和重道之言二义。古代"五十曰艾""六十曰耆"①，《荀子·致士》亦谓："耆艾而信，可以为师。"耆艾年先，经历是非亦先也，后生小子即使明是非，但非亲身证之，因而并非真明是非。这也就是黑格尔所谓同样的道理在年轻人的嘴中说出远不如在老年人的口中说出那么有分量。在庄子这里年先并不是受推重的决定条件，耆艾而不明本末数度者并不是真正的耆艾者也，也就是说只有得道者才是真正年先。"人而无人道"，不能得道的耆艾者，只能算是"陈人"，即老朽之人也。所以推重耆艾之言是推重得道者之言，得道之人，真人也，故以重言为真即是以道言为真，以得道者之言为真也。就卮言看，《寓言》谓："卮言日出，和以天倪，因以曼衍，所以穷年。"《天下》云："以卮言为曼衍。"对于"卮言"，王穆夜云："夫卮器满即倾，空即仰，随物而变，非执一守故者也。施之于言故随人从变，己无常主也。"郭象谓："日出谓日新也，日新则尽其自然之分，自然之分尽则和也。"卮言，日出日新之言也。陈景元说："卮器满则倾，空则仰，中则正，以喻中正之言也。日出未中则斜，过中则昃，及中则明，故卮言日出者，取其中正而明也。"卮言乃中正之明言。章太炎云："此以圆酒器状所言，是取圆义，犹云圆言耳。"卮言，圆言。司马彪谓支

---

① 《礼记·曲礼上》。

离无首尾之言即卮言；罗勉道谓：卮言，如卮酒相欢之言；王闿运更引申为清淡之言；陆方壶释卮言为有味之言也。真可谓家异其说，言人人殊。以上各种代表性观点都有一定道理，但又是各得一偏。我以为，卮器，像"道"之器，拟"道"之器也，卮言，道言也。卮器，圆而中空，满则倾，空而仰，不偏于一端，盛酒以饮人。道言，无心之言，自然流吐之言，中正之言，日新之言，无可无不可的圆言也，曼衍无终始、支离无首尾之言也，耐人体味之言也。《庄子》书中处处是这样的卮言。合而言之，寓言、卮言、重言皆为庄子以"非常言"的方式来言"道"，达"道"之言。

《庄子》"三言"，究竟以哪一言为宗本，历来注家学者多有争议。《寓言》篇自谓："寓言十九，重言十七，卮言日出，和以天倪"，仅就"十九""十七""日出"作解，或以为寓言最多，或以卮言为最多，也就是说或以寓言为本，或以卮言为宗。

其一，寓言为本说。

司马迁《史记·老子传》说庄子"著书十余万言，大抵率寓言也"，这实是以寓言为宗本来说的，大多数解寓言占十分之九者都持此论。鲁迅、闻一多等先生亦承司马迁之说，鲁迅先生在《汉文学史纲要》中谓庄子"著书十余万言，大抵寓言，人物土地，皆空言无事实"。闻一多先生谓："一部《庄子》几乎全是寓言"，"寓言成为一种文艺，是从庄子起的"。他认为庄子的寓言体实开中国寓言文学之风气。[①]

其二，卮言为本说。

持此说者，以王夫之为最具代表性，其《庄子解》（卷二十七）谓："寓言重言与非寓非重者，一也，皆卮言也，皆天倪也。故日出而不死人之心，则人道存焉。尊则有酒，卮未有也。酌于尊而旋饮之，相禅者故可以日出而不穷，本无而可有者，天钧之不息，无不可为倪

---

① 闻一多：《闻一多全集·古典新义》，生活·读书·新知三联书店1982年版，第288页。

也。至于天钧而不齐矣。则寓亦重，重亦寓也。即有非重非寓者，莫非重寓也。无不然，无不可，则参万岁而通于一。"张默生先生说："《庄子》全书皆卮言，故不复以数计之，寓言、重言，莫不在其范围之内。"[1]孙以楷亦谓："重言""寓言"皆无"卮言"那样精妙的哲学意蕴，"卮言"是化解"齐与言不齐，言与齐不齐"的悖论并赋予"言无言"以切实内容、结果的充满了矛盾的语言。[2]

较论以上两说，以"寓言"为本者，多从文章形式、文体风格立言，偏重于文学艺术（或语言艺术）；以"卮言"为本者，多从思想内容、哲理意蕴着眼，偏重于哲学与道理。我以为，寓言、重言、卮言，浑然一也，皆"道言"也：寓言，寓道之言；重言，重道之言；卮言，卮道之言。卮言曼衍，道之曼衍也；重言为真，道之真故也；寓言为广，道之广也。寓言重形象，就道之殊相言；卮言重抽象，就道之共相言；重言重史实，就道之理据言。内容与形式，道理与道言，实难以作宗本与非宗本划分也。据笔者统计，《庄子》全书，从《逍遥游》中的"北冥有鱼"到《天下》中的"禹湮洪水"，共计227则寓言，"大抵率寓言"实不诬也，但寓言中有重言、有卮言，每一则寓言的背后都立着一个哲学结论，都蕴含着一种"道"理。庄周梦为蝶，蝶梦为庄周，"此之谓物化"[3]。庄子知鱼之乐（庄惠濠梁之辩）的寓言中不正是蕴含着"感觉真实"与"审美移情"之理吗？寓言、卮言、道言，本于道也。陆方壶在《南华经别墨》中诠释"三言"时说得好："寓言意在言外，卮言味在言内，重言征在言先。"我们亦可以说：寓言，道在言外；卮言，道在言内；重言，道在言先。寓言、重言、卮言传"道"之言、达"道"之言，非同常言。常言是言此是此，言彼是彼，内涵外延，能指所指，能喻所喻，一一对应，名副其实。而"道言"

---

① 张默生：《庄子新释》，第622页。
② 孙以楷、甄长松：《庄子通论》，东方出版社1995年版，第9页。
③ 《庄子·齐物论》。

重在言外、重在言内、重在言先，皆支离之言、隐喻之言、象征之言。由于"道隐无名"，这就决定了"道言"必须在语言中超越语言，隐喻正可以承担这一使命。

从现代语言哲学来观照《庄子》的"寓言""重言"与"卮言"，可以说"隐喻"正是"三言"的本质。在隐喻中，"能指""能喻"失去了或阻断了具体的"所指""所喻"，换言之，隐喻的陈述所带来的不是其体的指称，不是对象，相反的是消解了对象，消解了具体的指称，它所关涉的并不是必然无疑的事实，它既不是"对的"，也不是"错的"陈述。《庄子》的"三言"正是这样的隐喻。"庄子之文，喻后出喻，喻中设喻，不啻峡云层起，海市幻生。"① 例如，在"商太宰荡问仁于庄子"，庄子曰："虎狼，仁也。"② 在这里"能指"从"能指—所指"的对应中超脱出来，"所指"模糊不清，而"虎狼，仁也"也很难以"对或错"来断定。可以说隐喻是与哲学一起发生的，维柯从文化思想史的角度深刻地指出："一切表达物体和抽象心灵的运用之间的类似的隐喻，一定是从各种哲学正在形成的时期开始。"③ 从这个意义上可以说，中国哲学开始于道家，陈鼓应先生从哲学的角度提出的"道家主干说"是有道理的。当然，庄子的隐喻中自然存在"能喻"与"所喻"、"能指"与"所指"之间的相似性，但这绝不等同于亚里士多德的"比拟说"与皮尔士的"图像说"，二者的区别在于，"比拟说"与"图像说"的所谓"隐喻"是以相似性为根本的，《庄子》的隐喻多不如此，而是更类似于吕格尔所谓的"意义的盈余"（surplus of meaning），即有超出了"能指"（或语言文字）的意义。在《庄子》书中，"能指"与"所指"、"能喻"与"所喻"之间既相似而又不相似的紧张关系，把人带向超验的意义之域。在此，单凭感性经验和形式

---

① 宣颖：《南华经解·庄解小言》。

② 《庄子·天运》。

③ 维柯：《新科学》，朱光潜译，第200页。

分析来处理"能指""能喻"，就不能超越对"言"的工具态度，就会陷入逐万物而不知返的境地，就会停留在辩言争胜而不知人心的层次，当然也就不能达"道"。

庄子"三言说"受到了历代学者的重视，也理应受到高度重视。不过，以往大多数学者多从文章体式方面来肯定"三言"的文章价值、文学价值，或从注庄、读庄的角度来肯定"三言"的重要作用。李白《大鹏赋》称赞庄子"吐峥嵘之高论，开浩荡之奇言"。高似孙盛称"三言"造就之文"极天之荒，穷人之伪，放肆迤演，如长江大河，滚滚灌注，泛滥乎天下；又如万籁怒号，澎湃汹涌，声沉影灭，不可控抟"[1]。鲁迅先生《汉文学史纲要》谓："其文汪洋辟阖，仪态万方，晚周诸子之作，莫能先也。"或以为《庄子》乃中国小说的鼻祖（如顾实），或以为《庄子》一书为中国文章的极致，具有历千百年而不减的永久的艺术魅力，被文人墨客称之为千古第一文。有学者认为《庄子》的文学价值实超过哲学价值，如郭沫若先生认为"庄子固然是中国有数的哲学家，但也是中国有数的文艺家。他那思想的精微超脱，文辞的清拔恣肆，实在是古今无两。他的书中有无数的寓言故事，那文学价值是超过他的哲学价值的"[2]。清人梅伯言甚至认为："庄子，文之工者也，以其为言道术，是不知庄子也。"在不少注、读者看来（如张默生），"三言"是解读《庄子》一书的关键，张默生先生认为"三言"就好比是一把钥匙，三位一体，缺一不可。[3]掌握了"三言"，才算是"寻得其思路，蛛丝马迹，千途万辙，莫不贯穿，思路既得，一切了无余蕴矣"[4]。当然，亦有少数学者，特别是晚近一些学者注意到"三言"

---

[1]　转引自郎擎霄：《庄子学案》。

[2]　郭沫若：《今昔蒲剑·今昔集》，载《郭沫若文集》卷十二，人民出版社1995年版，第254页。

[3]　张默生：《庄子新释》，第13页。

[4]　熊十力：《佛家名相通释》，中国大百科全书出版社1985年版，第17页。

在哲理义蕴上的重要价值。如孙以楷等人认为："《庄子》'三言'——'寓言'、'重言'和'卮言'，与其说是一种文学的笔法，毋宁说是一种辨明真理的哲学手段"，并具体分析出"三言"中的"卮言"正是一种破绝对入绝对的矛盾语式。因为卮器"满则倾，空则仰"，实在是一种体现了矛盾的器皿，而"卮言""是不是，然不然"也的确是一种充满了矛盾的语言。台湾学者沈清松则以现代西方的语言哲学、解释学、存在哲学等为参照，深刻又富于启发地揭示出"三言"所对应的过去、现在和未来这三个时间向度。① 顾文炳则从体道的方式来看待"三言"，认为"三言"中的卮言是一种高深的直觉体认活动，人们正是凭借"三言"的形式去实现主体精神与"道"的冥合。②

笔者认为，"三言"是庄子对"非常言"的"道言"的独特创造，"三言说"是《庄子》"言道"艺术的理论总结。正因为"三言"即"道言"，《庄子》之书正是传"道"之书，因而道的广大而精微、幽渺难测、有情有信、无亲无仁、有穷与无限等特点在《庄子》中得到了极好的展现。"三言"是即诗情即哲理、即情感即理智、即形象即抽象、即有限即超越、即道即言的。以文观之，一部《庄子》，多的是诙谐、幽默、讽刺、谑弄，有看不完的"断素、零纨、珠光、剑气、鸟语、花香"（闻一多语），洋溢着浪漫主义的文学风采；以道观之，触处是道，触处是理，是"世界哲学之无上精品"（郭齐勇语），浪漫的风采中有着不可逼视的庄严。"向来一切伟大的文学和伟大的哲学是不分彼此的。"（闻一多语）庄子正是用这种独特的"道言"，使"言"向无封畛的"道"敞开，或者说正是这独特的"道言"，使"言道""传道""体道"才成为可能，才有依凭。

---

① 沈清松：《庄子的语言哲学初考》，《汉学研究》1991 年第 2 期，第 97 页。
② 顾文炳：《庄子思维模式新论》，上海社会科学院出版社 1993 年版，第 103—111 页。

3. 言、意、象、道

"道"的确是难以把捉的对象，"道言"所以能言"道"，并非一蹴而就，一"言"及"道"，由"言"到"道"仍需经过一些中间环节，即由"言"得"意"，由"意"达"象"，"象"而后"道"。

先秦时期，道家诸子，特别是老子、庄子，对于由"言"达"道"的中间环节，做了十分具体的探索。

如《老子》第一章：

> **道**可**道**，非常**道**；**名**可**名**，非常**名**。

第十四章：

> 是谓无状之状，无物之**象**，是谓惚恍。

第二十一章：

> 道之为物，惟恍惟惚。惚兮恍兮，其中有**象**，恍兮惚兮，其中有物。

第三十五章：

> 执**大象**，天下往。往而不害，安平泰。

第四十一章：

> 大方无隅，大器晚成，大音希声，大象无形。

由此诸例证可见，老子一方面申言"道不可道"，即道不可言；另一方面又认为"道中有象"，并径直称"道"为"大象""象"，"大象"即"无象之象"。应该说在老子这里，言、象、道已经有了某种关系。到了庄子那里已经明确地提出了得意忘言以及意有所随的问题。如：

《庄子·齐物论》谓：

> 夫言非吹也，言者有言，其所言者，特未定也。道隐于小成，言隐于荣华。

《庄子·知北游》云：

> 道不可闻，闻而非也；道不可见，见而非也；道不可言，言而非也。知形形之不形乎！道不当名。
>
> 有问道而应之者，不知道也；虽问道者，亦未闻道。道无问，问无应。

《庄子·天道》云：

> 世之所贵道者，书也。书不过语，语有贵也。语之所贵者，意也。意有所随，意之所随者，不可以言传也。而世因贵言而传书，世虽贵之，我犹不足贵也，为其贵非其贵也。故视可见者，形与色也；听而可闻者，名与声也。悲夫，世人以色名声为足以得彼之情。夫形色声名，果不足以得彼之情，则知者不言，言者不知，而世岂识之哉！

《庄子·外物》云：

> 筌者所以在鱼，得鱼而忘筌。蹄者所以在兔，得兔而忘蹄。言者所以在意，得意而忘言。吾安得夫忘言之人，而与之言哉？

从上可以推知，庄子在继承老子"道不可道"的思想，承认"言"的局限性的一面外，同时又提出"得意忘言"的理论，这也就是说"言"虽不能完全尽"意"，但"言"可以成为通向"意"的桥梁，这使"言"向"道"逼近了一步。特别是《庄子》不止于此，更进一步提出了"意有所随"的层次，"意之所随者"虽不可以言传，但还不是"道"，"意之所随者"能不能尽道，亦未可知，但"意"可以尽"意之所随者"当无问题。因此，《庄子》中有关"言""道""意"，以及"意之所随者"形成了如下的排列关系：

言—意—意之所随者—道

可以看出，在《庄子》中，已经很明确地表达了"言"如何达到"道"的程序，只是"意之所随者"还未清晰化。如果结合《庄子》和《老子》来看，"意之所随者"应该就是"象"，因为在《老子》那里，从有时径称"道"为"大象""象"来看，"象"是用来称述"道"的，也就是说"象"是次于"道"的，"象"还不能完全地等同于"道"；而《庄子》书中在"意"与"道"之间又出现了"意之所随者"这一环节。从"意"与"象"两者之间的比较看，"象"当在"意"之上，因为"意"一落意思，便成定论，而"象"却总有无限意蕴可待开发，"象"可以尽"意"，但"意"却无法涵盖"象"。"意"当然可以生"象"，但一经生"象"，"象"就超越了"意"。再者，可以说，言是表达意的，而意是反映象的，象则是道的摹状，并且，在老子那里，

"象"庶几同"道"。合而论之，可以推断"意之所随者"即"象"也。

上面析论，旨在揭明先秦道家在以"言"求"道"、以"言"达"道"的过程中，是通过由"言"到"意"，由"意"到"象"（"意之所随者"），最后由"象"达"道"来实现"言""道"之通路的。揭明这一点，也是为了说明"道"是可以"言"的，只不过不同常言。"言""道"之间的这两个环节合而称之，即"意象"，也可以说"道言"即是"意象语言"。这种"意象语言"依意取象，借象涵意，浑然融合，恍惚无形，其中有信、有真、有精、有物，它传达给读者听众的，不是抽象的概念，而是一种境界，它需要体道者、求道者的想象参与，追溯得道者的内在经验，然后一起交会在那宽广的境界之中，做不必言宣的体受，这就是由"言"而达到的"无言"的境界——道的境界。

三、即言即道

在先秦道家诸子有关"言道"的思想中，几乎都意识到"言"在达"道"方面的局限性，然而又都无一例外地使用了"言"以传达他们所体认的"大道""常道"。尤其是老子、庄子在"道言"方面的探索极具文学和哲学的意义。难道创立了如此深邃道论的老、庄就没有意识到自身的矛盾：一方面坚持"道不可言"，一方面又不断地以"言"言"道"。笔者以为后世学者所坚持的"道不可言""言不尽意"实有某种程度的夸张，只得老、庄道言观之一偏也。实际上，道家所提出的"道不可言"是在对语言的局限性有清醒认识的前提下反对人们执着于或止步于荣华的言辞而不及"道"，他们并不是一般地笼而统之地反对言、反对"言"与"道"之间的密切关系。换言之，他们在认识到"道不可言"、言难尽意的情况下，更注意如何言即如何以最恰切的语言方式来达"道"。

在《老子》中，老子首先就提出"常道"难言的问题："道，可道，非常道；名，可名，非常名。"并且老子还明确地提出"处无为之事，行不言之教"①，"不言之教，无为之益"②。老子这一思想非但不是否定"言"而是非常重视"言"。"言"在《老子》中凡18见，最主要的有第二章："处无为之事，行不言之教"；第五章："多言数穷，不如守中"，第八章："言善信，正善治"；第十七章："信不足，有不信焉！悠兮，其贵言"；第二十三章："希言自然"；第二十七章："善言，无瑕谪"；第三十五章："故道之出言也，曰：淡乎其无味，视之不足见，听之不足闻，用之不可既也"；第七十章："吾言甚易知，甚易行。天下莫能知，莫能行"，"言有宗，事有君"；第七十八章："正言若反"。

由于"言"在传达"道"时存在着难以尽"道"的局限，因此，老子主张"贵言"和"善言"。"贵言"是就对待"言"的态度而言的；"善言"则是就"言"的方法、方式来说的。所谓"贵言"就是要"希言自然"，使"言"合于自然，而不能"多言"，"多言数穷，不如守中"；要"言善信"，而不要"虚言"。如果能做到使"言"在言"道"时"信"而不"虚"，"希"而不"多"，合于自然之"道"，则是真"贵言"也。所谓"善言"既要"言有宗"，使"言"以"道"为宗本，又要注意独特的"言道"方式的使用（或创造），如"明道若昧""大音希声""大象无形""进道若退""为无为""事无事""曲则全"等就是《老子》中特色鲜明的"若反"的"正言"（或称为"庄语"）。这种若反的正言正是蕴含"道"理的"道言"，而非虚言也，"古之所谓'曲则全'者，岂虚言哉？诚全而归之"③。"五千精妙"的《老子》足以证明老子多么"贵言"又多么"善言"。"贵言"实"贵道"，"善言"实"善道"也。

庄子可谓是完全继承了老子的以上思想，尤其是在"善言"方面做出了超越老子的独特贡献。庄子明确地意识到"道不可言，言而非

---

① 《老子》第二章。
② 《老子》第四十三章。
③ 《老子》第二十二章。

也"①，"可以言论者，物之粗也；可以意致者，物之精也；言之所不能论，意之所不能致者，不期精粗焉"②。"道"是不期精粗者也，"言"在达"道"时确实存在着极大的困难。虽然"夫道，窅然难言哉！"然而"将为汝言其崖略"③。难言，并不是就此止步、放弃言和否定言，不仅应当言，而且必须言也。成玄英疏曰："夫至理虽复无言，而非言无以诠理。"况且"至言不出，俗言胜也"④。只是在"言道"时应当谨言、慎言，所谓"请尝言之""予尝为汝妄言之，女以妄听之矣"⑤，正反映了庄子谨言、慎言的态度。由"言"能不能及"道"，最根本的恐怕是"善言"的问题，即如何言的问题。《庄子·则阳》谓："言而足，则终日言而尽道；言而不足，则终日言而尽物。"成玄英疏云："足，圆偏也，不足，偏滞也。苟能忘言会理，故曰言未尝言，尽合玄道也，如其执言，不能契理，既乖虚通之道，故尽是滞碍之物也。"言而周遍，且能忘言会理，言是可以尽道的，这就是善言尽道：相反，言而不足则只能言而尽物也。《庄子》全书"寓言十九，重言十七，卮言日出"，可谓言而足也！其与道也，"连犿无伤""诙诡可观"，可谓尽道矣。在《庄子》书中，善言的极致，乃是"无言"，"至言去言，至为去为"⑥，"大道不称，大辩不言"⑦，善言者"言无言：终身言，未尝言；终身不言，未尝不言"⑧。"《庄子》为言道之书，其谴言皆泯然无迹"⑨，可谓善言！《庄子·天道》所载寓言"轮扁斫轮"中，视古圣人之言为古人之糟粕，并不是说《庄子》否定"言"，而是针对着"世之所贵道

---

① 《庄子·知北游》。

② 《庄子·秋水》。

③ 《庄子·知北游》。

④ 《庄子·天地》。

⑤ 《庄子·齐物论》。

⑥ 《庄子·知北游》。

⑦ 《庄子·齐物论》。

⑧ 《庄子寓言》。

⑨ 张栩：《庄子释义》，《古学丛刊》1939 年第 1 期。

者，书也"这一倾向而发的。如果求道者视书如道，被圣贤经典困住，被语言文字套牢，圣贤经典、语言文字反成牵累。"书"毕竟还不是"道"本身，贵"书"而遗忽了"道"本身，这对于求道者来说，"书诚为糟粕"。可见，所谓糟粕之论，实是"为执文字者下针砭"[①]也。道家特别是老、庄"贵言""谨言""善言"正反映了他们即言即道的一面。

在言即道的家园这种意义上，可以说"言"即是"道"。试想，如果没有《老子》《庄子》，没有《文子》《列子》《鹖冠子》等这些道家载籍和先秦其他典籍有关道家的记载，我们又从何处体会道家之"道"呢？清末居士、佛学家杨文会在析解《天道》篇"世之所贵道者，书也"一章时说得好：

> 古圣遗言，如标月指，执指固不能见月，去指又何能见月。庄子恐人认指为月，不求见月，故作此论。全书文字，如神龙变化，若有若无。犹释典之中有《金刚经》，能令一代时教飞空绝迹也。达摩西来，不立文字，直指人心，见性成佛。当时利根上智，得其旨趣者，固不乏人，而数百年后，依草附木之流，正眼未开，辄以宗师自命，邪正不分，浅深莫辨。反不若研求教典之为得也。盖书之可贵者，能传先圣之道。至于千百世，令后人一展卷间，如见明师，如得益友。若废弃书籍，师心自用，不至逃坑落堑不止也。[②]

关于语言文字与闻道，《庄子·大宗师》中曾有一则经典的寓言，即南伯子葵问于女偊如何闻道，女偊回答说：

---

① 杨文会：《南华经发隐》。

② 杨文会：《南华经发隐》。

　　闻诸副墨之子，副墨之子闻诸洛诵之孙，洛诵之孙闻之瞻明，瞻明闻之聂许，聂许闻之需役，需役闻之於讴，於讴闻之玄冥，玄冥闻之参寥，参寥闻之疑始。

　　从"副墨"到"疑始"，其含义历代注庄者歧解颇多，一般按照成玄英《庄子注疏》的解释："副，副贰也。墨，翰墨也；翰墨，文字也。理能生教，故谓文字为副贰也。……始，本也，道以不本而本，本无所本，疑名为本，亦无的可本，故谓之疑始也。"对于庄子关于闻道的九个拟人化的环节，台湾学者庄万寿先生把"副墨之子"与"洛诵之孙"排在最低下的层次。[①]对于具体的"闻道"过程来说，《庄子·大宗师》把"副墨之子""洛诵之孙"排在第一、二位是非常确当的。其实"副墨之子""洛诵之孙"即语言文字，正是"闻道"的起始阶段、基础阶段，没有"副墨之子""洛诵之孙"的导引，我们又如何能够达致"疑始"呢？从这个意义上实可以说"副墨之子""洛诵之孙"正是"疑始"，也就是说"语言文字"即是"道"也。语言文字本身并不是一种空洞的交流手段，而是在其舒卷开合、汪洋恣肆、云谲波诡中承载着"道"的原初"消息"和"含义"的"存在论域"。"言"是"道"既遮蔽又澄明着的到来，语言文字的揭示能力超出了我们对它的认识，"道"在"言"中展现着自身，甚至可以说，"言"包括了能够扩展和提高我们洞见"道"的一切东西。

　　诚然"言"对于不可言说的"道"存在着某种程度的局限性，有着遮蔽"道"的一面，甚至有时"言"还成为"道"的牢笼，但从究极的意义上来说，"言"就是"道"的家园，"道"就是栖居在"言"这个家之中，只有通过《老子》《庄子》之文之言，我们才能够与老、

---

　　① 参见庄万寿：《庄子语言符号与"副墨之子"章之解析》，载《道家文化研究》第5辑，上海古籍出版社1994年版，第101页。

庄之"道"照面，只有在我与文本的"视界融合"中才能遥契那玄远幽深的"妙道"。"言"不仅仅只是工具论的，也是存在论意义上的，"言"也带来了对境况、对文本、对"道"的揭示，"言"也有自己的世界、自己的结构。不纯全是技术性手段，"言"也是"道"的血肉，"言"破碎的地方，"道"将不复存在。我们只能够通过向"言"开放（既不执滞于言，又不轻视言）才能够最终向"道"开放。《老子》《庄子》之所以常被人尊为文章的极致，实在是与他们对即言即道的深刻认识分不开的，可以说，老、庄是语言的大师。他们诉诸读断的灵活性、语词的多义性、表达的隐喻性、意义的可增生性，使语言具有一种奇特的萌发力、新生力和持续不断的创造能力。老、庄的高处着眼、大处起议、空处落笔、谵处措想，使其文其言变化万端，不可方物。滔滔汩汩如万斛泉涌；不粘不滞如行云流水。随物赋形，不主故常。这不正是老、庄空阔高迈的自然生命情怀的流泻，不正是"道"的自我显现吗？

第二节　儒、墨、道语言观比观

春秋战国之世是中国历史上"天崩地解"的大变革时代，从"名"与"实"的角度来观照这一时代，一方面旧"名"未去而新"实"已生；另一方面新"名"已立而旧"实"仍在，出现了"名实相怨"[①]的矛盾现象。"名""实"关系问题自然也就成为当时百家诸子关注的焦点之一，孔子的"正名"思想，墨子的"取实予名"理论，老子的"名"与"常名"之分，庄子的"辩无胜"思想，围绕名实关系的名辩思潮正是在这一时代背景下产生、发展起来的，也是对这一时代的理论反应。"名"既指思维中的概念，亦指语言中的指谓，"实"则指客

---

① 《管子·宙合》。

观世界，"名"与"实"的关系问题，也即是语言与世界的关系问题。这既是一般语言学的问题，也是语言哲学的基本问题。把道家与儒、墨诸家的语言观做一比较考察，适足以更清楚地认识道家语言哲学的优长之处。

一、名不正，则言不顺

先秦儒、墨、道诸家语言观的共同内容不外言、名、辩、默这几个方面，以孔、孟、荀为代表的儒家语言观，最突出的在"正名"思想，其慎言重辩是为了达到正人心、息邪说的目的。

《论语·子路》云：

> 子路曰："卫君待子而为政，子将奚先？"子曰："必也正名乎！"子路曰："有是哉，子之迂也！奚其正？"子曰："野哉，由也！君子于其所不知，盖阙如也。名不正，则言不顺；言不顺，则事不成；事不成，则礼乐不兴；礼乐不兴，则刑罚不中；刑罚不中，则民无所措手足。故君子名之必可言也，言之必可行也。君子于其言，无所苟而已矣。"

在孔子看来，事务能否有成效，礼乐能否兴盛，刑罚是否适中，人民能否治理好，关键就在"正名"。在这里"正名"并不仅是针对一般的用词不当，应该说主要是针对关于礼乐制度的名实相乱的社会现实。

《论语·颜渊》谓：

> 季康子问政于孔子。孔子对曰："政者，正也。子帅以正，孰敢不正？"
>
> 齐景公问政于孔子，孔子对曰："君君，臣臣，父父，子子。"

　　政者，正也。正名，就是要做到君、臣、父、子都严守礼制、名分。"正名"成为执政者重建社会秩序的一个重要手段（或原则），或者说"正名"是孔子儒家力图通过名言重建来达到社会政治、伦理的重建，最终实现拨乱世而反之正。在孔子看来，言论、辩说都应当合乎礼制、名分，都应当服从于维护"正名"的需要。为了保证名正，也就是言不害政，统治者以及为维护旧礼制服务的儒家者流，就应当"慎言""寡言"，严格"名""言"的使用。因为不仅"一言可以兴邦""一言可以丧邦"①，而且"言寡尤，行寡悔，禄在其中矣"②。对于那些错误的，不合于礼制，僭越了名分的言辞，要采取"攻乎异端，斯害也已"③的态度。孔子在删修《春秋》时，严格"名""言"的使用，充分体现了"名正"的特点，如《春秋》中每年春天均用"春，王正月"，"楚子""吴子""宋公"的不同称谓，"征伐"与"侵""攻"的区别等都体现了"正名"思想的运用。

　　孔子以下的孟、荀等均遵循孔子"正名"的思想路线。例如人皆谓孟子好辩，《孟子·万章》似可举为证，在此章中，孟子对时人有异议的尧、舜、禹、武王、伊尹、周公、孔子及其弟子的行止一一作辩，如为尧舜禅让制辩，为禹时德衰辩，为武王伐纣、血流漂杵辩，为周公杀管蔡之事辩，为孔子的出处辩，为子思、曾子的行事辩，亦为自己的出处进退、辞受取予之事辩。但孟子并非辩言争胜的那种好辩，而是显现了极浓厚的道德情感，表现出对自己心目中的古圣先贤的礼敬之心和维护之情。孟子之辩实际上也是在为尧、舜、禹、武王、周公等人正名，辩明他们的行为志业是合于仁、义、礼、智，合于君臣父子之道的。在孟子看来，他的辩是为了正人心、息邪说。孟子曾自谓："我亦欲正人心，息邪说，距诐行，放淫辞，以承三圣者，岂好辩

---

① 《论语·子路》。
② 《论语·为政》。
③ 《论语·为政》。

哉。"① 此外，孟子还强调要"知言"，即"诐辞知其所蔽，淫辞知其所陷，邪辞知其所离，遁辞知其所穷"②。孟子视杨朱、墨翟之言为邪说、淫辞，故力拒杨、墨。

荀子在言辩、名实思想上承续着孔、孟之道。如荀子以是否合于先圣先贤的礼义为判准，来衡定言之正邪，并把言辩与圣人、君子和小人之分联系起来。如《荀子·非相》云："凡言不合先王，不顺礼义，谓之奸言，虽辩，君子不听。"《荀子·非十二子》谓："多言而类，圣人也；少言而法，君子也；多言无法而流湎然，虽辩，小人也。"在《荀子·正名》中，荀子说："君子之言，涉然而精，俛然而类，差差然而齐，彼正其名，当其辞，以务白其志义者也。名辞者也，志义之使也。足以相通，则舍之，故名足以指实，辞足以见极，则舍之矣。"这里的"实"即指志义，志义为言辞之主宰，言辩能白志义，则为指实、见极，志义实质上也就是先王的礼义与志业。荀子认为君子之辩是针对"圣王没，天下乱，奸言起"这一严重情势而产生的，是为了救世之弊。

合而论之，儒家的言、辩、名、实的有关思想始终围绕着"正名"这一核心。他们站在维护周礼的立场上，以仁、义、礼为最高规范，力求通过语言来规范混乱的社会现实，以使之符合周礼。这种语言观突出了语言在社会实践中的"正名分""辩上下""定教""正政"的政治伦理功能，是一种实践论的语言观。由于这种语言观突出的政治、伦理色彩，语言成为实实在在的工具，而与语言本身并无多大关系，也正因为如此，儒家在语言观上表现出一种"语言独断"与"语言专制"的思想倾向。

---

① 《孟子·滕文公下》。
② 《孟子·公孙丑上》。

二、"取实予名"与"言有三表"

与儒家实践论的语言观一样，墨家的语言观也与当时时代的社会变革与动乱分不开，不同的是墨家语言观既表现出典型的功利主义的一面，同时又有语言学意义上的语言理论探索的一面。

面对当时社会名实混乱的情况，墨子不同于孔子，孔子是以旧有的"名"来正已经变化的"实"，表现出一种既是维护传统却也颇具保守主义的倾向，而墨子则主张"取实予名"，即根据现实予以定名，做到名实相符。在墨子看来，无论是礼法制度之名，还是言物之名，它们并非先验的，而是源于实际的需要。墨子举例说：瞎子也会说："皓者白也，黔者墨也"，但"兼白墨使瞽取焉，不能知也。故我曰瞽不能知白墨者，非以其名也"①。"取实予名"以后，名实是否相符，仍需要通过"为"即实践来检验。墨子提出在立言上要遵循"择务从事"的主张，如《墨子·鲁问》云："凡入国，必择务而从事焉。国家昏乱，则语之'尚贤'、'尚同'；国家贫，则语之'节用'、'节葬'；国家憙音湛湎，则语之'非乐'、'非命'；国家淫僻无礼，则语之'尊天'、'事鬼'；国家务夺侵陵，则语之'兼爱'、'非攻'；故曰：择务而从事焉。"突出了立言的针对性和实效性，表现出务实和功利性的特点。特别是墨子提出了"言有三表"的立言三原则。《墨子·非命上》云："有本之者，有原之者，有用之者。于何本之？上本之于古者圣王之事；于何原之？下原察百姓耳目之实；于何用之？废（即发）以为刑政，观其中国家百姓人民之利。此所请'言有三表'也。""言有三表"也即是说立言要有历史根据，符合经验事实，有益于国家百姓之利。墨子的这种重历史根据，重经验，重实效、功利的语言观表现出与孔子的语言观在实践品格上的一致性，都有救世弊的一面。但墨子"取实予名"的思想中实隐含有承认现实的意思，表现出更为合

---

① 《墨子·贵义》。

理的一面，因而与孔子儒家同中有异，而且这一点恐怕是孟子力拒墨家的深层缘由。

在诸家之中，墨家表现出极端重言的特点。墨子认为言足以起行，起天下人之行者，必待于言，因而上说下教，崇尚谈辩，表现出对自己之言的极端自信，如《墨子·鲁问》云："王公大人用吾言，国必治；匹夫徒步之士用吾言，行必修。"并认为像墨家那样的善谈辩者，虽不耕而饥，不织而寒，但其功远贤于耕而食之者，织而衣之者也。墨子还坚信其言是"非之者"不能非也，《墨子·贵义》云："以其言非吾言者犹以卵投石也，尽天下之卵，其石犹是也。"《庄子·天下》谓墨子强聒而不舍，足当之称也。

墨子极端崇尚语言的精神带来的一个积极成果就是墨家对语言本身的研究。"墨辩"就是他们对语言本身进行研究的理论结晶。他们既探索了语言的本质特征，又较为全面地研究了语词理论和立辞论辩的理论。从语言的本质来看，墨家认为"言，口之利也。始，当时也。执所言而意得见，心之辩也"[①]，"声出口，俱有名，若姓字儷"[②]。言语是发之于口并用以表述思想的声音，这种言语附之于心意，就像人的姓名附丽于人一样。"言，出举也。""举，拟实也。"[③]思维是实事实物的反映或模拟，而言是表达思维的，这深刻地揭明了客观事物、思维与语言之间的密切联系。其次，墨家对语词进行具体的分类。如"名：达、类、私"[④]，"达"是指称一切事物的语词，其外延最广，而内涵最少；"类"是指一类事物的名称，如"马"是"白马""黑马""黄马""红马"等一类对象的"共名"；"私"指单个事物的专有名称。墨子还提出"言必立仪"的思想，将"法"引入语言学研究，强调语

---

① 《墨子·经上》。
② 《墨子·经说上》。
③ 《墨子·经上》。
④ 《墨子·经上》。

言的规范化，并将"法""仪""效"扩展到实际的言辩谈说之中，系统而自觉地研究了言辩的法则与规律。如《墨经·大取》谓：

> 夫辞以故生，以理长，以类行也者。立辞而不明其所生，忘也；今人非道无所行，虽有强股肱，而不明于道，其困也，可立而待也。夫辞以类行者也。立辞而不明于其类，则必困矣。

所谓"立辞三物"就是指，"辞"既是依据"故"而产生、形成的，又是依据一般理"法"推演出来的，同时还应从同类之例证中得到证实。综上所述，墨家已经对语词和立辞论辩进行了相当深刻的语言学研究，闪耀着科学主义的光芒，墨子实可谓开先秦名辩思潮之风气。墨子对其语言力量的自信心实有他对语言理论的深刻研究做支撑，而天下之言不归杨则归墨的事实，也足见墨家深入人心的广泛影响力。

三、说"不可说"

从儒、墨、道诸家语言观的横向比较来看道家的语言特色，最显明的就是老子的"常名"说、庄子的辩无胜思想和道家语言观的超语言学的特点。

在先秦诸子中，老子是第一个提出"常名"说的，《老子》首章有"道，可道，非常道；名，可名，非常名"。"常名"是对"常道"的定名，而这个"常名"跟一般的"名"极明显的区别就是：一般的"名"是指物指事的，"名"总是物之名，事之名；而"常名"则无具体的指称，也可以说"常名"这一名称纯粹只具有符号的意义，代表"常道"，是"常道"的符号化。这个"常名"不是孔子"正名"思想中的礼乐制度之"名"，也不是墨子的"取实予名"以及"达名""类名""私名"之"名"。墨子的"达名"无论它概指的类有多么普遍，也仍然不是"常名"，"达名"总是来自形而下的世界，而"常名"则指称着形而上的道（常道），而常道根本就是"无"。学者们通常以为这两句话（常道不可道和常名不可名）是平列的，重复着一个意思。实际上，老子在此已经区别了两个不同层次的名与实、思维与存在的关系问题，即"道"与"名"和"常道"与"常名"的关系问题。"道"与"名"的关系是形而下世界的或现象世界的名实关系问题，而"常名"与"常道"的关系则是形而上世界的或本体世界的名实关系问题。或者说"道"与"名"是政治学、伦理学、语言学等具体学科意义上的，而"常道"与"常名"则是哲学意义上的。用指称"道"的"名"去指称"常道"是困难的，因此就应当以非常"名"的称名方式去"名"那"常道"，这种非常"名"的方式也就是"常名"方式，如以"无""朴""一""大"名"道"。这也就是说形下世界是可以即形上世界的，只不过需要特殊的言路。仅此"常道"与"常名"的思想就反映出老子思想超越常"名"、常"道"而具玄学的意味。

从言辩思想来看，老子认为"善者不辩，辩者不善"。这里的"善者"当指"善言者"，善言的人不巧辩，巧辩者并非善言，"言无言"才是善言。庄子继承了老子的这一思想，提出了"无辩"和"辩无胜"的理论主张，对老子的"不辩"说进行了深入的论证。老、庄的言、辩学说始终是围绕道言这一核心展开的。庄子认为"夫大道不称，大辩不言……道昭而不道，言辩而不及""辩也者，有不见也"[1]。大道无言，一般言辩是难以及"道"的，况且言者，"非吹也，言者有言。其所言者，特未定也，果有言邪！其以为异于鷇音，亦有辩乎？其无辩乎？"[2]人人各有是非，彼我各有情偏，有辩无辩诚不可定。"知之所不能知者，辩不能举也。"[3]"辩足以饰非。"[4]对于体求"大道"者来说，

---

① 《庄子·齐物论》。
② 《庄子·齐物论》。
③ 《庄子·徐无鬼》。
④ 《庄子·盗跖》。

"辩不若默"①也，圣人"不论""不议""不辩"，因任物化，与道宛转，休乎天钧，和以是非，不言而大辩也。常人执着于是非分辩，有是者必有其非，有分者必有其不分，有辩者必有其不辩，如此是非分辩者，求道道亏也！分辩彰而至道隐，是非息则妙理全。执于言辩者，"自有适有"，以言益言，愈言愈辩，愈辩愈言，愈言愈非，愈辩愈远。因鉴如此，求道者应当"无辩"。

庄子主张"无辩"，实因为"辩无胜"或"或辩无当"，对此庄子做了十分详尽的论辩。"假使我和你辩论，你胜了我，你果然对吗？我果然错吗？我胜了你，你没有胜我，我果然对吗？你果然错吗？是我们两人有一人对，有一人错呢？还是我们两人都对，或者都错呢？我和你都不知道，凡人都有偏见，我们请谁来评判是非？假使请意见和我相同的人来评判，他已经和我相同了，怎么能评判呢？假使请意见和你相同的人来评判，他已经和你相同了，怎么能够评判呢？假使请意见和你我都不同的人来评判，他已经跟你和我相异了，怎么能评判呢？假使请意见和你和我都相同的人评判，他已经跟你我相同了，怎么能评判呢？那么，我和你及其他的人都不能评定谁是谁非了，还等待谁呢？"②再者，自然间自有自然的分际，"自然间的'是'与'不是'，'然'与'不然'，无容以私意参与其间。是若果是呢？则'是'自异乎'不是'，不必我们去争辩。然若果然呢？则'然'自异乎'不然'，也不必我们去争辩"③。前者论胜负之辩不能定是非；后者论真是真非无须争辩。胜者未必真是，负者未必真非，辩之胜负不能定是非也；真是者自是，真非者自非，如道昭然，无待辞费，不须辩也。辩不能定是非，是辩亦无辩也；真是真非无须辩者，是无辩亦大辩也。合而论之，无辩也！"无辩"实质上是对独断论的消解，是主张不同

①　《庄子·知北游》。
②　陈鼓应：《庄子今注今译》，中华书局 1983 年版，第 90 页。
③　张默生：《庄子新释》，第 130 页。

言路、不同意见的并存、"两行"，体现了一种多元主义的开放精神。无辩论也就是齐物论，诚如唐君毅先生所言，"无辩"是《齐物论》的核心问题。向来学者对"齐物论"有两种解释，即"齐物"论和齐"物论"，我以为两者实可融通，也必须融通，"齐物"论是对天下万物的价值平等看待，齐"物论"则是以平等心衡视九流百家之论；"齐物"论齐的对象是物，齐"物论"齐的对象是物论。合此两者方是彻底的"齐物论"。"齐物论"当然不是视万物毕同，不是主张舆论一律，恰恰是自己辩也让他人辩，自己论也让他人论，兼容并包，广开言论。

　　从道家有关语言思想的整体来看，道家的语言观显现出鲜明的超语言学而非反语言学的特点。这种超语言学的特点的具体表现就是道家对语言的态度是"即言即不言""即辩即不辩"，也就是"即言即道"。"即言"就是从未放弃使用语言，而且老、庄非常贵言、善言，寓言、卮言、重言都是道家对语言文体的独特创造，他们主张以最简洁的语言，以意象语言去表达无限丰富的意蕴。与墨家从语言理论的角度研究和发展语言不同的是，道家诸子赋予语言一种诗性，一种活力，使语言飘忽灵动，如《庄子》的《达生》《山木》中"津人操舟""市南宜僚见鲁侯"等寓言故事中所体现出的"意接词断""词接意变"的言与意之间的飘忽变化，使语言跳荡不止，如斥鴳之跃；来去无端，如大鹏之飞。在这里概念、范畴、境界都被形象化地传达出来，而这种表达绝不是语言对于思想的（不能表达的）无能，恰恰是超越了语言对于思想表达的直接性；在这里语言不仅仅只是工具，语言表达也不仅仅是"技"，而是如庖丁解牛一般地由"技"进入"道"也。"即不言"就是道家诸子始终申说的"道不可言，言而非也""大道不称""常名不可名""得鱼忘筌""得意忘言"，言毕竟首先还是工具，在表达"道"时还有局限，"言者，风波也"①，风行草偃，伪辞矫

----

①《庄子·人间世》。

言可乱天下人心。确实，诱使、诡谀、狡辩、诋毁、吹嘘、诽谤、诬枉、夸示、讹诈、诓骗等，都无不与道德和人性的败坏密切相连。"即不言"者，不执着于言也。执滞于言，则语言成为道的牢笼，人也成为语言的奴仆，这也是语言的异化。"即辩"就是肯定言辩，使用言辩，善于言辩。老子所谓"善者不辩"，非真无辩，善辩也，以不辩辩也。庄子可谓善辩，《齐物论》一篇，以言辩为核心，面面俱到，层层转进，针对着辩学辩士，力辩"辩无胜"，力辩"无辩"。"即不辩"就是承认辩无法定是非，大言不辩，辩者有不见，辩言争胜而不知人心，故不辩也。即言即不言、即辩即不辩充分反映了道家对语言持一种开放的态度，既不执滞亦不绝弃，人完全成为语言的主宰而不是相反。在这里，不存在"找不到一个正确的名词的痛苦"（许啸天语）。"反而有一种得意，一种可以随心所欲调遣词语、在词汇的海洋中游泳的怡然自得"（邓晓芒语）。这就是道家语言观中的超语言学特点。

四、儒、墨、道语言观合论

儒、墨、道三家的语言观，可谓有异有同，异大于同。

自其同者观之，儒、墨、道都肯定语言在通达人我、人与世界之间的媒介作用；都重视名实关系中的"实"的一面，儒家重礼乐制度、等级名分之实，墨家取实予名、名因实定，道家重"道"之实；三家都不同程度地肯定语言的工具价值，儒家视正名为正政的手段，道家视语言为传道、闻道的工具，墨家更是借语言、谈辩，上说君王，下教百姓，视语言为化人化物、救时救弊的妙器、灵器。

自其异者观之，儒家的语言观是伦理学、政治学意义上的语言观；墨家语言观是功利主义和语言学意义上的语言观；道家语言观是语言哲学意义上的语言观。儒家重正名，正名救礼；墨家重予名，因实制名；道家重无名，无名名道。儒家慎言，质实无华，辞达而已；墨家重言，言必有利，言必立仪；道家善言，以言达道，文辞美富。

儒家言传而身教，重建礼教；墨家强聒而不舍，上说下教；道家行不言之教，妙悟玄理。儒家为礼制辩，为先圣先贤辩；墨家为功利辩，为辩而辩；道家为"不辩"辩，为"辩无胜"辩。儒家之言说是对统治者说，对执政者说；墨家之言说是对天下人说；道家之言说多是僻处自说。

综上所述，道家最先区分了指谓本体世界和现象世界的"常名"与"名"，并认为本体世界有难以把握的一面，对"可说的"和"不可说的"做了哲学的划界。道家以言泯言、以辩去辩的超语言学态度较之于其他诸家正是一种哲学的态度，富于形而上的意味。道家语言观强调"无言"并不仅仅是针对语言的局限性，"无言"正是道的存在方式之一（无为是道的一种存在方式），"无言"实具本体论意义。可以说，道家语言观是先秦时期的语言哲学。

第三节　道家道言观与现代西方语言哲学

以老、庄为代表的道家思想，自被译介到西方以后，就被严守学科界限的西方哲人如黑格尔、谢林、雅斯贝尔斯、马丁·布伯和海德格尔等人给以哲学的肯定和推重。他们以一种域外的眼光，将老、庄之道与"逻各斯""绝对精神""理念""圣言""宇宙秩序"等进行了广泛的比较，拓宽和加深了老、庄之"道"的哲学意蕴。20世纪以来，随着西方哲学的语言学转向，道家道言观和西方语言哲学的比较研究自然成为中外哲人、学者关注的热点之一。他们各从自己的"视界"出发，或析其异，或观其同，析其异者，则强调两者不可比、不可通；观其同者强调两者的相互显发、相互借鉴。如海德格尔认为老子之"道"的原义是"道路"，即原初的和"造路的"大道，并认为"道"与前概念化的诗性语言、技艺乃至人类的命运有着深刻的关联。他说："很可能，在'道路'、即'道（Tao）'这个词中隐藏着思想着的说的全部秘密。"① 熊伟、张世英、张祥龙、沈清松等学者则对海德格尔和老庄有关思想，特别是对其语言哲学与道言观做了极富启发的融通性研究。而老、庄之道与维特根斯坦、伽达默尔、德里达等哲学家的有关思想的相通之处亦不同程度地受到学者们的关注和讨论。析其异者，如刘小枫认为"道"与"言"不可通约，"'道'不是一个个体性的位格生成事件，'圣言'之言是'成肉身'之言"②。这也即是说"道"并不具有西方"言"，即语言（圣言）创造人、创造世界的那样一种含义。郑家栋则认为中国古代的语言思想与西方现代和后现代的语言哲学有着根本的差异。③ 笔者认为，古代中国的语言思想与现代西方的语言哲学的差异肯定是巨大的，但并非是根本的。只要是哲学的，无论古今、中外，在根本上都是相同相通的。哲学所关注的根本问题无非是心灵与心灵、心灵与物的问题，时代、地域可以不同，文化可以相异，但哲学所关切的根本问题却是一致的，在语言哲学方面，西方哲人对老、庄之"道"的认同与肯定恰恰表明在哲学根本问题上的千虑一致、殊路同归的情况，这也就是老、庄的"道贯古今"，千古一也，也可以说，道贯东西，中外一也。如果我们不拘于某些细节和个别范畴，而是一方面扣紧道家原典，一方面扣紧现代西方思潮，察其大端，原其要本，则"道言观"实与西方现代语言哲学有着深刻的契应之处，这具体地可以从语言批判、模糊语言、诗化语言、自然语言等方面得到证明。笔者以为这种比较研究除了一方面证明存在着语言哲学的中国形态这一结论，更重要的一方面则是通过这一比较以达到道家语言哲学的深意。

---

① 张祥龙：《海德格理解的"道"》，载《道家文化研究》第 8 辑，上海古籍出版社 1995 年版，第 359 页。

② 刘小枫：《道与言》，上海三联书店 1995 年版，第 7 页。

③ 参见郑家栋：《走出虚无主义的幽谷》，《中国社会科学》1995 年第 1 期。

一、道言与"语言批判"

20 世纪以来，西方哲学的语言学转向是从"语言批判"开始的，而"语言批判"又是与形而上学批判（或反形而上学）密相勾连的。最早亮出反形而上学大旗的当属活跃于 19、20 世纪之交的尼采，他力主抽去西方传统形而上学的两块基石，即道德和逻辑。此后，从海德格尔到伽达默尔，再到后结构主义者德里达、福柯等，都批判了传统的句法规则和逻辑法则的僵滞性和局限性，这种批判都是对西方逻各斯中心主义的反动。例如海德格尔的让语言自己言说，德里达的"自动书写"，都是力图让语言从逻各斯中心论中超脱出来。在海德格尔看来，过去哲学只重逻各斯的"理"即理性的意义，而忽视其"言说"义，实是一种本末不清、源流错置的误解，语言的言说义才是最根本的、本原的，只有借此才能够把握存在的真理。

应该说，道家的道言观也是从语言批判开始的。如前已述，春秋战国时代是中国历史上的大变革时代，新名、旧实，旧名、新实往往相怨，名不副实、以名欺实乃至欺世盗名成为当时社会的一种普遍现象，名实的混乱至少是加剧了社会的混乱无序状态，流言四起，"不顾其实，务以相毁，务以相誉，毁誉成党，众口熏天"[①]。与这一时代相应的则是名辩思潮的兴起，学者们辩言争胜，竞相夸示，各执一是，攻乎异端。在老、庄看来，这样的名言之辩最有害于对大道的探求，最有害于大道的显现。老子认为"信言不美，美言不信"，信言不巧辩，巧言非信言，因为大道不称，大辩无言，多言则害道也。庄子更是对辩言争胜的现象进行了深刻的批判，针对墨辩学者所坚持的言辩可以定是非（或者说通过是非之言辩可以获得真理），庄子认为"彼出于是，是亦因彼""彼亦一是非，此亦一是非"[②]。这种本不能决出是非的

---

① 《吕氏春秋·离谓》。
② 《庄子·齐物论》。

小言，是无法"得其环中"，达到"道枢"的。在庄子看来，是非"小言""仅仅是由于观点的不同，才使实际上是相互关联的东西显现为真理和谬误"①。执着于、停留于这样的"小言"，本来关联的东西就处于分割状态，这样的言就阻断了我们通往"道"的路。只有超越是与非、真理和谬误、然与不然、可与不可的僵硬的对立，**只有承认真理的对立面也是真理，我们才能达到更高的真理**，也就是"得其环中"，即既不在环上（超越了环）而又在环内（不离于环）。只有通过这样的"大言"，我们才算是找到了通往"道"的坦途；这样的"大言"尖锐地批判了儒家"正名""正言"的语言独断，批判了墨子那种天下人莫能非其言的极度自信，也超越了惠施者流务于争胜的奇辞、辩言。可见，老、庄的"大言""常言""道言"正是在对"小言"、常言、俗言的语言批判中渐渐形成的。

二、道言与模糊语言

现代西方语言哲学对传统哲学语言批判的反省，就是力图让语言从理性、逻辑、本质的语言观中解放出来，力图恢复语言本身应具有的歧义性、模糊性、不确定性、无限的可解释性和创造性。这种语言，一言以蔽之就是"模糊语言"。这种模糊语言不是逻辑化的语言，而是只有经由海德格尔的所谓"思"（即"领悟"）才能进入、形成和把握的语言。只有这种语言才承载着存在的"原初消息"。拙见以"模糊语言"来概说，一是来自对语言多义性、不定性的总结，更主要的则是因为"模糊"意谓混沌一片，这个混沌一片正可与海德格尔的存在论域（语言的存在论域）相对应。在海德格尔看来，正因为它是域，它才可能给出道路。或者说正是这种模糊不定中潜藏着通达存在的道路。模糊的语言为对它的解释提供了可供解释的无限空间。这种语言不同

---

① 胡适：《先秦名学史》，载《胡适学术文集》，中华书局1991年版，第882页。

于逻辑化的语言，逻辑化的语言在精细中牺牲了想象和诗情。

　　与"模糊语言"可以相通的是，道言也是一种模糊语言，因为它也具有多义性、不确定性、无限的可解释性和创造性。一部五千言的《老子》对"道"的称谓就极不确定，如大、玄冥、一、朴、自然、无名、无为、常道、无、大象、无物之象、无极、不肖等等。老、庄之"道言"的无限解释性从历代汗牛充栋的注老、解庄的作品即可得到明证。而"道言"本身的创造性，就在于它向一切诠释者开放，随着解读者各异的视界，每一个解读者都可以从同一本《老子》《庄子》中得到不同的领悟，语言在文本与读者的"视界融合"中进行着富有意义的自我创造、自我拓展。道言的这种模糊特性也是对墨辩学者、形名家的理智精细（金岳霖语）的反动，不能把它看作是未经发展的前语言学。所谓"道不可言"实质上是说无限意蕴的"道"是难以用有限的言来言传的。老、庄道言的模糊性正是力图保持语言对道的无限开放性，只有这样才能使"道"成为贯穿古今、与物宛转的"常道""大道"。

三、道言与诗化语言

　　西方语言哲学家们在批判逻各斯中心论的同时，积极探索以诗的语言来营造自己的哲学，来传达自己对真理、存在的领悟。尼采可谓是此类哲人中的一位典型代表，他真正把哲学与诗融为一体。他说："我不信任一切体系的构造者，并且避开他们。构造体系的意愿是一种诚实的阙如"①，把真实的情感制作成"概念的木乃伊"实是对自己的不诚实。在尼采看来，格言、警句是"永恒的形式"，是最适合于表达哲思的形式，因为哲学是要把握"永恒""绝对"，而"永恒""绝对"是隐而不显的，只在某些瞬间闪现。而格言、警句正是捕捉这些瞬间

---

① 周国平主编：《诗人哲学家》，上海人民出版社 1987 年版，第 236 页。

闪光的最佳方式。格言、警句、隐喻和象征正是尼采哲学的诗意风格，如尼采哲学中的"生命意志""强力意志""酒神""日神""永恒轮回""超人"，都不是逻辑意义上的概念，而是诗学意义上的隐喻或象征。海德格尔可谓是把诗与思、诗与哲学的关系强调到极致的一位哲人。诗就是本真之言，本真之言即是诗。海德格尔特别区分了"本真之言"与"日常语言"，他说本真的诗绝不是日常语言的某种较高品类；毋宁说日常语言是被遗忘了的因而是精华尽损的诗。所谓诗化语言是就隐喻或象征而言。

对古代灵魂或原始思维极具洞察力的维柯曾深刻地指出："隐喻不仅包括那些意味着**感觉领域之交流**的隐喻，而且还包括那些意味着**人与世界的同质性**的隐喻。"[1] 由于逻辑和语法规则的垄断，我们早已失去了说出人与宇宙的基本真理的语言。那些古老的真理对于我们今天的语言来说只显现为矛盾（不被接受的矛盾），虽然我们今天还使用隐喻，但不是作为精神活动或无意识心理的本体的存在，而是作为一种修辞，一种技巧。也就是说我们缺乏一种隐喻的心灵，一种隐喻的语言。艾略特曾说，隐喻不是一种写作技巧，而是一种思维方式，"这种思维方式提高到某一高度就能产生大诗人、大圣人和神秘主义者"[2]。

显然，这种隐喻学说，不同于传统的隐喻学说，传统隐喻是建立在"能喻"与"所喻"之间的相似性基础上的。如亚里士多德的"比拟说"、皮尔士的"图像说"都属于传统隐喻学说，这种隐喻仅限于语词层面的语词替换，是一种语言技巧、一种修辞，不具有认知义。而维柯、尼采、海德格尔等人的隐喻具有认知义，且"能喻"与"所喻"之间既相似又不全相似，因而隐喻给理解带来张力，带来一种"意义的盈余"（surplus of meaning），也就是"能喻"超越地指向"所喻"。

---

[1]　徐友渔、周国平等：《语言与哲学》，生活·读书·新知三联书店 1996 年版，第 163 页。

[2]　艾略特：《论但丁》。

这种隐喻能伸展我们的认知能力，能够揭示某些古老的真理。例如："在一切语种里大部分涉及无生命的事物的表达方式都是用人体及其各部分以及用人的感觉和情欲的隐喻来形成的。例如用'首'（头）来表达顶或开始，用'额'或'肩'来表达一座山的部位，针和土豆都可以有'眼'，杯或壶都可以有'嘴'，耙、锯或梳都可以有'齿'，任何空隙或洞都可以叫做'口'，麦穗的'须'，鞋的'舌'，河的'咽喉'，地的'颈'，海的'手臂'，钟的'指针'叫做'手'，'心'代表中央，船帆的'腹部'，'脚'代表终点或底，果实的'肉'，岩石或矿的'脉'，'葡萄的血'代表酒，地的'腹部'，天或海'微笑'，风'吹'，波浪'呜咽'，物体在重压下'呻吟'。"[1] 这些隐喻都是本真的诗，其"能喻"和"所喻"在既相似又不相似中有着丰富的意义盈余，如"葡萄的血"与"酒"，其相似处在于它们都是液体，然而血是流动的，充满生命力量的，这种不相似的增加义扩展着我们对"酒"的理解。不止如此，这些隐喻的深意更在于：一方面人类借重于对自己的认识来认识那些外在于人的自然事物，使世界成为属人的世界；另一方面，人通过把自己**变形为事物**，从而把自身融入自然事物中去，使人成为世界的人、自然的人。这种"人与世界的**同质性**隐喻"表明了此一时期**人对世界与人的同质同构性的本原的理解**。

道言，尤其是庄子的寓言，就是隐喻之言、象征之言，即诗化语言。维柯曾指出：一个"隐喻就是一个具体而微的寓言故事"[2]。《庄子·寓言》云："寓言十九，藉外论之，亲父不为其子媒，亲父誉之，不若非其父者也。非吾罪也，人之罪也。与己同则应，不与己同则反，同于己为是之，异于己为非之。"《庄子·天下》谓："庄周……以寓言为广。"庄子所谓"藉外论之"正是设言于此，寄意于彼，或说"藉

---

[1]　维柯：《新科学》，朱光潜译，第200—201页。

[2]　维柯：《新科学》，朱光潜译，第200页。

此以言彼"。其所以藉外论之、藉此言彼，是为了克服"常言"所造成的语言困境，"常言"的主要困境就在于执于是非，"是"则是之应之，"非"则非之反之，党同伐异为"常言""常人"的最一般情境；**其所以能够**藉外论之、藉此言彼，是因为"言此"与"意彼"之间具有某种相似性。然而相似性并不就是相同性，"彼意"可以寓于"此言"，但"彼意"并不就完全无异地等于"此言"，两者之间既相似而又不相同，正是这种不同寻常的关系为想象的驰骋留下了空间。思维经由"此言"的激活而又超越了"此言"，进达到一个忘言的意境。这种隐喻之言在推广了语言意义的基础上，更推广或扩大我们心灵的经验范围。这也就是庄子的"以寓言为广"，也即是"意义的盈余"。

试举以下寓言为例：

> 昔者庄周梦为胡蝶，栩栩然胡蝶也，（自喻适志与！）不知周也。俄然觉则蘧蘧然周也。不知周之梦为胡蝶与？胡蝶之梦为周与？（周与胡蝶则必有分矣。）此之谓物化。

在这里，"此言"者，庄周梦蝶也。"彼意"者，物化也，"庄周梦蝶"之"所喻"也。然而"物化"之义又实非"庄周化蝶、蝶化庄周"所能涵盖。或者说由此我们体会到的岂止是庄周化蝶、蝶化庄周，天地一庄周，万物一蝴蝶也。天地一道，万物一化，物化者，天道之化也。庄子如此谬悠之说、荒唐之言实意蕴广远宏深的"道言"也。

四、道言与自然语言

在现代西方语言哲学，特别是在海德格尔的语言哲学中，语言的本质存在就是自然语言。自然语言是自然的涌现，从原则上来说，自然语言是不可能形式化的，逻辑化的语言是语言堕落而非语言进步，自然语言才是"本真之言"。在海德格尔那里，自然语言就是让语言自己说，本真的言说就是显示，让万物各归其本是，因而"语言的本质存在恰恰在对自己掉头不顾之际，才愈发使它所显示者得到解放，回归于现象的本己之中"①。就此本质而言，语言就不仅仅是一种工具，实比工具的含义更多。欧洲语言哲学的开山祖洪堡曾明言"语言是一个民族的精神，而一个民族的精神就是它的语言"。同样也可以说，道言是道家的精神，而道家的精神，也就是道言。在海德格尔那里，语言的言说有"言之有物"之言和"言不及义"之言。"言之有**物**"之言说，语词消隐，出现的是**物**，"言不及义"之言泛滥辞章，实无所言。自然之言，言之有物，也就是言之有道，本真之言也。

　　道言者，自然之言也。"人法地，地法天，天法道，道法自然。"②天地不言，天地有大美；四时不言，四时有明法；万物不言，万物有成理。诚所谓大道不言，大道昭然。以俗观之，大道无言；以道观之，道无不言也，道言无言。人既法道，当依"道言"，即言无言也。老子最先区别了"可道"与"不可道"、"可名"与"不可名"即"可言"与"不可言"，但对"不可言"的大道并非就此而弃之不言，而是要通过言带出"无言"，达到"无言"。"从事于道者，同于道也。"③说"道不可言"，就已经带出了"常道"。西方哲人维特根斯坦也提出哲学就是要区分"可说的"和"不可说的"，并认为凡是"可说的"都可以说清楚，对"不可说的"就应当保持沉默。沉默也是一种发言，保持沉默并非不言，而是通过把可说的东西说清楚的途径把不可说的东西显示出来。"它将用明显地可以讲述的东西来意味不可讲述的东西。"④这种通过"言"而显现出来的"无言"，就是自然之言，道言也。道心无执，道行无为，道言无言；无执无不识，无为无不为，无言无不

---

① Heidegger, *Unterwegs zur Sprache*, Ptullinen: Neske, 1959, S. 262.
② 《老子》第二十五章。
③ 《老子》第二十三章。
④ 维特根斯坦：《逻辑哲学论》，商务印书馆 2017 年版，第 51 页。

言。道言的本质就是自然之言，就是言无言。言无言者，言而不滞于言，不为"名"累，不为言缠。不滞于言就是要破除语言迷信，"语言也像呼吸、血液、性别和闪电等其他带有神秘性质的事物一样，从人类能够记录思想开始，人们就一直用迷信的眼光来看待它"[①]。破除语言迷信，就是要让语言出自胸臆，自然流吐，这才是真人真言。言无言者，言而超言，得意忘言、得象忘意、得道忘象，越过常"言"，进达"常道"，超言绝象，道在其中；言无言者，言而默也，无边的沉默烘托着老子的五千言，响彻了中国历史的两千多年。"老子之言绝非我们称之为言语的那种东西，而是如同轻风掠过海面时，取之不尽的海水所发出的澎湃声。"[②]老、庄之言，是天籁、是本真之言也。默然不语声如雷，此时无声尽道言；言无言，言而足也。言而足者，言而尽道。言而尽道者，终身不言，未尝不言。言言者，言而不足。言而不足者，言而尽物。言而尽物者，终身言，未尝言；言无言者，也就是要以"是不是，然不然"的"非常言"的方式言，肯定了所有的"不是""不然"，也就是向"是"本身、"然"本身回归，按照其是之所是的本原的自然的显现方式使其显现，这也即是老子所讲的"以身观身，以家观家，以乡观乡，以邦观邦，以天下观天下"[③]。老、庄之言正是依道之所是（本是）的方式言，因而老、庄之言非老、庄所言，是道之自言，是道言，也正是在这个意义上，言即道也。

---

① 罗素：《人类的知识》，张金言译，商务印书馆 1983 年版，第 68 页。
② 马丁·布伯：《道教》，《德国思想家论中国》，江苏人民出版社 1994 年版，第 193 页。
③ 《老子》第五十四章。

结　语

　　综合前面数章的分疏和剖析，先秦道家的有无范畴是道家哲学范畴系统中的核心，有无统摄了天人、群己、生死、道言诸范畴。先秦道家之道论可以说就是以无为本、有无相生的有无论。从天人关系来看，天作为人生存的基础和背景，可以说就是无，人则是有意志、有情感、有欲望的实有，天人相合、天人合一也就是有无相生、有无合一，天生人也就是无生有，人辅万物之自然，不灭天、不灭命则是有生无。就群己范畴论，从个人消融在群体中来看，个体就是无，而群体则是有，群体又是由每一个体所组成，这就是无生有；而群体、社会又是个体所不可或缺的，因而这就是有生无。道家诸子"贵己""为我"也就是无本论、道法自然论在群己观上的具体表现。人我两利、群己相济，也就是有无相生。"全生"尽年，"贵己""为我"，也就是"道法自然"。从生死范畴来看，死就是无，生则是有。一方面有生即有死，死与生俱在，生是向死而生，死是人生的虚无化；另一方面，人只有勘破了死，才能真切而坦然地生，也就是只有通过对死的领悟，才能重生、惜生、贵己，由"死的尊严"而达到"生命的尊严"，同时也只有通过这样的生死领悟，充分实现了生，人面对自己仅有的一次死时才能无畏和自由，这也就是生死之间有无相生。从道言范畴来看，道即无，言即有，由言达道也就是即有体无，由用即体。总之，作为先秦道家道论之核心的"无"，就是人须臾不可离并以之为法的

"天"，就是人必须看重的"己"，就是生"生"的死，就是言力图把握、揭明的道。"无"不单是虚空，还是道冲，是不盈，是渊兮万物之宗，无是无执、无定，是无限的创造性，无限的可能性，是否定，是超越。从儒、墨、道诸家以及道家与现代西方哲学之间比较来看，先秦道家有无、天人、群己、生死、道言诸范畴确具有突破性和超越性的特点。

先秦道家有无相生、以无为本的智慧玄思中所内涵的"绝圣弃智""剽剥仁义"的社会批判精神，"重己全生"的主体意识，"自然天放"的自由观念，"公而不党"的公私观与"以和为量"的和平意识，"物极必反"的辩证智慧与"齐彼物论"的超越精神，"自然无为"的客观态度与"法天贵真"的生态智慧等思想，既有当时的现实的意义，亦具有当今的超越价值，是我们应当借鉴和吸取的宝贵的精神财富。

［外 篇］

道家思想的多维审视

道家社会哲学思想略论

论及道家哲学，人们多指认其为一种关注个人生命与个体自由的哲学，是一种逃避俗世的隐者的哲学。其实，从社会哲学的视界出发，道家思想中实包含有深切的社会关怀。陈荣捷先生认为："（隐士）最多不过反映道家思想的一个角度，而这个角度又不是最重要的。"[①] 道家"身治"与"国治"并举，"内圣"与"外王"兼重，贵时主变，御化知常，对道德刑名的重视，对万物价值平齐对待的平等意识，对生命价值的珍重，对理想社会的设计，对社会文明的批判重建，这在在表明道家的社会哲学思想内容丰富而又颇具借鉴价值。

一、道本论 —— 社会本体论

按笔者的理解，社会本体论应有两层意涵：一是指以社会存在为本体，例如西方马克思主义思潮中的杰出代表卢卡奇就提出"社会存在本体论"，他把存在分为无机界、有机界和社会三大类，因而本体论也有相应的三大类。一般地说，社会存在的本体论是以自然存在的本体论为前提的。二是指为社会找一个本体，道家的本体论就是属于此一种类。道家为社会提供的本体就是道，即以道为本。

---

① 陈荣捷：《中国哲学论集》，台北"中研院"中国文化研究所 1994 年版，第 168 页。

　　道家道本论就是以道为万事万物的根本，道是宇宙万物的最后根源，从认识论的角度看，道本论是老庄对世界万物的最根本的诠释。"道"范畴是先秦思想中第一个具有本体论意义的哲学范畴。虽然"道"范畴在老庄的阐述中有多种不同的含义，但其中最重要、最根本的含义，就是作为世界最后根源的哲学本体论范畴的那种含义。

　　《老子》第四十二章讲：

　　　　道生一，一生二，二生三，三生万物，万物负阴而抱阳，冲气以为和。

　　老子还讲：人法地，地法天，天法道，道法自然。道即自然，道本自然也。

　　庄子对这种本体论意义上的"道"范畴有更加深刻而详备的论述，《庄子·大宗师》谓：

　　　　夫道，有情有信，无为无形，可传而不可受，可得而不可见；自本自根未有天地，自古以固存；神鬼神帝，生天生地；在太极之先而不为高，在六极之下而不为深，先天地生而不为久，长于上古而不为老。

　　《庄子·天道》谓：

　　　　夫道，于大不终，于小不遗，故万物备，广广乎其无不容也，渊渊乎其不可测也。

　　《庄子·知北游》谓：

　　　　所谓道……无所不在。

《庄子·渔父》谓：

> 道通为一。其分也，成也；其成也，毁也。凡物无成与毁，复通为一。
>
> 且道者，万物之所由也，庶物失之者死，得之者生；为事逆之则败，顺之则成。

由老庄所述可知，"道"具有自本性、遍在性、超越性和主宰性等特征。所谓自本性指道自本自立，自己就是自己的原因；所谓遍在性指道无处不在、无所不是，道遍在于一切事物之中，道不离物，即物即道；所谓超越性指道因遍在于一切事物中从而具有超越时空囿限的属性；而道生万物，道是万物各种存在样态的根据，故道有主宰性。

道家老庄这种较为完整意义上的本体论范畴是对此前的"人道"与"天道"范畴的总结与发展。《左传·昭公十八年》讲"天道远，人道迩"，《礼记·丧服小记》讲"亲亲、尊尊、长长、男女之有别，人道之大者也"。"天道"多指自然的法则，而"人道"则指社会的政治伦理原则。老庄泛观万物，"道通为一"，把分裂的"天道"与"人道"统一起来，"道"成为涵盖自然和人类社会的总体概念。"道"范畴的提出与阐释，既克服了殷周时期"帝""天"等本体论范畴的朴素性，又克服了"天道"与"人道"的分裂，因此我们说道家的社会本体论就是道本论，换言之，"道"既是自然世界的本体，亦是社会的本体。

"道"作为社会本体，由虚玄向下落实就是"德"。德者，得也。得什么？得"一"也。"一"者，道也。道即德也。《庄子·天地》讲"泰初有无，无有无名，一之所起，有一而未形，物得以生谓之德，物成生理谓之形，形体保神各有仪"，"道"是"一"，但"德"已是"多"了。德者，行也，得道而行，得一而多。人与人类社会赖以生存的万物都是多，都是以道为宗本并以"道"为准绳和法则，老子讲

"圣人抱一以为天下式"。天地的本性、万物的本性和人类的本性都是德，都总括在德之中。道与人类社会的关系非常紧密，"譬道之在天下，犹川谷之于江海"①，道与人类社会就如川谷之于江海，道是社会存在与变化发展的根源，也是人生存与发展的本源。道对于人类社会和每一个人都是至关重要的。就社会而言，社会是有自身的发展规律的，圣人明主只要抱道而行，为而不争，利而不害，按自然之规则来办，社会就会和平、稳固、长久、繁荣。就个人而言，对于一个知"道"、尊"道"、行"道"的人来讲，"道"激发人生命的活力和生命意识，使人成长、成熟和长寿，因而"道"是极其有用的，"道"意味着一切；对于一个不知"道"、不尊"道"、不行"道"的人而言，"道"就是无，一无所用，一无所是，因为他不能从"道"中得到任何受用。不仅如此，逆"道"而行，还会受到"道"的惩罚。

二、弃绝论 —— 社会批判理论

时下学术界有一个较为共识的观点认为，孔子是夏商周三代文化的总结继承者，老子则是三代文化的批判者。应该说这种观点是符合实际的，孔、老二人在文化观念上的确有重大差别，具有不同的思想特征，代表着日后中国文化发展的两种不同路向，孔、老及其所开创的儒、道两家在以后的发展中形成了不同的文化传统。

对于古代的文化传统，特别是政治和伦理等传统，孔子、儒家更多的是从正面予以总结继承，其思想具有建设性，对社会中的问题与时代危机，多是在体制内通过改良、损益，强调仁爱、德治方式予以补救。而以老庄为代表的道家，他们特别注意反思三代以来的文化传统的偏失与流弊，主张以自然主义原则予以纠正；对时代的危机，对

---

① 《老子》第三十二章。

社会生活中的种种异化现象，力主以抗议、批判、毁弃和重建的方式予以彻底暴露和解决，他们是社会忧患意识和社会批判意识的承担者。道家人物多是"以德抗权""以道抑尊"的人物，他们与儒家构成颇具张力的两极，共同成为中国文化传统的主干。道家的社会批判思想在中国思想史上是非常珍贵的，表现了人们的一种觉醒意识。他们的社会批判思想的中心内容是对人们的社会现实环境、生活方式的不幸状况及其不合理性的认识。以"弃绝论"为显著特征的社会批判理论是道家社会哲学的重要构成部分。具体而言，"弃绝论"以"无君论"批判、否定当时君主专制制度；以"无为论"否定、批判人们的社会生活与社会行为；以"绝圣弃智""绝巧弃利""不用"等否定、批判社会物质文明成果与人类智慧。

春秋战国时期，三代以来的文化发展遭遇了前所未有的危机，王室衰微、大国争霸，"礼乐征伐自天子出"的社会政治制度陷入崩溃之中。当时社会是统治者"庖有肥肉，厩有肥马""仓廪实、府库充"，而与之相反的是"民有饥色，野有饿莩"，"老弱转乎沟壑；壮者散之四方"。[①]"百姓饥寒冻馁而死者不得胜数。"[②]造成这种局面的根源在于君主制度。对此，老子对君主制度进行了批判。老子认为君主应当节制自己的贪欲，"去甚、去奢、去泰"，不贵难得之货，不见可欲，这样才能起到君主的表率作用。到了庄子，他对君主制度进行了更加尖锐的批判，庄子认为君主制中的君臣之分是一种"固陋"的表现。在君主专制的社会里，君主是国家的最高统治者，君臣有差等。臣民服从君主是最基本的政治伦理。孔儒认为"长幼之节不可废也，君臣之义如之何其废之"[③]，庄子则认为君主统治、君臣之分，所谓的"礼仪

---

① 《孟子·离娄上》。

② 《墨子·非攻中》。

③ 《论语·微子》。

三百，威仪三千"①，这些都是荒诞的、虚幻的。庄子对君主制中的专制行为更是予以彻底否定。他认为"君人者"的"经式义度"都是多余的、不必要的，是违反人的本性的。这与墨子、荀子的认识大相径庭，墨子、荀子均认为人的本性是"自是""好争"，为了避免由于人性造成的"天下大乱"，故制度、规范、天子、人君都是必要的。"孔子三月无君则皇皇如也"②，庄子则认为"无君于上，无臣于下，亦无四时之事，泛然以天地为春秋，虽南面之乐，不能过也"③。总之，老庄特别是庄子的批判，虽然还缺乏理论形态，但这些批判成为后来时代的人们抨击君主专制制度的源泉和表率。

　　道家的社会批判论主张以"无为论"去批判当时的种种行为。在老庄看来，自然无为不仅是君主，也应当是一切有道德修养的人的最根本、最高的行为准则。老庄认为天地万物在本性上都是自然无为的，依道家的道本论而言，道常无为也。老子讲"为学日益，为道日损，损之又损，以至无为"④"为无为，事无事，味无味"⑤，君主遵从自然无为之道持政，"行不言之教""处无为之事"，这样才能够达到"天下自正""万物自化"的境界（状态）。在庄子看来，"圣人无为""大圣不作"都是"观于天地之谓也"，是他们"原天地之美达万物之理"的结果。庄子认为人一旦有为，就会引起"性动"，人的本性的自然状态就要丧失。庄子特别批判了有关仁义等道德行为，因为儒家"仁义"是当时社会人们的一种普遍追求。庄子认为"自虞氏招仁义以挠天下也，天下莫不奔命于仁义"⑥。仁义戕害人的本性，引起人们对"利"的追求，带来了"天下大乱"。庄子特别反对那种把"仁义"当作一种谋

---

① 《礼记·中庸》。
② 《孟子·滕文公下》。
③ 《庄子·至乐》。
④ 《老子》第四十八章。
⑤ 《老子》第五十三章。
⑥ 《庄子·骈拇》。

利谋名的手段的作为，"爱利出乎仁义，捐仁义者寡，利仁义者众。夫仁义之行，唯且无诚，且假乎禽贪者器"①。仁义实际上成为贪婪者攫取名利的工具，成为统治者压迫束缚人民的工具。当然，老庄讲"无为"并不是绝对地一无所为，而是"为无为"，"辅万物之自然"而为也。此外，老庄特别反对那种轻物重生的社会风尚。"自三代以下者，天下莫不以物易其性矣！小人则以身殉利，士则以身殉名，大夫则以身殉家，圣人则以身殉天下。故此数子者，事业不同，名声异号，其于伤性以身为殉，一也。"②老庄不仅意识到人与人的尖锐对立，还深刻地认识到人与物的对立，初步地触及人的异化现象。一切物质文明成果本是人的创造物，本应属于人所控制、支配，但是"今世俗之君子，多危身弃生以殉物"③，这种"丧己于物，失性于俗者，谓之倒置之民"④。对此，庄子明确主张"轻物重生"，把人们倒置了的观念与行为重新颠倒过来，人应当"浮游乎万物之祖，物物而不物于物"⑤。

"我们在现代社会中所看到的异化几乎无孔不入的。它渗透到了人和他的工作、所消费的物品、国家、同胞以及和他自己等等这些关系中。人已经创造了一个前所未有的人造物的世界。人建成了一个管理着人所创造的技术机器的复杂的社会机器，然而，他的这种全部创造却高于他，站在他之上。他并不觉得自己是一个创造者和中心，而只觉得是一个他双手创造的机器人的奴隶。他发挥出来的力量越是有力和巨大，他越是觉得自己无力成为人。他面对着体现在他所创造的东西中的和他相异化了的自己的力量；他被自己的创造物所占有，而失去了对自己的所有权。"⑥美籍德国哲学家弗洛姆这段对现代社会异化

---

① 《庄子·徐无鬼》
② 《庄子·骈拇》。
③ 《庄子·让王》。
④ 《庄子·缮性》。
⑤ 《庄子·山木》。
⑥ E. 弗洛姆：《资本主义下的异化问题》，《哲学译丛》1981 年第 4 期。

问题的分析可以说是庄子的批判的一种展开状态。现代社会中的人类、人性正在被人的创造物吞没的异化现象说明庄子的批判是多么地深刻。

道家由"无为论"出发展开的对人们的社会行为、社会风尚的批判，进而发展到对人类一切物质文明成果和人类智慧的批判。老子明确讲"绝圣弃智""绝巧弃利""绝学无忧"，庄子更是把这种"弃绝论"推广到人类文明与智慧的多个方面：

> 绝圣弃知，大盗乃止；摘玉毁珠，小盗不起；焚符破玺，而民朴鄙；掊斗折衡，而民不争；殚残天下之圣法，而民始可与论议。擢乱六律，铄绝竽瑟，塞旷之耳，而天下始人含其聪矣；灭文章，散五彩，胶离朱之目，而天下始人含其明矣；毁绝钩绳而弃规矩，攦工倕之指，而天下始人有其巧矣；削曾史之行，钳扬墨之口，攘弃仁义，而天下之德始玄同矣……彼曾史、杨、墨、师旷、工倕、离朱，皆外主其德而乱天下者也。①

在这里，人类的道德、智慧、典章制度、财货器物、优美音乐、华彩文章、精巧工艺……都成为破坏人类自然本性和扰乱天下安宁的因素。应该说道家这种批判确有反人类、反文明的倾向，但是透过这种社会批判形式，我们可以感受到老庄的批判内里蕴藏着强烈的人性的、人道的感情内容。因为在春秋战国那种充满剥削压迫，充满纷争、战乱的社会和时代，人类创造的文明成果只会给统治者带来享乐，而留给广大受压迫者的只有文明成果创造时的痛苦与辛劳。

总之，道家的社会批判理论对文明社会的堕落、罪恶进行了尖锐的揭露、强烈的谴责和无情的批判，他们敏锐而深刻地看到了文明进步本身所包含的矛盾。当然这种批判包含着对恩格斯所说的"古代氏

---

① 《庄子·胠箧》。

族社会的纯朴道德"的高度赞美，确有一种想要回到原始氏族社会状态的思想倾向。他们的批判不乏偏激之处，但对于当时衰落的社会也是一种批判的拯救。老庄堪称是文明社会伟大的批判家，是中国古代思想史上牛虻式的人物。他们的社会批判理论在中国思想史上，乃至在人类思想史上留下了不灭的光辉。

三、齐物论 —— 社会价值论

　　道家的社会价值观是中国古典哲学中最深刻而又颇具特色的。其有关思想集中表现在相对价值论、普遍功用观与"尊道贵德""轻物重生"的价值选择论上。

　　以孔、孟为代表的儒家价值观主要是以仁义道德为确定不移的至上价值，如孔子提出"义以为上""仁者安仁"，孟子讲"物之不齐""舍生取义"。墨子则崇尚以国家人民之大利为最高价值标准。与儒、墨不同，道家以"万物一齐""物无贵贱"的理论思辨摧毁了仁、义、礼、利等价值观的绝对至上性，揭示了价值的相对性，提出了社会价值的相对论。老子就认为美丑、善恶、祸福、高下、贵贱、大小等价值区分都是相对的。"天下皆知美之为美，斯恶也；皆知善之为善，斯不善矣。"[①]"美之与恶，相去若何。"[②]"祸兮福之所倚，福兮祸之所伏。"[③]美与丑之间的价值区分不仅是相对的，并且是可以相互转化的。世俗社会中种种价值对立的绝对性被瓦解了。庄子沿着老子的思想，更认定"物无贵贱""万物一齐"，明确地提出社会价值相对论。庄子知道，价值并非纯粹客观的事实，在现实的社会中，其物有无价值以及价值大小依赖于人们用什么标准来看待该物和用什么方式使用

---

　　① 《老子》第二章。
　　② 《老子》第二十章。
　　③ 《老子》第五十八章。

该物。《庄子·秋水》谓："以道观之，物无贵贱；以物观之，自贵而相贱；以俗观之，贵贱不在己。"从道的观点看，万物是齐同的、等值的，没有什么价值大小的区分；从每一物的自我立场出发，常常是以他物为无价值、自我为有价值，他物价值小、自我价值大；从世俗社会的角度来看事物的价值，常常是众人以为贵的就有价值，众人以为贱的就无价值。这也即是说在具体的现象世界里，没有一个具体的东西可以用作普遍的价值标准。由于这些具体的标准的时效性和使用范围是变化的，因而事物之间的价值也就没有普遍意义上的贵贱之别。事物的功用价值是如此，人类的道德价值、认识价值和审美价值亦如此。《庄子·齐物论》谓："毛嫱丽姬，人之所美也，鱼见之深入，鸟见之高飞，麋鹿见之决骤，四者孰知天下之正色哉？"

在相对价值论的基础上，道家还提出了"无物无用""因物尽用"的普遍功用观。在老子看来，一切事物都是有价值的，"善人，不善人之师也；不善人，善人之资也"[1]。一切人都有他的自身价值，一切物也是这样，"人无弃人，物无弃财"[2]。《庄子·逍遥游》谓："宋人资章甫而适诸越，越人断发文身，无所用之。"宋人买帽子给越人，越人不用，这不能说明帽子无用，而是由于越人的风俗是断发文身，不适用也。《淮南子》谓："无论大小修短，各得其宜；规矩方圆，各有所施；殊形异材，莫不可得而用也。"固执于某种狭隘、僵化的价值观，则常常会一叶障目，而不知因物尽用，用物之宜也。《楚辞·渔父》曰："沧浪之水清兮，可以濯吾缨；沧浪之水浊兮，可以濯吾足。"只要我们能够破除价值观念上的心理定式，"权而用其长"，就可以最大限度地发掘事物的价值。相反，倘若观念僵化，不知变通，使用不当，大材往往小用，甚至是无用，这就造成了有弃人、有弃物的现象。应该

---

① 《老子》第二十七章。
② 《老子》第二十七章。

说道家这种普遍功用观充分肯定了一切物与人、物质与精神的价值，反对对物用做直线性和简单化的理解。

道家社会价值论对一切事物的价值或功用做平齐等同看待，并不意味着道家在社会价值问题上无所选择或等同选择。道家的价值选择论主要表现为"尊道贵德""轻物重生"：一是把超现象，具有恒常性、普遍性的道视为至高无上的价值，而在道之下的事物则只具有相对价值，因而"尊道贵德"是道家社会价值选择论的一个突出特点；二是重生命价值，轻宰制人身心的外物的价值。

从"尊道贵德"来看，道家老子明确提出"万物莫不尊道而贵德""道之尊也，德之贵也，夫莫之爵而恒自然也"①。道的至上价值就在于道是万物的本体，道生万物。不仅如此，道生养万物而又不以生养者自居，即"生而不有，为而不恃，长而不宰"。老子还从道—德—仁—义—礼之间的价值递减关系来说明道的价值至上性。"失道而后德，失德而后仁，失仁而后义，失义而后礼。"②在老子看来，从远古至德之世到春秋战国时代，社会历史的发展表现为一个从道到礼的价值递减过程，当人们无法践履至上的道德价值的时候，就退而求其次行仁行义，一旦仁、义也难以实行的时候，就只有抓住形式化的礼。礼只是形式化的东西，是外在的带有强制性的社会规范，礼的盛行正是内在精神原则彻底衰落的结果。庄学派亦认为"道，物之极也"。与道相比，刑、德、名、功、仁、义都是次要的。道家"尊道贵德"的价值选择论落实到个体生命身上，便是"轻物重生"。道家认为人法地、地法天、天法道。道是人的行为的准则和生存的根据。如前已述，道家反对"人为物役"，反对把外物的价值看作是高于人的生命价值的做法。外物的价值本来是为了维护和实现人的生命价值的，但由于人

---

① 《老子》第五十一章。
② 《老子》第三十八章。

们把外物的价值无限放大，这就势必淹没或失落人的生命价值。"轻物重生"的价值选择论正是针对着这种本末倒置现象而提出来的。

总之，道家的社会价值选择论启示我们：既要充分肯定每一人、每一物都有其特有的价值、作用，同时又要看到在人与物、道与非道之间，确有某种价值差异，也应有孰轻孰重的价值取舍。

四、至德之世论 —— 社会理想论

理想的社会设计总是痛苦现实的伴生物。比如，在社会主义思想史上，哪里有资本主义各种矛盾的暴露，哪里就有仁人志士为解决资本主义矛盾的种种理想社会设计。在空想社会主义史上，穆尔的《乌托邦》、康帕内拉的《太阳城》和安德里亚的《基督城》可以说是三个杰出代表。同样，道家对痛苦现实无情批判的另一面也是对理想社会的建构。先秦道家诸子几乎人人都对自己心目中的理想社会做了一番描述与勾画。

老子的理想社会是"小国寡民"，《老子》第八十章讲："小国寡民，使有什佰之器而不用，使民重死而不远徙。虽有舟车，无所乘之；虽有甲兵，无所陈之。使民复结绳而用之。甘其食，美其服；安其居，乐其俗。邻国相望，鸡犬之声相闻，民至老死不相往来。"在这里老子描述的理想社会就是人民少国家小，没有战争，没有流血冲突，人们各安其居，各有其田产，各自保持自己的习俗，甘食美服，没有饥馑与冻馁，无为而治，和平共处。近年有韩国学者吴相武先生提出新说，质疑老子的"小国寡民"理想[①]，认为老子的理想追求是大国，所谓"小国寡民"是指"在人民少国家小的情况下"的意思。我认为从《老子》文本及老子所处的时代来看，"小国寡民"就是老子的理想社会设

计。过去不少学者据"小国寡民"论批判老子为无政府主义。认定老子的社会观、国家观是逆历史潮流而动的。吴相武先生的新说正是反驳这些观点而替老子辩护的。我以为凭"小国寡民"论批判老子反动、倒退的观点虽不无道理，但也较为片面。这里就涉及如何理解《老子》第八十章。这里"虽有甲兵"一句中的"甲兵"，很明显指铠甲兵器之类的战争工具。"什佰之器"是什么？愈樾在《老子评议》中说"什佰之器，乃兵器也"。《后汉书·宣秉传》注曰："军法五人为伍，二五为什，则共其器物。"徐锴《说文系传》于人部"伯"下引老子曰："有什佰之器，每什佰共享器，谓兵革之属。"可见"什佰之器"指兵器。"结绳而用"这一句常被人们用为否定老子的重要证据，认为老子是要回到"结绳记事"的时代，不少训诂学家、老子研究者对这一句或语焉不详或不予注释。为什么会这样呢？因为人们多认为"结绳而用"就是"结绳记事"。其实，这"结绳而用"是指各个国家缔结盟约，互不干扰，各自依盟约而行。《老子》第二十七章中有"善结无绳约而不可解"，其言内之意是说善于捆缚的人不用绳索却使人解不开；其言外之意是说，善于领导、治理的人不需要那么多烦琐的规章制度约束人民就可以治理好国家和人民，这正体现了老子自然无为的社会政治理想。在春秋战国时期，诸侯霸主们在贪欲的驱使下，凭借赤裸裸的武力，"广地侵壤，并兼不已；举不义之兵，伐无罪之国，杀不辜之民，绝先圣之后，大国出攻，小国城守，驱人之牛马，僇人之子女，毁人之家庙，迁人之重宝"[①]。为了反对当时"广土众民"的政策、反对兼并战争，老子才提出"小国寡民"的社会理想。而要想实现这一理想社会状态，就要消弭战争，要消除给人民带来灾难的战争，就应该首先废除武器的使用，然后通过缔结盟约，确保和平。

列子的理想社会是"华胥氏之国"。

---

① 《淮南子·本经训》。

《列子·黄帝》曰：

> 华胥氏之国在弇州之西，台州之北，不知斯齐国几千万里；盖非舟车足力之所及，神游而已。其国无师长，自然而已；其民无嗜欲，自然而已。不知乐生，不知恶死，故无夭殇；不知亲己，不知疏物，故无爱憎；不知背逆，不知向顺，故无利害；都无所爱惜，都无所畏忌。入水不溺，入火不热。斫挞无伤痛，指摘无痟痒。乘空如履实，寝虚若处床。云雾不硋其视，雷霆不乱其听，美恶不滑其心，山谷不踬其步，神行而已。

庄子的理想社会是"建德之国""至德之世"，《庄子·马蹄》曰：

> 至德之世，其行填填、其视颠颠。当是时也，山无蹊隧，泽无舟梁，万物群生，连属其乡；禽兽成群，草木遂居。是故禽兽可系羁而游，鸟鹊之巢可攀而窥。夫至德之世，同与禽兽居，族与万物并，恶恕乎君子小人哉！

《庄子·天地》曰：

> 至德之世，不尚贤，不使能；上如标枝，民如野鹿；端正而不知以为义，相爱而不知以为仁，实而不知以为忠，当而不知以为信，蠢动而相使，不以为赐。是故行而无迹，事而无传。

《庄子·山木》曰：

> 南越有邑焉，名为建德之国。其民愚而朴，少私而寡欲；知作而不知足，与而不求其极；不知义之所适，不知礼之所将；猖

狂妄行，乃蹈乎大方；其生可乐，其死可葬。

从以上列子、庄子的描述中可知，他们的理想社会大致有以下两个主要特点：

第一，他们所设计的理想社会要么是在古远的过去，要么是在僻远的边陲。如列子的华胥氏之国既在遥远的过去，又在僻远的边陲：华胥氏之国远在黄帝甚至更古的时代；同时地处异常偏僻，其僻远不知几千万里，人的足力舟车均不能够达到，只能神游而已。而庄子的"至德之世"在古远的过去，"建德之国"则在僻远的边陲。黄帝时代本已为春秋战国时代的人们所向往，而"至德之世"比黄帝时代还要古老，还要美好。唐代杜佑说："自岭而南，当唐虞三代为蛮夷之国，是百越之地，亦谓之南越，古谓之雕题，非《禹贡》九州岛之域，又非《周礼》职方之限。"① 既在九州岛、职方之外，可见何其遥远。在这里透露出来的信息是：遥远的过去才有黄金的时代，人迹罕至的边远之地才有道德的国土，也就是说只有在那古远的时空里才能有理想的社会和时代。

第二，在这种理想的社会和时代里，人和大自然和睦相处，互不争斗，同与禽兽居、族与万物并，没有人禽之别，亦没有人我之分。人们甘食、美服、乐俗、安居。外在的世界没有冲突，内在世界安宁平静没有纷扰。整个社会以愚朴寡欲为其精神道德特征，人们不知仁、义、忠、信，而言行举止处处表现出仁、义、忠、信。生死自然，"蹈乎大方"，人们过的是一种相当自由自在的生活。

道家所设想的理想社会是一个"自然发生的共同体"②，这个共同体遵循自然法则，没有高踞在社会之上的，用强制的方法来解决各种问

---

① 《通典》卷一八四《古南越》。

② 恩格斯：《家庭、私有制和国家的起源》，《马克思恩格斯选集》第4卷，人民出版社1995年版，第96页。

题的国家和统治者，一切问题都由全体社会成员自然而然地求得解决。这种社会奉行一种美妙的制度："没有军队、宪兵和警察，没有贵族、国王、总督、地方官和法官，没有监狱，没有诉讼，而一切都是有条有理的。……虽然当时的公共事务比今日更多，……可是，丝毫没有今日这样臃肿复杂的管理机关。一切问题，都由当事人自己解决，在大多数情况下，历来的习俗就把一切调整好了。"① 这种社会与儒家和墨家的理想社会，与西方文化中的理想社会大异其趣，如儒家孟子的理想社会是在"井田制"基础上由百亩之家组成的稳定、和平、自给自足的社会，这个社会洋溢着和表现着伦理道德的气氛和行为。墨家的理想社会是一个"刑政治、万民和、国家富、财用足，百姓皆得暖衣饱食，便宁无忧"② 的社会。在西方，从古希腊诗人赫西阿德"黄金时代"、柏拉图的"理想国"到空想社会主义的种种设计，他们的理想社会中都少不了道德与智慧，合理公平的政治制度、经济制度，文明富裕的社会生活等最一般的共同的基础观念或社会因素。道家的社会理想具有超世俗、超人类的特点，表现出明显的幻想性，甚至是怪诞性。把古远的时代和僻远之地予以理想化源于人类趋乐避苦的文化心理，痛苦与不快被隐去，人们记下了那些社会中的欢乐，这带有一定程度的自欺性。尽管如此，道家从远古时代寻找理想的社会也有其合理性，因为猴体解剖也是人体解剖的一把钥匙，远古时代的某些东西可以成为我们建构未来理想社会的有益的参照。同时，我们还应该看到道家的理想社会设想，也是对当时"相轧相盗""弃生殉物"的社会现实的尖锐批判与对人类社会的深情关怀。

---

① 《马克思恩格斯选集》第 4 卷，人民出版社 1995 年版，第 95 页。

② 《墨子·天志中》。

百世不一用 不可一日忘

—— 先秦道家兵学思想简论

在先秦兵学思想中，道家，特别是老子的兵学思想是其中相当重要的一家。在老学史上，唐代汉州刺史、威胜将军王真甚至视《老子》为兵书。他认为整部《道德经》"先举大道至德，修身理国之要，无为之事，不言之教，皆数十章之后，方始正言其兵。原夫深哀微旨，未尝有一章不属意于兵也"[①]。《道德经》是道家的哲学著作，并非兵书，但其中论及兵战处不少。历史上，道家类著述言兵者，除《道德经》外，还有《太公》《阴符经》等，所以后世道家言兵者，多据《道德经》和《阴符经》而加以发挥。

暴力是文明社会的助产婆，历史总是无情地践踏着千万具尸体前行。古华夏文明的产生与发展当然也脱离不了这一人类文明发展进步的共则。据《历代战争年表》的不完全统计，从传说时代到清王朝灭亡，中国大地上共发生了3791次规模较大的战争。《春秋》记载，仅《春秋》242年间，列国间的战争就达到483次。反映上古历史的《路史》说："自剥林木而来，何日而无战？太昊之难，七十战而后济；黄帝之难，五十二战而后济；少昊之难，四十八战而后济；昆吾之难，五十战而后济。"无情征战与绝地搏杀即挑战与应战成为人们生存的重

[①] 王真：《道德经论兵要义述表》。

要方式。道家诸子作为社会忧患意识的承担者，当然不会无视这种生存状态，不会不对这种生存状态加以反思。老子作为一个史官，熟谙历史，《道德经》一书的确总结了古代兵家丰富的经验，提出了不少富有独到见解的兵学思想。

一、以奇用兵的高超谋略

《老子》第五十七章讲："以正治国，以奇用兵，以无事取天下。吾何以知其然哉？以此：天下多忌讳，而民弥贫；民多利器，国家滋昏；人多伎巧，奇物滋起；法令滋彰，盗贼多有。故圣人云：我无为，而民自化；我好静，而民自正；我无事，而民自富；我无欲，而民自朴。"明代人释德清谓："天下国家者，当以清静无欲为正。"陈鼓应先生亦释："正"为"清静之道"。在道家看来，治理天下国家的正道就是清静无为，反之则为邪道、歪道。统治者若有为造作，多行法令，则会导致"国家滋昏""盗贼多有""而民弥贫"的局面。只有当统治者行无为无欲、清静无事之正道，国家人民才会"自化""自正""自富""自朴"。

相对于治国而言，用兵则必用奇道。在这里"奇"与"正"对，"奇"，奇巧、诡秘、临机应变之意也。帛书本"奇"作"畸"也。由于兵无常势、水无常形，故要想克敌制胜，就应随机应变，善用奇谋秘计。老子的"奇"的确是军事学上尤其是战术学上的重要范畴。有论者认为，"奇"即诈谋诡计乃属于"智"的范畴，但老子对"智"与"奇"是深恶痛绝的，老子讲"智慧出，有大伪"，故主张绝圣弃智。老子的确是反对"圣""智"，反对智诈权谋，但这并不是一个一般意义上的普遍性命题。老子所否定的"圣"，实际上是指靠智术统治天下的统治者，并不是老子理想中以"道"这种最高智慧武装起来的"圣人"。他所否定的"智"则是指统治者的权诈之术，所以蒋锡昌在其《老子校诂》中注为"圣者创制立法，智者舞巧弄诈"。对自己的人民弄巧舞诈就是一种欺骗，就会扰乱人民纯朴诚实的本性。但在战争中、在战场上，老子明确主张用"奇"，即在战争的攻守对抗中，老子非常重视奇谋异略。如《老子》第三十六章讲："将欲歙之，必固张之；将欲弱之，必固强之；将欲废之，必固兴之，将欲夺之，必固与之。是谓微明。"这与孙子"强而避之""乱而取之""佚而劳之""安能动之"是一脉相通的，充分体现了老子以智用兵，军不厌诈的思想。老子在这里所表述的就是诡诈之术，就是用兵的"奇"道，这并不与老子的反对圣智、奇巧相冲突，因为战争中的诡诈不同于日常意义上的欺骗。德国著名军事理论家克劳塞维茨曾对此进行了极为细致的分辨："诡诈是以隐蔽自己的企图作为前提的，因此它是同直率的、无所隐讳的，即直接的行动方式相对立的，就如同双关谐语和直接的表白相对立一样。因而它和说服、收买、压服等手段没有共同之处，但是和欺骗很类似，因为欺骗也同样隐蔽自己的企图。如果诡诈完全得逞，它本身甚至就是一种欺骗，但是由于它并不是直接的言而无信，因而和一般所谓的欺骗毕竟还有所不同。"[1] 在残酷的战争中，为了最大限度地保存自己实力，达到克敌制胜的目的，就必须善用诡诈，声东击西，出其不备，使敌人防不胜防。同"圣""智"一样，老子所谓"以奇用兵"的"用奇"术也不是一个涵盖一切的普遍概念，而是限定在兵战的范围内。老子以奇用兵的高超谋略使得不少论者从《老子》中读出用兵之术，清魏源《孙子集注序》中就说："《老子》其言兵书乎！'天下莫柔弱于水，而攻坚强者莫之能先'，吾于斯见兵之形。"

二、柔弱胜刚强的必胜信念

《老子》第三十六章讲："柔弱胜刚强。鱼不可脱于渊，国之利器，

---

[1] 克劳塞维茨：《战争论》，商务印书馆 1997 年版，第 216 页。

不可以示人。"第七十八章亦云:"天下莫柔弱于水,而攻坚强者莫之能胜,以其无以易之也。故柔之胜刚,弱之胜强,天下莫不知,莫能行。"在这里,老子提出了一个著名的命题:"柔弱胜刚强"。这是一个内容极丰富、涵盖性极广泛的哲学命题,它包含着作者对社会性乃至对客观自然现象的观察体验,当然也包括对军事斗争的观察体验。因此,这一命题内在地涵蕴着这样一层意思,即在反抗强暴的斗争中,弱小者是可以战胜刚强者的。这不仅是一种哲学观念,在老子兵学中更是一种必胜的信念。

老子以水为喻,认为天下万物没有比水更柔弱的了,但没有什么东西是水不能征服的。绳可断木,水可穿石,柔弱可以战胜刚强。当然,老子并不是抽象地讲柔弱胜刚强。老子提出这一命题,首先基于他对强弱对立双方相互转化的辩证认识。一般认为柔弱处于劣势,但老子认为并不是柔弱者必败,刚强者必胜,相反,"坚强者,死之徒;柔弱者,生之徒"[1]。"祸兮,福之所倚;福兮,祸之所伏。"[2]事物发展走向极端就会转向对立面,"是以兵强则不胜,木强则折"[3]。其次,老子认为要实现柔弱胜刚强,就不能轻敌。《老子》第六十九章云:"用兵有言:'吾不敢为主而为客,不敢进寸而退尺'。是谓行无行,攘无臂,执无兵,乃无敌。祸莫大于轻敌,轻敌几丧吾宝。故抗兵相加,哀者胜矣?"这一章的中心就是告诫我们在战争中一定要重视敌人。一些注者认为老子并不是讲"轻敌",而是讲"无敌",帛书甲乙本均作"祸莫大于无敌"可举为证。笔者认为,"无敌"也是"轻敌"之意,老子讲不为主而为客,不进寸而退尺并不是害怕敌人,而是高度重视敌方,是为了避敌之强,待敌之弱,是为了最终战而胜之。战争中的大忌就是无视敌方,刚愎自用,所以老子讲"祸莫大于轻敌(无

---

① 《老子》第七十六章。
② 《老子》第五十八章。
③ 《老子》第七十六章。

敌）"。所谓无敌天下者，也就是与天下为敌也，这终将招致自己的败亡。最后，要以柔弱胜刚强，还必须在战术上发挥我们的想象，展现我们的智慧，以奇用兵，同时还要做到"国之利器，不可以示人"，出其不意，克制强敌。

从纯粹的精神意义上讲，老子讲"柔弱胜刚强"作为一种必胜信念具有重要的意义。因为战争的胜负并不单是依赖物质因素决定的。战争是充满危险和劳累的领域，一个军人要想不被危险和劳累所吓倒和压倒，勇气、必胜信念就成为其首要的品质。"军事活动绝对不是仅涉及物质因素，它总是还同时涉及使物质具有生命力的精神力量。"①克劳塞维茨多次强调精神因素的重要作用。同样老子、道家兵学理论当然也不会"把精神要素排斥在外，因为物质力量的作用和精神力量的作用是完全融合在一起的，不可能象用化学方法分析合金那样把它们分解开"②。对于柔弱者而言，如果他有了必胜的信念，他就会有无惧强敌的勇气，就会有清醒的理智，就会激发他去想办法，创造条件，转弱为强，最终战胜强敌。

三、不争而善胜的理想追求

众所周知，道家哲学突出强调"无为"，司马谈《论六家要旨》谓："道家无为，又曰无不为，其实易行，其辞难知。"③老子讲道常无为而无不为。《庄子·知北游》云："圣人者，原天地之美，而达万物之理。是故圣人无为，大圣不作，观于天地之谓也。""无为"并不是无所作为，一无所为。《管子·心术上》云："无为之道，因也。"道家这种"无为而无不为"的哲学落实在军事领域就是《老子》第七十三

---

① 克劳塞维茨：《战争论》，第 116 页。
② 克劳塞维茨：《战争论》，第 188 页。
③ 《史记·太史公自序》。

章所说的："不争而善胜。"

《老子》第六十八章讲：

> 善为士者不武，善战者不怒，善胜敌者不与，善用人者为之下。是谓不争之德，是谓用人之力，是谓配天，古之极。

这是说善于做将帅者，不逞勇武；善于作战的，不轻易被激怒；善于战胜敌人的，不是诉诸直接的争斗；善于用人的常处于人之下。老子"不争而善胜"的命题至少应有以下几层意涵：第一，"不争"就是不逞武、不暴戾，逞武和暴戾乃是深具侵略性的行为，老子认为在战争中，逞武、暴戾就可能使自己的行为越过某种界限，如嗜杀就是逞武、暴戾的结果。所谓"不武""不怒""不争"并不是束手不动，一无所为。第二，"不争而善胜"也就是孙子所谓"不战而屈人之兵"。孙子讲"不战而屈人之兵"就是"善之善者也"。要想不战而屈人之兵，要么诉诸高超的谋略，善于因势利导，把握战机；要么诉诸强大的力量，通过威慑的方式达到不战而胜的结果。第三，老子的"不争"确有"和平"的意涵。在春秋战国时期，诸侯霸主们在贪欲的驱使下，凭借赤裸裸的武力，"广地侵壤，并兼无已；举不义之兵，伐无罪之国，杀不辜之民，绝先圣之后，大国出攻，小国城守，驱人之牛马，僇人之子女，毁人之宗庙，迁人之重宝"①。为了反对这种"广土众民"政策，反对兼并战争，老子明确反战，主张"不争"。如果人与人、国与国之间，彼此都奉行"不争"之则，邻国想望，鸡犬之声相闻，民至老死而不交战，和平共处，达到双赢，这可谓最高境界的不争而胜。

---

① 《淮南子·本经训》。

四、悲悯天下的人道主义情怀

孔子讲有文事，必有武备。老子当然也知道"生而悬弧，长而习射，冬而讲武"①，"文武吉甫，万邦为宪"②。兵器为不祥之器，但"一日不可无也"，对于武备，不素习于承平之时，而姑试于有事之日，不知其可也。文武之间，老子更崇尚和平，从总体上讲，老子、道家哲学尤重于讲文事，讲不战、不争，充满了悲悯天下的人道主义情怀。

春秋战国时代是一个务于竞争的时代，在老、孔、墨的时期，战争频繁，人民饱经战乱之苦，"饥者不得食，寒者不得衣，劳者不得息"③"百姓饥寒冻馁而死者不得胜数"④。庄、孟时代，"争地以战，杀人盈野；争城以战，杀人盈城"⑤。这是一个"福轻乎羽，莫之知载；祸重乎地，莫之知避"⑥的历史时期。在这样一个充满杀戮、血腥的社会里，老子的反战、对于兵器祈望百世不用的和平意识具有相当积极的时代意义。

《老子》中最能体现老子、道家反战思想及悲悯天下之心怀的是第三十一章。

夫兵者，不祥之器，物或恶之，故有道者不处。君子居则贵左，用兵则贵右。兵者不祥之器，非君子之器，不得已而用之，恬淡为上。胜而不美，而美之者，是乐杀人。夫乐杀人者，不可以得志于天下矣！

吉事尚左，凶事尚右；偏将军居左，上将军居右。言居上势，则以丧礼处之；杀人之众，以哀悲泣之。战胜，以丧礼处之。

---

① 谈恺:《孙子集注序》。
② 《诗·小雅·六月》。
③ 《墨子·非乐上》。
④ 《墨子·非攻中》。
⑤ 《孟子·离娄上》。
⑥ 《庄子·人间世》。

　　抽象地讲，武力、战争总是会带来灾难，武器是杀人的器物，是招人厌恶的东西，所以有道之人是不喜欢使用这些东西的。老子、道家明确主张有什佰之器（兵器）而不用；舟车无所乘，甲兵无所陈，人民甘食、美服、安居、乐俗，和平共处。一个君子如果逼不得已诉诸武力、战争，也应当泰然处之。在不是你死就是我亡的战场上，面对敌人，老子也讲克敌制胜，但不以胜为美；战胜了敌人，固然高兴，但也应该怀有一种悲悯之心；杀人众多，应当以悲哀泣之。这些都深刻地体现了老子对人类生命价值的普遍肯定，以及对人类所遭受的苦难的悲悯之情。道家诸子都普遍地"重生""惜生""贵生"，因而任何戕害生命的做法都会受到批判，战争这种不可避免地要给敌对双方带来生命伤害的行为自然是他们要反对的。那种认为老子、道家不分正义和非正义地反战之论是似是而非的。老子、道家有其自己的判定标准，那就是道。"天下有道，却走马以粪；天下无道，戎马生于郊。"① 这就是说天下有道，干戈不兴，走马不用于军而用于田；无道之世，诸侯交恶，兵戎相见，牝马生驹犊于郊野。战争是无道的表现，因为在老庄所处的时代，战争的最大目的就是为了满足诸侯霸主们不知足、不知止的贪欲。因而反战实际上也就是反对那种"损不足以奉有余"的不公正的自私行为。对于一个有道的君主而言，就应当"去甚""去奢""去泰"，就应当"守慈""保俭""不为天下先"；对一个有道的君子而言，就应当"以道佐人主，不以兵强天下"②。有道、行道的社会才是和平的社会。

　　总之，道家诸子对于战争与和平有着深刻的辩证认识，他们既有"不可一日忘"的战备意识，以奇用兵的高超谋略，柔弱胜刚强的必胜信念，但也有不争而善胜、百世不一用的理想追求。他们并不盲目地反战，他们反战实在是因为他们对芸芸众生有太多的慈悲心怀。

---

① 《老子》四十六章。
② 《老子》三十章。

道家哲学的美育与素质教育思想

一、道家哲学之美育与素质教育思想的历史发展

论及道家哲学的美育与素质教育思想，首先就要明确这里的道家范畴是广义的，既指先秦时期产生的道家，亦指东汉时期产生的道教。道家与道教自有区别，道家是学术，道教是宗教，一个讲哲理，一个重信仰，两者别为二事。然而两者又从理论上、思想上相互依傍；道家为道教提供了思想深度，道教为道家扩展了思想影响的范围。似可以说道家是理论化的道教，是道教的哲学，而道教是形式化、信仰化的道家。本文所论的道家哲学既指狭义的道家哲学，亦含有道教哲学，便于叙述的方便，概以"道家哲学"称之。

道家哲学的美育与素质教育思想作为道家思想的一部分，其历史的发展当然与道家思想的历史发展相一致。道家思想的历史发展大体上可以分为先秦时期、战国末到两汉、魏晋时期、隋唐以至近现代等这样几个大的历史阶段。第一个阶段是先秦时期，道家创始于先秦，始称老学，以《道德经》为代表的老学奠定了道家哲学的基础，蕴含着尔后道家各派发展的思想因子。其道论部分突出了道的自然性、自发性，是一种理性主义的自然哲学，多形上玄思；其德论部分则多关注形下的现实世界，主张修德救人、博爱广施、反战止虐，反对贪婪奢侈，主张无为而治、爱民治国，追求安宁与和平。老子以后，杨朱

"贵己""重生"，田骈、慎到"公而不党、易而无私"，宋钘、尹文情欲寡浅、禁攻寝兵。与以上诸子同时或稍后的庄子，其学说是对老学的大发展。庄学可以称为心灵哲学，特重个体人生，追求精神自由和人格独立。第二个阶段是战国末到两汉，黄老之学开始兴起与发展，黄老之学的宗旨是"清静无为"，这是把老子学说直接运用于社会政治生活之中，主要是政尚简易、与民休息，也就是解放当时的社会生产力。这对社会的安定与发展起到了积极的作用。尔后是汉末道教的产生，它是由黄老之学演变为黄老祭祀崇拜，到与神仙长生、民间巫术相结合孕育而成。道教神化老子，神化道，主张修性积德，特别注重精、气、神的炼养，追求羽化登仙。第三个阶段是魏晋时期，魏晋玄学是曹魏正始年间由何晏、王弼开创并盛极一时的基本上属于道家范畴的哲学思潮。玄学早期着重发挥了老学，中后期则崇尚庄学并复兴了庄学。玄学诸家各有其理论特点，何晏、王弼贵无；阮籍、嵇康尚自然；向秀、郭象论独化；张湛则贵虚。特别是王弼在方法论上提出超越理论思维的"体道法"，主张直觉思维。第四个阶段是隋唐至近现代，这一阶段道教的"重玄学"具有极高的理论思辨水平，而道家学（狭义）形式上主要表现为章句学的大发展，不少知名人物诠注《老子》《庄子》。在实质上，道家思想影响深广，具体表现为道家思想被其他诸家诸子广泛吸收；其批判精神培育了一大批异端思想家，其文艺美学思想对中国古代的文学艺术有广泛深刻的影响；其超脱、自由观念成为不少失意文人的精神支柱；等等。

　　与此相对应，道家哲学的美育与素质教育思想的历史发展也表现为几个不同的阶段。先秦时期，道家哲学的美育与素质教育思想主要集中表现为追求个体人格独立和精神的自由、解放，以及审美的自由创造等方面。《老子》一书，既是诗亦是哲学，是哲人的智慧与诗人的想象的绝妙结合。其思想内容亘贯古今，囊括天人，包孕万象，至大至微，其精微奥妙的意象被历代诗人、哲人弘扬演绎。借用尼采的话说:《老子》"像一个永不枯竭的井泉,满载宝藏,放下汲桶,唾手可得"。"《庄子》也是一部'韵致深醇'的哲理诗,都以'丰富'见长。那丰富的神话或寓言,那丰富的比喻或辞藻,给了后世文学广大的影响;特别是那些故事里表现着的对艺术或技艺的欣赏,以及从那中间提出的'神'的意念,影响后来的文学和艺术,创造和批评都极其重大。"① 徐复观先生更是认为老庄思想所成就的人生就是艺术人生。庄子特别关注人的精神的自由与解放,特别是审美创造与审美观照的自由与解放。艺术家的艺术创作作为一种劳动和创造,要创造出美的艺术作品,必须达到自由的境界。《庄子》一书中的不少寓言故事,如"庖丁解牛""吕梁丈人被发行歌之游""佝偻者承蜩""津人操舟若神""梓庆削木为鐻"等充分表现了工匠、船夫、射手、善游者等所达到的劳动创造的自由境界。作者跌荡才情、腾挪景致,既为我们展示了其美的创造物,也揭示了劳动者在社会实践中所达到的自由境界即审美境界。与老庄有区别的是,杨朱则特别重视个体生命的尊严与独立,强调"为我"与"全生"。

两汉时期,道家哲学的美育与素质教育主要表现为注重社会责任感培养、集体观念的形成以及个体生命素质的提高等方面。黄老之学关注社会现实,特别是关注社会政治,努力把"无为而治"的思想运用于社会政治生活之中。黄老之学的具体内容表现为君道"贵因"的管理之术,"贵公去私"的集体观念,"物各有宜""因性而用"的用人思想,依道用法的法治理念,等等。而汉末道教则强调"宝精""食气""养神"的养生之道。简言之,这一时期的美育与素质教育既讲治国,亦讲治身,既讲修性,亦讲积善,既表现出对社会、民生的强烈的责任感,又非常注重个体生命素质的提高。魏晋时期,玄学成为时代的显学,虽然玄学综合了儒、道,但其主要思想倾向仍应属于道家

---

① 朱自清:《朱自清古典文学论文集》上册,上海古籍出版社 1981 年版,第 129 页。

的范畴。应该说玄学复兴了老学、庄学，特别是发展了老庄思想。具体地说，玄学实"以无为本"的本体论，"万物一体"的宇宙论，"得意忘言"的认识论，"名教出于自然"的伦理观念，"越名教而任自然"的人生理想之追求，这些围绕本末、有无、名教与自然之关系等问题的深刻思考，不仅给当时的学术界带来了清新空气，更提高了道家的理论思维水平。以阮籍、嵇康为代表的"竹林七贤"，他们以自己的生活实践突破名教束缚，追求自由解放之观念，为人们树立了榜样。这样一个"精神史上极自由、极解放，最富于智慧、最浓于热情的一个时代"①，在美育和素质教育上提高了我们这个民族的理论思维水平，锻炼了我们的理论思辨能力，培育了我们的艺术趣味。

　　隋唐以至近现代，道家思想已不复先秦、魏晋时期之盛，但道家思想却广被当时的众多学派、学者所采用，成为建构人们思想体系的重要素材。这一时期道家哲学的美育与素质教育的成果是造就了一批异端人物，他们对世俗价值抱有强烈的离弃感，对现实政治力图保持远距离和冷眼旁观的批判态度，他们坚持天道自然，反抗伦理异化，揭露社会矛盾，关怀生命价值。

　　总之，道家哲学的美育与素质教育的历史发展因为深受道家思想的历史演变的影响，在不同时期表现出不同特点。先秦时期主要注重内在精神素质的提高；两汉时期则由内向外，既注重个体生命价值，亦注重社会责任感的培育、关心政治、关怀人民与社会。特别是汉代形成并兴盛的道教炼养术间接地发展了我国古代的科学，培育了人们的科学素质。魏晋玄学和唐代的"重玄学"则主要锻炼了人们的理论思维能力，提高了人们的理论素质，拓展和加深了人们对世界与人生认识的广度和深度。而隋唐以至近现代则造就了一批特立独行、思想敏锐的道家人物，他们尖锐独立的批判意识、刚正不阿的态度，他们

---

　　① 宗白华：《美学散步》，上海人民出版社1981年版，第208页。

的超越意识，他们的多才多艺给我们今天的美育与素质教育以诸多启发与借鉴。

二、道家哲学美育与素质教育思想简论

道家哲学要在一个"道"字，细论之则可分为知识论、本体论（本根论）、神性论、世界观（宇宙观）、人生观、社会历史与文化观等等。在知识论上，道家区别了"为学"与"为道"，为学日益、为道日损，相应地在认识路径上就有"明理"和"体道"的区别。知识的丰富、增长离不开日积月累，才干技能的提高离不开长期的磨炼和培育，而对世界和人生的本质洞鉴、体察则离不开对凡心俗见的不断减损与超越。应该说"为学"与"为道"都是素质教育的重要手段与方法。在本体论上，道家讲道体有无、道体德用，道虽非西方哲学上的实体，但又绝非凿空之论，虽恍恍惚惚、不可捉摸，但又确是有真、有精、有信。从先秦道家到汉末道教关于道德本体的阐释，其根旨都在发明天地万物的自然之本理，以用作治国、修身的依据，自然本理是一体，治国、修身是二用，故道家本体论实际上是一种明体达用之学。在人生观上，道家一方面极力主张重生贵生、全性保真，不以物累形，要知其不可为而安之若命；另一方面又突出主体，力主我命在我不在天。在群己人我关系上，道家哲学既主张保持个体自我的独立性、完整性，又主张爱民治国，关怀天下民生。道家之道可谓意涵丰富。对中国哲学与文化有深切体认的金岳霖先生在建构其形上学体系时曾说过：中国思想中最崇高的概念似乎是道。所谓行道、修道、得道，都是以道为最终目标。不道之道，各家所欲言而不能尽的道，国人对之油然而生景仰之情的道，万事万物所不得不由、不得不依、不得不归的道才是中国思想中最崇高的概念，最基本的原动力。尽管对"道"的内涵是什么，诸子百家，言人人殊，各执所见，难得

统一，但都视"道"为中国学问的核心范畴，这确是不争的事实。道家之"道"，虽含蕴颇富，但要在"自然"。"道"是"自然之道"，道即自然。《老子》第二十五章云："域中有四大，而人居其一焉。人法地，地法天，天法道，道法自然。"这里天、地、人、道为四大，且四大均法自然。有人依据"道法自然"而推论"自然"高于"道"，"自然"产生"道"。对此，五代道士杜光庭在《道德真经广圣义》中提出了有力的批评："谓大道仿法自然，若有自然居于道之上，则是域中兼自然有五大也。"杜氏认为这显与"域中四大"之说不符，"大道以虚无为体，自然为性。道为妙用，散而言之，即一为三，合而言之，混三为一，通谓之虚无自然大道归一体耳。非是相生相法之理，互有先后优劣之殊也。非自然无以明道之性，非虚无无以明道之体，非通生无以明道之用。"杜氏的论述旨在阐明"自然"乃"道"之性。早期道教经典《老子想尔注》径称"自然"，道也。"自然者，与道同号异体，令更相法，皆共法道也。"《太平经》则称"元气自然，其为天地之性也。"东晋葛洪《抱朴子内篇》称："天道无为，任物自然，无亲无疏，无彼无此也。""变化者，乃天地之自然。"《黄庭内景玉经》中多有以"自然"代"道"的经句，如"兼行形中八景神，二十四真出自然"。"帝在身中，道以自然"。《西升经》明确地提出道的最重要性质是"自然"。道家哲学这种视"自然"为"道"的特性的思想还贯彻到道徒们的修道实践之中，如全真七子之一的谭处端曾云："大道常清静，无为守自然。自心不回转，何处觅言传。"①马丹阳在《自然吟——赠陇州萧防判》云："顿觉万缘空，顿觉心开悟。心猿自然停，意马自然住。龙虎自然调，神气自然固。金丹自然结，神仙自然做。"这都是说在内丹修炼过程中，一切都要自然而然，否则不能结丹成仙，道家、道教之道，自本自根，无形无象，是宇宙演生之本源，是人类和万物变化

---

① 《道藏要籍选刊》，上海古籍出版社 1989 年版，第 25 册，第 850 页。

之根基。"自然"是我们把握"道"的关键，"自然"也是我们理解、把握道家哲学美育与素质教育的关键，我们应对之做广义理解。道家哲学的"自然"当然不是西方哲学实体意义上的"自然"。不是自然科学意义上的"自然"，但又与之有着某种联系。道家哲学的"自然"范畴既是功能性、价值论范畴，表示自身如此、势当如此、本来如此诸义，与佛家"法尔如是"相沟通。换言之，"自然"就是指"道"的不加任何强制、不依靠外在原因，自己发生、自己存在的一种性质和状态。"自然"既是道家借以把握世界的理论范式，也是人们应当遵行的行为轨则。这一范围既反映了道家哲学对必然性、个体自主性、独立性的认识，也反映了他们对精神自由和自然之美的追求与欣赏。

道家之"自然"哲学包含着丰富的美育资源，或者说道家自然哲学就是一种美的哲学。诚如冯达文先生所言，道家哲学本体追求本身是审美的，由这种本体追求引导出来的生活趣味、理想追求也是审美的。道家哲学之道（自然）就是一个洋溢着审美魅力的精神实体。它虽然无声、无嗅、无形，超言绝象，虚静恬淡，不可摹写，难以言论，但却充满活力，独立不改，周行不殆，覆载天地，刻雕众形，体生万象，德被万物，静圣动王，无为而尊，而素朴天下莫能与之争美，天地间一切美的现象和事物与之相较，都是比而下之的小美。不唯如此，"自然"在道家哲学中统摄了真、善、美或知、情、意，借鉴和汲取道家哲学之美育与素质教育资源亦应当抓住"自然"范畴。可以说道家之美育与素质教育就是以"自然"为核心的自然教育。

1. 自然之美育

不少学者根据老庄否定美的有关论述认为道家是审美取消论，因而道家不存在美育思想。实际上，老庄并不是一般意义上的审美取消论者，老庄确实有"擢乱六律，铄绝竽瑟""灭文章，散五彩"之类的主张，亦有"圣人为腹不为目"的主张。但这只是一个方面，另一方面则是他们极力主张"自然美",真正的美就是融合了真与善的素朴的自然美。这种自然不是"令人目盲"之美,不是"盗跖"之徒"服文采、带利剑"之美,也不是"美言"之美。老子反对那种令人心性迷失,炫耀夸饰,割离真、善、美之统一的虚美,伪善即恶,虚美实丑。那些出于自然天成,最合审美要求的天真之美才是老庄所要追求的"至美""大美"。老子在论述其"自然"之"道"时,常用"婴儿""赤子""朴"等语词来称之,可以说"自然"是对"道"在内涵上做具体规定,同样,可以说"朴"则是对"自然"做更进一步说明。道家追求的自然美应当像"婴儿"之"朴"一样,所谓"返朴归真"并不是要人回到童稚世界。一个成人也不可能回到童稚世界,但他可以达到类似于儿童之朴拙的精神境界,这是一种审美的境界。所谓"婴儿"之"朴",只是道家对大美境界的理想期许。我们所过的现实生活是凡俗的、平庸的,有时甚至是丑恶的、令人憎厌的,正因为如此,我们不能放弃对至美的追求,一个人如果不为不可能的事情而奋斗,那他也达不到可能的东西。只有在对"拙朴"的审美理想的追求中,我们才能够超越现实生活。

道家哲学对美的认识有层次的区别:承认"美言""美行""美人""五色"等现实生活中的美。这一层次的美向来是与丑相对待而存在的,两者并非天悬地隔,"美之与丑,相去若何""天下皆知美之为美,斯恶也"①。这种相对待意义上的"美"也可能转化为"丑",不信之美言,不诚之美行,徒有其表的美人,并不能给人以美的感受,恰恰让人感到他丑。相反,像《巴黎圣母院》中的敲钟人伽西摩多可谓奇丑无比,但他是那样地纯洁、善良、见义勇为,他丑得如此可爱。生活中的不少美的事物虽有美的形式与外在的文饰,但因缺乏内容做支撑而往往流于浅薄与庸俗。道家所追求的是更高层次的美,即"大

---

① 《老子》第三章。

美""至美"。这种"大美""至美"就是"自然美",这种"自然美"
融贯了真与善,它不仅美在形式也美在内容,它既体现了自然界的美
的尺度与节律,也反映了人的自主与自由。它美化了大自然,也美育
了人类。如四时之成法,万物之成理,就体现了天地万物时令的节律
美,人依这种自然之成法、成理而行就会达到自然美的境界。人经过自
然美的化育与熏陶就会敦兮若朴、旷兮若谷、浑兮若浊。在人格上表现
为思想敏锐、警觉,行为处事慎重,举止仪容端庄,真诚无伪,心地善
良,性格淳厚,襟怀开阔,尊人爱物。这是道家追求的人格之美。

　　道家哲学在美育资源方面为后人提出了一系列具有深远影响的美
学范畴,如"味""妙""玄"等等。在美学史上,老子第一次提出了
"味"这一范畴,提出了中国美育思想史上一条重要的审美标准,即
"淡乎其无味"。这里的"味"体现了"自然"之旨。在老子看来,"五
色""五音""五味""难得之货"都是违背自然之道的,是非"自然"
之"味"。老子提出"味无味"①,王弼注此为"以恬淡为味",老子自
己认为"恬淡为止,胜而不美"②,恬淡就是体现自然之道的审美趣味。
道家哲学还提出"妙"范畴,《老子》首章即讲"故常无,欲以观其
妙""玄之又玄,众妙之门",这就是说道妙要通过"无"去认识,或
者说"妙"体现了"道"的超规定性、无限性。老庄均强调"妙"出
于"自然","不可以形洁""不可寻求"。汉代以后,"妙"成为极重
要的审美评语,如班固称屈原为"妙才"。魏晋以后,"妙"被广泛地
用于诗论、书论、画论中,"自然高妙"成为艺术家、美学家追求的理
想。道教理论家葛洪则对道家之"玄"做了充分发挥,他以"玄"代
"道",赋予玄以极高地位:"玄者,自然之始祖,而万殊之大宗也。"
神仙家们还把道家审美意义上的"玄"范畴提高到神秘主义的审美本

---

① 《老子》第六十三章。
② 《老子》第三十一章。

体的高度。葛洪在《抱朴子·畅玄》中，对"玄"之美极尽铺陈：

> 其高则冠盖乎九霄，其旷则笼罩乎八隅；光乎日月，迅乎雷电；或倏烁而景逝，或飘滭而星流；或晃漾于渊澄，或雰霏而云浮；因兆类而为有，托潜寂而为无；沦大幽而下沉，凌辰极而上游；金石不能比其刚，湛露不能等其柔；方而不矩，圆而不规，来焉莫见，往焉莫追；乾以之高，坤以之卑；云以之行，雨以之施；胞胎元一，范铸两仪；吐纳大始，鼓冶亿类；回旋四七，匠成草昧；缩策灵机，吹嘘四气；幽括冲默，舒阐粲尉；抑浊扬清，斟酌河渭；增之不溢，挹之不匮；与之不荣，夺之不瘁；故玄之所在，其乐不穷；玄之所去，器弊神逝。

冠盖九霄、笼罩八隅、乾高坤卑，这是玄之高旷美；雷电之迅、来去无踪，这是玄之运动美；景逝星流，渊澄云浮、幽寂有无，这是玄之朦胧美；至刚至柔、刚柔并济、不矩而方、不规而圆，这是信炼玄道者圆融练达的人情美；从元一到两仪，从大始到亿类，从四七到草昧、四气冲和、云雨施行，这是玄道生生之美；不溢不匮、不荣不瘁，这是玄道中和适度之美。概言之，"玄"在则给人以无穷的审美愉悦，给人以不尽的快乐享受，"玄"不在则形神俱丑。由于"玄者，自然之始祖也"，因而"玄"之美亦即是自然之美。

道家哲学的美育资源中的一个非常重要的内容就是审美创造。《庄子》一书中不少篇什都涉及审美的自由创造之思想。不仅艺术家的劳动创造美的艺术作品，一般人在社会实践中只要达到自由的境界也可以创造美。《庄子·达生》记"梓庆削木为鐻"，其作极尽精美，见者惊犹鬼神，这正是艺术家梓庆创造的美的艺术作品，是作者以审美的心胸发展、观照审美的自然，并在自己的作品中再现了自然之美。美是自由的感性显现，而自由则是在劳动中对于必然的认识和对于客观世界的改造。人通过自己的劳动改造外在世界，使外在世界符合人的目的，这样自在之物就变成了为我之物，人从这种"为我之物"身上复现自己，观照自己，肯定自己，看到了自己的创造力量，从而获得了自由。这种自然境界的获得必经过长期艰苦的训练，如佝偻者"五六月累丸二而不坠，则失者锱铢；累三而不坠，则失者十一；累五而不坠，犹掇之也"。"大马之捶钩者"从二十岁就开始锻造兵器（"钩"），一直干到八十岁，锻造技巧已达到极其精熟的地步。而解牛的庖丁也经过了由见全牛到不见全牛的训练过程，其刀刃历十九年若新发于硎的境界也是经过月更刀、岁更刀的磨炼的结果。这种劳动的自由创造境界的获得除了合目的性以外，还必须合规律性，也就是说劳动者在劳动的过程中应当"依乎天理""因其故然""以天合天"。这种合目的性与合规律性的统一也就是真与善的统一，这种真与善的统一就是真正的自由，而这种真正自由的境界也就是审美的境界。道家哲学这种审美思想启发我们如何在社会实践生活中创造、欣赏美。应该说充满奇诡的想象、隽永的谐趣，"五千精妙"的《老子》，浩博贯综、微言深致的《庄子》，就是他们留给后人以美育的艺术珍品。

总之，道家与儒家提倡"文以载道""画助人伦"的伦理主义审美观相异，道家追求超功利的、自然主义的审美情趣，积极肯定自然的质朴、淳真，确信"澹然无极而众美从之"，积极追求天人合一的审美境界。实践道家哲学主张、读道家诸子之作，这本身就是美的教育。

2. 尊道贵德之德育观

道家哲学之德育亦是以自然为核心的德育。"自然"作为道家哲学的核心价值范畴，它的首要的含义就是自己如此，用现代语言来说，自己如此也就是强调事物动因的内在性。道家哲学特别强调事物发展的个体独立性、自主性，"自然"的这一意涵突显了与"他然"之对举，"万物将自宾""万物将自化""天下将自定"①。这一概念落实在道德问题上，即有"道之尊、德之贵，夫莫之命而常自然"②。道德之尊贵就在于它是出于"自然"，换言之，个体真正的道德行为是发于个体内心的情感，出于个体的自主自觉，这样的道德才是自然的道德，这样的自然道德才是至善的，而那种非自然的道德常常就变为伪善。分而论之，道家哲学之自然德育体现在具体德目上，不外乎谦和宽容、啬俭、孝慈、敦厚、朴实、真诚等等。

（1）谦和与宽容。大自然是我们改造征服的对象，但大自然亦是我们应当学习、借鉴的老师。先秦诸子不少人都善于从自然之师中汲取、借鉴。孔孟和老庄都比德如水，两家在水之喻象上表现出不同的价值取向，孔孟以水象征君子以仁义为本、刚毅发强、进身修德，而老庄则不然。"上善若水，水善利万物而不争，处众人之所恶，故几于道。居善地、心善渊、与善仁、言善信、正善治、事善能、动善时。夫唯不争，故无尤。""天下莫柔弱于水，而攻坚强者莫之能胜。"老庄是从自然之水中体会到处卑、柔弱、利物不争之美德。一个处于杀伐争竞之世的人能够以水之处、柔弱、不争之性为德，这样的人是多么地宽容、谦和、利人。《庄子·德充符》云："何谓德不形？曰：平者，水停之盛也。其可以为法也，内保之而不荡也。"有德者不应夸饰于外，应心平如停水，不波不澜。这种德者之平静、安然体现了他的谦和与宽容，这是非常难能的德性与修养。

（2）敦厚与朴实。素为自然之道，朴为自然之德，见素抱朴，也就是循自然之道，修养自然之德，也就是克服人性异化，复归于人的纯真敦厚的自然道德，也就是返朴归真。"民性素朴"，人们的本性是自然素朴的，但在社会生活中外物与人欲的遇合使人的素朴之性日渐

---

① 《老子》第三十七章。
② 《老子》第五十章。

沦丧。因此，老庄着力强调要"敦兮其若朴""常德乃足，复归于朴"。要使人们达到"至德之世"那种敦厚、朴实的道德境界，就必须克制物欲，"同乎无欲，是谓素朴；素朴而民性得矣"①。我们只有用自然敦厚之德来克制日益滋长的欲望，通过个体的自化来达到天下的自正。

（3）啬与俭。本性的自然素朴落实在人的行为上就是主啬尚俭。《老子》第五十九章云："治人事天，莫若啬。夫唯啬，是以蚤服。蚤服是谓重积德，重积德则无不克。"老子把啬看作是治人事天的最好原则，是"三宝"之一，当然也是德育的重要原则。"啬"是要收敛充实于内，是要积"德"。"德"是"道"的体现，"积德"就是为了"得道"。"德"深"道"存，就会有坚实的根本和旺盛的生机。《老子》反对"进""取""奢""费"，而主啬尚俭则具体表现为"退""守""养""畜"。"俭，德之共也"②，俭德要求勤劳节俭，不浪费，包括治人行事程序简约与爱惜精神。俭涉及人与物的关系，因此具有广泛的道德意义。推行俭啬之德育，无论是在过去还是在现今时代都是必要的，在生产力水平极其低下，社会财富极为有限的时代和社会里，有人求生之厚，有人益生，就必然有人挨饿；在生产力水平较高、社会财富日益丰富的今天，勤俭节约、开源节流，仍然具有极其重要的现实意义。始自老庄的道家人物大多是俭啬之德的实践者，不少人多是安贫乐道、固穷守高的隐士。

（4）孝与慈。道家之德育崇尚人间自然真诚之爱，反对那种非自然的虚假之情。"子之爱亲命也，不可解于心。""是夫事其亲者，不择地而安之，孝之至也。"③在任何环境、任何条件下都能使父母安适，这才是真正自然至孝之情。如果说"孝"主要是规范家庭内部子女与父母之关系的原则，那么"慈"则扩展为调整个人与他人关系的道德规范。什

---

① 《庄子·马蹄》。

② 《左传·庄公二十四年》。

③ 《庄子·人间世》。

么是慈? 孔颖达疏:"慈者,爱出于心,恩彼于物也。"① 慈就是使他人从中得到好处的一种爱心。儒、道、释均讲慈,儒家之慈是尊上对卑下之爱,释家讲慈悲,道家之慈则近乎兼爱,对任何人、任何物一视同仁,而无偏私。一视同仁而不偏私是合于自然之道的,因为天地对万物就是一视同仁而无偏私。以慈为宝反映了道家所主张的一种平等互爱的关系,"夫慈,以战则胜,以守则固。天将救之,以慈卫之"②。

综上以观,道家"自然主义"的德育不仅规范人与人之间的关系的真诚性,还要求人在面对自然界时,珍爱大自然、保护大自然,强调人与自然之间的平等、平衡以及与自然融合。

3. 自然之智育

论及道家之智育,不少人不屑一顾,或认为道家是反智主义者,因而谈不上智育。仅就老庄的某些言论看,他们确乎是反智主义者,是文化否定论者。老子曾明确地说"绝圣弃智""绝学无忧",庄子亦曾主张"绝圣弃知""焚符破玺"等等。但实际上,老庄所谓的反圣反智并不是一个普遍性范畴,而是特有所指,老子所否定的"圣",实际上是指靠智术统治天下的统治者,并不是老子理想中的以"道"这种最高智慧武装自己的"圣人",他所否定的"智"则是指统治者的权诈之术。而"绝学"之"学"是指"末学"③,即专为统治者的奢侈虚伪生活服务的政教礼乐。庄子讲"毁绝钩绳而弃规矩"也并非真的不要规矩,而是不矩而方、不规而圆,是超越规矩而又不失法度。"绝圣弃知"是直接针对着"大盗不止"的社会现实而言的。在春秋战国这样充满了残酷的压迫、争斗和剥削的社会里,文明所带来的快乐只会被统治者所占有,而创造人类文明与智慧所需付出的艰苦的体力和智力

---

① 《左传·文公十八年疏》。
② 《老子》第六十七章。
③ 《后汉书·范升传》。

劳动却落在了劳动者的身上。在这里，文明的成果愈高，也就意味着劳动者遭受的苦难就愈深重。其实，老庄在这里所触及的是人类文明进步与人类道德堕落、人类智慧增长和人类罪恶滋生之间的深刻的矛盾关系。老庄深刻地认识到人类智慧有大智、小智，有巧诈之智和仁善之智等诸多层次，异常复杂。巧诈之智、小慧小智，无论是在普通民众还是在统治者身上，都只会带来负面影响，起负面作用：就民众而言，民之小智多则民多难治；统治者以巧诈之智治国，则为国之贼，上任小智则民多相盗。

在绝圣、绝学、去智的同时，道家明确主张学"不学"，突出"明智"。老庄多次讲到"明"。

《老子》第二十七章云：

圣人常善救人，故无弃人；常善救物，故无弃物。是谓袭明。

《老子》第三十三章云：

知人者智，自知者明。

《老子》第五十五章云：

知和曰常，知常曰明。

《庄子·齐物论》云：

是亦一无穷，非亦一无穷，故曰莫若以明。

《庄子·胠箧》云：

> 彼人含其明，则天下不铄矣；人含其聪，则天下不累矣；人含其知，则天下不惑矣；人含其德，则天下不僻矣。

对此"明"，胡哲敷先生在《老庄哲学》一书中做了精当的诠释，他说："明，就是我们本性中固有的聪明，当其寂然不动未起作用时期，就叫这做'滑疑之耀'，或者叫它做'葆光'。起了作用，就叫做'明'。智者知人，明者自知，这是智字与明字的显著分辨。明是因其自然而有之作用，故曰'袭明'，曰'以明'。都是承袭因任之意，而没有人工作为，智则不免于作为了。所以无辙迹而名曰善行，不用筹策而名曰善计，无关键无绳约，而名曰善闭善结，此中奥妙并无其他，只是因人固有之'明'，大公无私，与物无忤，就可以体此境界。惟是此理至微，人所易忽，故曰见小曰明，小即微渺之意，所谓戒慎乎其所不教，恐惧乎其所不闻，又曰：智机其神乎？又曰：智者见于未萌。'不睹'、'不闻'、'知机'、'未萌'，都是此处'小'的意见。然虽如此微渺，究其理则有一定之常，故又曰：知常曰明。人能复归其明，自然知道是非本无，而不致铄乱了。"[1] 由此可见，道家哲学不仅仅反智，并且也"倡明"，并不是一味地要泯灭真知、淹杀智慧。道家"袭明""以明"的智育就是要人们因其自然而发挥其用，不可做作人为。就教育的对象而言，这种倡"明"智育是一种自我教育（"自知者明"）；就其学理性质而言，这种智育是一种哲学智慧教育，因为"知常曰明"。道家明确主张"学不学""知不知"，就像"明"高于"智"一样，"学不学"要高于一般的"学"，老子就曾明言"知不知，上"，同样"学不学"亦为"上学"。道家所主张的智育是"明"

---

[1]　胡哲敷：《老庄哲学》，中华书局 1935 年版，第 89—90 页。

智而不是小慧小智；是"学不学"，而不是一般的众人之学；是"知不知"，而不是小识小知。要而言之，道家哲学之智育就是以因任自然、发扬人本性固有之聪明为原则的自然智育，这种智育所培养的是明于天人之分，追求天人合一，善于开发利用本性、本心固有之聪明，处于今而论久远，不出户能见天下，不务机巧诈伪、纯朴敦厚的大智大慧之士。

4. 自然养生之体育

"体育"一词，溯其渊源，大约源于18世纪。古代欧洲的"体操"，日本的"尚武"，中国的"养生""武术"等大致与"体育"一词意义相近。在道家美育与素质教育思想中，"自然养生体育"应该是其中一个极重要的方面。或者说在百家诸子中，虽然儒家亦讲"射""御"之艺，但道家恐怕是最重体育的一家。"全生"、"贵生"、炼养存神虽然早已是道家的核心观念之一，但我们还很少有人从现代体育的观念去看待它。道家哲学思想，既追求至真（智育）、至善（德育）、至美（美育），同时也追求全生、长生、轻物重生、"不以物累形"。也就是说道家既重"心育"，亦重"身育"；既追求德性的修养、真知的积累、美的熏陶，亦讲形体的炼养。

道家对"身育"的重视首先源于他们对形神关系有一种辩证的认识。《庄子·知北游》就指出："正汝形，一汝视，天和将至；摄汝知，一汝度，神将来舍。"他们一方面看到了"形者生之舍"[①]，形是神的载体；另一方面，又看到了"神将守形，形乃长生"。先秦道家的形神思想被后来的道教继承并发挥。早期道典《太平经》即云："人有一身，与精神常合并也，形者乃主死，精神者乃主生，常合则吉，去则凶，无精神则死。"葛洪亦言："夫有因无而生焉，形须神而立焉。有

———————————

① 《淮南子·原道训》。

者，无之宫也。形者，神之宅也。故譬之于堤，堤坏则水不留矣；方之于烛，烛糜则火不居矣。"道教炼养家深刻地认识到形神相须的密切关系，身是神气的窟宅，而神气存则身强健，但由于人的生命本身是形神相结合的，因而养生术对生命的养护就不可能是单面的，如导引、按摩等侧重于养形，存思、坐忘侧重于养神，但炼形亦养神，炼神亦养形。不过在自然养生体育的具体实践中，道教徒都认识到要实现白日冲举的理想还是要从养形开始，因为没有强健的体魄就不可能学到不死之仙术。在道教养生学方面，葛洪、陶弘景、孙思邈等养生大家，皆有医著传世，他们的思想应该是很有代表性的。葛洪认为学仙要先解医术以救近祸，意在养生首要保有身体，并在此基础上将其炼养得强健结实。道教养生学认为人的身心大致可以分成三个层次：第一是病态的身心，这是应当避免的状态；第二是常态的身心，这是未加炼养的一般状态；第三是超常的身心，这是通过炼养而达到的状态。在道教养生学看来，只有通过炼养，身心才可能消除病态，进入常态，并最终达到超常状态。就道教的炼养成仙来说，只有从一般状态进入到康强状态，有了康强的身体，精神的自我超越才有物质的基础，脱质成仙才有可能。就一般而言，那些尚武的先贤、勇烈的壮士、洒脱的剑客，他们之所以能够成就一番大业，其中一个重要的原因就是他们多有力拔山兮气盖世的强健体魄。中外古今，那些青史留名者，大都身健气雄。实际上，强健的体魄，对于人生，对于济世，几乎有头等重要的意义。

在道家自然养生体育中，最典型、最主要、历史最为久远的要数导引和按摩。古人以为导气令和，引体使柔，谓之导引。导引有宣民导气血，锻炼身体，疗病健身之效。按摩则是自己或他人折按肢体和推拿皮肉以疏通筋脉，有强身去疾之功。《庄子·刻意》云："吹呴呼吸，吐故纳新，熊经鸟伸，为寿而已矣。此导引之士，养形之人，彭祖寿考者三所好也。"在我国古代导引术中，最著名的主要有《华佗五禽戏》、《易筋经》、"八段锦"、"十六段锦"、《二十四气导引养生图》、《赤凤髓》、"导引四十六式图诀"等。《玄鉴导引法》云："导引之道务于祥和，俯仰安徐，屈伸有节。导引秘经，千有余条，或以逆却未生之众病，或以攻治已结之笃疾，行之有效，非空言也。"中国古代养生、卫生、健身思想中主张动静结合、形神兼顾、刚柔相济、内外俱炼，强调意、气、体一致，注重调整、引导"气"在人体自然经络系统中的运动，以达到防治或驱除疾病的作用。这些都最直接地受到道家自然养生体育思想的影响。道家自然养生体育在具体实践中特别注重模仿自然动物之行为，如五禽戏、大雁功、鹤翔庄等，这种以自然界里的生物为模仿对象的气功、武术极深刻、极质朴地反映了道家人与自然和谐一体的观念。

三、道家哲学美育与素质教育的方式方法

哲学既是世界观，又是方法论，方法历来都被人们摆在突出、重要的地位。普列汉诺夫说过：只有受过严肃的哲学教育，达到相当的理论思维的民族，才会严肃对待方法论问题。教育要实现其宗旨、达成其目标同样要注意教育方法。就道家哲学美育与素质教育来看，无论是悟而致知，还是修炼致知，他们都十分重视教育的方式、方法。道家哲学的素质教育与美育的方法就教育的主客体而言，可分为"不言之教"与"不学之学"的方法。就贯穿于主客体双方，为双方共同采用的一般方法而言，他们的方法可概括为"澄怀观道"与"营卫养生"。

就教育的"教"与"学"而言，道家多主张行不言之教与"学不学"，这并非一般意义上地否定"教"与"学"，他们都认识到：圣人、仙人、神人，皆是学而得道，非天生自然而成。《云笈七签》云："人性怀慧，非积学不成。人不涉学，犹心之聋盲不知远近。"由于大道玄奥无比，"道可道，非常道；名可名，非常名"，因而在具体的

"教"与"学"过程中必须采用特殊的方式、方法。

1. 不言之教与不学之学

"道"是道家哲学所要把握的对象。对于道家美育与素质教育中的施教者来说，他要传授给学生（他者）的不是某一具体学科的知识，也不是某一实在之物，而是虚玄的"道"，这道具有难以言传的特点。老子就认为"道不可言"，《庄子》亦认为："道不可言，言而非也。""夫道，窅然难言哉！"① 稷下道家认为"大道可安而不可说"②。《吕氏春秋》云："目击而道存矣，不可以容声矣。"另外，道是物之极，言默不足以载也。《老子》第二十五章云："人法地，地法天，天法道，道法自然。""天地有大美而不言，四时有明法而不议，万物有成理而不说。"③ 天地自然不言、不议、不说，但大美、明法、成理俱在。人既法天、法地、法道、法自然，则人应当行不言之教。不言之教并不是不教，不言之教亦是教，只是它是教的一个特殊形式。有教即有师，道家哲学十分重视师授，《庄子》中即有论师之名篇《大宗师》。道教修炼理论《云笈七签》亦云："道本无形，从师得成；道可师度，师不可轻。"这种能够行不言之教者应是水平相当高的教师，他应是道集于身、德充于内、宅心广大的得道之人，他能够"鳖万物而不为义，泽及万世而不为仁，长于上古而不为老，覆载天地刻雕众形而不为巧"④。这种不言之教强调的是要人们坦然面对自然之道并从中汲取教益和智慧，要人们关注自己的内在心灵并善于启发自己的主观悟性。

就道家哲学美育与素质教育而言，其不言之教的方法也就是"体验"：

---

① 《庄子·知北游》。
② 《管子·心术上》。
③ 《庄子·知北游》。
④ 《庄子·大宗师》。

　　老子观道，庄子体道，实际上都是心灵体验。而心灵体验正是审美的方式。人与世界的精神联系有两种：一是认识，另一种便是体验。在体验中，主客体对立的认识格局被打破了，物不再是冷漠的对象，人不再是严厉的主体，双方统一起来，成了亲密无间的朋友；在体验中，人不再置身物外，评说物的是非功过，而是进入物中，亲身感受物的存在和生长；在体验中，人以感性的心灵同物进行情意绵绵的交流。体验改变了人与世界的关系，从而也就在人的面前展现了一个新的世界。在这个世界里，物对于人来说已经不是异己的、疏离的存在了，它们都具有了人的光彩，成了人的生命和心灵的载体，而人的生命和心灵也因此而在这个世界里获得了舒畅的实现；这时人会觉得恍然回到了渴望已久的真正属于自己的家园，产生出一种无法言说的自由的快感。①

　　这种心灵体验的方式其实也就是道家美育的方式，道家诸宗师强调法自然，要人们进入"嗒焉丧我""物我俱忘"的心灵虚静状态，就是要让人进入到这种心灵的自我体验境界，一旦学生进入到这种心灵状态，师生之间就会达到无言的默契，彼此心领神会。

　　道家不言之教的方法体现在德育方面，就是施教者谦退守柔而不争，见素抱朴而自化，主啬尚俭而少私，尚慈爱生而感化。真正道德修养、道德水准的提高并不是靠喋喋不休的道德说教，最有效的道德教育不是言教，而是身教。"我无为而民自化，我好静而民自正，我无事而民自富，我无欲而民自朴。"施教者严于律己，以朴镇欲，践行"慈""俭"，不争天下先，尊重自然，珍惜生命，爱养精神，率先垂范。在这里，教育者充分认识到在道德教育的过程中，在人的道德品性的塑造方面，施教者自身的道德感召力是至关重要的。而这种道

---

① 成复旺：《道家开辟了中国的审美之路》，载《道家文化研究》第2辑，第76页。

德感召力如果仅仅只是建立在道德劝谕上往往是苍白乏力的，必须更主要地借助于施教者本身的道德品质、道德行为来体现。老子曾明言："知者不言，言者不知。""上德不德是以有德；下德不失德，是以无德。""上德若谷"，上德无言地承载一切，像山谷一样处身卑位而包罗万有。具上德之人必表现为谦卑、宽容、周穷济急、救人救物诸品质。下德之人，言不离德，但最终却让真正的德消失在了言语中。不用说，道家之体育更是一种需要身教、依赖身教才能达成的教育，一切经论及高道的言教固然是炼养的方便法门，但施教者如果没有自己的亲身经验是难以真切地传达出道家体育之精要的。而学道者如不诉诸自己的亲身实践，仅仅停留在言语文字上，则不可能实现开发生命潜能、延长生命之长度、增强生命活力的最终目的。

"不学之学"是受教育者在美育与素质教育过程中的学习方法。《老子》第六十四章讲："学不学，复众人之所过，以辅万物之自然而不敢为。"关于"学不学"的诠释，历来有两种不同意见：一种较集中的意见认为"学不学"即为学众人之不学，以挽救众人的过错；一种意见则认为圣人的学问就是"不学"，因而"学不学"即学圣人之"不学"。实际上二者各有理据，而且是相融通的。刘概曾说：学众人之所不学，故曰学不学。不学众人之所学，故曰复众人之所过。河上公注曰："众人学问反过本为末、过实为华。复之者，使反本也。"学众人所不学，也就是要学那些务本、务实的东西，众人之学为末学、华学，圣人之学为实学、本学。《庄子·庚桑楚》亦明言"学者，学其所不能学也"。这也是说学众人所不能学。实际上这是就学的内容而立言的。所谓圣人之"不学"，并非说圣人全不要学，圣人之"不学"实是指因任自然、任物自然，反对作伪，这实际上可以理解为学习的方式、方法。无论是前者还是后者，两种诠释都肯定"学"，不同的是前者讲学的内容，即道家哲学的美育与素质教育的内容超越了一般人学习的范围；后者是讲学习的方式，即以圣人"不学"的方式"学"。道家之所以推崇"学不学"，主要因为他们追求的是得道，"为学日益，为道日损"，"不学"就是"日损"，就是"涤除玄鉴"的"涤除"，就是"澄怀观道"的"澄怀"。"学不学"就是"学日损""学澄怀""学涤除"等等。换言之，学习者应当以切身实践的方式学，以体验的方式学，应以遵从人的自然性、适应自然之发展、开发人的自然潜能的"自然"方式学。综上以观，在美育与素质教育过程中，受教者的"学不学"与施教者的"不言之教"在本质意义上是指"不言之教"与"不学之学"的方式、方法既必要又可能。诚如著名教育家苏霍姆林斯基所言：智慧要靠智慧来培植，良心要靠良心来熏陶，对祖国的忠诚要靠忠诚地为祖国服务来培养。同样，道家自然之道的追求、自然美的人格的塑造也必须借助自然的方式、方法才行。

2. "澄怀观道"与"营卫养生"

就贯穿主客体双方而言，道家哲学的美育与素质教育的方法就是"澄怀观道"与"营卫养生"。南宋佛教徒、山水画家宗炳提出了一个重要的美学命题，即"澄怀观道"。实际上这一命题是对老庄思想的继承和发展，他的美学思想可以看作是老庄美学思想的体现与发展。宗炳认为老庄之道可以洗心养身。"澄怀观道"往前追溯，也就是老庄的"涤除玄鉴""心斋""坐忘""朝彻见独"。这也即是说只有达到虚静空明的境界才能把握到玄奥莫测的道。

"涤除玄鉴"，语出《老子》第十章："载营魄抱一，能毋离乎？抟气至柔，能婴儿乎？涤除玄鉴，能无疵乎？"涤除即消除、扫除之意。玄鉴，即玄妙的心境。《淮南子·修务训》谓："清明之士，执玄鉴于心，照物明白。"《庄子·天道》云："圣人之心，静乎天地之鉴，万物之境也。"合而言之，即清除一切杂念、纷扰，使心如玄境。

《庄子·人间世》托孔子说："若一志，无听之以耳而听之以心，无听之以心而听之以气。耳止于听，心止于符。气也者，虚而待物者也，唯道集虚。虚者，心斋也。"对于"心斋"，《文子》有很精当的诠释："上学以神听，中学以心听，下学以耳听，听止于耳，则极于耳之所闻；心止于符，则极于心之所合而已。听之以气，则无乎不在，广大流通，所以用形而非用于形，所以待物而非待于物，虚而无碍，应而不藏，故一志所以全气，全气所以致虚，致虚所以集道，此心斋之义也。"

"坐忘"语出《庄子·大宗师》。颜回曰："堕肢体、黜聪明，离形去知，同于大通，此谓坐忘。"即忘掉肢体，排除自己的聪明，去智离形，同于无所不通的大道，这就是"坐忘"。所谓"朝彻见独"就是指人若能够达到外天下、外物、外生的精神状态，就能够心胸豁然，如朝阳之初升，然后才能体验到万物一道矣。《庄子·人间世》谓："瞻彼阕者，虚室生白，吉神止止。"能够看到那虚空状态的人，那虚空之处就会生出灵光来，而吉祥也就落于这虚静的心灵状态上。

"涤除玄鉴""心斋""坐忘"既是道家、道教的修炼方法，也是他们的美育与素质教育的方法，只有扫除心灵中的杂念，持守心斋、忘己忘物、忘利忘害，最终才可达到"朝彻见独""虚室生白"的境界。这也就是所谓的"识神止，元神兴"。"识神"指的是喜、怒、哀、乐、忧、思等日常心理思维活动。当这些日常心理思维活动停止了的时候，更高层的"元神"就开始兴奋、发挥作用了。"涤除玄鉴""心斋""坐忘"就是"元神兴"。就美育与素质教育而言，"涤除玄鉴""心斋""坐忘"就是审美地观照，就是摒除一切私心恶念，就是保持虚静空明的心境。而"白生""独见""元神兴"就是在审美观照中，在道德践履中，最终达到至美、至乐的境界。"得至美而游乎至乐，谓之至人。"[1]通过这样的美育与素质教育，人就被塑造成为懂得美、追求美并善于创造美，胸怀开阔、真诚善良、公正无私，精、气、神充溢、协

---

[1]《庄子·田子方》。

调的人。

营卫养生，纯粹不杂，静一不变，恬淡无为，动而无行，此养神之道也。除此之外，道家、道教非常注重形体的炼养。道教生道合一的观念就体现了形神俱炼的思想。如何保养人的形体，在道书中有大量记载。在长期的炼养实践中，道家总结形成了一系列的方式、方法，如健身术、养生术、驻颜术、美容术等等。具体地说，炼养形体的功法，主要有导引、按摩、叩齿、咽津、站桩、太极拳、五禽戏、八段锦、鸣天鼓、禹步等各类功法。道家哲学"营卫养生"法中的各种具体方术的运用，充分体现了他们"我命在我不在天"的主动积极之精神。这鼓励人们努力挖掘自己的潜力，努力发挥其主动性、积极性和创造性。

道家"营卫养生"法的实践囿于时代和思想的局限，确有不少迷信糟粕，但他们的服饵、仙药、金丹之术也间接地推动了我国古代实验化学的发展。丰富多彩的炼养方术确实在一定程度上强健了道徒们的体魄，提高了人们的身体素质，他们对超自然能力的不懈追求确也开发了人体生命的潜能，而消灾治病、祈福劝善活动也有利于品质和人格的塑造和陶铸。

四、道家哲学的美育与素质教育思想对当代中国美育与素质教育的意义

世界各国的学者，都把发展和弘扬本民族的文化，整理和保存民族文化典籍，重新诠释和发现传统文化的思想资源，当作自己的历史使命。我们发掘和借鉴道家哲学的美育与素质教育的思想资源也不外于此。加强素质教育是当今世界各国普遍关注的一个热点和重点问题。研究和发掘道家哲学的美育与素质教育的思想资源对于我国当今的美育与素质教育能够提供重要的借鉴和启发。这可以从以下几个方面得

到说明：

1. 自由个性的培育

道家哲学以"道法自然"为理论出发点，肯定大道"自本自根，自古以固存"。人以"自然"为法，因而道家哲学的美育与素质教育思想极力突出自主性，批判奴性，强调人应自信自足、自发自辟、自生自主、自诚自明、自树自救。在此种美育与素质教育思想的影响下，不少道家学者以"被褐怀玉"自美，他们怀抱崇高理想而鄙视世俗的名利。他们自觉地与现实政治保持距离，并持一种冷眼旁观的独立批判的态度，虽屡遭打击但仍固守自己的学术路线，努力维护自己的自由人格。道家哲学讲"无为而无不为"，这实际上就涉及自由问题，"无为"是指凡事顺天时、随地利、因人心，这是一种广泛意义上的自由观念，天有天之自由，地有地之自由，人有人之自由。人若违天时、悖地利、逆人心，则不仅天无自由、地无自由、他人无自由，则个体自己也不会有自由之存在。个体如果认识天、地、人的自然之性，不妄作妄为，天、地、人则皆自由，个人只有懂得在自然规律不允许的问题上的"无为"，才能够在自然规律允许的事情上"无不为"。人也只有经过这样"无为"的历练之后，才能争得自由。道教哲学还明确提出了"我命在我不在天"的独立自由的主张，认为人通过修炼可以使自己的生命在宇宙大化中如同道生万物一样，生生不息，畅通无阻，游刃有余。道家的自由思想十分丰富，既有人对于自然界的自由，有人对于社会的自由，亦有个体身心的自由。尤其是道教重玄哲学就反对既定规范价值观对人的束缚，张扬价值观的多元化的合理性，强调保持心灵的开放与自由，不自由就会导致思想的僵化、停滞。与自由观念密切相关的平等观念在道家哲学中亦非常突出，如《老子》就明确指出天、地、人、道均为域中四大，四者平等，人并不是天地间至尊者，天下并非天下人的天下，是天下的天下；《庄子·齐物论》更是倡导平等齐同之论；道教徒亦主张人无贵贱、"至真平等"。道家哲学的这种自由平等观念及自由人格的塑造无疑对缺乏自由平等意识的中国古代社会是一种极重要的补救。毫无疑问，道家哲学的自由平等思想对现代中国人培育独立、自由的人格，形成平等的思想观念也具有极重要的作用。在当今全球化浪潮席卷世界的情势下，在各种竞争日趋激烈的社会里，保持心灵的自由开放，以平等的心态对待各种文化，无疑是现代人应当具有的重要的素质。

2. 道法自然的科学智慧

道法自然是道家哲学的理论核心。道家对自然和社会的研究、观察都力图保持客观的视角和理性态度。道家既讲人的独立性、自主性，又特别尊重客观自然规律，这极大地影响和推动了我国古代各门自然科学的发展。道家、道教对人体功能的开发，对自然节律的研究，对宇宙大生命与个体小生命之间的同构与互动关系的探讨，大大促进了中国古代医药气功理论及养生妙术的发展。道教历来有近乎科学的怀疑精神，他们尊重客观事物之理，重事实根据，务实求真，辨名析理，以小知大（知微见著）以近求远，以易求难，自显求隐。他们认为道法道术"有期力信"，在每一个阶段都有证验表现在修道者身体结构、机能、体态等各个方面。德国当代哲学家曼纽什曾肯定地认为古老的《老子》是一部涉及范围广泛的哲学怀疑论著作，其要旨是阐述人类理性的局限性，以及人类中种种价值和道德的相对性。怀疑是科学工作者的重要素质，对于一般人而言，务实求证、崇尚科学的态度，敢于怀疑、小心证验的精神也是我们这些身处科技时代的人们应当具有的素质。

3. 热爱感性生命，注重形神俱炼、身心相谐

道家哲学非常热爱人的感性生命，人的感性生命作为物质载体具

有重要的意义，是我们得道的物质基础。因此，道家哲学主张去奢去泰，养生尽年，其营卫养生之术从饮食起居到按摩、导引均十分丰富。他们极力主张全性保真，保持心灵的宁静，反对那种为了外在的目的而丧失本真的生命状态，反对那种"与接为构，日以心斗""危生弃生以殉物""以仁义异其性"，终身役役而不知所归的异化人。道家注重形神、身心的双修双炼，特别是注重人与自然、形体与精神的和谐统一。在现代社会里，人们多处在一个上不在天、下不在地、内不在我、外不在人的进退无据的虚浮状态，心身分裂及其他各种心理疾病已日益成为一个普遍性的问题。如何强健自己的身体，如何保持心理健康，道家哲学的美育与素质教育思想对此可以大有作为。

4. 超越意义与包容精神

儒家是站在人生之中来看待世间万物的，而道家则是站在人生边上，带着超越的眼光审视宇宙人生中的矛盾与荒谬。他们主张"挫锐""解纷""玄同""不争"，在宥天下，化解冲突，反对人类理智的独断与专横。他们站在"道"的层次来观物观人，要人们超越自我的局限性，他们主张物无贵贱、人无差等，一切人与物皆有存在的价值和意义。人应当开阔视野，提高层次，不断追求、不断拓展，超越自我。正因为这种超越意识，他们多具有包容精神。对此，司马谈已做了极好的概括，他说道家取精用宏、博采众长，"因阴阳之大顺，采儒、墨之善，撮名法之要，与时迁移，应物变化"，"以虚无为本，以因循为用，无成势，无常形，故能究万物之情"。道家哲学的美育与素质教育思想之所以具有如此长久的生命力和广泛的影响力，与这种超越意识和包容精神密切相关联。

总之，我国目前正全面致力于社会主义现代化建设，对道家哲学的美育与素质教育资源的研究，对这一文化资源进行现代转化和合理开发利用，对于医治现代物质文明所导致的诸多社会病，消除当前中国社会生活中业已存在的拜金主义、享乐主义等各种消极腐败现象，无疑有重要的意义。学习和借鉴道家哲学的美育与素质教育思想对于我们实现物质文明与精神文明的协调发展和提高人们的素质一定会有重要的帮助。

道家哲学的价值观初论

价值论（Theory of Value）或价值学（Axiology）19 世纪末在西方兴起，而关于价值的思想和学说，却不论中西都是古已有之，在西方可以追溯到柏拉图或更早，在中国，则必须从先秦诸子百家的学说谈起。20 世纪 80 年代初，在一般价值论研究的热潮推动下，中国古典哲学的价值研究已有了初步的成果。在已有的成果中，对道家价值论的研究相对较少。我认为在中国古典哲学中道家的价值观是最深刻而又最具特色的，其有关思想，集中体现在相对价值论、普遍功用观、价值重估、价值选择和价值理想等方面，本文尝试对此做出个人的见解，以求正于方家。这里需要说明的是，本文所持的"道家"范畴是《史记》而非《汉志》的广义的"道家"范畴，因而取材也就超出了《汉志》对"道家"的界定。

一、"物无贵贱""万物一齐"的相对价值论

以孔、孟为代表的儒家价值论主要是以仁义道德为确定不移的至上价值，如孔子提出"义以为上""仁者安仁"，孟子提出"物之不齐""舍生取义"，曰仁义而不曰利。墨家则崇尚以国家人民之大利为最高价值标准。与儒、墨不同，道家诸子以"万物一齐""物无贵贱"的理论思辨摧毁了仁、义、礼、利等价值观的绝对至上性，揭示了价

值的相对性，从而建构了独具特色的相对价值论。

老子首先提出价值的相对性问题。他认为美丑、善恶、祸福、高下、贵贱、大小等价值区分都是相对的。"天下皆知美之为美，斯恶也；皆知善之为善，斯不善矣。"① "美之与恶，相去若何？"② "高以下为基，贵以贱为本。"③ "祸兮福之所倚，福兮祸之所伏。"④ 人们知道美之为美，丑也就存在了，美与丑之间没有绝对固定不变的分界线，实际上相互对立的价值是相互依待、相互转化的。老子的这种相互依待、相互转换的辩证思想用于价值域就在实质上否定了世俗社会种种价值对立的绝对性。庄子沿着老子的路线，更进一步明确提出"物无贵贱""万物一齐"的思想，从而把老子价值的相对性思想发展成为理论形态更为完备的相对价值论。在庄子看来，价值并非纯粹客观的事实，某物有无价值以及价值的大小依赖于人们用什么样的价值标准来看待该物以及如何使用该物。

《庄子·秋水》云：

> 以道观之，物无贵贱；以物观之，自贵而相贱；以俗观之，贵贱不在己。

现象的道和具象的物之间当然有价值大小的区别，但从超现象的道的层次来看物，则万物是齐一的，没有价值大小的区分；从每一个独特事物的角度来看待物的价值，常常是以他物为无价值，以自身为有价值，即自贵而相贱；从世俗社会的角度来看物的价值，常常是众人以为贵的就有价值，众人以为贱的就无价值。这也就是说，在具体

---

① 《老子》第二章。
② 《老子》第二十章。
③ 《老子》第三十九章。
④ 《老子》第五十八章。

的现象世界里，没有一个具体的东西可以用作普遍的价值标准，有的只是依据不同的对象、服从于不同倾向或目的的具体的价值认识和价值评判标准。由于这些具体的标准的时效性和使用范围是变化的，因而事物之间的价值也就没有普遍意义上的贵贱之别。

事物的功用价值是如此，人类的道德价值、认识价值和审美价值也是如此。庄子认为是非、善恶、美丑都是相对的。

《庄子·齐物论》云：

> 毛嫱丽姬，人之所美也，鱼见之深入，鸟见之高飞，麋鹿见之决骤，四者孰知天下之正色哉？

庄子同老子一样，也认识到价值相对性的一个重要方面在于对立价值间的转化关系。"以道观之，何贵何贱，是谓反衍。""反衍"即向相反的方向转化，这种转化正是双方对立的差别的消解。

综上以观，老庄所讲的价值的相对性始终是仅就现象界而言的，是仅就具体的事物而言的。这里需要阐明的是，老庄所提出的相对价值论并没有否定事物的价值存在，只是反对把某种价值或某种价值标准抽象化、普遍化和绝对化。例如儒家讲仁，视仁为绝对至上的价值，"好仁者，无以尚之"[1]。道家则认为儒家仁的观念仅仅适用于同类，仁者仁于同类也，在同类之外，仁是不适用的。例如在人与自然之间，儒家以人为贵，以物为贱，天下是天下人的天下。从发展的眼光看，这样的观念已经受到现代生态学的严峻挑战。与儒家相反，道家则认为"万物一齐""天地不仁""圣人不仁"，"不仁"不是要去掉仁，而是要破除狭隘的仁义观念，"天下是天下之天下"[2]。仁爱观念一旦扩展

---

[1] 《论语·里仁》。

[2] 《吕氏春秋·贵公》。

到一切物、一切人身上，也就无所谓仁了。道家并不否认事物的价值存在这一点还可以从他们的普遍功能观上得到佐证。

二、"无物无用""因物尽用"的普遍功用观

"以道观之，物无贵贱"这一判断内在地包含着这样的思想，即从道的层次来看物，则物物之间没有贵贱、大小、高下的分别，万物都各有其独特的价值，这一点是等价的。因而可以说普遍功用观正是建立在相对价值论的基础上的。

老子认为一切事物都是有价值的，是非、善恶、美丑等对立价值的相互依赖正表明了它们都具有价值。"善人，不善人之师也；不善人，善人之资也。"[①] 对于有道的圣人来说，"人无弃人，物无弃财"[②]，一切人、一切物都有价值。"人之不善，何弃之有？"[③] 通过以善人为师，人之不善不是可以转变为善吗？只要善于救物，则无物无用，何弃之有？庄子也表达了同样的思想。《逍遥游》就载有庄子和惠子就"大瓠之实"的作用展开的争论，惠子认为大瓠之实无用，"以盛水浆，其坚不能自举也；剖之以为瓢，则瓠落无所容"，既不能盛水，又不能容物！这不是无用吗？庄子却认为"大瓠之实"可以用作"大樽"（一种类似救生圈的东西），"浮乎江湖"，载人渡河涉水，庄子认为不是"大瓠之实"无用，而是惠子不知因物尽用，拙于用大也。再如"宋人资章甫而适诸越，越人断发文身，无所用之"[④]。宋人买帽子给越人，越人不用，这不能说帽子无用，而是由于越人的风俗是断发文身，不适用也。《淮南子·主术训》明确指出："无论小大修短？各得其宜；规

---

① 《老子》第二十七章。
② 《老子》第二十七章。
③ 《老子》第六十二章。
④ 《庄子·逍遥游》。

矩方圆，各有所施；殊形异材，莫不可得而用也。"

固执于某种狭隘、僵化的价值观，则常常会一叶障目，而不知因物尽用，用物之宜也。"沧浪之水清兮，可以灌吾缨；沧浪之水浊兮，可以濯吾足。"[①] 只要我们能够破除价值观念上的心理定式，"权而用其长"，就可以最大限度地掘发出事物的价值。现实的情形是，由于人们对物用的认识和用物的方式、方法不同，使得事物的价值表现出有用和无用，小用和大用的分别：观念僵化，不知变通，使用不当，大材往往小用，甚至无用，这就造成了弃货、弃物的现象；"不肯专为"，灵活变通，使用得当，则材尽其用，甚至小材可以大用。例如"宋人有不龟手之药"，世代以之用来洗衣服，而一客人以百金买此药，"以说吴王"用于吴越之间的水战，结果大败越人，此客人因此而得"割地封赏"，获值远过百金。其药一也，但因为对其做了不同的运用，则结果大不一样。

道家的普遍功用观不仅揭示出一切有形可见之物都具有价值和功用，还深刻地揭示了无形物之用和一般人所谓的"无用"之用。

《老子》第十一章讲：

> 三十幅共一毂，当其无，有车之用。埏埴以为器，当其无，有器之用。凿户牖，以为室，当其无，有室之用也。故有之以为利，无之以为用。

一般人常常只看到车子、房屋、容器的作用依赖于车轮、辐条、制作容器的陶土，构成房屋的各种建筑材料等实体的东西，而无视毂中无、器中虚、室中空等这些不可见的空间的作用，认为这些都是无，"无"当然是无用的。老子则借无形的空间的作用更深刻地指出，"有

---

① 《楚辞·渔父》。

之以为利，无之以为用"，充分肯定了"无"的价值、功用，力图破除人们"以为有有用于人，无无用于人"的偏见、成见。①

庄学派更具体地考察了人们通常所谓"无用"观念的实质，并指出"无用"是有用的，不过对此需要做辩证的解析。"无用"之"用"实际包含三个方面的情况：

（1）"无用"指无小用而有大用，无实用而有超实用之用。例如《庄子·人间世》："曲辕有栎社树"因其"以为舟则沉，以为棺椁则速腐，以为器则速毁，以为门户则液樠，以为柱则蠹，是不材之木也。无所可用，故能若是之寿"。另有商丘之大木，"仰而视其细枝，则拳曲不可以为栋梁；俯而视其大根，则轴解而不可以为棺椁；咶其叶，则口烂而为伤；嗅之，则使人狂醒三日而不已。子綦曰：此果不材之木也，以至于此其大也"。

栎社树、商丘木均为不材之木，无所可用，但正因为无所可用，却"能若是之寿""以至于此其大"。也即是说，栎社树、商丘木均以不材而得以尽其天年，保其全生。庄学派认为那种"知有用之用而莫知无用之用"的狭隘功用观，由于固执于有形物之用、有用之用，常常会导致"山木自寇""膏水自煎"，因其用而自取败亡的结果。

（2）无彼用而有此用，假不用而专精于一用。如《庄子·知北游》讲："大马之捶钩者，年八十矣，而不失豪芒。大马曰：'子巧与，有道与？'曰：'臣有守也。臣之年二十而好捶钩，于物无视也，非钩无察也。'是用之者假不用者也，以长得其用，而况乎无不用者乎？物孰不资焉！"

捶钩者所以能年八十而不失豪芒，关键在于他把全部的精力和心志都集中在捶钩上，心无外用，心无他用。这正是假"无用于彼"得以集中精神"以用于此"，人若心神散驰，外骛多用，则往往真的一无

---

① 高亨：《老子正诂》。

所用也？庄子可谓深明专精一用而无妄用之至理。

（3）"无用"之"用"还在于倘若没有"无用"，则"用"亦"无用"也。这是就"无用"与"有用"的辩证关系而言的，在庄学派看来，"无用"与"有用"之间是一种不能割裂的关系。例如《庄子·外物》讲："夫地非不广且大也，人之所用容足耳，然则厕足而垫之致黄泉，人尚有用乎？惠子曰：'无用'。庄子曰：'然则无用之为用也亦明矣'。"

以人们狭隘的功用观或价值观来看待大地和大地上的路，认为路是有用的，而路以外的部分是无用的。倘若我们因此去掉路以外的部分，路还有用吗？对此《淮南子》明确地说，"足以跟者浅矣，然待所不蹍而后行"。道家这样一种普遍的功用观或价值观实际上超越了人们一般所持的实用主义思想，把价值观念扩展到寻常日用以外的更广阔的范围，充分地肯定了一切有形物与无形物、物质与精神的价值，反对对物用作直线性和简单化的理解。

三、"绝圣弃智""摽剥仁义"的价值重估论

"物无贵贱""万物一齐"的相对价值论和"无物无用"的普遍功用观实质指向同一个问题，即不能把价值范畴做狭隘、僵化和独断的理解。所不同的是，前者是从否定方面立论，后者是从肯定方面来阐明的。道家的这样一种价值观念落实到社会政治生活和伦理生活层面，便合乎情理地有了"绝圣弃智""摽剥仁义"的价值批判思想。更深刻地说，这种价值批判实际上是对当时社会所崇奉的圣、智、仁、义、礼、乐等观念的一次价值重估。

谈到价值重估，人们或许会想起尼采，虽然尼采与老庄无论是年代还是民族都相去甚远，但智者的精神却是相通的。本文无意于比较他们之间的异同，但马克思曾说过人体解剖是猴体解剖的一把钥匙，

借重于尼采的重估一切价值的思想是为了更深入地探寻和把握道家价值重估理论的思想内涵。

尼采是生活在 19 世纪末的西方的漂泊者，他所生活的时代是基督教信仰业已破产（"上帝死了"），而虚伪的基督教伦理却又笼罩着人们的生活的时代，并且这种伦理又是与人的生命相敌对的伦理。老庄则是生活在两千多年前的春秋战国时期的隐者，他们生活的时代是仁、义、圣、智不断异化的时代，三代相传的圣治文化到了春秋时期，"已不是有血有肉的思想文物，而仅仅作为形式的具文，作为古训教条，以备贵族背诵；所谓诗、书、礼、乐的思想这时好像变成了单纯的仪式而毫无内容"①。活的文化成了死的规矩，丰富的内容蜕化为形式的躯壳。那些英雄霸主们满口仁义道德，但现实却是"广地侵壤，并兼无已，举不义之兵，伐无罪之国，杀不辜之民，绝先圣之后，大国出攻，小国城守，驱人之牛马，僇人之子女，毁人之宗庙，迁人之重宝；血流千里，骨骸满野，以澹贪主之欲"②。老庄的尖锐批判正是针对着这种虚伪、衰朽和残酷的社会现实而发的。

就像尼采以道德重估为一切价值重估的中心一样，道家哲学也是以当时社会的仁、义、圣、智等为价值重估的中心。《老子》认为："大道废，焉有仁义；智慧出，焉有大伪；六亲不和，焉有孝慈。"③《庄子》也指出："彼窃钩者诛，窃国者为诸侯；诸侯之门，而仁义存焉，则是非窃仁义圣智耶？"④仁、义、圣、智、孝、慈成了统治者掩饰自己的罪恶、欺压人民的工具。不唯如此，"当虚伪损毁了一切，窃据了真理之名，这时真实的人就只能求之于坏名声者之中"⑤。也就是说这

---

① 侯外庐：《中国思想通史》，人民出版社 1957 年版，第 139 页。

② 《淮南子·本经训》。

③ 《老子》第十八章。

④ 《庄子·胠箧》。

⑤ 尼采：《看哪这人》，转引自周国平：《尼采：在世纪的转折点上》，上海人民出版社 1986 年版，第 169 页。

种虚伪的仁、义、圣、智造成了大道沦丧，人心由朴入华，整个社会陷入"损不足以奉有余"的残酷剥削，"以仁义易其性""危生弃生以殉物"的政治、伦理和人性的异化之中，陷入祸乱、虚伪和战争之中。为了改变这一状况，就必须"绝圣弃智"、"绝仁弃义"、绝弃礼制。老庄的价值批判是深刻而尖锐的，其影响是摧毁性的，正如尼采所言："真理的闪电正击中了迄今为止最高的东西；谁明白在这里什么被毁坏了，他就会看出是否还有什么东西留在手中，……揭穿了道德的人，同时也就揭穿了人们信仰或曾经信仰过的一切价值的无价值。"[1]

如果说尼采的价值重估论给西方世界带来了震撼，并且为生命哲学、存在主义、历史哲学等现代西方主要的哲学流派提供了思想起点或重要启发，我们也可以说，老庄对主流文化价值的批判给当时的社会也带来了战栗，并且他们的价值重估理论一直成为后来历代异端思想家们的重要的思想资源。例如，被斥为"论大道必先黄老而后六经"的司马迁；"依道家立论"，"伐孔子之说"的王充；[2] 以自己之是非批判"以孔子之是非为是非"的李贽等等，他们正是自觉以老、列、庄、文为师承，甘居异端地位的道家学者，"虽屡遭打击而仍固守自己的学术路线，坚持天道自然，反抗伦理异化，揭露社会矛盾，关怀生命价值，倔强地从事于学术文化的创造活动和批判活动，形成了特异传统"[3]。

总之，道家的价值重估论因为突出了对封建制度和封建道德规范的批判，从而对于中国封建社会异端思想的出现，对个性自由、人格独立、人性解放的反封建的启蒙思想的产生等起了积极的先导作用。

---

① 尼采：《看哪这人》，转引自周国平《尼采：在世纪的转折点上》，第169页。

② 《论衡·问孔》。

③ 萧萐父：《道家风骨略论》，载《道家文化研究》第2辑，第6页。

四、"尊道贵德""轻物重生"的价值选择论

　　道家的价值选择论具体表现在以下两个方面：一是把超现象、具有恒常性、普遍性的道视为至高无上的价值，而在道之下的事物则只具有相对价值，因而"尊道贵德"是道家价值选择论的一个突出特点；二是重生命价值，轻宰制人身心的外物的价值。

　　从"尊道贵德"来看，老子明确地提出"万物莫不尊道而贵德"，"道之尊也，德之贵也，夫莫之爵而恒自然也"①，道之贵不仅在于道生养了万物，即"道生一，一生二，二生三，三生万物"，更在于道生养万物而又不以生养者自居，即"生而不有，为而不恃，长而不宰"。老子还从道—德—仁—义—礼之间的价值递减关系来说明道的价值的至上性。"失道而后德，失德而后仁，失仁而后义，失义而后礼，夫礼者，忠信之薄而乱之首。"②在老子看来，从上古至德之世到春秋战国时期，历史的发展呈现为一个从道到礼的价值递减过程，当人们无法践履至上的道德价值的时候，就退而求其次地行仁行义，一旦当仁、义也难以得到实行的时候，就只有抱住形式化的礼。礼只是形式化的东西，是外在的带有强制性的社会规范，礼的盛行正是内在精神原则彻底衰落的结果，是道的至上价值彻底衰减的结果。在《庄子》那里也表达了同样的思想。庄学派认为自然之道"无为而尊"，"道，物之极"也，与道的价值相比，形、名、功、德、仁、义的价值是次要的、末流的，即"形德仁义，神之末也"③。为了捍卫道的价值至上性，应当"退仁义、宾礼乐"④。在庄学派看来，仁、义、礼、乐的盛行恰是道的

①《老子》第五十一章。
②《老子》第三十八章。
③《庄子·天道》。
④《庄子·天道》。

价值失落的结果，"道德不废，安取仁义？性情不离，安用礼乐？"① 从道家的价值取向看，最高的价值不能从事事物物中去寻求，而应当从超越的"道"那里去获取。

到了《文子》《管子》《吕氏春秋》《淮南子》等，它们虽然在讲道、德的同时，也兼讲仁、义、礼、法，但在总的价值选择和价值取向上仍然是以道为至上价值。

"尊道贵德"的价值选择论落实到个体生命上，便是"轻物重生"。道家认为"人法地，地法天，天法道"，道是人行为的准则又是生存的依据，因而"轻物重生"成为道家价值选择论的又一重要特点。

老子明确主张"长生""久视"之道，这是对生命价值的积极肯定。他认为："五色令人目盲；五音令人耳聋；五味令人口爽；驰骋田猎，令人心发狂；难得之货，令人行妨。是以圣人为腹不为目，故去彼取此。"② 庄学派则认为："自三代以下者，天下莫不以物易其性矣。小人则以身殉利，士则以身殉名，大夫则以身殉家，圣人则以身殉天下。故此数子者，事业不同，名声异号，其于伤性以身为殉，一也。"③ 外物的价值本来是为了维护和实现人的生命价值的，但由于人们把外物的价值无限放大，这势必淹没或失落人的生命价值。他们认为"丧己于物，失性于俗者，谓之倒置之民"④。他们极力批判"人为物役""以仁义易其性"的人的生命异化现象，明确主张"物物而不物于物"。此外，庄学派还深刻地揭示和批判了当时社会的伦理异化现象。"自虞氏招仁义以挠天下也，天下莫不奔命于仁义。"⑤ 仁、义、礼等伦理规范本是以维护社会、维护人的价值为标的，是实现人的生命价值

---

① 《庄子·马蹄》。
② 《老子》第十二章。
③ 《庄子·骈拇》。
④ 《庄子·缮性》。
⑤ 《庄子·让王》。

的手段，但是一旦把它抽象化、绝对化、目的化，仁、义、礼就会成为束缚人性、戕害精神自由的东西。"轻物重生"正是对"以仁义异其性"的伦理异化现象的抗议和批判。

老庄这一思想对后世道家人物以深远影响。极端者有如杨朱"拔一毛利天下不为也"，但较多的道家人物则正确地认识到外物与生命价值之间的轻重关系，并做出了明智的抉择。如《吕氏春秋》中讲"本生""重己"，认为"物也者，所以养性也，非以性养也"，并指出"今世之人，惑者多以性养物，则不知轻重也。不知轻重，则重者为轻，轻者为重矣"。《淮南子·原道训》亦指出"知大己而小天下，则几于道矣"。

五、"反朴归真"的价值理想论

"朴"在《老子》书中共8见，在《庄子》书中有12见，《文子·九守》中有"守朴"条，在其他道家著作中也多有涉及。"真"在老、列、庄、文等道家人物的著作中更是多见。由此可见，"朴""真"绝不是一个随意使用，只具有一般意义的语词，而是有着特定含义的重要哲学范畴。要而言之，"朴""真"是"道"的别一种表述，是道家为之奋斗以求实现的理想价值，又是他们实现其价值理想的实践方法。因此，"返朴归真"构成道家哲学价值观的一个重要组成部分。

《老子》曾提出要"复归于朴"①，庄子也明确地讲"无为复朴"②，《文子·九守》中"守朴"条讲"明白太素，无为而复朴"。《吕氏春秋·论人》也讲"故知知一，则复归于朴"。"朴"在此都是作为价值理想被提出来的。"朴"这一价值理想是如何提出来的呢？这要从"朴"

---

① 《老子》第二十八章。
② 《庄子·天地》。

是什么谈起。《说文》曰："朴，木素也。"段玉裁注曰："素，犹质也。以木为质，未雕饰，如瓦器之坯然。"《玉篇》曰："朴，真也。"《论衡·量知》曰："无刀斧之断者谓之朴。"作为价值理想的"朴"范畴是从事物"无刀斧之断"、未经雕饰的始初状态汲取灵感而提出来的，不能把"朴"理解为就是事物的原初状态。"朴"这一范畴具象化为个体生命的追求实质上是指一种类似"婴儿"状态的理想境界；具象化为社会群体的追求实质上是一种类似"小国寡民"的理想社会境界。

老子认为个体生命的理想状态是类似于婴儿的那样一种状态，因此，他主张"恒德不离，复归于婴儿"[①]。老子认为要达到"若婴儿未咳"[②]那样一种抟精至柔、敦厚纯朴的理想境界，必须"见素抱朴"，当人"化而欲作"之时要"镇之以朴"，作为统治者则必须做到"我无为"而"民自朴"。在这里"朴"不仅是一种理想境界，而且还是实现这一理想境界的实践方法，具有方法论意义。

个体生命的理想境界其实是与社会的理想境界密切相关的。倘若人们做到"愚而朴，少私而寡欲"[③]，毁仁义以归道德，残器以归朴，轻物重生，则整个社会处于"虽有甲兵，无所陈之"，"虽有舟舆，无所乘之"，各甘其食、各美其服、各安其居、各乐其俗的小国寡民的理想社会状态。一旦天下人达到了明白素朴，"不尚贤，不使能，上如标枝，民如野鹿，端正而不知以为义，相爱而不知以为仁，实而不知以为忠，当而不知以为信，蠢动而相使，不以为赐"[④]，"耕而食，织而衣，无有相害之心"[⑤]，那就达到了理想的"至德之世"。很显然，道家的这样一种理想社会形态是精神文明（而非物质文明）高度发达、道德境

---

① 《老子》第二十八章。
② 《老子》第十九章。
③ 《庄子·山木》。
④ 《庄子·天地》。
⑤ 《庄子·盗跖》。

界极高的理想社会形态。

　　道家的这样一种价值理想在世界文化范围内来考察，绝不是独有的。古希腊诗人赫西俄德在《神谱》中所描述的理想时代无疑是人类社会的早期时代即"黄金时代"；在印度文明中，大史诗《摩诃婆罗多》所描述的理想时代也是人类社会的早期时代即"圆满世"；西方近代哲人卢梭批判科学和艺术，讨伐人类的文明，主张回到自然中去；西方文明百年来的现代主义运动对现代物质文明表现出顽强的反抗精神。这些都与道家"返朴归真"的思想有着遥远而切近的呼应关系。应当承认，他们的理论主张是对我们习而不察、日用而不知的价值观念的挑战，他们从一个侧面象征和表达了人类文明发展及人性本身的深邃的矛盾。我们应当看到，道家哲学的价值理想论的价值正在于它的"反价值性"。

儒"情"与道"情"

明代哲学家吕坤在《呻吟语》中说:"六合是情世界,万物生于情,死于情。"清代学者张潮亦言"情之一字所以维持世界"。情的问题确乎是一个本原、本质性的问题。按当代哲学家张岱年先生的说法:所谓关于情的理论也就是关于"人生之艺术"的理论。"人生是一个艰难的过程,外物的逆阻,世事的曲折,常使人痛苦:如不能善用其情,则痛苦滋甚了。如能统御自己的情,对于逆险,能夷然处之,而痛苦便可以消减。所以人生需要有一种生活之艺术。而所谓生活之艺术,主要是统御情绪的艺术。"[①] 在中国传统文化中,儒家和道家的情论(生活之艺术)是各具特色且各有深致的两家,把他们的情论做一比较研究对于我们认识儒、道两家的人生观、价值观等,无疑有重要的意义。

一、善情、美情、恶情与真情

在中国文化史、哲学史上,原儒重情乃是不争的事实,有关情的理论,儒家是最丰富的一家,如在对待情的性质上,即有善情说、恶情说和美情说。孔子罕言情,《论语》中少见"情"字,"上好信则民

---

① 张岱年:《中国哲学大纲》,第 467 页。

莫敢不用情"①，"上失其道，民散久矣，如得其情，则哀矜而勿喜"②，两"情"字均为"情实"之义。但这并不影响孔子是一个至性至情之人，如《论语·先进》："颜渊死，子哭之恸"，《论语·里仁》"惟仁者，能好人能恶人"，其言心之"戚戚然"，都足见孔子之至情。孔子虽不言情之好恶，但强调人应当过一种合理的情感生活，不忧不惧。在原儒中最早对情做性质上区分的要算湖北荆门郭店出土的儒简《性自命出》篇中的"美情说"③。竹简作者认为，人与生俱来的质朴醇厚之本性即为"美情"，"未言而信，有美情者也"，"未教而民恒，性善者也"。人先天具有的"善性""美情"在进入到世俗社会中因为受到外物的诱动而发生变化，"凡动性者，物也"，"及其见于外，物使然也"，倘若逐物而不知返，就会导致性乱情迷。因此，人与生俱来的"美情""善性"也是现实社会中谦谦君子所努力追求的目标。与郭店儒简对性情看法不同的是，荀子认为人情本性为恶。《荀子·性恶》云："尧问于舜曰：人情何如？舜对曰：人情甚不美，又何问焉？妻子具而孝衰于亲，嗜欲得而信衰于友，爵禄盈而忠衰于君。人之情乎？人之情乎？甚不美，又何问焉！"荀子以下，论及情恶者大有人在，如董仲舒《春秋繁露》、荀悦《申鉴·杂言》、李翱《复性书》、朱熹《朱子语类》等。大体上历代儒家学者既有讲情善、情美者，亦有讲情不善、情不美者也。与儒家不同的是，道家诸子基本上无意于对情做善与不善、恶与不恶、美与不美的道德判断，例如庄学派认为"情莫若率"，主张"不拘于俗"，要"法天贵真"。庄子多将"性命"与"情"并提，所谓"任性命之情""安性命之情"都是指性命之真，庄学派所谓"贵真"亦指人情之真。"真者，精诚之至也。不精不诚，不

---

① 《论语·子路》。

② 《论语·子张》。

③ 湖北荆门郭店出土的这批儒简，据有关学者考定，该批竹简的年代当为公元前 4 世纪末期。该批儒简应当在孟子以前，笔者认同此说。

能动人。故强哭者虽悲不哀，强怒者虽严不恫威，强亲者虽笑不和。真悲无声而哀，真怒未发而威，真亲未笑而和，真在内者，神动于外，是所以贵真也。"[1] 在庄子看来，外于真的喜欣悲怨之情都是多余的，人应当"不以好恶内伤其身"[2]，"悲乐者德之邪，喜怒者道之过，好恶者德之失"[3]。好恶之情不仅伤身，而且害德。在道家、道教发展史上，后老庄的道家人物大多"率情""贵真"，役物而不役于物，都主张纯任真情的自然流露，不媚于势，不拘于俗。他们大多是真情说理论的倡导者和实践者。

二、节情、禁情、灭情与无情、安情、任情

先秦时期，荀子以前的儒家人物虽都重视人的情感问题，都认识到外物对情感的影响，但总体上对情感的认识表现出多元化的倾向，既有人主张合理的情感生活，亦有郭店儒简的"尚情"理论，还有张扬善情、贬抑悲情的学说，并无一个统一的情感理论。但从荀子开始，以荀子、董仲舒、朱熹为代表，儒家情论表现出视情为恶，从而由"节情""禁情"到"灭情"的发展理路。战国晚期，前此儒家哲学思想的集成者荀子认为人情为恶、人性为恶，人所表现出来的善良情感并不是先天的，而是后天人为作用的结果，如果对人的恶的情欲不加限制，任其泛滥，社会就会走向"偏险不正""悖乱不治"的状态。人不能从情顺性，即使是圣人，如果他从情顺性也必致荒荡。所谓的"礼义法度"是"圣人之伪"，合于"礼义法度"的人情之善，是圣人"化性起伪"的结果。在荀子看来，"礼仪"是支配整个社会与自然的

---

① 《庄子·渔父》。
② 《庄子·德充符》。
③ 《庄子·刻意》。

最高法则，"礼"是"与天地同理，与万世同久"①的"大本"。对于人
与生俱来的情之恶，必须以"礼义"正之、化之，"矫饰人之情性而正
之"，"扰化人之情性而导之"②。大体上，荀子表现出"以礼节情"的
思想倾向，即通过礼来化情性、导情性、正情性。在汉代，儒家代表
人物董仲舒认为人性有善有恶，"性比于禾，善比于米。米出禾中，而
禾未可全为米也；善出性中，而性未可全为善也"③。人性中何以有不
善呢？董子以为性中有情，情恶也。"人之诚有贪有仁。仁贪之气两在
于身；身之名取诸天，天两有阴阳之施，身亦两有贪仁之性"④。性中
有情，性中非情的因素即是仁；而情是贪的、恶的。在董子看来，"大
富则骄，大贫则忧，忧则为盗，骄则为暴，此众人之情也"，"富者愈
贪利而不为义"，"贫者日犯禁而不可得止"⑤，世之乱正在于人之情贪、
情恶。董子还以阴阳比附情性，认为性阳情阴。世间属于阳的事物和
人，总是居于支配地位。董子基于"天人同构""天人感应"的神学目
的论立场，认为"天者，百神之大君"⑥，天是主宰自然和人类的神，人
类社会的法则是取诸天的，"君臣、父子、夫妇之义，皆取诸阴阳之
道"⑦。"天"的法则是"佑阳不佑阴"⑧，"阳贵而阴贱，天之制也"⑨。鉴
于此，人们必须贵性而贱情，以性禁情，性仁情贪、性贵情贱之故也。

　　在中国哲学史上，从诸家诸子的情论看，一般认为喜、怒、哀、
乐、爱、恶、欲为情，情是指以七情为具体内容的人的情感活动。但
理学家朱熹对"情"的理解却大大溢出了传统情论的范围。"情"在朱

---

① 《荀子·王制》。
② 《荀子·性恶》。
③ 《春秋繁露·深察名号》。
④ 《春秋繁露·竹林》。
⑤ 《春秋繁露·度制》。
⑥ 《春秋繁露·郊语》。
⑦ 《春秋繁露·基义》。
⑧ 《春秋繁露·阴阳位》。
⑨ 《春秋繁露·天辩在人》。

子哲学中至少有如下三种意识：一是作为性理直接发见的"四端"；二是七情；三是某些具体思维。由于朱熹的"情"论既有四端，亦有七情，因而朱子在讲"性体情用"、性为情之根据时，有肯定情的地位的一面；但在讲"情"为七情时，却又主张"存天理、灭人欲"，即要求"以理灭情"。在朱熹看来，人性有两重性，既有"天命之性"，又有"饮食男女"的"气质之性"（"人欲"）。这两者并不能和平共处："人只有个天理人欲，此胜则彼退，彼胜则此退，无中立不进退之理。"[①] 在朱子看来，要使天理胜，则必须人欲退，要"复尽天理"，就必须"革尽人欲"，故朱子力主"以理灭情"。

与儒家"以礼节情""以性禁情"到"以理灭情"不同，道家人物多讲"无情""安情"与"任情"。一些学者认为以老庄为代表的道家都寡恩薄情[②]，他们认为老子重权术、重理智，确乎不动感情。其实这些看法似是而非，老子既讲"天地不仁，以万物为刍狗"，"圣人不仁，以百姓为刍狗"，但也讲"圣人无常心，以百姓心为心"。同样，庄子一方面讲"无人之情"，但另一方面亦大讲"万物复情""任其性命之情""安其性命之情"。老子于情无所言说，但这并不能说明老子无情，老子类于孔子，在他重理智的另一面是他对个体生命价值的深情肯定。先秦畅言"情"者，《庄子》可为代表，如《庄子》内篇力说"无情"，外杂篇则多讲"复情""任情""安情"。《庄子·德充符》云："惠子谓庄子曰：人故无情乎？庄子曰：然。惠子曰：人而无情，何以谓之人？庄子曰：道与之貌，天与之形，恶得不谓之人？惠子曰：既谓之人，恶得无情？庄子曰：是非吾所谓情也。吾所谓无情者，言人之不以好恶内伤其身，常因自然而不益生也。"庄子这里的"无情"实质是讲"因自然"，"因自然"当然也包括因自然之真情流露，庄子所谓

---

① 《朱子语类》卷十三。

② 李泽厚：《中国古代思想史论》，第 177 页。

"无情"实为"无物情"。人常因外物而动情，此之谓"物情"，因物之好而好之，因物之恶而恶之。人不能主宰自己的喜怒好恶，人便成为外物的奴隶，这样的"物情"最终会内伤其身、外害其德。庄子是极力反对这种"心为物役"的状况。"无情"在《庄子》中并不是一个漫无边际的普遍性命题，而是针对"心为物役"、物情害人的情况而提出的对治方案，"无人之情，故是非不得于身"。《庄子》中除"无情"之说外，多有"万物复情""致命尽情""达生之情""达命之情""达于情而遂于命"之论，由此种种议论可以看出庄子及其后学把"情"放在与"性命"同等的地位。寻绎其理路，《庄子》中论情可以归结为两个逻辑层次：一是针对失性命之情的现实社会，提出"安性命之情"的对治之策；一是由"安情"到"任情"的精神自由之追求。在庄学派看来，人类社会的历史是江河日下、道德衰微的历史，是"世丧道、道丧世"的历史。从远古到春秋战国时代，世道人心日渐浇薄，特别是春秋战国之世，人们去性从心，以文灭质，以博溺心。当时的社会里尽是些"丧己于物，失性于俗"的"倒置之民"，这些人为了功名利禄，陷入"驰其形性，潜之万物，终身不反"①的可悲境地。特别是三代以下统治者"招仁义以扰天下"，以赏罚为能事，搜括民财，驱使民力，发动触蛮之争，人民多生活在水深火热之中。有鉴于此，庄子提出"安其性命之情"。如何安情？"无为也，而后安其性命之情"②，统治者行"无为"之治就能实现安情的目的。这里的"无为"似应有两重含义：一是勿以己之为（行为）扰乱民之性命之情；一是"无自为"也。《庄子·天地》对"安"有一个较明确的界定，即"四海之内共利之之谓悦，共给之之谓安"。郭象注曰："无自私之怀也。"成玄英疏云："夫德人惠泽宏博，遍草群品。故货财将四海共同，资给与万民无

---

① 《庄子·徐无鬼》。

② 《庄子·在宥》。

别，是普天庆悦，率土安宁。统治者不自私自利、不妄作妄为，则可以让人民安其性命之情也。""安情"是就外在条件立论，"任情"则是就内在自由、自然而言的。如果"上如标枝，民如野鹿，端正而不知以为义，相爱而不知以为仁，实而不知以为忠，当而不知以为信，蠢动而相使，不以为赐"①，能够"游心于淡，合气于漠，顺物自然而无容私"②，自适其适，这样才是"任其性命之情"也。后世的道家人物论情多未越出《庄子》的范围。

比较而言，从原儒，特别是从郭店《性自命出》篇看，儒家特别强调情感，似有情感本体的味道，儒家的道德形上学似正是建立在道德情感之上，情，特别是人伦之情成为道德践履的内在动力。只是在儒情的发展过程中，由于其过于强调整体的伦理情感，抑杀了个人的情感，因而儒家从有情始，最终却走向"禁情""灭情"。道家看似冷漠、淡然，"无人之情"，最终却"复情""安情""任情"，以大有情而终。

三、性情两分与性情一如

儒、道两家论情多与性相联系，无论是讲性善情善、性善情恶，还是性恶情恶，人们通常是将"性"与"情"放在一起讨论，有所区别的是，儒家多讲性情两分，而道家则对性情不加严格区分。

"性""情"常被儒家析为二事。《荀子·正名》谓："性者，天之就也；情者，性之质也。"李翱《复性书》云："性与情不相无也，虽然，无性则情无所生矣，是情由性而生，情不自情，因性而情；性不自性，由情以明。性者，天之命也，圣人得之而不惑者也。情者，性

---

① 《庄子·天地》。
② 《庄子·应帝王》。

之动也，百姓溺之而不能知其本者也。"王安石《性情》认为"性者情之本，情者性之用"①。宋代大儒朱熹《朱子语类》认为"情者，性之所发"，"性是根，情是那芽子"，"性是体，情是用"，"情不是反于性，乃性之发处。性是水，情如水之流"。基本上儒家诸子都对性情有明确的区分：或分性内情外；或分性本情用、性体情用；或分性本情末；或分性根情芽。汉代儒者更是把性情看作二元对峙的东西，如汉代大儒"董仲舒览孔孟之书，作性情之说。曰：天之大经，一阴一阳；人之大经，一情一性。性生于阳，情生于阴。阴气鄙，阳气仁。曰性善者，是见其阳；谓恶者，是见其阴也"②。傅斯年先生在《性命古训辩证》中云："分性情为二元疑以善归于性，以恶归之于情，……乃是西汉一贯之大宗，经师累世所奉承，世俗所公认，纬书所发扬，可称为汉代性论之正宗说者也。"③

　　虽然不少儒者将"性""情"联用，或讲"性情"，或讲"情性"，但实际上仍有分别。讲"性情"者，重在"性"字，通常较多地指向人的本性；讲"情性"者，则多重在"情"字，如《荀子·非十二子》云："纵情性，安恣睢，禽兽行，不足以合文通治。""情性"一词多指人的生理的欲望。

　　与儒家不同，道家（如庄子）多用"性命之情"的形式把"性"与"情"联结在一起。"性命之情"一词多见于《庄子》及《吕氏春秋》等，如《庄子·天运》云："三皇五帝之治天下，名曰治之，而乱莫甚焉。三皇之知，上悖日月之明，下睽山川之精，中堕四海之施。……莫得安其性命之情者，而犹自以为圣人，不可耻乎！"《吕氏春秋·有度》云："唯通乎性命之情，而仁义之术自行矣。"在这里性情没有内外、本末、体用之分别，是指人的纯朴的本性。《庄子·马

---

　　①《临川先生文集》卷六七。

　　②《论衡·本性》。

　　③ 傅斯年：《傅孟真先生集》，台湾大学出版社1952年版。

蹄》云："故纯朴不残，孰为牺樽！白玉不毁，孰为珪璋！道德不废，安取仁义！性情不离，安用礼乐！"《庄子·缮性》亦云："然后民始惑乱，无以反其性情而复其初。"道家认为性情一如，不可离析为二。一旦离析为二，则是人的纯朴本性开始失落的表现，是礼乐仁义之所由兴的根源。性情的分离是道德衰微的开始，也是道德衰微的结果。道家理想的"安性命之情""任性命之情"就是使人们归复性情一如的状态。

四、道始于情与道中有情

道在中国文化中是一个涵蕴颇多、意义丰富的概念。在中国古代较早的几部典籍如《尚书》《诗经》《易经》《国语》和《左传》中，"道"字就大量出现，且有"道路""言说""通达""公正或正义""理则和法则""方法"和"命令"等多种意思。在中国初民的思维中，"道"虽还不是一个超越一切事物的具有普遍性、绝对性和统一性的观念，但已经开始有了较为形而上的意义。春秋战国以来，"道"已逐渐被古代的思想家视为解释世界的根本范式，虽然天有天道、地有地道、人有人道，但"道"由于为天、地、人所分有，因而具有了普遍性。道既然成为解释世界的根本范式，人们对情感的理解自然要与"道"联系起来。儒家诸子直接论及"道"与"情"之关系者应以郭店出土的儒简《性自命出》篇为代表。"性自命出，命自天降，道始于情，情生于性。"在这里，天、命、性、情、道都相互联系起来，即天—命—性—情—道。"道者，群物之道。凡道，心术为主。道四术，唯人道为可道也。"很显然，这里"始于情"的"道"是指"人道"。就"道"与"情"之关系而言，竹简的"道始于情"只是说明了"道""情"关系的一个方面。就"道"的源起论，"人道"源于人的性情，"性情"是对人的生命存在的抽象，道作为指导人的行为的理则或法则，只能是建立在"性情"之上，故竹简说"道始于情""始于性"。另一方面，"性情"作为人的生命存在的抽象，但还不具有"道"范畴那样的普适性，从形而上的层次讲，"道"比"性情"要高一个层次。概而言之，道始于情，而道又高于情，正如仁义礼出于人伦之情却又高于人伦之情一样。儒家的"道""情"关系恰恰表明了儒家道德建立在人伦情感之上的既内在又超越的特点。道家诸子中直言道情关系者，当以《庄子》为代表。《庄子·大宗师》云："夫道，有情有信，无为无形。"郭象认为：此处道之有情指"无情之情"，道之有信指"无常之信"。成玄英疏云："明鉴洞照，有情也；趣机若响，有信也。恬淡寂寞，无为也。视之不见，无形也。"明清之际，自号"朱衣道人"的傅山先生在其《庄子批点》中独对"情"字极为推崇，他将"道"视为"情"，认为"情为天地生人之实"，情是天地之大本大源。在道家、道教史上，曾有"道情"这一专有名词，大约产生于宋代，由于史料的缺失，详情已不可考。据明代戏剧理论家的说法，"道情"亦称"黄冠体"，列乐府体式，属文学艺术之一种，指黄冠道士的歌体。明代戏剧理论家朱权在《太和正音谱》中曾对"道情"有过如下解释："道家所唱者，飞驭天表，游览太虚，俯视八弦，志在冲漠之上，寄傲宇宙之间，慨古感今，有乐道倘律之情，故曰道情。"道教《洞玄经》云："种种无名似苦海，苦根不离善根存。但凭人间无通力，跳出轮回无苦门。道有无情度有情，一切方便是修真。"上述可见道家之"道"并不仅仅指人道，还指天道、地道，道之有情亦非仅指人伦之情。道家之道是自然之道，道中之情是"宇宙之情""自然之真情"。道家所谓以无情度有情恰恰是看到了人生充满情欲造成的痛苦，人生的路就是一条摆脱物情奴役，磨灭情欲的路。道家之情正如郭象所谓的"无情之情"，是洞鉴明照人生、拯救苍生出水火的大情、至情。

老子文化思想商兑

一

正如"玄鉴""静观"的认识论,"致虚""守静"的人生哲学,以及以"无为"为基本原则的政治、历史观一样,老子的文化思想也长期为人们所误解,认为老子是一个极端的文化否定论者、反文明论者。我认为这其中有因文生义、以偏概全的误解。

对老子文化思想的误解,始自韩非,此后,代有人出。

韩非的《解老》《喻老》是现存史籍中可以见到的最早的老学阐释之作。其中《解老》不乏慧见,如对"道""德""俭""啬"等范畴的疏解。但《喻老》却颇多误说,并把老学狭隘地归结为阴谋权诈之术。韩非还斥责老子的文化思想是"恬潜之学,恍惚之言,为无用之教"。到了汉代,以提出独具特色的天地起源论著称的严君平,虽然对老子"有生于无"的思想做了充分发挥,但仍然误释了老子的文化思想。例如他在《老子指归·善为道者》中说:帝王之治天下,应"涂民耳目,塞民之心,使民不得知"。而对老子文化思想误解最深的,当推宋儒。朱熹说:"将欲取之,必固与之","此老子之体用也","老子之术,须自家占得十分稳便,方肯做;才有一毫于己不便,便不肯做"。①《河南

---

① 《朱子诸子语类》卷三十三。

程氏遗书》卷二十五云："秦之愚黔首，其术盖出于老子。"对此，元代吴澄《道德真经注》更进一步发挥，说老子"愤世矫枉之论，其流之弊，则为秦之燔经书以愚黔首"。明代大学者王夫之在《老子衍》中对老子思想做了不少精深的阐发，但也有不少惊人的曲解。如第二十章，"蟺蜿轻微，而后学可绝；学可绝，而后生不损，而物不伤"。他把老子的"绝学无忧"比作玄虚、因循，比作游蛇一般屈曲盘旋、悄无声息；把老子"绝学弃智"的目的理解为随波逐流、投机钻隙，为保全自己而到处逢迎。王夫之还指责老子"战胜以丧礼处之"是不知礼意（所谓"彼恶知礼意"者也）。近代学者严复批评老子的"绝学"之道乃是鸵鸟埋头的方式。他在《老子道德经评点》中说："绝学固无忧，但其忧非真无也。处忧不知，则其心等于无有。非洲鸵鸟之被逐而无复之也，则埋其头目于沙，以不见害己者为害。老氏绝学之道，岂异此乎。"现代海外华人学者余英时先生在他的《反智论与中国政治传统》一文中明确论证说：儒家是"主智"的学派，上溯先秦的礼乐精神是"离不开知识的"，而处于儒家对立面的道家学派则是"尚自然而轻文化"。道家"反智论""必须以老子为始作俑者"。国内知名学者郭齐勇先生在充分肯定道家哲学精义的同时，也明确认定"反文明是道家哲学的起点和特征"[①]。

老子的文化思想在《老子》第十九章、第六十五章、第八十章有过集中的表述，在其他不少章节也多有涉及，如第十三章、第二十一章、第三十一章、第四十八章等。

《老子》第十九章明确地提出"绝学""绝圣弃智""绝仁弃义""绝巧弃利"，在第八十章中明确地提出"不用"，在第六十五章中有"非以明民，将以愚之"这样一些文化思想。如果仅从字面上理解，老子倒的确是彻底的文化否定论者，因为在文化智慧方面，他主

---

① 郭齐勇：《"新儒家"和"新道家"的超越》，《中国文化月刊》第 163 号

张"绝圣弃智";在伦理文化意识上强调"绝仁弃义";在文化功利观上,他否定"巧"与"利";在文化传播和教育上,他力主"绝学",并且还推行文化蒙昧主义的"愚民术";在对待物质文化成果方面,他反复申述"不用"的观点。这些当然是文化否定论、反文明论。老子的文化思想果真像字面意义上那样简单可解吗？其实不然。

二

综析前述各种误解,可以归之为两类:一是因文生义,拘泥于文本的"能指",而不注意析解"所指";一是"泥其一以昧其全"(魏源语)。要正确把握老子文化思想的深旨,首先必须有方法论上的觉解。

《孟子·万章上》讲:"说诗者,不以文害辞,不以辞害意;以意逆志,是为得之。"朱熹对此做了很具体的阐释。他说:"文,字也。辞,语也。逆,迎也。……言说诗之法,不可以一字而害一句之义,不可以一句而害设辞之志,当以己意迎取作者之志,乃可得之。"除此而外,孟子还讲到"知人论世"法,"颂其诗,读其书,不知其人可乎？是以论其世也。"[1] 陈寅恪先生在给冯友兰先生的《中国哲学史》所写的审查报告中谈道:"对于古人之学说,应具了解之同情",对其"所处之环境,所受之背景,非完全明了,则其学说不易评论"。[2] 钱锺书先生也谈道:"史家追叙真人实事,每须遥体人情,悬想事势,设身局中,潜心腔内,忖之度之,以揣以摩,庶几入情合理。"[3]

这些慧见告诉我们:(1)虽然文本是阐释的基本依据,但不应执着于表面的语词,语词只是表情达意的符号工具,应该透过语词去把握作者内在的思想底蕴;(2)要获得对文本的较为客观确当的理解,

① 《孟子·万章下》。
② 陈寅恪:《陈寅恪史学论文选集》,上海古籍出版社1992年版,第507页。
③ 钱锺书:《管锥篇》第一册,中华书局1986年版,第166页。

必须把握作者所受之背景，所居之环境，与古人处于同一境界；（3）诚然，有意义的阐释是文本和读者两种"视界"的融合，离不开读者的"前见"，但是绝不能仅以"前见"为标尺去妄断古人，必须打通古今历史的悬隔，积极主动地去忖度、揣摩，以期接近古人。基于此，我们认为如果通过对老子整个思想体系及其时代背景的全面把握和体会，就会发现老子并不是极端的文化否定论者。相反，他的文化思想中有着十分积极的并极富批判精神的东西。下文试图逐一辩明这一点。

从文化智慧方面看，《老子》第十九章中，老子所否定的"圣"，实际是指靠智术统治天下的统治者，并不是老子理想中的以"道"这种最高智慧将自己武装起来的"圣人"。他所否定的"智"则是指统治者的权诈之术，所以蒋锡昌在其《老子校诂》中注为"圣者创制立法，智者舞巧弄诈"。老子"作为人民利益的真诚捍卫者"（杨兴顺语），他所要否定的正是这种意义上的"圣"与"智"。在伦理文化意识方面，他所否定的"仁义"实际上是指服务于统治者的那套伦理文化规范。在老子看来，人民本来就孝慈，但由于统治阶级背弃自然之道的虚仁假义的倡行，使人们的孝慈之性在纷争和战乱中丧失，礼之倡行恰是忠信之薄的表现，因而老子说："大道废，有仁义。"[1]为了恢复人民的孝慈本性，使"大道"倡行，就要"弃仁绝义"，废除"乱之首"的"礼"。在文化功利观上，老子所反对的是那种为统治阶级腐朽生活服务的"巧"与"利"，他认为正是这些"巧"与"利"使得统治者成为贪得无厌、"损不足以奉有余"的强盗头子，要使"盗贼无有"就应该"绝巧弃利"。在文化传播和教育方面，老子主张"绝学"，提倡"愚民"。但他这里所谓"绝学"是指弃绝对仁义礼智的学习，即《后汉书·范升传》曰："绝末学也"。在老子看来，如果学习了那些为

---

① 《老子》第十八章。

统治者虚伪奢侈生活服务的政教礼乐，那么人的贪欲文饰就愈多，这也就是"为学日益"。贪欲文饰愈多，人们就会愈加追求各种欲望的满足，而这与老子所倡导的"圣人为腹不为目"是相悖的。老子讲过"非以明民，将以愚之"。但老子所谓的"愚民"并不是要使人民愚昧无知。"愚"是与"大智"同义的，陈鼓应先生注为"淳朴、朴质"，因而"愚民"是要人们返归于淳朴敦厚。与老子同时代的孔子，《论语·泰伯》明确地记载："民可使由之，不可使知之"，这不是典型的愚民术吗？但宋儒却视而不见，硬要不顾老子文化思想的实质，说老子是文化蒙昧主义的始作者，这是不能让人信服的。在对待物质文化成果上，老子主张"不用"。其实这种"不用"观并不是普遍意义上的"不用"观。《老子》第八十章中老子所阐述的"不用"是特殊意义上的"不用"观。这种观点与他的社会政治思想密切相关联，他的"小国寡民"是针对当时的"广土众民"政策而阐发的。这里只要对《老子》第八十章做深入全面的分析就可以体会到，老子这里的"不用"观点自有其积极的意义。

《老子》第八十章：

> 小国寡民。使有什百之器而不用；使民重死而不远徙；虽有舟舆，无所乘之；虽有甲兵，无所陈之。使人复结绳而用之。
> 甘其食，美其服，安其居，乐其俗，邻国相望，鸡犬之声相闻，民至老死不相往来。

这里"虽有甲兵"一句中的"甲兵"，很显然是指铠甲兵器之类的战争用品。"什佰之器"究竟是什么呢？俞樾在《老子评议》中说："什佰之器，乃兵器也。"《后汉书·宣秉传》注曰："军法五人为伍，二五为什，则共其器物。"徐锴《说文系传》于人部"伯"下引老子曰："有什佰之器，每什佰共用器，谓兵革之属。"由上可证"什佰之器"是指兵器。至于"舟舆",如果是指非战争的运输工具,那完全用不着以"重死"来强调"不用"的重要性。"结绳而用"这一句常常被人作为否定老子的重要证据,认为老子是要复归到结绳记事的时代,不少训诂学家、老子研究者对这一句或语焉不详或根本不予以注释。为什么会出现这样的情况呢?他们多认为"结绳而用"就是"结绳记事",这在稍有历史知识的人来说,是不成问题的。其实,在这不成问题的地方就出现了问题。笔者认为,联系"小国寡民"来看,所谓"结绳而用"则是指各小国缔结盟约,互不干扰,各自依盟约而行。这一点可以证之于《老子》第二十七章:"善结无绳约而不可解",其言内之意是说善于捆缚的人不用绳索却使人解不开;其言外之意,是说善于领导、治理的人不需要那么多烦琐的规章制度约束人民就可以治理好国家和人民,这正体现了老子自然无为的社会政治思想。《庄子·胠箧》中有"毁绝钩绳而弃规矩"。"钩绳"正与"规矩"同义,此可举为旁证。这一点搞清楚了,全章的意思也就豁然可解了。他的所谓"民至老死不相往来"的结论是指战争上的不相往来。为了反对"广土众民"政策,反对兼并战争,老子提出"小国寡民"的社会理想,要想达到"小国寡民"就要消除战争,要消除给人民带来灾难的战争,就应该首先废除武器的使用,即"虽有舟舆,无所乘之;虽有甲兵,无所陈之;有什佰之器而不用"。然后让人们缔结绳约,各小国依绳约而行,只有这样才能够各"甘其食",各"美其服",各"安其居",各"乐其俗",这样虽然"邻国相望,鸡犬之声相闻",但在战争方面彼此之间却"民至老死""不相往来"。老子有着十分鲜明的反战态度,这一点贯穿于《老子》全书,因为战争是最大的"有为"。在老子看来,战争是人类欲望的膨胀所致,大国则是战争的必然结果,因而老子极力提倡"小国寡民",希望的是安宁和平的社会。由此我们应该看到老子的"不用"观是有其积极意义的一面。

从上面粗浅的分析可知老子所否定的文化是指奴隶主阶级的文化,

其所反对的文化生活是指奴隶主阶级"服文采,带利剑,厌饮食,财货有余"的腐朽的生活。老子的所谓"绝弃"与"不用"观是针对奴隶主贵族为满足一己之欲望而不顾民之疾苦的兼并战争提出来的。从更深层次的意义上讲,老子所否定的是异化了的文化,否定的是人类文化生活中的"文化异化"现象。

文化乃天下之公器,它是"人类心能所开积出来之有价值的共业也"①。"文化是人类在其物质活动与精神活动的各种具体形式中的自我创造、自我生产;是人类为实现自身的本质、满足自身的需要、适应生态环境而创造出来的生活方式的过程和累积下来的物质与精神成果。"文化的"内核是人自身的发展,是人的全面性和完整性的发挥"。②在老子所处的时代,文化不再是天下之共业,而是奴隶主阶级的专利。作为当时人民物质活动和精神活动的文化成果不仅不能成为人们进一步完善自己、全面发展自己、满足自身需要的条件,反而成为统治者压榨人民、欺骗人民和掩饰自身的手段和工具。

"文化异化"一直是中国历史上,特别是政治生活、道德生活中存在的现象,其极端方面的表现便是封建社会中的"伦理异化"(萧萐父语)。老子作为中国社会中反"文化异化"的先驱,成为后代的有识之士反抗"文化异化"、文化腐败与僵化的一面旗帜。如勇于"疾虚妄"的王充,批判"欺天之学"与"欺人之学"的马端临,揭露"假人"、呼唤"童心"、否定纲常名教、主张个性解放的李贽,直斥"奴儒"、扫荡"奴性"的傅山等,这些人都深受老子及道家反文化异化思想的启迪和影响。明乎此,我们就不能把老子的反文化异化思想简单地归结为反一切文化。

老子并没有一概地否定人类的一切文化与文明成果。例如《老子》

---

① 梁启超:《什么是文化》,《饮冰室合集》第十四册。
② 郭齐勇:《文化学概论》,湖北人民出版社1990年版,第16页。

第六十四章讲"学不学，欲不欲"，即学众人所不学、欲众人所不欲，而且还要以自己的"学"去弥补众人的过错。第三十三章讲"知人者智，自知者明；胜人者，有力也，自胜者，强也"。老子比较地说明"自知""自胜"是比"知人""胜人"更难的一个层次。第七十三章有"知不知，尚矣；不知知，病矣"。努力去学习自己所不知道的，知道了也不要以此自傲，这才是正确的求知态度；以不知为知才是有害的。这怎么能说老子是绝学弃知呢？第三十六章讲"鱼不可脱于渊，邦之利器不可以示人"。不少人误以为这是老子的阴谋之处，其实老子的本意是说：就像水（尤其是深水）是鱼生存的条件一样，邦之利器也是为了维护国家安全的条件和手段。这些东西只能藏而不露，不能炫示于人，炫示于人就会招致祸害和挑起争斗。由此可证老子并不一概否定物质文化成果，只是反对对它的某种运用。

综上以观，老子的所谓"绝弃""不用"是针对着"文化异化"现象的，并不是毫无分疏地全面地反人类文化。

三

老子所提倡的是另一种文化，即一种纯智、纯美、纯善三者统一的文化理想境界。老子所倡导和追求的"智"不是争权夺利的邪智，不是强取豪夺的私智，而是一种超越了愚昧和伪智的"善智"，是一种从现象上看"若愚"的"大智"。老子不仅以愚人自居（"我愚人之心也哉"），而且还把"愚"作为"最高修养的生活境界"（陈鼓应语）。老子所追求的"善"是超越了狭隘的善恶对立，超越了"利他""利己"的"谦下""不争""利万物"的"上善"。例如把《老子》第六十三章中的"报怨以德"与孔子《论语·宪问》中的"以直报怨，以德报德"思想相比较，老子的道德境界要高于孔子。老子还讲"无

弃人""无弃物","人之不善，何弃之有？"① 这才是最高的善。老子
所倡导和追求的美是超越了美丑对立的天地之大美，是具有超越精神
的"纯美"。在老子看来，一般意义上的美丑观念只具有相对的价值，
"天下皆知美之为美，斯恶也"②。"美与恶，相去何若？"③ 美好与丑恶
相去有多远呢？对于不同文化背景的人来说，只具有相对价值的美丑
观念是可以等同的、互换的。例如，对女性形体的审美，盛唐时代，
以丰腴为美，反之则丑；而在"楚王好细腰"的时代，则以纤细苗条
为美，反之则丑。固执于狭隘的美丑观念常常是很危险的。如"兵者
不祥之器，不得已而用之"，"恬淡为上，勿美也；若美之，是乐杀人
也"④。意即对只具有相对价值的美，当从一个更广阔的层面看，它就变
成丑恶了。所以应当追求那种最高境界的美。

　　在老子所提倡的文化生活中，智、善、美是统一的，它们都统一
于"朴"。《老子》第三十八章明确地讲"恒善乃足，复归于朴"，"恒
德不离，复归于婴儿"。善即是美。《说文·羊部》曰："美，甘也。美
与善同意。"大智若愚。"愚"即是深蕴智慧的淳厚、素朴。因而老子
理想的智、善、美统一的文化是通过"朴"来表示的。"朴"是老子文
化思想中的一个重要概念，"婴儿"只是"朴"这一概念的具象化的表
达。"朴"在老子那里不仅是一种统一了智、善、美的理想文化生活境
界，同时也是达到这一境界的实践手段和方法，老子为了实现其理想
的文化生活境界，强调返"朴"，要"见素抱朴"，要"敦兮其若朴"，
并且在人"化而欲作"之时要"镇之以朴"。"朴"应用于政治生活中
就是要达到"我无欲，而民自朴"。

---

① 《老子》第六十二章。
② 《老子》第二章。
③ 《老子》第二十章。
④ 《老子》第三十一章。

　　综上所述，老子的文化思想从两个方面展开：一方面是"疾伪"①，即反对文化异化，反对为统治者服务的假、恶、丑的文化；另一方面是"抱朴""守朴"。最终实现"朴"即纯智、纯善、纯美三者融贯统一的理想境界。这种境界实际上反映了老子力图挽救世道人心的宗教式的宏愿。

四

　　老子的这样一种文化思想是与他的哲学思想以及他所居的时代紧密相连的。当时的社会局势是他的文化思想的直接社会根源，而他的哲学思想则是他的文化思想的理论基础。在春秋时期，王室衰微，大国争霸（著名的有"春秋五霸"），"礼乐征伐自天子出"的局面被"礼乐征伐自诸侯出"的局面所代替，嗣后逐渐发展到卿、大夫控制一些诸侯国的权力，而卿、大夫手下的家臣，名为"士"的人又控制了卿、大夫的封邑，也就是说政权不断下移，由天子而诸侯，由诸侯而陪臣，"私肥于公"的现象日益严重。到了春秋末期，奴隶制已处于崩溃之中，上下相克，天下纷争，战乱频仍。在文化生活上，"后世之学者，不幸不见天地之纯、古人之大体，道术将为天下裂"②。西周时代"有血有肉的思想文物，而仅仅作为形式的具文"供作了豪强们涂饰自己的工具，活的文化成了死的规矩③。作为具有朴素自然主义意识的老子，他所向往的是没有战争灾祸、人民幸福安宁、政治权利不干涉人民生活的理想社会图景。这样一来，"文化异化"和社会动乱的现实与老子的理想有了矛盾，这一矛盾的解决反映在老子的文化思想方面，就很自然地强调"绝仁弃义""绝巧弃利""绝圣弃智""绝学""不用"。他

---

　　① 刘勰：《文心雕龙·情采》。

　　② 《庄子·天下》。

　　③ 侯外庐：《中国思想通史》第一卷，人民出版社1956年版，第139页。

想借此来"消除战争，扬弃奢侈的生活"，"引导人民返回到真诚朴质的生活形态和心境中去"①。

《史记》记载老子曾做过"守藏室之史"，即管理文献图书的史官，因而他有机会得以博览群书（"五千精妙"的《老子》一书就足证其学识的渊博），因而也得以了解前此社会安定和睦与自然无为政策的联系，认识到妄作妄为所招致的弊害。又因为他有着积极的入世思想，关注着社会，看到了人们妄作妄为所导致的社会纷争与动乱，因而他十分明确地在他的哲学思想中提出自然无为的主张，建构了他的一整套的自然哲学。在这样一种哲学思想指导下或者说以这样的哲学思想为理论基础，在文化思想上就必然会有反对"仁义""圣智""学""用""功利"等。因为这样一些东西都是"有为"，都与自然无为之"道"相背驰。

通过对老子的思想体系的全面扼要的把握以及对其文化思想的具体分析，我们知道老子的文化思想是他的哲学思想和社会意识的合乎逻辑的演绎。如果我们武断地认为老子是极端的文化否定论者，实在是错误的，至少是十分片面的，既望文生义，又以偏概全。我们应该承认老子的这些文化思想主张有着积极的时代意义，如果我们从批判腐朽的奴隶主阶级的文化、捍卫人民的利益的视角出发，他的弃绝与不用的思想不应被简单地否定。老子的错误之处就在于将战争、社会混乱、文化异化都归因于"圣智""巧利""仁义"，认为只要消灭、废除了这些东西，就可以使"民利百倍"，使"民复孝慈"，认为"绝学"就可以"无忧"，认为只要对战争用品弃而不用就可以消除战争。这实际上是一种"直观唯物史观"（张松如语）。老子没能找出更深刻的社会根源，正是由于其从直观唯物史观出发走向了绝对化的错误之境，这一点才是我们应该批判的所在。

---

① 陈鼓应：《老子注译及评介》，中华书局 1984 年版，第 139 页。

老庄"无用之用"思想析论

"无用之用"论是老庄哲学中的重要思想，历代注释家和研究者都有所涉及，如《全唐文》第 803 卷载李磎《广废庄论》对老庄"无用之用"论做了三个方面的分划，今人钱锺书先生在《管锥篇》中也对有关"无用之用"的思想资料做了较为详尽的疏辑整理。但是，他们对"无用之用"论的深层意涵及其与"道""无为""自然"等道家哲学的中心范畴之间的关系则鲜有全面的总结和深入的探究。本文尝试对此问题做出个人的观解，以求正于方家。

一

"用"字在老子《道德经》中凡 19 见，在《庄子》一书中凡 72 见。虽然在大部分地方是做普通词语使用，表示"运用""使用""功用""用法"等意思，但在有些地方则是作为专有名词来使用，有它特定的哲学含义。例如，"有之以为利，无之以为用"[1]，"绵绵若存""用之不勤"[2]，"反也者，道之动；弱也者，道之用也"[3]，"道冲而用之或不

---

[1] 《老子》第十一章。

[2] 《老子》第六章。

[3] 《老子》第四十一章。

盈"①，"夫子拙于用大矣"②，"不用而寓诸用"③，"人皆知有用之用，而莫知无用之用也"④，"知无用而始可与言用矣"⑤，等等。

老子所谓特殊意涵的"用"是直接同"道""无"联系在一起的，老子所言"无用"是指"无"之"用"，亦即是"道"之用。如《老子》第十一章：

> 三十辐共一毂，当其无，有车之用。埏埴以为器，当其无，有器之用也。凿户牖以为室，当其无，有室之用也。故有之以为利，无之以为用。

"毂"即车轮中央支撑辐条而内空供车轴转动的圆木。埏即调和，埴即泥土，意谓调和泥土以制作各种器皿。在老子看来，车轮之所以能转动，各种器皿之所以能容物，房屋之所以能供人居住，就在于它们的内部是空虚的。老子此处所讲的"无"的字面意义正是指有形物中的"无""虚"，这是具体的"空""虚"，相当于我们常说的"空间"，但其引申义则是以有形的器中空来喻说无形的道之虚，是借有形物的"空""虚"来拟说冲虚至道之用。

庄学派则是直接言"无用之用"，其实也是寓说大道之用的。"庄子论无用之用，本老子。"⑥但却是对老子"无"之"用"的具体发挥和引申，并表现出较为清晰的思想层次：

首先，庄学派从正面肯定"无用之用"。"无用"并不是绝对地一无用处，"无用"是有用的，对此当作辩证地观解，具体可分两种情况：

---

① 《老子》第四章。
② 《庄子·逍遥游》。
③ 《庄子·齐物论》。
④ 《庄子·人间世》。
⑤ 《庄子·外物》。
⑥ 洪迈：《容斋随笔》卷二十。

（1）无小用而有大用，无实用而有超实用之用。例如《人间世》：

> 匠石之齐，至于曲辕，见栎社树。其大蔽数千牛，絜之百围，其高临山十仞而后有枝，其可以为舟者旁十数。观者如市，匠伯不顾，遂行不辍。弟子厌观之，走及匠石，曰："自吾执斧斤以随夫子，未尝见材如此美也。先生不肯视，行不辍，何邪？"曰："已矣！勿言之矣！散木也。以为舟则沉，以为棺椁则速腐，以为器则速毁，以为门户则液樠，以为柱则蠹，是木材之木也。无所可用，故能若是之寿。"南伯子綦游乎商之丘，见大木焉，……仰而视其细枝，则拳曲而不可以为栋梁；俯而视其大根，则轴解而不可以为棺椁；咶其叶，则口烂而为伤；嗅之，则使人狂酲三日而不已。子綦曰：此果不材之木也，以至于此其大也。嗟乎，神人以此不材。

按一般人的功用观来看，栎社树、商丘木均为不材之木也，无所可用。但庄子认为栎社树、商丘木正因为一无可用，故能"若是之寿"，"以至于此其大也"。也就是说它们均以不材而得以尽其天年，保其全生。庄子借此批判了那种只"知有用之用而莫知无用之用"的狭隘的功用观、价值观，认为过分地执着于事物的某些实际功用，往往会导致"山木自寇""膏火自煎"，因其用而自取败亡的结果。在庄子看来，人性沦落、丧失自我、轻贱生命的现象是人们过分地追逐外物，固执于片面的实用主义的功用观的必然产物。

（2）无彼用而有此用，假不用而专精一用。如《庄子·知北游》：

> 大马之捶钩者，年八十矣，而不失豪芒。大马曰："子巧与！有道与！"曰："臣有守之。臣之年二十而好捶钩，于物无视也，非钩无察也。"是用之者假不用者也，以长得其用，而况乎无不用者乎！物熟不资焉！

　　捶钩者其所以能年八十而不失豪芒，关键在于他把全部的精力和心志都集中在捶钩上，心无外用，心无他用，这正是假"无用于彼"得以集中精神"以用于此"。人若心神散驰，外骛多用，则往往一无所用也。庄学派可谓深明专精一用而不妄用之至理。大道无事事物物的具体功用，但正因于此才能使万物无不资其用。倘若大道落于某一具体的功用，则必无他用，万物也就无以得其用了。

　　其次，庄学派还从反面论述"无用之用"。他们认为一般人所持的"有用"观与"无用"观，实际上有着不能加以人为割裂的依赖关系，即"无用之用"还在于倘若没有"无用"，则"有用"亦不能独存。"无用"和"有用"不仅在理论上而且更在现实上构成相互依待的辩证关系。如《庄子·外物》：

　　　惠子谓庄子曰："子言无用。"庄子曰："知无用而始可与言用矣。夫地非不广且大也，人之所以容足耳，然则侧足而垫之致黄泉，人尚有用乎？"惠子曰："无用。"庄子曰："然而无用之为用也亦明矣。"

　　倘若以人们狭隘的功利观看问题，大地对于人足来说，有用的只是被踏的部分，其余部分是无用的。假如我们因此保留住大地上的路，而去掉道路以外的土地，那土地上的道路还有用吗？再如，人行走的功能主要是依靠双脚，双手似乎是无用的，倘若因此去掉双手或捆住双手，则人的行走就大成问题。这也就是说有用之用必须依赖于无用才能充分发挥出来或实现出来。"有用之用"对"无用"的这种依赖关系正是"无用之用"。物用和大道之用的关系正类如此，万物的功用只有在遵循大道的前提下才能得到充分的实现和发挥。

　　总之，老子和庄学派，无论是言"无"之用，还是论"无用之用"，其深旨都是在以隐喻的方式来拟说自然无为之道的功用的。

　　老庄通过对"无用之用"思想的阐述和分析，批判了人们蔽于有用之用，而不知无用之用，这就导致人们对物用的极端偏狭的认识与理解。在老庄看来，物无差等，人无贵贱，万物通而为一，万物各有其用，关键在于人如何用。老子讲"常善救人，故无弃人；常善救物，故无弃物"①。这正是看到了任何人、任何物的不可弃的方面，即各有其用的方面。《庄子·逍遥游》更是深刻地指出要因物尽用。例如在惠施看来，大瓠盛水"其坚不能自举"，"剖之以为瓢，则瓢落无所容"，似乎是无用的。但庄子认为以之为"大樽"却可以"浮乎江湖"，可以载人渡河涉水，其用可谓大矣。固执于某种狭隘的功用观念，常常会一叶障目，而不知因物尽用。庄子"因物尽用"的实质就在于最充分地用物之用："沧浪之水清兮，可以濯吾缨；沧浪之水浊兮，可以濯吾足。"②人们由于用物的方式、方法不同，使得物用之用的发挥常常有大用和小用的区别。使用得当，小材可以大用；使用不当，大材往往小用，以至无用。例如"宋人有不龟手之药也"，但世代以之用于洗衣服，一客人用百金卖此药，"以说吴王"，用于吴越之间的水战，大败越人，最后此客人得"裂地而封"。其药一也，但由于用的方式不同，结果也大不一样。对于物的利用因为使用的方法、方式的不同而有如此的分殊，足见问题的关键在于主体如何因物尽用。

二

　　要真正理解老庄"无用之用"论思想的深刻内涵，必须联系"无用之用"与"道""无为""自然"等中心范畴才行。因为老庄"无用之用"论是与他们的道论和自然无为的中心观念密切相关的。如果说

———————

① 《老子》第二十七章。
② 《楚辞·渔父》。

道论是老庄哲学的本体论，"无为而为"是老庄哲学的实践论，那么"无用之用"论则是他们对道、无为的功能认识和价值评价。并且还因此为我们提供了一条通过"无用之用"去体知冲虚之道的路径。

首先，从"无用之用"与"道"的关系看，如果以世俗的价值标准来评断，道体冲虚，漠然无朕，寂然无为，有什么用呢？用总是物之用、器之用，无用、无器，何谈用？但老、庄哲学的道论认为"道冲而用之或不盈"，冲即虚也。俞樾在《老子评议》中引《说文·四部》曰："盅，器虚也。"冲即虚之借字也。意谓道体冲虚，包罗万有。冲虚之道，看似无用，却寓诸用，无一偏之用而成大用，大道之用周流万有。更具体地说，道是万物的本体、根源。"道生一，一生二，二生三，三生万物"①，"大道泛兮其可左右，万物恃之以生而不辞"②，"渊兮似万物之宗"③，"天道而无所积，故万物成"④，"天道有情有信，无为无形，可传而不可受，可得而不可见，自本自根，未有天地，自古以固存；神鬼神帝，生天生地，在大极之先而不为高，在六极之下而不为深，先天地生而不为久，长于上古而不为老"⑤。正是由于道与天地万物之间的这样一种生成与被生成，包含与被包含的关系，道虽无我们所常见的具体功用，但它因其冲虚之体而涵万物之用，天地万物则莫不资大道之无用而各成其用，各用其用。无用之道，兼备众用，实乃大用也。

老庄讲"无用之用"既充分地肯定了道的作用和价值，还为我们提供了一条由道之用即道之体的体道路径。我们熟知由物之用、器之用去认识物或器，例如，由车之用、室之用去认识车子和房屋。我们

---

① 《老子》第四十二章。
② 《老子》第三十四章。
③ 《老子》第四章。
④ 《庄子·天道》。
⑤ 《庄子·大宗师》。

的语言中绝大部分概念都是由这种功能定义、价值定义建立起来的，如房屋是指供人栖居的建筑物，车子是供人乘坐的交通工具，等等。同样，我们也可以通过道用去认识道体的存在。无具体实用之道以冲虚之体涵万物之用，因而道看似无用实际却蕴含于一切事物中。"东郭子问于庄子曰：'所谓道，恶乎在？'庄子曰：'无所不在'"①，"在蝼蚁"，"在屎溺"，天地之大，山河之广，道之用无所不遍，万事万物莫不各具道用而毫发不遗。《老子》处处是言说道之用，却没有一处直接给出道是什么的界定。这就要求人们只能由道用去把握道体。由于道是"恍恍惚惚，若存若亡"的非实体的东西，因而要把握它就必须超越一般的认知范式，用体知的方式去把握。一般人常常只能由有用之用而知物，而不能由无用之用而体道。譬如，人们常常只知道车子、房屋的功用依赖于车轮、辐条、建筑材料等实体的东西，却往往无视毂中无，器中虚，室中空的重要作用。对于有形物尚且有如此的偏见，对于无形无象的作用就更难以认识和理解。老庄反复申论"无用之用"正是要破常人重有轻无，取实弃虚，"以为有有用于人，无无用于人"②的成见。老、庄这种体用一源，有无相资的思想，正是要我们从体、用、有无的密切联系中把握大道。

其次，从"无为而为"与"无用之用"的关系看，两者密切相关："无用之用"可视为对"无为而为"的价值评价，也可以看作是"无为而为"的另一种表述。当"用"作名词，表示"功用""用途""用法"等含义时，"无用之用"便是对"无为而为"的一种价值评价；当"用"作动词，表示"使用""施行""运用"等含义时，"无用之用"即"无为而为"。

从价值评价的角度看，"无为而为"并非像一般人所认为的那样是

---

① 《庄子·知北游》。
② 高亨：《老子正诂》。

一无所为，因而也就是一无所用，毫无价值可言。老庄的无为是指以自然的方式、态度去为，即取法自然，不妄作妄为。即王弼《老子注》所谓"法自然者，在方而法方，在圆而法圆，于自然无所违也"，"法"就是"为"，老子明确的讲道"为无为，事无事"，法自然就是为无为、事无事。顺万物之自然而为则无不成功，这就是万物资大道之用而各成其用。相反，违背自然妄作妄为，则会使万物失其性命之情，如"凫胫虽短，续之则忧；鹤胫虽长，断之则悲"①。"续短截长"是人违背自然的作为，这种作为毫无任何价值可言，是为而无用的。因此可以说"无用之用"是对"无为而为"的最为确当的价值评价。

从实践论的角度看，老庄讲"无用之用"与"无为而为"是一个意思。"用"，《说文·用部》曰："用，可施行也。"如"弱也者，道之用也"②，"夫子拙于用大矣"③，"事求可，功求成，用力少，见功多者，圣人之道"④，等等。"为"亦有"用"义，清代王引之《经传释词》卷二曰："为，犹用也。"上举例证旨在说明"为"与"用"是互训的。在老庄不少讲无为而不为的地方，"为"字可以用"用"字替换，意义不变。如："无为也，则用天下而有余；有为也，则为天下用而不足。"⑤"为者败之，执者失之，是以圣人无为故无败，无执故无失。"⑥"上必无为而用天下，下必有为为天下用。"⑦在实践论的意义上，无论"无用之用"还是"无为而为"都是指顺任自然，遵循客观规律而不妄为滥用的意思。

通过以上简略的分析可知，老庄"无用之用"思想有着十分丰富而深刻的内涵，但必须通过对老庄哲学的全面把握，才能够得到揭示。

----

① 《庄子·骈拇》。
② 《老子》第四十章。
③ 《庄子·逍遥游》。
④ 《庄子·天地》。
⑤ 《庄子·天道》。
⑥ 《老子》第六十四章。
⑦ 《庄子·天道》。

"有""无"之间

——先秦道家环境哲学中的价值论思想及其现代启示

"有"和"无"的问题是"世界各国思想家向来深思的根本问题"，按张岱年先生的考辨，中国哲学中的有无之论始自道家老子。先秦道家"有""无"之论是道家思想中层次颇多、意蕴丰富的一对范畴。价值无疑是有无之论中的相当重要的一层意涵。在老庄著作中最直接地表示价值意义的词就是"用"。"用"在《老子》中凡19见，在《庄子》中凡72见，基本上作为普通语词使用，表示"运用""使用"等意思，但却在不少地方作为一个专有名词来使用，表示功能、作用等意思，有它特定的价值论意涵。例如，"有之以为利，无之以为用"①，"绵绵若存""用之不勤"②，"反也者，道之动；弱也者，道之用也"③，"道冲而用之或不盈"④，"人皆知有用之用，而莫知无用之用也"⑤，"知无用而始可与言用矣"⑥。

在老庄哲学中，当"用"跟"有""无"相结合时，他们对价值的认识就显得更加深刻了，他们明确地区分了"有用"和"无用"，即

---

① 《老子》第十一章。
② 《老子》第六章。
③ 《老子》第四十一章。
④ 《老子》第四章。
⑤ 《庄子·人间世》。
⑥ 《庄子·外物》。

"有之利"与"无之用"是两种不同的价值状态，并不只是一般语言表述上为避免重复所致。

《老子》第十一章：

> 三十辐共一毂，当其无，有车之用。埏埴以为器，当其无，有器之用也。凿户牖以为室，当其无，有室之用也。故有之以为利，无之以为用。

老子在这一章里谈到"有""无""利""用"诸范畴，至少有如下两层意涵：

第一层就是前面所讲的"有之利"与"无之用"是两种有区别的价值状态。古今注家亦大多注意到"有之利"与"无之用"的差别。例如陈鼓应先生谓："所以'有'给了人便利，'无'发挥了它的作用。"[①]一般人通常只能看到事物的外在价值，即"有之利"，而对于"无之用"往往注意不够或干脆不予承认，并目之为"无"，人们常常把看不到外在价值的事物称之为无用之物。例如，人们很容易认识到车轮、房屋、器皿的外在价值或作用，但往往看不到毂中虚、器中空与房屋的内部虚空的作用。老子在这里是通过譬喻的方式肯定"无用"之价值，如他肯定"无物之状""无象之象""无为之为"的价值一样。我们认为，从现代价值论视域看，"有之利"就是事物的工具价值或外在价值，而"无之用"则类于事物的非工具价值或内在价值。

第二层是，老子在此实际上已经讲到"有之以为利"还端赖"无之以为用"。老子讲到"道生一，一生二，二生三，三生万物"，"天下万物生于有，有生于无"。古今注家亦多揭明了这一点。例如王弼谓："言无者，有之所以为利，皆赖无以为用也。"任继愈先生讲：

---

① 陈鼓应：《老子注译及译介》，第 104 页。

"所以,'有'所给人的便利,[只有]完全依靠'无'起着决定性作用。"① "无"不是绝对地空无,"无"和"有"是构成整体世界的一部分。主张价值客观论的伦理学家摩尔在区分"内在价值"和"外在价值"时指出,事物的内在价值取决于事物的内在本质,而事物的外在价值则是受整体或环境决定的。房子的价值(外在价值)是依赖房子内部的虚空的,"无"的虚空的价值是由其内在本质决定的。老子在此已很明确谈到事物的工具价值(外在价值)是依赖于整体的。

庄子学派在此一问题上,从另一角度(或方面)阐释了这一思想。《庄子·外物》:

> 惠子谓庄子曰:"子言无用。"庄子曰:"知无用,而始可与言用矣。夫地非不广且大也,人之所用容足耳。然则侧足而垫之致黄泉,人当有用乎?"惠子曰:"无用。"庄子曰:"然则无用之为用也,亦明矣!"

知道事物的内在价值,才可以谈事物的外在价值(工具价值)。我们如果仅从狭隘的工具价值(外在价值)来看大地,道路是有工具价值的,因为人可以借此从甲地到乙地;而道路以外的大地则是无价值(工具价值)的。但是如果因为道路以外的大地没有工具价值就被排斥在我们的价值视野之外,那么道路的使用价值亦将不复存在。庄子从反面肯定了工具价值是依赖于事物的整体,受整体或环境决定。内在价值和外在价值是不能分割开来的。对此,《淮南子·说山训》总结为:"足以蹍者浅矣,然待所不蹍而后行。"先秦道家已经超越了一般人所持有的工具价值(外在价值)意义上的价值观,从正反两方面充分肯定了外在价值与内在价值的存在以及二者的依待关系。

---

① 任继愈:《老子译读》,北京图书馆出版社 2006 年版,第 24 页。

　　先秦道家似乎很早就认识到工具价值是相对的，而内在价值则是普遍存在的、无差等的。从现象或经验层面，我们知道事物存在善恶、美丑、祸福、高下、贵贱等价值区分。西施之美与东施之丑带给人的审美价值是不一样的。再者，由于判断标准的不同，对事物工具价值的认识存在着较大殊异，"毛嫱丽姬，人之所美，鱼见之深入，鸟见之高飞，麋鹿见之决骤，四者孰知天下之正色哉？"[①]从道或超验的层次，或者说内在价值的层次看，物物之间没有大小、高低、贵贱、美丑的区别，"以道观之，物无贵贱"。一切事物都是有价值（内在价值）的。"善人，不善人之师也；不善人，善人之资也。"[②]对于通达"道"理的圣人来说，"人无弃人，物无弃财"[③]，一切人、一切物皆有他的内在价值，"人之不善，何弃之有？"[④]庄子明确肯认，无工具价值的散木，如栎社树、商丘木均有它的内在价值，不能因为它们没有人们所认为的使用价值就否定它们的存在，就否定它们的价值。《淮南子·主术训》所谓："无小大修短，各得其所宜；规矩方圆，各有所施；殊形异材，莫不可得而用也。"这只有放在内在价值的层面才能获得最通达的析解。当然一切事物的价值会有层次的不同，陈光柱先生指出：老子已经认识到植物只能"取有"而生存生活；动物只能"取有、找有"而生存生活；人则不仅"取有、找有"，而且识"无"，从"无"中创生出"有"来。[⑤]这也就是说人具有高于其他事物价值的价值，但不能因此就否认人以外事物的价值。就内在价值而言，一切事物都是平等的。一切事物有价值层次的不同，这是事实层面的问题，而一切事物都有价值，这是道德层面、境界层面的问题。人作为评价主体，居于价值的最

①　《庄子·齐物论》。
②　《老子》第二十七章。
③　《老子》第二十七章。
④　《老子》第六十二章。
⑤　陈光柱：《老子研究》，《社会观察》2004 年第 2 期。

高层面，应当具有即事实即超越的能力，理应具有平视一切的眼光。

先秦道家主张把适用于人类的价值规范推扩到非人的世界中去而不是相反。这可以从两个方面来说明：一方面，道家认为将适用于人类的价值规范仅仅局限于人类范围过于偏狭，如道家批评儒家仁的观念仅仅适用于同类，仁者仁于同类也，在同类之外，仁是不适用的。例如在人与自然之间，儒家以人为贵，以自然物为贱，把天下看作是天下人的天下。这也就是说先秦儒家把人看作是目的，而人以外的一切则被看作是手段或工具，即人以外之物只具有工具价值；另一方面，先秦道家明确主张"万物一齐""天地不仁""圣人不仁"。"不仁"不是要抛弃仁义观念，而是要将其推及天地万物，"天下是天下之天下"①。仁爱观念一旦推扩到一切物上，也就无所谓那种狭隘的"仁"了。这也就是说先秦道家在思维层次、道德境界上均超越儒家，因为我们知道儒家伦理学所讨论、关注的道德都是人际道德，而先秦道家却由人际道德进入到物际道德。这也就是说把人与人之间的伦理道德关系推扩到人与物、物与物之间，即人与人之间、人与物之间、物与物之间都讲一样的道德，那也就最终超越了道德，所以说"圣人不仁"。

毫无疑问，先秦道家的这种对于克服西方近代以来仅仅从人和人的关系角度来考虑问题的伦理学的缺陷是有借鉴意义的。近代以来的伦理学是着眼于调节和规范人与人之间的关系的，其深刻的理论背景就是人类中心主义，而究其实质就是西方中心论。

在西方文化史上，人类中心主义思想兴盛于近代，其源渊则可以追溯到古希腊，如哲学家普罗泰戈拉就认为：人是万物的尺度，是存在的事物存在的尺度，也是不存在事物不存在的尺度。近代大哲康德在"人是目的"这个绝对命令中表述了在目的国度里，人就是目的本身。康德虽然没有明言人以外的事物只作为手段存在，但这的确为人

---

① 《吕氏春秋·贵公》。

类中心主义对世界做目的—手段（人以外事物）的二分法提供了最直接的理论前提。心理学家弗洛姆在《为自己的人》中对人类中心主义做了较为准确的概括："人道主义伦理学是以人类为中心的；当然，这并不是说人是宇宙的中心，而是说人的价值判断，就像人的其他所有判断，甚至知觉一样，植根于人之存在的独特性，而且它只有同人的存在相关才有意义。人就是'万物的尺度'。"①伴随着近代工业革命和科技的飞速发展，人类日益把自己视为无所不能的世界主宰者，人不仅为自己立法，也为自然立法，为世界立法。当世界被彻底二分为"人"和"人以外其他事物"时，这其中就隐含着"人"对"人以外事物"的傲慢态度，"人以外的事物"是纯粹满足"人"这一目的的手段，世界是属人的世界，人在成为世界的主宰者的同时也成为世界的破坏者。人们对"人"与"人以外事物"的目的—手段之区别，进而从狭隘的工具价值标准出发去对待"人以外的事物"，最终造成了近代以来日益严重的环境污染、某些物种灭绝、生态平衡被破坏、臭氧层的日渐稀薄等生态灾难。"人以外的事物"作为"人的对象"，按马克思在《1844 年经济学哲学手稿》中的思想：人的对象是人的本质力量的确证。我们完全可以说，生态灾难的出现恰恰是人的破坏力量的确证。自然界作为人类唯一的生存家园以及人类无机的身体，人类对自然的破坏，也就是对自己家园、对自己身体的破坏。在今天看来，近代以来的人类中心主义伦理价值观已经到了不能不被深刻反思和批判的时候。人类不能狭隘地仅仅从自身出发、从工具价值观出发去观照"人以外的事物"，应当意识到人类的命运是从属于整个生态系统的命运的。

　　笔者以为，把人对人的伦理价值关系推扩到自然界，实质上是进一步扩展了对人与人之间关系的理解。自然界作为人类生息与创造的

---

　　① 　弗洛姆：《为自己的人》，生活·读书·新知三联书店 1988 年版，第 33 页。

大舞台，本来就是与人一体的，现代社会中人类所经历的生态灾难以一种否定的方式证明天人是一体的。对大地、天空的破坏也就是对人自身的破坏，同样，对空气、水，对大地上一切生物的爱，也就是对人自身的爱。从本质性维度来看，人怎样对待物也就会怎样对待他人，人怎样对待他人也就会怎样对待物，支配这两者的其实是同一个逻辑。在这样的逻辑下，人如何能够实现马克思所谓的全面解放？人又如何能够维护生态的健康发展？在西方中心论的支配下，全世界人民又如何能够实现人与人的平等与民主？在人是目的的逻辑预设下，我们如何能够给予大地以及大地上的生物应有的尊重。

　　我们知道在环境伦理学上，非人类中心主义虽然已成为一门显学，但客观评价，其无论在理论还是实践上都已经遭遇尴尬处境：一是在生活世界里，各种非人类中心主义学说均为各种激进组织所遵奉，难为主流社会的环境决策所吸纳；二是理论上的准备仍显不足。脱离了人的自然主义倒是实现了纯粹自然，但这与我们又有什么关系呢？因此，笔者坚持认为，真正扩展了的人类中心主义才是自然主义，而真正的自然主义也绝不能排斥人这个类存在。用道家的话说："天下是天下的天下"，而这"天下"当然也包含了"人"。

"道""技"之间

——庄子艺术与哲学思想简论

　　庄子是先秦时期道家学派的代表人物之一。他既是哲学家，亦是诗人、艺术家。正如闻一多先生所赞叹的：庄子的思想既是哲学的，亦是诗的、艺术的；他运用思想既是寻求真理，更是眺望故乡、咀嚼旧梦。在庄子这里，伟大的哲学与伟大的艺术是浑然一体的。从《庄子》的《养生主》《天道》《达生》《知北游》等篇什有关"道""技"关系的阐述中我们可以体会到庄子有关艺术与哲学的思想及其重要的借鉴意义。

一、"道"进乎"技"

　　"道""物"关系问题无疑是道家，同时也是庄子哲学的一个重要问题。在庄子哲学中还有一个统摄于"道""物"关系的重要问题，即"道""技"的关系问题。庄子之"道"既是本体的，又是本源的，《庄子·知北游》谓："有先天地生者，物耶？物物者非物。"这也就是说产生物质的东西即道是非物质的。在庄子看来，没有什么东西比道更根本。《庄子·大宗师》云："夫道有情有信，无为无形，可传而不可受，可得而不可见。自本自根。未有天地，自古以固存。神鬼神帝，生天生地。""道"在天地以前，自古以来就是独立存在的。它产生天地，使鬼神和上帝显示作用，它是无始无终、无边无际、无时不有、无处不在的。它可以让人们体会到，却又无形无为，看不见，摸不着。它始终在传递着某种消息，可又不能被具体接受。这样一种本源—本体之道是既不能凭感性也不能依凭理性去把捉，而只能靠主观直觉去体悟。"技"就是指技艺，如庖丁、大马之捶钩者、吕梁丈夫、佝偻者、梓庆、操舟之津人等人的手工技艺。更进一层的理解则是指体悟"道"的艺术或方法。"道"与"技"实际是庄子艺术与哲学思想的表述。在"道""技"之间，"道"是比"技"更高层次的东西。晋郭象曾注释说：技者，万物之末用也。但"技"又是通向"道"的桥梁。

　　庖丁为文惠君解牛，手之所触，肩之所倚，足之所履，膝之所踦，砉然响然，奏刀騞然，莫不中音，合于桑林之舞，乃中经首之会。文惠君曰："嘻，善哉！技盖至此乎？"

　　庖丁释刀对曰："臣之所好者，道也，进乎技矣。"[①]

　　梓庆削木为鐻，鐻成，见者惊犹鬼神。鲁侯见而问焉，曰："子何术以为焉？"对曰："臣，工人，何术之有？虽然，有一焉。臣将为鐻，未尝敢以耗气也，必齐以静心。齐三日，而不敢怀庆赏爵禄；齐五日，不敢怀非誉巧拙；齐七日，辄然忘吾有四枝形体也。当是时也，无公朝。其巧专而外滑消，然后入山林，观天性形躯，至矣，然后成见鐻，然后加手焉，不然则已。则以天合天，器之所以疑神者，其是与！"[②]

庖丁能够使其解牛如一场艺术表演，是经历由"见全牛"到"不见全牛"，由"目视"到"神遇"，由"割""折"到"游刃有余"的

---

①　《庄子·养生主》。

②　《庄子·达生》。

转变过程。具体说来，就对客体对象（牛）的把握而言，庖丁由表及里，依乎天理，因其故然，对牛体结构了然于心；就主体自身而言，庖丁努力使其刀无厚，并"怵然为戒""动刀甚微"。梓庆制作乐器，其鬼斧神工之技也非一蹴而就。在时间上有由"三日""五日"到"七日"的过程；在主体精神状态上有一个由忘功名利禄、忘是非好恶到忘却自我的历练。用自然无人为滞碍的眼光去选材，以忘却自我之心去对待待加工的材料，即"以天合天"，这样制作出来的乐器有如自然天成。

如果说"庖丁解牛"主要侧重于对技艺所指向的对象的透彻认识，而"梓庆为镰"则侧重于主体精神状态的调整与修养，高超的技艺要充分地发挥出来还要靠全神贯注、忘利害、忘物我、用志不分的精神状态来做保证。通读《庄子》，我们可以看到"心斋""坐忘""朝彻""见独"同"技兼于事，事兼于义，义兼于德，德兼于道，道兼于天"①彼此呼应、互相发明、互为印证。"技"在这里很明显地成为达到"天"的境界的阶梯，"技"成为达到"道"的铺垫或媒介。庖丁、梓庆、轮扁、吕梁丈夫等均是通过他们所掌握的"技"超越了对象和自我的束缚，实现了自由，也成就了他们的艺术，也就得到了"道"。换言之，技艺以具体的创造制作活动为基础，使普通的生活实践提升到可以与终极实在相贯通的高度。按照西方浪漫派神学家、美学家施莱尔玛赫的说法，庖丁、梓庆等人的忘物忘我精神沉迷状态正是一种沟通有限和无限整体的酒神式的情感。因此，庖丁等人的劳动过程并不是"苦心智""劳筋骨"的痛苦过程，而是一种艺术的展示，是一种精神的享受。在这一过程中，他们妙契大道。在庄子这里，直觉与内心情感、虔诚与专注、思想的形象性与寓言成为其把握"绝对"、表现"绝对"的主要形式。理性主义时代的哲学家们相信理性思辨是把握"绝

---

① 《庄子·天地》。

对"的最高方式，但庄子却认为艺术才是把握"绝对"的最适当方式。

二、"道"在"技"中

如前所述，"技"是低于"道"的，是通向"道"的桥梁或媒介；但另一方面，"道"又在"技"中。《庄子·天地》谓："能有所艺者，技也。"唐成玄英疏曰："率其本性，自有艺能，非假外为，故真技术也。"现代学者陈鼓应先生解释为"才能有所专精者是技艺"[①]。才能专精者才是技艺，且技艺不是孤立自了的存在。技艺至少关涉三个方面，即对象、主体、手段或工具：

其一，技艺作为一种专精之才能是主体所具有的，离开了某一主体，技艺是不可能存在的。庖丁解牛之技，吕梁丈夫游泳之技，佝偻者承蜩之技，津人操舟之技，梓庆作镽之技，工倕画圆之技，轮扁斫轮之技，等等，这些技艺都是由某个人或某类人所掌握的。庖丁解数千牛"而刀刃若新发于硎"，其行为如舞蹈，其声音如音乐；驼背老人以竿取蝉，准确、轻巧；吕梁丈夫在高崖急流中蹈水如履平地。如此高超奇绝的技能是他们通过长期刻苦磨炼、反复实践获得的。在这里没有主体顽强的意志和执着的追求精神，没有主体对对象之物的精深钻研及其规律性的把握，没有主体超然物外、忘物忘我的精神凝聚状态也不能获得如此奇技绝艺。

其二，庄子讲"技兼于事"，成玄英注释为"不带于事，技术何施也"，这也就是说，技艺的展示总是指向某一对象之物。解牛之技必须指向牛，佝偻老人取蝉之技要指向蝉，梓庆为镽必须选取合适精当的木材。对象之物的性状、规律、特征构成主体奇技的一个方面。技艺的凝结就是主体的劳动成果。牛体的"謋然已解，如土委地"，木镽的

---

① 陈鼓应：《庄子今注今译》，第297页。

自然天成，捶钩者所捶之"钩"，这些都凝结着主体的智慧、技艺，是技艺展示者技艺的物化形态。

其三，技艺的获得和展示离不开工具或必要的物质手段。劳动工具是连接主体和劳动对象的媒介。主体的奇技绝艺是借助一定的物质手段获得，并通过一定的物质手段传达到劳动对象身上。不通过刀，庖丁无法解牛，无法把他的奇技展示出来；不通过刀，梓庆就无法制成木镶；不借助船，津人就不能操舟如神。

由此可见，技艺所关涉的主体、手段和对象都是"物"。庄子哲学认为"道在物中"。

《知北游》云：

> 东郭子问于庄子曰："所谓道，恶乎在？"庄子曰："无所不在。"东郭子曰："期而后可。"庄子曰："在蝼蚁。"曰："何其下邪？"曰："在稊稗。"曰："何其愈下邪？"曰："在瓦甓。"曰："何其愈甚邪？"曰："在屎溺。"东郭子不应。庄子曰："夫子之问也，固不及质。"

《渔父》谓：

> 道者，万物之所由也。庶物失之者死，得之者生；为事逆之则败，顺之则成。故道之所在，圣人尊之。

庄子从正反两方面都揭明"道在物中"。正面言之，道无所不在，在蝼蚁、在稊稗、在瓦甓，甚至在屎溺，因为道生万物；反面言之，庶物失道则死，为事逆道必败。"道"统摄了物，而"技"又是"物"之"技"，"技"凝结于物之中。要而言之，"道"并非虚玄不实的东西，"道"在"技"中，"技"的化境即是"道"的展现。更转进一层的析解则是即"技"即"道"、"道""技"合一。

三、"道""技"合一

《庄子》一书中有两百多则寓言，不少都涉及"道"与"技"的问题，庄子多以"技"喻"道"，借"技"体"道"，实际上即"技"即"道"。现象是我们借以认识本质的起点，但现象不就是本质的构成部分？庄子所谓"得意忘言""得鱼忘筌""得兔忘蹄"，只是因为人们往往执着于"言""筌""蹄"而忘却了真正的目的，故作是言也。其实，"言"与"意"、"鱼"与"筌"、"兔"与"蹄"，如何能破裂为二呢？"道"与"技"亦然。在笔者看来，庄子的"道""技"合一至少有如下两层意涵：

其一，指与物化。《庄子·达生》中讲道："工倕旋而盖规矩，指与物化而不以心稽，故灵台一而不桎。忘足，履之适也；忘要，带之适也；知忘是非，心之适也；不内变、不外从，事会之适也；始乎适而未尝不适者，忘适之适也。"工倕以手画圆的技艺超过了圆规，手和物象融合为一，不用心思计量，所以其心灵专一而毫无滞碍。忘记了脚，鞋子是舒适的；忘记了腰的存在，带子是合适的；忘了是是非非的争论，心灵也会是安适的；心灵内不从欲念而动，外不从物而动，则是处境的安适。达到本性常适而无往不适者，是忘适之适也。从艺术哲学的角度看，工倕能够达到如此技艺，乃在于他已经消泯了主体与对象之间一切差别，打破了物我之间的隔障，指与物化，心物相融，主客一体。

当然，要达到这样的艺术境界，主体（创作设计者）既要克服对外物的排斥性，又要克服外在之物的自在性。克服对外物的排斥性，就是庄子的"心斋""坐忘"，忘脚、忘腰、忘心、忘适就是忘却自我，以开放的心灵去面对对象，以"无厚"之我去面对"牛体"，本来一切对象都是自在的，并不能自适人意，它们都是按照自己的规则存在和发展着。所谓克服对象之物的自在性，就是主体已经对对象之物了然于心。对象之物、外在之物已经成为技艺者自由表现自己胸中意象的元素。庖丁所解之"牛"已经成为庖丁借以展示自己高超技艺的道具。在这里指与物化，物我相融正是"技""道"合一的展示，"技"的极致即是"道"。

其二，得心应手。《庄子·天道》云："臣也以臣之事观之。斫轮徐则甘而不固，疾则苦而不入，不徐不疾，得之于手而应于心，口不能言，有数存焉于其间。"轮扁在谈到自己制作车轮的体会时说：斫制车轮，慢了就松滑而不够坚固，快了就会滞涩而难入。不快不慢，得之于手而应之于心，虽然无法用言语说出来，但技术的奥妙存在于其间。"数"者，"道"也。技艺的化境不是靠口头传授就能获得的，必须以"手"为依托、为起点，"技"是"道"的外在表现或激发因素。手到要心应。一般人往往心身不一，或手到而不能心应，或意有所欲而手不能到，这样如何能创造出"惊犹鬼神"之作呢？换而言之，求道者要想得道、求道，只能保持心身的高度和谐，只能通过自觉、自证，而不能靠客观法式的传授。身心合一、手到心到，也就是"技""道"合一。

庄子哲学中所蕴含的"道""技"合一思想对后世艺术家和哲人们以深远的影响。大诗人苏轼就曾提出"技道合一""技道俱进"的思想。在他看来，《庄子》中的"道"，是指存在于具体事物之中的自然之理，可由具体技艺中提炼而得。苏轼在《跋秦少游书》中说："少游近日草书，便有东晋风味，作诗增奇丽，乃知此人不可使闲，遂兼百技矣。技进而道不进，则不可，少游乃技道两进也。"苏轼反复强调，只有技道俱进，才能创造出好的作品。

庄子"道""技"合一的思想也就是艺术与哲学合一的思想，也即是美与真合一的思想，这一思想演化为中国文化中的实用指向与审美的诗性品格的和谐。一切工艺产品都要兼养人的肉体和精神的两个方面，达到"体舒神怡"双重效能正是这一思想的具体体现。徐复观先生在《中国艺术精神》一书中指出，庄子的"道"既具有"思辨的形而上学性格"，又具有作为人生现实体验的"彻头彻尾的艺术精神"的二重性。在笔者看来，庄子对道的追求，不是对事物做客观本质上的形而上的探求，而是旨在消除物我之间、心身之间的二元对立的精神游戏，是一场旨在消除技术规范对于精神的束缚，实现"逍遥游"。在庖丁的"解牛秀"中你能分得清哪是"技"、哪是"道"吗？在庄子思想里你能分得清哪是艺术、哪是哲学呢！

楚道家哲学的现代意义

在中国远古史上，海岱、河洛、江汉三大文化区经过漫长岁月的发展，在春秋战国时代分化形成了多种区域文化，其中在江汉文化区上发展起来的南方楚文化是后来居上、特色鲜明、成果丰硕的一支。从春秋晚期到战国晚期，楚文化的技术、艺术和学术都堪与北方诸国竞美，而楚文化的繁荣与楚道家的哲学智慧密不可分。

在中国古代的道家人物和道家文献中，楚道家占据着相当大的比重，构成道家人物的主体和道家思想的主干。楚道家文献中除众所周知的《道德经》和《庄子》外，据《汉志》载还有《长卢子》《老莱子》《鹖冠子》《臣君子》《楚子》等等。有学者考定仅《庄子》一书中所载道家人物就相当多，如老莱子、楚狂接舆、肩吾、连叔、长梧子、鹖冠子、庚桑楚、南荣趎等等。

在光辉灿烂、绚丽多彩的楚文化中，楚道家哲学无疑是楚文化的智慧结晶。在先秦时期，道家思想虽非显学，但作为道家思想主干的楚道家，以其坚韧的抗议精神、深刻的辩证智慧和超越的人文理想，成为后来时代里那些以异端自居、抗议儒家、批判礼乐教化的思想家们的理论武器。在今天来看，楚道家哲学仍然具有积极的时代意义。

一、"自然无为"的客观态度和"法天贵真"的生态智慧

楚道家哲学的理论重心是"道法自然"。"人法地、地法天、天法

道、道法自然。"在人、地、天、道、自然的梯级结构中，自然是宇宙的第一原理，也是人行为的根据。循自然则无为。无为不是寂然不动、一团死水，而是不先物为，不把一己的意志强加给他人和他物。这一思想使得楚道家对社会和自然都采取客观的态度，较之于其他思想流派，显得更接近于科学智慧和更具有理性价值。楚道家哲学的"自然"范畴，虽然不是一个实体概念，但它却正是实体的自然界的根本属性，因而这一范畴也就内涵着自然界。楚道家这种自然无为，对万物和人类不横加干涉的思想应用于处理人与自然界的关系时，就形成"法天贵真"的原则，这一原则要求人们则四时、顺阴阳，春生夏长、秋收冬藏，不逆时背天，不络马首、不穿牛鼻，强调对自然万物及其自然天性的保护，强调人与自然天地之间的协调。这与今天的保护自然环境、维护生态平衡、回归大自然的生态伦理学具有一致之处，并对后者有重要的启发意义。比如在现代生态伦理学者看来，环境和生态事关人类生存的大计，工业和科学在给人类带来巨大福祉的同时，也给自然带来巨大的破坏。传统的单纯以经济动机为出发点的环境保护主义其实是相当狭隘的，一大批现代生态伦理学者认为应当在土地与人、人与自然物种之间建立一种平等关系，正如利澳波德所呼吁的，人也应当像山川、河流那样思考。人作为自然的主人的思想应当得到彻底的反思和检视。

二、"物极必反"的辩证智慧和"齐彼物论"的超越精神

楚道家哲学的最突出特色是它的辩证法思想。老子就是中国古代辩证法思想的集大成者，文约义丰的"五千言"（《老子》）处处是对自然、对人事的辩证慧见，如"祸兮福之所倚，福兮祸之所伏"，"曲则全，枉则直"，"反者道之动"，"物极必反"，"千里之行，始于足下"，"重为轻根，静为躁君"，"贵以贱为本，高以下为基"，"有无相生，

难易相成，长短相形，高下相倾，音声相和，前后相随"，"自见者不明，自是者不彰，自伐者无功，自矜者不长"，"知人者智，自知者明，自胜者强，知足者富，不失其所者久，死而不忘者寿"，"柔胜刚，弱胜强"，等等。他们不仅认识到事物内部的矛盾对立与转化，还认识到对立双方的不可分离的统一关系以及事物在发展过程中的量的积累导致性质改变等情况。可以说楚道家哲学的辩证法思想同儒家刚健主动的辩证法思想一样，代表着中国古代辩证法智慧的最高水平。中国人虽然没有像黑格尔的辩证法那样形式精致、逻辑严密的思辨的理论形态，可中国人却从来不曾缺乏辩证智慧（金岳霖语），这与易、老辩证法智慧的滋养分不开。楚道家哲学正是在其辩证法思想的基础上昂扬着一种超越精神，一种超越了狭隘的、僵化的、对立的齐生死、化物我、和阴阳、同是非、齐彼物论的精神。这种精神使中国人在任何困难时期都始终面向未来、怀抱希望、充满信心。

三、"重己全生"的主体意识和"自然天放"的自由观念

楚道家哲学主张"重己全生"，反对"以生殉物"。认为人应当外物、外天下，摆脱身外之物欲对人的控制和干扰。人应当物物、做物的主宰而不能做金钱物欲的奴仆。在老庄时代，其实在今天也是如此，人和外物的关系是人生哲学的一个重大问题，如何处理或对待这个问题对每一个体都至关重要。人是被外物奴役还是自作主宰都跟前一问题相关联。

重己、全生、养亲、尽年是顺应生命的自然发展，保障生命的自然终结。这一思想虽然是针对春秋战国时代杀人盈野、血流漂杵、草菅人命的社会现实的抗议，但其中却凸显出朴素的主体意识和对生命价值的肯认，标志着宗法、等级专制下的个人觉醒（任继愈语）。楚道家从"自然"原理出发，反对一切不自然的现象，主张人是自然的、

自由的。

老庄都反对统治者们为了一己之私，以政刑礼义施之于民，对人民大加杀伐，严重摧残人民的真常之性，阻抑人的自由发展。老子主张统治者实行无为而治，"治大国，若烹小鲜"。无为不是不作为，而是不妄作妄为，统治者不乱作为，人民就自化、自正；统治者不贪心、无私欲，老百姓自然淳朴；统治者不滋事扰民、盘剥百姓，人民生活就自然安定富足；总之，楚道家自然观体现在社会、政治、经济等方面就是遵从自然，无为而治，无私而行，"自然天放"就是要反对"伤生残性"，就是要为人的自然存在和自由发展辩护。

四、"公而不党"的公私观和"以和为量"的和平意识

楚道家和齐道家一样，都主张"去私""贵公"，主张"公而不党，易而无私"，认为天无私覆，地无私载，"天下乃天下之天下，非私一人也。"《吕氏春秋·贵公》载："荆人有遗弓者，而不肯索，曰：'荆人遗之，荆人得之，又何索焉？'孔子闻之曰：'去其荆而可矣。'老聃闻之曰：'去其人而可矣。'故老聃则至公矣。"《孔子家语》中亦有类似记载。可见道家在公私问题上是主张大公无私的，是境界最高的。

所谓公而无私并不是要否定个人的正当权益，而是反对统治者那种"横私天下之物，横私天下之身"，"损不足以奉有余"的极端自私自利的思想和做法。这一思想主张对于我们今天反对党内腐败现象、倡导廉政建设具有重要意义。那些身居高位却横私天下之物、横私天下之身以满足一己之贪欲者应当从楚道家的教益中获得警示。如果我们的党员干部能做到大公无私，真正地为人民服务，那我们党的公信力将会大大提升。

老子讲"万物负阴而抱阳，冲气以为和"，庄子讲"天地之委和""阴阳和静""以和为量"。楚道家的"和"观念是指在对立双方中

求得协调统一，不是息事宁人式地无原则地调和。老子就反对这种无原则地调和，认为"和大怨，必有余怨"，一味无原则地调和并不能解决矛盾，只能掩盖事实真相。楚道家的"和"原则强调以和平、持续、稳定的方式来解决对立双方的矛盾，从而避免因剧烈的冲突和动荡所造成的毁灭性的破坏。这种思想内在地包含着和平、和谐的观念。

五、"绝圣弃智""剽剥仁义"的社会批判精神

以老庄开其端绪的楚道家人物历来是社会忧患意识的承担者，并致力于社会批判。他们是隐居在国家、民族、社会这棵大树上的牛虻，他们以其深刻的辩证智慧、敏锐的洞察力、激烈的理论批判激活国家这棵大树。老庄时代，他们明确地提出"绝圣弃智""绝仁弃义"，对当时统治阶级"服文采、带利剑、厌饮食"，以繁苛的赋税逼民于水火的社会现实进行猛烈抨击，要求统治者摒弃虚伪自私的礼教政制，应"以百姓心为心"。此后，一大批楚道家人物，剽剥仁义、傲视王侯、睥睨权贵，表现出与腐朽无道的统治者们的不合作态度，如安贫乐道、不愿做官的老莱子，愤斥无道、避世隐居、讥刺仁义的楚狂接舆，等等。他们的气节和思想影响了一大批秉笔直书的思想家和不畏强权的时代斗士，如依道家立论伐孔子之说的王充，直言遭贬的桓谭，萧然物外、自得天机的傅山，等等。

总之，只要我们以科学的态度，古为今用的求实、求是精神来对待楚道家哲学，其中积极的思想因子自会明见。

［附 录］

人物及著作评析

蒙文通道家、道教观评析

蒙文通先生（1894—1968）是 20 世纪中国卓尔不群的国学大师、国史专家，是特有道家风骨的现代学者。其治学由经入手，以史为归，淹贯经传，博综诸子，出入佛典，挹注西学，超迈古今、汉宋藩篱，融会考据、义理于一轨，在众多学术领域皆有创获，而对南北道家的思想分疏和重玄道论的历史发掘，更是独具慧眼，做出了别开生面的物殊贡献。

先秦是中国历史上的"轴心时代"①。这是百家诸子蜂起争鸣的时代。而儒家道统，一贯贬斥诸子之学。蒙先生一扫传统偏见，以平等心衡视九流百家，尤其对儒、墨、道、法诸家思想在发展中的分合出入，注意其相互影响，力求予以动态的把握。基于"古族三分""文化三系""古史三说"的理路，蒙先生将先秦诸子主流学派归结为三系：东方儒、墨（阴阳、名辩可统于墨），皆法先王、道仁义、诵《诗》《书》，"大同而小异"，同出于邹鲁；西北法家（兵、农、纵横属之）乃出于三晋与秦；北方道家出于燕齐，而南方道家则兴于荆楚。这三系各派之间，既矛盾互攻，又互为采获，彼此融会。如"孔孟之道，以惩于墨家，而后脱落于陈言；以困于道家，而后推致于精眇"。"百

---

① 雅斯贝尔斯：《人的历史》，载《现代西方史学流派文选》，上海人民出版社 1992 年版，第 39 页。

家横议，错互其间，以击以守，相荡相激，有所辩必有所惩，有所变必有所困，阐发既宏，波澜壮阔。"①今文经学的理论，则有取于墨家者较多②，推原儒家之发展，孔门之教，作始也简；八儒之分，端赖诸子思想之激荡，如仲梁氏之儒杂于道家，乐正氏之儒杂于墨家，子思氏之儒则杂于法家，等等；至秦汉今文经师傅记，乃诸子思想菁华的总结。③把杂而多端的诸子学说视为汉代新儒学之所由来的必经环节，从而提示出从先秦到秦汉诸子的思想由分而合的演进逻辑。诸多创见，出人意表，然而其绵密的考订，深刻的洞见，又足以令人折服。

蒙先生对于先秦道家思想的研究，着力尤深。《杨朱学派考》一文，破旧立新，震动学林。其中特有创见的研究成果就是把道家区分为南北两派，明确提出"北方道家说"，并对其学派源流做了细致的分疏。

一般论道家仅言老庄，无论褒之贬之，皆蔽于一曲。蒙先生却认为先秦时期的道家实以北方杨朱之学为主流，而南方庄老之学实为支流；以老庄指称道家，是后来玄学清谈崇尚"虚无"之偏辞所致。单从人数讲，道家要以北人为多。针对疑古派的某些学者论定杨朱即庄周一说，蒙先生特从学理上对杨、庄异旨给予了系统的驳正。杨朱、庄周一北一南，思想旨趣相去甚远。北方道家杨朱之徒，不废仁义，而南方道家菲薄仁义。"杨言尊生，言仁义，庄皆反之，此其不同之彰彰者！"④蒙先生认为北方道家学派渊源于列御寇，创始于杨朱，发挥于田骈、慎到，而下开稷下及秦汉之际的黄老之学，并从杨朱思想核心"贵己""尊生"出发，进而广论詹何、子华、它嚣、魏牟、陈仲、史鰌、田骈、慎到等皆属杨朱学派。蒙先生认为，杨朱之学在衍扬流播中又各有所重。如它嚣、魏牟重生轻利，因偏于"纵情性、安

---

① 蒙文通：《古学甄微》，巴蜀书社1987年版，第67页。
② 蒙文通：《古学甄微》，第211—226页。
③ 蒙文通：《儒学五论》，《廖平、蒙文通卷》，河北教育出版社1996年版，第604页。
④ 蒙文通，《古学甄微》，第245页。

恣睢"，成为杨朱之学的末流，属"纵情派"；而陈仲、史𬶐承杨朱"自贵"之旨，"轻爵禄而贱有司"，退隐山林，属"忍情派"；齐人田骈、慎到贵"静因之义"，"因性任物"，"变化应求"，以"因循"为本，是对杨朱之学的精到发展。①蒙先生进而对接予"或使"之说，别出新解。认为"宇宙万象，皆若或使"，人们对之既不必损益，也难以损益，由此推论出"或使"之说与田骈"因性任物"之义大同。

蒙先生博涉《吕览》《淮南子》《管子》以及《孟子》《荀子》《庄子》与《群书治要》等，突出辩明田骈、慎到在北方道家中的重要地位，特别揭示其"贵因""贵公""贵齐"学说之深义。所谓"贵因"，即"因人之情"，因物之理；使天与圣人各行其行，使万物、百姓各被其利；杨朱不肯拔我一毛而利天下，"我"即主观，才加主观一毛，即足以害天下，正是反对以一毛之私去扰乱天下。"贵因"之说实为道家之大用，"舍己而以物为法"，其深旨正与尊重客观规律之义相合。因而肯定"静因之旨，诚田骈、慎到言学之根本，于义为最精"②。"贵公"，即强调一切都必须处以公心，行以公道，反对"私视""私听""私虑""私情"，因为"私设则智无由公"。故田骈、慎到"公而不党，易而无私，决然无主，趣物而不两"③的主张，就是要公天下，反对以天下私一人的专制体制。而"贵齐"之说，认为天能覆而不能载，地能载而不能覆，"万物皆有所可，有所不可"④。因此，就应"使贤愚不相弃，能鄙不相遗"⑤，在社会政治观上，就是主张"漫差等"，反对君主百官的等级特权。田、慎等人的"贵齐""贵公"之说，以因循为宗的"静因之道"，其陈义既高于庄周，又大大地拓展了杨朱之

---

① 蒙文通：《杨朱学派考》，《廖平、蒙文通卷》，第 649 页。
② 蒙文通：《古学甄微》，巴蜀书社 1987 年版，第 254—255 页。
③ 蒙文通：《古学甄微》，第 251 页。
④ 《庄子·天下》。
⑤ 《尹文子·大道》。

说。"杨子之说，得心术、白心之言而义益彰。杨子言不可见，慎到、田骈之徒，引而申之，推致于极精。"①

蒙先生特别论定《管子》中的《白心》《心术》《内业》诸篇为慎到书，《管子》有取于慎子，而宋钘、尹文本之墨翟，乃为"逃归于杨的墨学者"。此一观点迥异于当时的刘节、郭沫若等指认此四篇为宋钘、尹文之作。比观两说，蒙先生的论证更为翔实可信。嗣后许多学者，结合《庄子·天下》的提示，从思想主旨、文体风格以及出土的古文献资料等方面进一步补证了蒙先生之说，更足以表明其率先发覆之功。②

田骈、慎到、尹文、宋钘、接予、环渊等，皆聚游稷下，贵公、贵齐之论，静因之道，清虚之旨，彼此融合，于是黄老之学乃兴。田、慎以后，黄老始兴，何以人们又称田、慎之学本于黄老？蒙先生深刻地指出："凡称黄老，皆出汉人书，晚周无言黄老者。盖黄帝、老子之书皆晚出，以稷下此诸家者，皆合黄老意，遂从黄老后来之名，被之前人。非此诸家之学出于黄老也。"③这实际上是揭示了在学术史、思想史上经常出现而又使人易于迷惑的现象，即研究者在整理前人的思想时，往往以后设的理论框架被之前人、古人，而又误以为那个框架就是客观实际或历史的真实。蒙先生还指出：田骈、慎到因循之说，有法无法之义，衍为申、韩之术，由此推知法家实源于道家，黄老邻于法。这一溯源之论，经由马王堆出土帛书之佐证，实为确解。

较之于对北方道家的推重与肯定，蒙先生对以老庄为代表的南方道家则有所疵评。就庄、老关系言，老聃其人古已有之，庄子屡称之，老学的师承授受，于《史记·乐毅传》可详。而老子《道德经》一书则晚于《庄子》。黄帝、老子之书，殆皆成书于战国晚期，老子一书盖

---

① 蒙文通：《古学甄微》，第 243—267 页。
② 蒙文通：《古学甄微》，第 252 页。
③ 蒙文通：《古学甄微》，第 262—263 页

取道家之精要而为篇，言多浑沦，含义深富。蒙先生持论的根据有二：一是凡作"经"皆战国晚期事，即当一学派学说已臻于完满成熟，在此基础上拮取精要而始为"经"。如《韩非子》《管子》中有"法经"，墨家有"墨经"，老子《道德经》一书不外于此；二是庄书言老子凡十七章，其言皆不见于《道德经》，庄书同于《道德经》者十五处，其中不为老子语有十三见，足见老书取于庄书；而老子《道德经》一书内容精富，可证其为周秦学术成果之总结。通观道家思想之流变，蒙先生认为从杨朱到田、慎，尊生重己、贵齐贵公、"义益遂而用益宏"、清虚无为、名正法备，实得道家之正。庄周一流之思想，总是以不屑之意待人，"轻世绝俗"，灭裂仁义，使人与人"相轻"，而申、韩之流尚刑名、任法术，使人与人"相贼"。故庄、老、申、韩张极端之论，废道术之全，实为道家之偏。田、慎静因之道远比庄、荀之说深广。[1] 蒙先生的这些创见，言似奇诡，但其辨析南北道家学派宗旨不同，实不可易；而推尊齐学、表扬稷下，则尤为卓识。其斥庄生"轻世绝俗、矜己卑人"，自视过高，实对当世某些知识分子有所针砭，引古筹今，不无深意。

蒙先生在疏释先秦诸家思想的基础上，转向道教源流及其理论创造的研究，成果丰硕，贡献极大。

道家、道教，原本殊途，后乃同归，嬗变之迹，有史可寻。蒙先生指出：道家之学盛于晚周，而道教则起于汉末，两者初无大关系，如构成道教重要内容之一的神仙思想在先秦时期早已流行，且与道家大不类。但当后世道教徒奉老子为神人，尊《老》《庄》为经典，则道家、道教便不可复分。[2] 他既注意到道教产生的多根系，多源头，更注意历代道教徒注《老》解《庄》实为道教的理论化建设，故从宗教哲

---

① 蒙文通：《杨朱学派考》，《廖平、蒙文通卷》，第 648 页。
② 蒙文通：《道教史琐谈》，《廖平、蒙文通卷》，第 661 页。

学的维度来清理道教思想史，着力于思想的逻辑进程，而不单是史实的陈述。

蒙先生明确提出“道教三源说”，即太平道、天师道和神仙家共同构成道教的源头。神仙始于晚周，太平道似出自儒、墨及西汉今文经师之说，而天师道则出自西南賨、僚等少数民族的巫觋之道。[①]这一见解，尤具卓识。唐长孺、饶宗颐均对此事有所申论。唐在《范长生与巴氏据蜀的关系》一文中曾考论：“长生是道教徒”；“巴蛮即賨人”。“范氏即出于賨人部落”，饶在说“五斗叟”中指出“五斗米道与氐人、鄭人自来有密切关系”，即指天师道浓厚的巫术色彩与巴蛮敬信巫觋之风的一致性。[②]《华阳国志》称：“賨人俗好鬼巫”，故五斗米道亦被称为“米巫”“鬼道”。西南少数民族賨、僚的巫觋之风，乃是天师道的兴起与发展的文化土壤。道教三源，入晋以后，渐合而为一，至寇谦之则道教之组织、教仪、经典始备。魏晋间学术的一大变局，即玄风昌炽，老学极一时之盛，道教徒莫不注老、解庄，奉老庄之书为经典，并以之为道教的理论建设。最具代表性的有名为《河上公》及《尹喜》《想尔》三家注，诸书多言修炼事，均为后世道教徒所尊奉。隋、唐以降，则重玄宗、坐忘论流行，尤以重玄宗为最著。刘鉴泉先生在《道教征略》中曾言：“唐以还，道教诸名师皆明药之非草，长生之非形躯，不言白日昇天矣。”蒙先生吸取刘氏的研究成果，更突出辩明道教成仙理论在唐代的重大转变，即内丹事盛，外丹日衰。到了宋代，所谓钟（离权）吕（严）之传，实近于陈抟（图南）之传，远绍司马子微，此一时期经、外丹之说更加衰落。以后，北方全真道教称为北宗，南方道教称为南宗，南宗言修命，北宗言修性。独以全精、全气、全神即全其本真为追求的全真道教，指认一切内外丹药吐纳伸经之术，

① 蒙文通：《道教史琐谈》，《廖平、蒙文通卷》，第 662 页。

② 饶宗颐：《老子想尔注校证》，上海古籍出版社 1991 年版，第 152—153 页。

如"黄庭""参同""悟真"皆为旁门小道。金、元道教与宋相异，属
茅山正一之流。明代全真道教传入南方，为武当一派，自张道贵、张
守清后，武当一派遂流行于两湖、滇、蜀等地，兼修清微、正一之法，
南北二宗又混而为一。道教在多个源头的基础上，分合合分，相互取
益，彼此融合，不断地向前发展。汉、唐以来，道教徒的理论与实践
的创造，吸纳儒、佛两家的心性学说，兼采海上燕齐方士、神仙家、
医家言，可谓杂而多端。面对这一复杂而又丰富的古代文化遗存，以
往学者治道教史多注目于教仪、法事、丹鼎、符箓以及茅山、武当、
南北二宗等等。而蒙先生则认为所谓丹鼎、符箓、斋醮、章咒、导引、
房中，这些皆与学说思想之变化少所关系，故作道教史"仅可涉及，
无庸缕陈"，应当从宗教哲学的高度来把握道教的历史发展。[①]因而蒙
先生的道教史研究实为道教哲学思想史之研究，这无疑具有开风气之
先的重要作用。

　　蒙先生把道教哲学的研究置之于传统文化的洪波浩瀚中，既看到
道教哲学在其理论形成与创建中借鉴和兼融儒、佛的一面，更论及道
教哲学对其他主流学派的重要影响。如晋唐时期，道教哲学以"重玄"
论为盛，而重玄论多撷取中观之义；唐宋时期，"坐忘"论流行，实有
取于天台宗；而宋元全真道教之兴盛，亦有取于禅宗。不仅如此，道
教亦借鉴儒家，如南宋道士就多取荆公及朱子学说。另外，蒙先生在
对陈抟学派的研究中，发现陈景元《老子注》中所常用之词语、常引
之经典文句以及思想旨要，竟全同于程颢、程颐，"由碧虚之书，然后
知二程之学实为希夷之传"，也就是说不仅周（敦颐）、邵（雍）之象
数学，而且二程之理学都源自陈抟。这无疑是学术史上的一大发现。
叶适在《习学记言序目》中就曾指出："程张攻斥老佛至深，然尽用其
学而不自知者。"无论自觉与否，陈抟学术经由陈碧虚这一中间环节而

---

　　① 蒙文通：《道教史琐谈》，《廖平、蒙文通卷》，第 663 页。

下启二程，殆无疑义。

　　蒙先生对道教哲学史研究的最突出贡献是对"重玄"学派的系统发掘，开重玄学研究之先河。近年来随着道家道教文化热的兴起，晋唐时期的重玄思潮也成为人们关注的热点之一，但究竟如何认识、界定这一思潮，却是众说纷纭、难得共识。蒙先生以"道家重玄学派"来指称这一思潮，颇为精当。因为重玄学不单是道教理论之一环，而且也是晋唐间道家既吸纳儒、释，又保持本身特色，以抗衡儒、释的理论创造。经由蒙先生之疏证史实，晋唐间确有一学脉相承的重玄学派，此学脉可溯源孙盛，而学派则创立于成玄英、李荣。"以重玄为道，以三一为归"是其共同的宗旨。这一学派既上承魏、晋之玄风，又远超胜于何、王；既承继老庄，又拓展了老庄的思辨；既吸纳佛学双遣两非的中道观，又保持本土的道家文化特色。这使得其影响越出道教范围，而蔚为一股时代思潮。蒙先生的指称正是就重玄道论这一时代思潮的哲学本旨立论的。

　　"重玄"一词源出《老子》"玄之又玄"一语，"道家重玄学派"，以"重玄"为宗本，以"重玄"来诠释"道"。成玄英疏"重玄"谓："有欲之人，唯滞于有，无欲之人，又滞于无，故说一玄，以遣双执。又恐学者滞于此玄，今说又玄，更袪后病。既而非但不滞于滞，亦乃不滞于不滞，此行遣之又遣，故曰玄之又玄。"[①]李荣注说："定名曰玄，借玄以遣无，有无既遣，玄亦自丧，故曰又玄。又玄者，三翻不足以言其教，四句未可致其源，寥廓无端，虚通不凝。"[②]成、李之"重玄"论，是即本体即方法的：就本体论，道即重玄之道；就方法言，即指通过双遣有无、是非、滞与不滞的方法达到寥廓虚通之境界。这种融本体论、方法论于一炉，极富思辨水平的"重玄"学说，确使孙登

---

① 蒙文通：《古学甄微》，第 348 页。

② 蒙文通：《古学甄微》，第 348 页。

"以重玄为宗"之妙旨得到很好的发挥。

　　蒙先生更对"重玄学"之流变做推本溯源的研究。魏晋间，自王弼、何晏崇尚虚无，大扇玄风，而清谈放诞渐入末流。在此情势下，裴頠著崇有之论，以攻王、何；而其时孙盛更作《老聃非大贤论》、《老子疑问反讯》（皆存《弘明集》），批判的矛头直指《老子》。孙盛据老书"两者同出而异名，同谓之玄"反驳王弼的贵无说。指出"宜有欲俱出妙门，同谓之玄，若然以往，复何独贵于无欲乎"，同时，又指出："尚无既失之矣，崇有亦未为得。"这一批判，超越当时的有无之争，可谓深中肯綮。孙登正是从其叔父的高论中受到启发，并依托支道林"重玄"观点而创"重玄宗"。孙登以下，般若之学广为重玄学所吸纳，如蒙先生所指出的重玄学派"双遣二边而取中道，与释氏中观之义若合符契"①。由于般若学的引入，此派哲学义益圆满，冠绝群伦。例如，此派解"希、夷、微"之说为《三一诀》。成玄英疏"希、夷、微"举臧公（玄靖）《三一解》云："夫言希、夷、微者，所谓精、神、气也。精者，尽智之名；神者，不测之用；气者，形相之目。总此三法，为一圣人。不见是精，不闻是神，不得是气。既不见、不闻、不得，即应云无色、无形、无声，何为乃言希、夷、微耶？明至道虽言无色，不遂绝无，若绝无者，遂同太虚，即成断见。今明不色而色，不听而听，不形而形，故云希、夷、微也。所谓三一者也。"又云："真而应，即散一以为三；应而真，即混三以为一，一三三一，不一不异，故不可致诘也。"②《三一诀》把希、夷、微，精、气、神，形、声、色，闻、见、得等糅合在一起，颇富于理论思辨，使老学之义更进。且后来道教徒，为合重玄之致，广辨三一，更衍为"三一九宫法""三一服食法"，等等。重玄宗就其理论之精致、深刻，影响之广

---

① 蒙文通：《古学甄微》，第347—348页。

② 蒙文通：《古学甄微》，第351页。

远，皆为道教哲学之冠，且常常是与佛教进行理论交锋的主要代表。蒙先生曾肯定："重玄一倡，卑视魏晋。何公转嗣，并遭讥弹"①，重玄学起，清谈声息，两者不无关系。

通观蒙先生的道教哲学史研究，深入堂奥，属意于理论思维，究心于思潮演变，微观考史，批却道窾，游刃有余；宏观立论，举纲张目，得其环中。蒙先生在道教史研究中的许多论断、质疑和提示，总给人们以多方面的深蕴的启发。

蒙先生在辑校道书方面，硕果累累，嘉惠学林，功在不朽。他在辨章学术、考镜源流上的许多创见，正得益于对道书的求全、求善、求精的辑校、整理上，因而其理论创见信而有征。

蒙先生在四川省图书馆期间，面对"多以收藏善本为询者"，蒙先生笑答："善本岂易得哉，余惟日坐其间，亲勘善本耳。"②蒙先生之答语实反映了他瘁力于整理祖国文化遗产的创新精神，并体现了他求精、求善、求全的务实学风。他任图书馆长数年之间，辑校精善之古代典籍达二十余种，其中道书达十多种。如《老子成玄英疏》6卷，《老子李荣注》4卷，《老子古注补》8卷，《老子指归拾遗》2卷，《老子河上公章句校本》4卷，《老子王弼注附音义校正》2卷，《遂州本老子校文》1卷，《老子章门》1卷，陈景元《老子注》《庄子注》2种，等等。在辑校过程中，每遇疑缺讹误，详加考索，多所是正。例如杜光庭误认为创重玄宗之孙登即魏人苏门山隐士之孙登，蒙先生指出"此大谬也"。隐士孙登未曾注《老子》，隋唐志皆不见著录，《晋书·隐逸列传》说隐士孙登只好《易》，且隐居不出，"不知所终"。而《隋书·经籍志》、两《唐志》及《经典释文》皆著录"晋尚书郎孙登注"《老子道德经》2卷。又如罗振玉影印《鸣沙山石室古籍丛残》中收有《老子义疏》残卷，罗氏却误以为是梁道士孟智周之作，蒙先生对此予以订正，论定是成玄英之作。

---

① 蒙文通：《古学甄微》，第353页。
② 蒙默编：《蒙文通学记》，生活·读书·新知三联书店1993年版，第85页。

在蒙先生辑校之道书中，堪称奇迹者当数《老子成玄英疏》和《老子李荣注》2种。成玄英并疏老庄，庄疏存于《道藏》中，《古逸丛书》有庄疏残帙，与《道藏》相补，可得全本。而老疏却散佚已久，据彭鹤林《道德经集注·杂说》论成氏老子疏"于宋已无存"。蒙先生于《道藏》中搜求到老子旧纂疏有二：即强思齐《道德真经玄德纂疏》和顾欢《道德真经注疏》集注本。两者皆录有成疏，且两书于采掇之际，各有取舍，互补性很强。蒙先生以强、顾之注疏为本，又参校宋李霖《道德真经取善集》、范应元《道德经集注》以及鸣沙山出土之《老子义疏》残卷，正其误夺，缀其断引，使成玄英《老子义疏》辑成完璧。进而蒙先生考察成疏所用之经文，与诸家传本相校，然后知其为唐遂州碑、易州碑本。《老子成玄英疏》之辑成，使散佚千年之要籍重见天日，为研究道家重玄学派提供了极宝贵的思想资料。蒙先生还特别辨明成疏所疏何注的问题。《成疏》究竟依何注为疏，成氏没有明言。蒙先生深考细辨之后指出：六代注《老》，显有王弼、河上公两大派，王弼专研玄理，河上备言仙道，《成疏》既多违《河上》义，又不曲从王弼说，而是"总此二派，不偏一际，兼举内外"。成氏这种不牒一家之注的独特之处，正体现了他兼采诸家而又力求超胜的理论特色。蒙先生这一见解，实为如何探究隋唐道教理论的发展，如何阅读成氏《老子义疏》，提供了重要的启示。

清末阮元已经注意到强、顾二书大量征引成说，但因对成疏之意义未予重视而没有辑校。蒙先生别具慧眼，赤水得珠，辑成完书，实因缘于先生对道教典籍的精熟和博学锐识。钱穆先生曾感叹："有清二三百年间，所辑佚书率多残帙，何意今日竟得全编，非治学精勤者焉能获此！"① 仅此一项发现和贡献，就足以享誉学林，而蒙先生精进不已，在辑校成疏的过程中，发现凡引成说之诸籍皆引李荣《老

---

① 蒙默：《蒙文通先生小传》，《廖平、蒙文通卷》，第328页。

子注》，故一并辑之。李荣《老子注》，唐宋志皆著录，但仅存《道经》残卷于正统《道藏》中，蒙先生以此残卷为基础，又搜得敦煌卷子，使李荣《老子注》几成全本。总之，蒙先生在整理道家、道教典籍上贡献了一系列重要成果，并且对进一步整理道家、道教文化思想资料，提出了一系列的饶有深意的具体建议，诸如仿朱彝尊《经义考》作《道德经考》，仿《四库全书总目提要》作《道藏典籍提要》等，有的已经部分得到实现。

善歌者使人继其声，善教者使人继其志。关于道教史的研究，无论是思想疏释或文献辑校，蒙先生都筚路蓝缕，道乎先路，有开拓之功；而后继者踵事增华，有所进展完善，自是理所当然。如重玄道论与重玄学派，经蒙先生清理出后，已引起海内外学界的注视并成为道教理论研究的一个热点，论著多篇，不乏佳作。又如成玄英《老子义疏》的辑校本，继蒙先生首辑《道德经义疏》六卷本之后，又有台湾严灵峰先生所辑《道德经开题序诀义疏》五卷本和日本滕原高男先生所辑《辑校赞道德经义疏》本，拾遗钩沉，当有所补苴。这正足以证明，真正的学术事业必然是许多人的持续努力，承先以显其富有，启后以见其日新，开拓者燃心为炬，后起者继志为薪，因此，神州慧命，於穆不已。

楚人精神 浪漫哲学

——冯友兰道家思想研究疏释

在中国哲学发展史上，道家曾以其独特的道论标柄于世。对于道家思想的历史演变及其价值评估，一直是中国哲学和文化思想界的一个重要课题。冯友兰先生以涵摄中西、融贯古今的渊博学识，丰富的治学经验，钩深稽古，探幽发微，对道家思想进行了系统研究，并将研究成果纳入到他所建构的中国哲学体系之中，对于我们认识道家思想的历史发展、历史地位和现实意义提供了有重要价值的参考资料。他的许多结论，在今天看来仍然是确当的，并且富有启发意义。

一、道家思想的源起与流变

道家思想的渊源是什么？创始人是谁？这是道家思想研究首先要面临的难题。对此，冯先生提出了自己的独特看法。例如，在《先秦诸子起源》中，他说："……有一般人抱有技艺才能，然而不愿意责与他人，这便是隐士。道家即出于隐士。"他在《中国哲学简史》中指出："隐者正是这样的'欲洁其身'的个人主义者，在某种意义上，他们还是败北主义者。他们认为这个世界太坏了，不可救药。……这些人大都离群索居，遁迹山林，道家可能就是出于这种人。""道家也不是普通的隐者，只图'避世'而'欲洁其身'，不想在理论上为自己的隐退行为辩护。道家是这样的人，他们退隐了，还要提出一个思想体，赋予他们的行为以意义。他们中间最早的著名代表人物看来是杨朱。"在《中国哲学史新编》中冯氏亦指出："这些'逸民''隐者'之流，是道家思想的前驱。他们还只是各自随时地发泄一些牢骚，发表一些对新社会不满的言论。他们的思想还没形成一贯的学说。他们的行动也基本是个人的，还没有成为一个学派。""首先为他们创立一种学说、一个学派的人是杨朱。"

从冯先生在时代数变而持论大致相同的这些看法中，可以概括出以下几点：（1）隐士是有知识学问、技艺才能，避世隐居、欲洁其身，消极不满，不一定有自觉意识的群团；（2）道家源于隐士，创始于杨朱；（3）道家是隐士群团中以"隐居""避世"为生存方式，且具有理论上的自觉意识的那一部分人。冯氏认为，在春秋战国这一社会大转型时期，奴隶制关系终于由兴盛走向了它的历史尽头，新的封建生产关系破土而出，那些不愿意与地主阶级合作的奴隶主阶级里的没落知识分子为保存自己，免受地主阶级的迫害，他们就把自己隐蔽起来，隐士正是这一特定时期的产物。这种看法无疑是正确的，也得到了较多的认同。冯先生虽然深刻地认识到道家是隐士群团中有自觉意识的一部分人，但是在概括道家思想的特征时却没有把道家人物和一般隐士区别开来，因而道家思想中批判现实政治、揭露虚伪的社会伦理道德规范、反对残酷的战争等积极的思想因素没有得到应有的重视和评价。道家学派中的许多被褐怀玉、蔑弃荣利、不事王侯、高尚其事的人物，没有得到应有的公正认识和评价。至于道家创始于杨朱，在学术界则有较大的争议。冯先生始终认定杨朱是道家的创始人，断定杨朱在墨孟之间，"因为墨子从未提到他，而在孟子的时代他已经具有与墨家同等的影响"。老子、庄子是对杨朱思想的发挥和引申。虽然老子初创道家这一结论在学界仍然没有普遍一致的肯认，但杨朱必在墨子之后，初创道家的是杨朱而非老子，这些结论仍然缺乏详尽可信的比较论证。

由于冯先生把道家的起始点定位于杨朱，因而他对道家思想的发展过程的分析，也就颇有可商议之处，且冯氏本人自己的思考也是历经数变的。在《中国哲学简史》中，道家的发展过程被分为杨朱—老子—庄子—魏晋新道家四个阶段；在《中国哲学史》（两卷本）中则按杨朱—老子—庄子的顺序来叙述的；在《中国哲学史新编》（1962年）中，冯先生说："杨朱、彭蒙、田骈、慎到、老子、庄子代表道家哲学思想发展的四个阶段。"在1984年版的《中国哲学史新编》中，冯氏又将道家哲学分为新的三个阶段：道家哲学体系的形成和发展阶段，即《老子》的客观唯心主义阶段；道家哲学向唯心主义的进一步发展阶段，即《庄子》的主观唯心主义阶段；道家向唯物主义的发展阶段，即稷下黄老之学阶段。这最后的三阶段论是理论向史家逼近的最新成果。冯先生的这种变化，既表明了一个哲学史家对真理孜孜不倦的追求和严谨的治学态度，也显示了这一问题本身的复杂性。

冯先生不仅揭示了道家产生于隐者，而且还从地域学、社会环境等方面深刻地论定道家思想与楚人精神之间的密切关系。冯氏指出李耳为楚人，且《论语》中的隐者之流多是孔子在楚地所遇到的人，如楚狂接舆、长沮、桀溺等，庄子虽为宋人，"然庄子思想实与楚人为近"。冯先生这一看法无疑是正确的，道家中的著名人物，大多出自楚国，《汉志》所载鬻子、蜎子、长庐子、老莱子、鹖冠子等皆是楚人，汉初淮南王刘安等著《淮南子》，是道家文化的一次总结，而淮南治所，即在春秋战国时的楚地，楚国的确是道家文化的基地。在冯先生看来，所谓楚人精神，主要是指具有"极新的思想"，对传统对政治制度持反对态度的精神，是一种不受周之文化拘束的开放、超旷、富于想象、情思飘逸的诗人精神。道家哲学的诗化特色无疑得益于楚人精神的浸润和滋养。

二、道家诸派思想之析解

1. 杨朱之学

冯先生对道家杨朱之学的概述，主要依据《孟子》《韩非子》《老子》《庄子》《淮南子》《吕氏春秋》等著作中的零散记载，同时亦参照了《列子·杨朱》。冯氏认为杨朱之学有两个基本观念，即"为我"与"轻物重生"。这两者其实是一个学说的两个方面，主要是针对着墨子的"兼爱"思想而提出来的。

杨朱之学在孟子之时处于显学地位，但后来了无声息，主要是被老庄思想淹没了。冯氏认为在《老子》《庄子》《吕氏春秋》等著作中均可见到杨朱基本观念的反映，如《老子》中讲"贵以身为天下，若可寄天下；爱以身为天下，若可托天下。"《庄子·养生主》中讲："为善无近名，为恶无近刑，缘督以为经，可以全生，可以养亲，可以尽年。"这些都是"轻物重生"思想的再现。如果说老学是对杨朱之学的进一层反映，那么庄学则是转进两层之反映。由于道家思想的出发点始于杨朱的"全生避害"，因而冯氏认定老子揭示事物变化规律，庄子超越现实世界都只不过是在避世、全生方面下功夫。

2. 老学

冯氏认为《老子》哲学是以"道""有""无"为基本范畴，以"返者道之动"为总原则的客观唯心主义体系。

冯氏认为老子的突出贡献就是把"道"范畴上升为哲学范畴，从而奠定了道家哲学的理论基石。《老子》之"道"有多方面的特征：（1）"道"是"无形无象""无名"的；（2）"道"是永恒不变，具有定规的"常"；（3）"道"是太一，因为"道生一"；（4）"道"是宇宙循环不已的过程，是一切事物从逝到反的"周行"；（5）"道"是亦体亦用、即有即无、即共相即殊相的。冯氏认为老子思想之重点和难点即在"有""无""道"这三个范畴上，在早年的著述中，冯氏以体用释有无，"有"言"道"之用，"无"言"道"之体，到了晚年，冯氏则以共相、殊相释有、无。冯氏认为"有"是一个最概括、最抽象的名，其外延是一切事物，其内涵是一切事物的共同性质。"有"即存在，极端抽象的"有"因为没有任何规定性，就成为"无"了。任何事物的生长、成长和归宿表现为从无到有和从有到无的过程，这即是有无相生。在早年时代，冯氏认为"道"只具有本体论意义，而其晚年著述则认为应当从本体论和宇宙发生论两方面予以析解，且更偏重于宇宙发生论这一角度。

"道"作为万物变化的通则，作为宇宙变化的规律，其最根本点就是"反者道之动"。老子无为而治，绝弃圣、智、仁、义、礼、乐的政治学说，"含德之厚，比于赤子""大智若愚"的人格理想，"不自见"、"不自是"、"不自伐"、柔弱、谦虚、知足、处下、去奢、去泰、去甚的处世哲学，小国寡民、返朴归真的社会历史观等都是从这一总原则推演出来的。这其中为我们贡献了不少辩证的智慧。

冯氏从总体上认为老子思想是代表着没落奴隶主阶级的消极退堕的思想，以全生避害为归趋，但在局部、具体的问题上对老子思想给予了积极、肯定的诠解。例如，老子中所讲的"愚"是一种圣人之愚，是"修养的结果"，是精神的创造，而不是愚昧。老子理想的"小国寡民"并不是原始社会的野蛮，而是"包含有野蛮之文明"，"是最持久之文明"。一向被人们称之为阴谋权术的东西，冯氏认为那不过是老子对客观事物变化的客观叙述，老子所谓绝弃仁义、圣智绝不是不要文明，而是"知其文明，守其素朴"罢了。

3. 庄学

冯氏认为庄学虽然也是围绕"全生避害"这一先秦道家的中心展开其思想的，但由于庄子把老子的天道自然无为思想发展到了极致，因而便由老学的客观唯心主义走向了主观唯心主义。

　　研究庄学当以《庄子》一书为据，但《庄子》一书内容繁富，其中亦有黄老之学的内容，以何为本，历代注家、解读者颇多异议。冯氏结合《天下》篇和庄子对后世的巨大影响，论定最能代表庄周思想的是《齐物论》和《逍遥游》两篇，冯氏对庄学的析解正是以这两篇为中心而展开的。从庄学的道论看，冯氏认为庄子之道的最本质特征是一个"抽象的全"，这种"全"是一种主观的意境和逻辑的虚构。道是万物的根本，是物物者，而这个物物者实际上是一种主观意境。由于道是第一性的，因而它只能是一个逻辑虚构的道。道是绝对，没有跟它相对的，所以称之为独。道是超越时间的，所谓道无古今，道是不生不死的永恒存在。冯氏指出：庄子主观唯心主义的突出特征在于庄子以"无己"的方法，通过消除物物、物我的区别，从而达到以我为主、与道同体，即通过"心斋""坐忘"等方法，把道移入人的心中，通过"循耳目之欲而外于心知"达到"朝彻""见独""同于大通"的境界。在冯氏看来，庄子的求自由、幸福的人生哲学和不治之治的政治、社会哲学是从两篇中推演开来的。冯氏区别了相对的幸福、自由与绝对的幸福、自由，有限与无限。相对的自由、幸福是有待的，有待源于"有己"，当人达到"无己"，超越有限，体认大道，以理化情，做到无待之时，即达到物我同体、人与宇宙同一，即达到绝对自由、幸福的境界。这是克服了有限而达到了无限的境界。庄子的不治之治的政治、社会哲学是为人求相对自由、幸福的哲学，而他的道论则是为人求绝对自由、幸福的哲学。从方法论上看，庄学的方法具有神秘主义色彩，具体表现为一种超越并忘记事事物物的区别和差异的方法。冯氏说："《庄子》里有许多地方讲到忘记区别的方法"，"他们用'忘'字表达其方法的诀窍，这是很有深意的"，如忘礼乐、坐忘等，圣人求"内圣"之道在于"弃知"，弃知亦是忘。这种方法在冯氏看来是一种取消问题的方法，"庄子只是用取消问题的办法，来解决先秦道家固有的问题"①。这真正是用哲学的方法来解决问题。

从总体评价上看，冯氏的早期著作对庄周思想较多肯认，而在晚年著作中则较多否定，且有明显的意识形态色彩。一方面，冯氏认为庄周思想作为隐士思想的总结，是以消极态度面对现实，主张社会倒退的哲学，是奴隶主阶级里的没落分子的哲学。但另一方面，冯氏又肯定地指出，虽然"庄周哲学并不能使不得志的人成为得志，也不能使不如意的事成为如意。它不能解决问题，但它能使人有一种精神境界"②，即一种"游于逍遥，论以齐物，超乎象外，得其环中"的境界。

4. 稷下黄老之学

冯氏认为黄老之学是把道家的养生理论和法家的治国理论结合起来的新学说，养生与治国只是一个道理的两个方面而已。黄老之学是对道家思想的一个大发展：一是因为黄老之学承续或演扬着道家思想；一是以精气说来诠释"道""德"范畴，这就把老、庄的唯心主义引向唯物主义方向。

在道家思想的发展过程中，稷下黄老之学最先用物质性的"精气"来建立自己的道论。他们从寒、暖、阴、阳、明、晦之自然天气以及生命的气息中概括出气论，认为"道"就是"气"，建立起以气为基础的唯物主义的自然观。③ 冯氏认为黄老之学特别是用气来解释生命和意识起源以及构成生命和精神的要素，这是一大贡献。人的精神是什么？不是别的，而是人身体内部极细微的物质即精气生发出来的。在对"道""德"这两个核心范畴的诠释上，黄老之学认为"虚而无形谓之道，化育万物之谓德"④，道是无形而又无限的，"道""德"之间是无

---

① 冯友兰：《中国哲学简史》，第 141 页。
② 冯友兰：《中国哲学史新编》第二册，第 141 页。
③ 冯友兰：《中国哲学史新编》第二册，第 204 页。
④ 《管子·心术上》。

分无间、二而一的。区别只在于德为道之舍。道的属性是"至大无外，至小无内"，道是遍在于万事万物之中的。冯氏充分肯定了"精气说"对后世的巨大影响，认为黄老之学奠定了中国哲学中的唯物主义基础。

在认识论上，黄老之学也做出了重要贡献。如他们从主、客观角度，区别了"其所知"和"其所以知"的问题，强调排除私心、成见而达到客观认识。这具有鲜明的唯物主义特色。同时黄老之学对形、神关系，名、实关系也提出了唯物主义见解。如他们认为家是第一性的，名是第二性的，并提出"名不得过实，实不得延名"的名、实相符的思想。

总之，黄老之学是对老庄思想的一次积极、进步的大发展，把道家思想提高到了一个崭新的高度。

5. 魏晋新道家

关于魏晋玄学，冯氏在早年的《中国哲学简史》中总括为"主情派"和"主理派"的新道家。在两卷本《中国哲学史》中，他虽不再用"新道家"来概括，但仍然认定玄学即道家思想的进一步发展。在南北朝时期，"道家之学，当时谓为玄学"，当时的玄学家以王弼为代表，"大开以道家之学注经风气。何晏《论语集解》，亦间有采道学说之处"，"此后注《论语》者，更益将孔子道家化"。在道家经典的注释上出现了一批学者及著作，最为突出的当数王弼《老子注》，郭象的《庄子注》，这些著述切切实实地把老庄思想提高到一个较高的理论层次，具有很强的抽象思维水平。与此不同的是，在《中国哲学史新编》中，冯氏称玄学为"新经学"而不是"新道家"。由于这种变化，本文主要以《中国哲学简史》中的有关论述来看新道家的思想内容。

冯氏指出，魏晋道家之学的复兴、发展，始于前此一个世纪的王充。汉朝的衰亡，使中国社会再一次进入动乱时期，儒家学说的衰落自然导致道家学说的兴盛。在当时兴起的道家中，向秀、郭象可视为

"主理派"的新道家，他们从名家理论中汲取营养，通过"辨名析理"的方法把名、理结合起来，对老庄等原始道家思想做了修正。例如，在老庄那里，道是无，无即是无名、无形，而向、郭所谓道是真正的无，而不是什么无名。"先秦道家所说的万物生于有，有生于无，也不过是说有生于自己。"① 有生于自己即"独化"，顺应自然和天，顺应独化，就是无为，相反就是有为。向、郭还明确说明"齐物"是要人们从超越的层次，从更高的观点看万物，是要人从相对的局限中超拔出来。"主情派"新道家主要是以嵇康、阮籍等人为代表，他们的旨趣主要是求一种超越感，表现出一种浪漫、风流的精神品格。他们所关注和表现的情感问题并不仅仅是个人的、一己的东西，而是关乎普遍的方面，是关于宇宙人生的总体的大情感。实际上，他们所表现出来的发于情性、任从自我的风流精神是对"违自然""循名教"的否定和批判。

三、道家思想的总体把握

冯先生对道家思想的宏观把握，最突出的有以下三点：

1. "贵己""重生"

道家思想以"贵己""重生"为中心，这是冯先生的一贯观点。例如，他说："道家哲学的出发点是全生避害"，"我们可以说先秦道家都是为我的"，"道家哲学是没落的奴隶主贵族意识的集中反映，'为我'的思想贯穿于道家各派之中"。② "先秦道家虽然有许多派别，但也有一个一贯的中心思想：'为我'。'我'的主要东西，就是'我'的生命。"③ 冯氏从杨朱学说开始，通过对先秦及汉有关杨朱资料的汇辑、排

① 冯友兰：《中国哲学简史》，第 258 页。
② 冯友兰：《中国哲学史新编》第一册，第 160 页。
③ 冯友兰：《中国哲学史论文二集》，第 171 页。

比，论定杨朱之学的两个基本观念，即"为我"与"轻物重生"。杨朱
的这一思想被老庄所继承，贯穿于《老子》《庄子》之中。如《老子》
中讲"致虚""守静""塞兑""闭门""静观""玄鉴""和光""同尘"，
《庄子》中讲"逍遥游""养生主""心斋""坐忘"等均与养生有关联，
都可视为养生理论。冯氏指出，庄子超越物我、是非之别，达到齐万
物、外生死，达到无我，也仍然是紧承贵己养生的思维路数，"无我"
正是"为我"之极致，"为我"之极，就走向其对立面，以至于"无
我"。换言之，庄子是以"无我"的方式"为我"的。老庄以后的稷下
黄老之学、魏晋新道家仍然在以不同的方式、方法坚持着"为我""重
己""贵生"的中心思想。

2. 浪漫哲学

冯先生在早年的《人生哲学》中就把道家哲学概括为浪漫派哲学。
他说："中国道家老庄之流，以为现在的世界之天然境界即好，所须去
掉者只人为的境界而已。此派虽主损而不否认现世。我名此派曰浪漫
派。"[①] 在《中国哲学简史》中，冯氏进一步指出："人们常说孔子重'名
教'，老庄重'自然'。中国哲学的这两种趋势，约略相当于西方思想
中的古典主义和浪漫主义这两种传统。"[②] 冯氏以浪潮主义来概括道家思
想的总特征是从中西文化比较中获得的灵感。冯氏曾说："我还没有懂
得英文 *roamticism* 或 *romantic* 的全部含义，但是我揣摩着，这两个词
与'风流'真正是大致相当。'风流'主要是与道家有关。"在冯先生
看来，道家哲学的浪漫主义特点的主要表现：在思想内容上就是理想
性，超越感，与世俗政治和现实社会保持距离的自由自在的精神品格。
浪漫主义的一个突出特点就是不是从现实的生活世界的本来面貌出

---

① 冯友兰：《三松堂全集》第一卷，河南人民出版社 1985 年版，第 192 页。

② 冯友兰：《中国哲学简史》，第 29 页。

发，而是执着于表现自己的愿望和希冀，强烈地追求理想世界。在道家思想中，"绝仁弃义""返朴归真"是老子的境界理想，"无名""无己""无功"的圣人、真人、至人是庄子的人格理想，"小国寡民""至德之世"则是他们的社会理想。他们以自己的理想为准绳来批判现实生活，他们所致力于的不是以理想世界去趋附、迎合现实世界，而是要把经验世界提升为超验的世界。"游方之外"的道家人物都具有一种超越感，魏晋新道家的风流品格的最本质特征就是超越感。"风姿特秀"的嵇康，纵酒放达的刘伶，与群猪共饮的阮籍、阮咸，与野鹤同情的支遁等，他们都是超越俗世礼教仪轨、超越物我之别的突出代表。以隐士自居的道家人物，他们的"隐"并不单是逃避现世，而是力图与政治制度和现实社会保持距离，从而维护他们自由自在的精神生活。他们如野鹤闲云一般，留连山林之间，无拘无束地批评时政，他们"宁其生而曳尾于涂中"，也不为庙堂高官显势所动。他们即使不得已而"入世"，在"臣门若市"之时，也仍然保持"臣心如水"，一旦功成则即刻身退。在表现形式上，道家人物追求一种任从冲动、寄情山水的简单、清纯、朴质的生活方式。他们喜欢用简洁、玄奥、诗意的语言表现自己的思想，如"《老子》全书都是名言隽语，《庄子》各篇大都充满比喻论证"，"它们明晰不足而暗示有余，前者从后者得到补偿"。① 他们的生活方式和话语方式充满了魅力，显示出鲜明的浪漫主义特色。

3. 负的方法

道家哲学在方法论上的最大贡献是提供了负的方法即直觉体悟的方法。冯氏认为，在世界哲学史上，道家和禅宗是运用负的方法的典范。道家的最高追求就是"得道"、与"道"合一，这一境界约略相当

---

① 冯友兰：《中国哲学简史》，第 17 页。

于冯氏的"同天境界",但进达此一人生最高境界的唯一途径便是负的方法。负的方法的突出特征就是悖于逻辑分析,主张神秘证悟。《老子》开篇即讲"道可道,非常道;名可名,非常名"。《庄子》中亦讲"道不可言,言而非也"。概念的推演、逻辑的分析是不能达到"道"的。老子的闭目塞听、和光同尘,庄子的齐是非、同物我、忘生死、外天下都是试图通过去除人的一切智虑分辩,摒弃感官作用,经由神秘证悟,从而达到与道契合的境界。冯氏指出:"道家求最高知识及最高境界的方法就是去知,去知的结果是无知。"但这种无知并非原始的无知,而是后得无知,"有后得无知的人,其境界是天地境界"。①

冯氏认为,负的方法是哲学方法中最高、最后的方法,但这最高、最后的方法应该经由正的方法而来。冯氏曾指出:"一个完全的形而上学系统,应当始于正的方法,而终于负的方法。如果它不终于负的方法,它就不能达到哲学的最后的顶点。"②

这一看法既肯定了道家哲学的负的方法的重要性,又内在地蕴含着对道家方法论上的局限性的批判,即对道家思想缺乏正的方法的批判。

四、冯氏道家观简评

(1)冯氏对道家思想做了全面而又深入的具体的研究,对道家思想的产生、发展及其具体的思想内容提出了自己的见解。冯氏揭示出道家思想与楚人精神的关系,指出道家思想乃楚文化的代表,概括出道家哲学的浪漫主义特色,充分肯定了道家哲学的负的方法的重要意义。这些都是冯氏道家观的独得之见,对我们加深和拓展道家思想的研究具有重要的启发意义。此外,他提出战国秦汉时,儒学、《易传》

---

① 冯友兰:《新原道》,《冯友兰学术论著自选集》,北京师范学院出版社 1992 年版,第 308 页。

② 冯友兰:《中国哲学简史》,第 394 页。

颇受道家哲学影响的观点；道家与法家既对立又统一的观点；道家与阴阳学相结合产生道教的观点；道家经过名家又超过名家的观点；等等。这些都是颇为新致的一家之言，为我们研究、批判和继承道家文化遗产提供了宝贵的参考资料。

（2）在方法上，冯氏主要是借重于逻辑分析的方法来研究道家思想。这主要是由冯氏的致思倾向 —— 以实在论和逻辑实证主义来改造中国哲学、重建中国哲学 —— 决定的。冯氏的主知主义的道德形上学是一种分析型的道德形上学模式，讲究先细密地分疏，后提升整合。反映在道家思想的研究上，冯氏非常注意道家思想流派和哲学范畴的分析研究，批判了道家哲学笼统、浑浊、不讲逻辑的局限，指出道家负的方法缺乏正的方法这一基础，最高境界与最低境界浑然难分的毛病。这些深刻的批评是切中要害的。如何在保持传统道家思想的独特魅力的前提下又能很好地克服以上道家哲学中的诸般问题，的确是当今致力于新道家思想建设的人们应当深自反省的问题。

（3）从儒、道、释诸家在中国文化中的地位看，冯氏虽然充分肯定了道家思想，并融贯到他所建构的"新理学"体系之中，但冯氏认为，若以"极高明而道中庸"的标准来衡量的话，儒家既讲求内在超越、成圣成贤，又讲究救世关怀，儒家圣人的心是热烈的，他们有"民胞物与"之情，而道家圣人的心是冷静的，他们常有"遗世独立"之举。道家是"游方之外"，而儒家则是即方内即方外，即伦理世界即超越世界。儒家是"极高明而道中庸"的最高哲学，而道家则只是"极高明"的哲学，比之于儒家要低一个档次。比之于佛学，道家虽以最高境界的追求为尚，但由于道家把原始的混沌不分与最高智慧的浑然与物同体混为一谈，故在境界论上反不如佛家清晰。这种并非公允的认识与作者的理论追求和评断标准是密切相关的。

（4）从冯氏对道家各派思想的疏释看，杨朱之学以"全生""避害"确立了道家思想之中心，具有开创之功。老庄的唯心主义体系中虽然不乏合理因素，但总体上是社会大转型时期没落阶级的消极、颓废思想的代表。老子的隐遁、旁观，庄子的不合作，都是一种消极反抗的态度。老庄比较起来，庄子对人类社会、政治制度和文化生活采取了全盘否定的态度，表现出最为反动和倒退的思想倾向。与老庄相比，黄老之学是积极、先进的思想，在哲学路线上坚持唯物主义，代表积极、进步的新兴阶级。冯氏的这些定性分析具有很强的意识形态色彩，这种以阶级分析来裁断一切的做法在很大程度上淹没了冯氏在细部上对道家思想的深刻体认，并且使其前后期思想认识出现较大的矛盾或反差，这种遗憾值得我们反省。

唐、牟、徐道家思想比观

　　唐君毅（1909—1978）、牟宗三（1909—1995）、徐复观（1903—1982）是港台学界现代新儒家的重要代表人物，20世纪50年代以降，在形上心灵萎缩，价值世界日益单面化，传统文化日渐衰落的文化背景下，他们怀着"返本开新""灵根再植"的宗教式的宏愿，积极抉发传统文化的正面价值，致力于重建中国人文精神，力图解决文化失序问题。他们各以自己的思想体系，涵摄中、西、印，融贯儒、道、释，对中国传统文化做出了别有会心的理论省思和创造性的发展，在海内外学界引起了广泛关注。把他们的道家观做一比较的考察，对于我们的道家思想研究有着十分重要的借鉴意义。

一、唐君毅的道家观

　　作为现代新儒家的重要代表之一，唐氏以儒家的心性之学为归宗，通过对中、西、印三大文化思想系统的比较研究，建立了以道德心灵为本体的"三向九境"的文化哲学体系。这一体系对中国传统文化中的儒、道、释皆有所涵摄与创发。唐氏的道家观主要集中表述在《中国哲学原论》（《导论篇》《原道篇》《原性篇》）、《生命存在与心灵境界》等书中，要而言之，有以下方面的内容：

1. 对老学的贯释

唐氏通过反思以往老学研究的流弊，明确地提出自己的研究方法"先类辟以析义"，从而"观基义之所存"，只有这样才能既得训诂之实，又可免章句之拘。在得义之所存后，"再济以统宗会元之功"，如此才可期望合于先圣"下学上达"之旨。本乎此，唐氏对老子之"道"做了横纵两方面的疏解。从纵的方向，唐氏将老子之"道"的多种表述予以归纳研究，概为六义：（1）"通贯异理之用"之"道"，即道为万事万物的根本原理，有通贯一切异理之用，此义近于现在的自然法则或宇宙规律；（2）形而上存在的实体；（3）"道相"之"道"，即指相对"道体"而由其产生的万物的表象；（4）同于"德"之"道"；（5）修德之道及其他生活应用之"道"；（6）事物、心境及人格状态之"道"。老子之"道"虽多义，但诸义之间不是平行排列的，其中实存的道体乃是贯释六义的根本点，"道体"具有生物成物的作用，"道相"只是"道体"的呈现。唐氏指出老子通过"致虚守静"的修养工夫，观察万物归根复命、浑化为一，达到合于人之心境与人格状态，直觉冥悟出"道体"的存在。当人若直觉悟出道体的存在，则可持其灵慧之心，比观万物与道体，以成玄览，道相遂呈。人们通过对形上道体和自然律的了解和认识，即可以建立合于自然律之生活律。

从横的方面看，唐氏将老子之道分为法地、法天、法道、法自然之道四个层面：所谓"人法地"是指"地之物势中之道"，而物势的特点是由高趋下，居于下而安于下，为万物趋归。"卑下自处"与"柔弱自保"的两条原则便由此以生。老子主张人法地的卑弱处下，正是生存意志使然。所谓"地法天"的天道，在唐氏看来有两大特征：一是"损有余以补不足"，二是"天之道，利而不害"。天道是通过天地万物的总体性状而表现，地之道涵有个体求生存的功利目的，天之道则超越了这一目的，因而天道的层次要高于地之道。所谓"天法道"，即天道为道之表现于人所面对的天地万物的全体，而道则超越于天地万物之上。道之意义即此"超越"一义，人在体悟到道的超越义之后，"不见天地万物，而唯见此道"①。此道恒超于人的感觉、言说、思虑、想象，无任何具体内容。人只有法道、见道、体道、修道，最终才能得道。所谓"道法自然"，即指人若能由知天道而法道、体道、修道，即可具道之玄德，得道之常。安于道、久于道，最终则可达到自在、自如、自由、自然的心境。常道恒如自己，自然其所然。道即以自身之自然其所然为法，此即属于道的最高层面。

据此四个层面，老子之道具有普遍性、内在性、创生性，绝对性与无限性，超越性与先天性，永恒性与不变性等特征。唐氏认为这四个层面既可层层递进上升，亦可以高涵下，上升以呈超越，涵下以示通贯。至此，老学获得了统之有序、条理一贯的疏释。

2. 理想人格论 —— 对庄学的析解

先秦道家中，庄学最具鲜明特色。唐氏认为庄学是紧扣人生的重要问题，提出圣人、真人、神人、至人的理想人格，以及如何达到这种境界的学说。因此，庄学之道实是如何实现其人生理想的为人之道。

庄子的理想人格境界有多种表述。"圣人无己，神人无功，圣人无名。"《庄子·逍遥游》："不离于宗，谓之天人；不离于精，谓之神人；不离于真，谓之至人；以天为宗，以德为本，以道为门，兆于变化，谓之圣人。"《庄子·天下》对此如何把握呢？唐氏认为所谓至人，指做人臻达最高限度者，真人乃就人的本质纯真而言。天人为人同于天，神人则就人之心知神明无所不运而如神言。至于圣人，则兼具至人、真人、天人、神人之德，而为理想的全德之人。这数种表达各有区别义，但都指一种理想人格。为了达到这一理想人格境界，庄子提出了"撄宁""坐忘"等多种修道工夫，主要是外生死、忘人我、和是

---

① 《原道篇》卷一，第320页。

非、无名无为、无己无功，中心即在如何调整生命与心知的关系，使二者不相妨害，共依天理而永恒流行。《庄子》内七篇正是克就这一中心义理而展开论述的：《逍遥游》首先标陈其理想的无己、无功、无名而达逍遥无待之境的至人、神人、圣人；《齐物论》本无己以言"吾丧我"，齐彼物论，和人我之是非，与天地万物并生为一；《养生主》则讲求调心知与生命的关系，以成生人之道；《人间世》则论乘物以游心、游人间之世；《德充符》主要是论人之德与生命、形骸的关系，追求忘形骸之全德之人；《大宗师》则总述处生死之道与理想人格的修成工夫；《应帝王》则论至德之人如何以其如神之心知以应世，与世人相感相知。

除此而外，唐氏对庄子之常心做了深刻论述。在唐氏看来，心性之学是中国学术思想之根本，其渊源便在先秦孟、墨、庄、荀四子的言心之学。四子之学，各有偏重：孟子言德性心、墨子言知识心、荀子言统类心，此三者皆为理性之心，而庄子言灵台心或虚灵明觉心，此心为超理性之心。庄子把人心分为灵台心和世俗心两类。所谓"机心""成心"，用佛语表示为"情识心"，这一类心对于求道之人来说，是应该加以止息、剜除的；所谓灵台心，即是通过虚心、静心、解心、清心等修养工夫而获得的"虚室生白"之"常心"，或能以神明遇物的"虚灵明觉心"。庄子的修道工夫，就是要清除各种杂念，使"情识心"不入"灵府"，达到驰者息、宇泰定、天光发、灵台见的精神境界。庄子力图解除人心桎梏，以求超越的思想与他的理想为人之道是一致的。

3. 对道家的总体把握

唐氏认为先秦道家的产生及其后续发展，乃是源于人类存在着道家式精神意识。人类社会存在着有价值、无价值或反价值的各种事物，它们相互混杂，遂产生世俗社会的污浊性。面对种种污浊，人心中产生的第一念就是"求自拔于此污浊，而自保其一身之心灵之清洁，生命之清洁"①。顺此以思，则产生种种高远之思想。唐氏断言，人类社会若永有污浊，则永远会有这种道家式的精神意识产生。

唐氏指出，道家和儒家一样，皆有正面的理想人格，都重视人心的探索与修养，都注重直觉思维。总之，道家的理想生活有其正面价值。如果说儒家在道德精神上有所贡献，道家则在艺术精神方面给中国文化以深远影响。中国文化的根本精神正是由儒家人文主义同道家的"外人文"或"超人文"主义的相依相傍、相摩相荡而构成的。

二、牟宗三的道家观

牟宗三的主要旨趣和贡献在道德形上学体系之建构，他的道家观集中表述在《才性与玄理》一著和《道家玄理之性格》等论文中。牟氏主要是通过疏释魏晋玄学的玄理玄智来把握先秦道家的玄理，在他看来，"魏晋所弘扬的玄理，就是先秦道家的玄理"②。

1. 对老学的析解

牟氏认为《老子》五千言，应以第一章为其总纲，其余一切玄义均涵摄在此章中，而第一章中最为重要的便是"道""无""无为""有"等概念。牟氏认为，要把握"道"必须从"无为"开始，"无为"是针对着"有为"，即针对着周文疲弊这个特殊的机缘而发的。"无"是对"无为"的提炼，即把"无为"抽象化、普遍化，便得到"无"。"无"作为动词就是否定，即否定掉有依待、虚伪、造作、外在、形式的东西，由此反显出一个无为的境界来。这个"无"不是存有论的概念（ontological concept），而是个实践、生活上的概念。"道"

---

① 《原道篇》卷一，第 262 页。
② 牟宗三：《才性与玄理》第三版自序，台湾学生书局 1989 年版。

本是一个共有名词，只不过道家是通过这个"无"来了解道、规定道的。"无"所显示的境界就是虚壹静，就是指我们的心灵不黏着固定于任何一个特定方向上。虚则灵，壹则纯一不杂，静不是静止，而是绝对的心境，是随时超拔于现实，浮在上一层之境界。"无"不能仅仅停留在纯粹性状态，必须具体化，即必须"有"。老子的"有"就是"无限妙用的缴向性"，这一"缴向性"即是有的端倪和征兆。老子正是这样展开他的道论的。

牟氏在此基础上，深入析解了道的特征，具体归结为以下几方面，即道之主宰性、常存性、先在性、生成性。所谓道之主宰性，乃是指"道非象物，以冲虚性"，正因此"无适无莫、无为无造"之冲虚性，使得道为万物之宗主。所谓道的常存性是指道"似存非存、似非存而实存、超乎存与不存之存也"，即冲虚之玄德永存，这是一种境界形态的存在。所谓先在性是指"大象畅，大音至，生生无限量，声声不相碍，则即冲虚玄德之在一切形物之先矣"。而道的生成性绝不是说道可以生出物来，道只是一冲虚之德，冲虚无为，道不是能生能造的实体，它只是不塞不禁，畅开万物自生自济之源，"道法自然"正所谓自由自在，自己如此，无所依靠。可见这一生成性也是境界形态的生成性。要而言之，老子的玄理玄智就是"多诡辞以通无""视无以为体"的"无执的存有论"，是一种境界形态的形上学。对此可以通过本体论、宇宙论、工夫论这三大端来分解地把握它。

2. 对庄学的疏释

如果说先秦道家中的老学主要是王弼弘扬的，则庄学就主要是向秀、郭象弘扬的。牟氏正是通过向、郭之注庄来论庄学的。

牟氏通过将老学与庄学进行比较分析，以凸显庄学，认为庄子之学是道家玄理玄智的全部朗现。（1）从义理系属于人而言，庄子的风格不同于老子。老子沉潜坚守，体立用藏，故显纲维，而庄子显豁透脱。显豁则全部朗现，无浅无学，无显无隐，浅深隐显融而为一。透脱则全体透明，体用难分，纲维不显，因体用纲维化而一，全体在用，用即是体，全用在体，体即是用。故《庄子·天下》以"博大真人"称老子，以"不离于宗"之"天人"自命，正显其分际。牟氏还以佛教华严宗之圆教境界来比况庄子的"天人"境界。那种与造物者游，外生死，无终始，宏大而辟，深闳而肆，调适上遂，应于化，解于物，其理不竭，其来不蜕的"天人"境界，正是"出出世一乘法"。（2）从表达方法上看，老子重分解，庄子取描述。老子之学虽有众多概念，且含义丰富，但要之则以宇宙论、本体论、修养工夫论为纲维，纲举目张，义理整然。庄子的描述法当然不是平铺直叙，而是以卮言、重言、寓言的方法。这三者既不是形式逻辑的关系，亦无概念的辩解理路，分别地说，则卮言曼衍，随机而转，重言尊老，并无我见，寓言寄意，推陈出新，但全部庄子是一大混沌，亦正是一大玄智，亦整个是一大诡辞。牟氏以"辩证的融化"这一概念来标陈这一大玄智，此"辩证的融化"不同于事的平铺，不同于分解概念的平摆，而是自然、自在、洒然自足之玄智境界。这一境界也即是一自然，一切自然；一自足，一切自足的境界。（3）庄学义理型态不同于老子。老学之有、无本是从人生方面讲，是从生活中体验出的真理，老子之道、有、无、自然、一等概念最终都向宇宙论、本体论伸展，具有客观性特点，最终构成形上学。而庄学以其芒忽恣纵之辩证的描述、辩证的融化，把道、有、无、自然、一等都翻到主观境界上讲，逍遥乘化，自由自在，即是道、即是无、即是自然、即是一。以自足无待为逍遥，化有待为无待，破他然为自然，此即道之境界，无之境界，一之境界。至此，经由老子分解地建构起来的形上学到庄子这里完全纯化为境界形态的形上学。

3. 对道家思想的总评价

牟氏在对老庄思想进行疏释之后，又通过儒道、佛道之比较研究指出，道家思想主要是依"为道日损"之路，提炼"无"的智慧，主观的工夫上的"无"的妙用决定着客观的存有论上"无"的意义。道家的形上学是境界形态的形上学，是"无执的存有论"。这种"无执的存有论"由于对现实采取消极不着的态度，因而道家思想不能治世，至多只能自处。牟氏认为中国文化是以儒学为正宗、骨干的，道家思想只是旁支，是文化生命的歧出。在牟氏看来，道家的严重问题是不能协调"名教"与"自然"，即道德与自由的冲突，魏晋时代玄风盛行、政治废弛、礼教灭裂的时代病正反映了道家思想的严重问题。道家既无内在道德性之建立，亦不能积极安立礼法仁义，当然道家也不是一无用处，道家可以供作清谈；可以供帝王个人用，无为而治；可以致力于服食养生，转向道教。

牟氏批评道家思想弊病的主要标尺是黑格尔《历史哲学》中的"道德性原则"和"个体性原则"。在人类历史的早期时代，"道德"和"个体"是和谐的，道德理性和个体自由意识并不冲突，这是一种先天的和谐。然而这种不是经由个体自觉意志奋斗而建立起来的和谐是经不起挫折的，是容易凋谢的花朵。只有经由主体自觉努力，把道德理性内在化，使个体性合于道德性，这样建立起来的"道德"和"个体"的和谐，才能经得住考验，才能安立社会和人生。牟氏认为道家只是表现了这一矛盾，并没有克服这一矛盾，没有依黑格尔的道路向"内在道德性"之建立一路走，而是依"无为无执"的路数，向"虚壹而静"，毫无理性内容的"光板之心之主体"走。因此，道家无法建立起真正的"自由主体性"，不能实体地挺立自己、客观化自己，而是永远停留在片面的主观之用中。只有儒家哲学才是按照黑格尔的思路走的，因而儒家哲学的道德性是内在的道德性，既能贡献于社会，又能安立人生。

三、徐复观的道家观

较之于现代新儒家的其他学者，徐复观所致力的不是形上学体系的建构，而是对中国文化做现代的疏释。这种独特的学术个性在徐氏对道家思想的疏释中也反映了出来。徐氏的道家观集中表述在《中国人性论史·先秦篇》和《中国艺术精神》等著作中。

1. 文化新理念的开创 —— 对老学的诠解

徐氏认为先秦道家思想的创立，乃源于他们的忧患意识。他们身居大变动时代，面对社会失序，传统价值观念崩解，他们"想从深刻地忧患中，超脱出来，以求得人生的安顿"[①]。

徐氏通过深入考察指出，老子以宇宙论、人生论和政治论为纲维的思想体系是对中国道德精神中的新开辟，是"文化新理念的开创"。老子的思想体系以人生论为归宗。宇宙论是人生论的副产物。追寻宇宙万物创生之源，探索常道，是为了求取人生的安全立足点，是从根源处把握人之为人的本质，因此，可以说宇宙论也即是人性论。徐氏认为，"道"是一种创生宇宙万物的基本动力，对此只可意想，不可闻见，因而"无"是道的特性。创生的历程亦即是道的下落、成就现象界的过程，是无形质落向有形质的过程。"德"和"道"的关系是"全"和"分"、"一"和"多"的关系，本质上它们是一个东西。"道"和"德"是万物的根源，当然也是人的根源，因而老子对道德的规定，也是他对人性的规定，老子的人生论正是要求人们回归到"道"与"德"这一终极根源处。老子认为人虽秉虚无之德而生，但一旦生成，便有形质，有形质便有"知"与"欲"，而有"知"与"欲"的形质总是表现出对德的背反，这就必须通过"为道日损"的进路，做"致虚

---

① 徐复观：《中国人性论史·先秦篇》，台湾商务印书馆 1984 年版，第 327 页。

守静""抱一""归朴"等工夫克服这一背反,从"知""欲"中超拔出来,以得到"常"与"久"。

老子的政治论,概而言之,即是体虚无之道,"以为人君之道",通过由人君向德的回归,以促成人民向德的回归。"无为而治"作为人君的极则,会不会像牟氏所说的那样挂空呢? 徐氏认为,由于君居于统治者的地位,不会无所事事,只要统治者去掉以自我为中心的"知",玄同于百姓,以百姓心为心,便可促成人民向德回归;只要统治者消除自己的权力意志,因应百姓之自为而为之,便可达到天下治的目的。"由此可知老子与儒家,同样是基于对人性的信赖,以推及政治,而为人民的信赖,所以两家政治思想,都是以人民为主体的。"①

2. 对庄学及道家末流的疏释

徐氏指出,庄子思想是老学的进一步发展,不明白这一点,则庄子思想无从把握。具体说来,庄子对老学的发展表现在两个方面:一是老子的宇宙论虽是为人生的行为、态度而构建的规范,但仍然是一种形上性格的东西,是一种客观的存在。人必须通过主观自己向着客观存在照察,才能够获得生存依据。庄子则使这上悬的、外在的客观存在向下落,向内收,使在老子那里的"道"与"德"内在化,然后再向上向外展开。庄子的这一发展,使得道家和儒家、佛教具有了思想上的一般性格,从而共同构成中国文化的主干。二是老学力图找到一个"常"道,作为人生的安立点,对于"变"却采取保持距离,准备后退,以策安全的方法。庄子则主张"纵身于万变之流,与变相冥合,以求得身心的大自由、大自在"②,达到老子未曾达到的"物化""独化"的境界。"化"是求得精神的自由、解放,是不与物隔绝,

---

① 徐复观:《中国人性论史·先秦篇》,台湾商务印书馆 1984 年版,第 355—356 页。

② 徐复观:《中国人性论史·先秦篇》,第 363 页。

并不是丧失自我，不是被外物勾引，"化"是为了更好地照物。庄子的工夫论是适应于心的本性的虚、静、止。虚是要去掉以自我为中心的成见，静是要不为情欲扰动，止即是避免因受引诱而心驰外骛。庄学的工夫论真正把握住了道家思想的命脉。

总之，庄子的思想成就在于"他在现实无可奈何中，特别从自己的性、自己的心那里，透出一个以虚静为体的精神世界，以圆成自己，以圆成众生；欲使众生的性命，从政治、教义的压迫阻害中解放出来；欲使每一人、每一物，皆能自由地生长"。"他所欲建构的，和儒家是一样的'万物并育而不相害，道并行而不悖'的自由平等世界。"①

徐氏对老庄以后的道家末流也进行了认真研究，他认为道家末流，无论是以杨朱为代表的"为我""贵己"派，还是随世顺俗、依靠权势的田骈、慎到派，他们在气象、规模、理想性、涵盖性和深刻性上都无法和老庄相比。

3. 对道家思想的总体评价

徐氏认为老庄之学在否定了现实的人生社会之后，又从另一角度，另一层次，给予人生、社会以全盘的肯定。"他们以虚无为归趋，但他们是有理想性的虚无主义，有涵盖性的虚无主义，这亦可称为上升地虚无主义。"② 正是因为这种上升的虚无主义，中国的道德精神才如此深刻、丰富和富有生命力。契接佛学，回应西方哲学，也正有赖于这种虚无主义。

徐氏公正地指出，儒家思想和道家思想"虽有积极和消极之殊，但其深入人心，浸透到现实生活部面的广大，亦几乎没有二致"③。以孔、孟为主轴的儒家正统，与以老庄为主轴的道家正统，共同构成了

---

① 徐复观：《中国人性论史·先秦篇》，台湾商务印书馆 1984 年版，第 412 页。

② 徐复观：《中国人性论史·先秦篇》，第 415 页。

③ 徐复观：《中国艺术精神》，春风文艺出版社 1987 年版，第 39 页。

中国文化的骨干。道家以自己的特殊内容，同儒家思想一起，共同塑造了中国文化的人间性格、现世性格。徐氏指出，老庄思想所成就的人生是艺术的人生，中国的纯艺术精神系由此一思想系统所导出，庄子和孔子一样，共同成为中国艺术精神的两个典范人物。以孔子为代表的儒家精神对现实是顺承式反映，对现实人生起推动、促进作用，以庄子为代表的道家艺术精神对现实则是反省式的反映，对现实人生起批评、超越的作用，二者不可或缺。如果说儒家通过自己的工夫所把握到的心，更多是道德精神的主体，那么庄子由心斋的工夫所把握到的心，实际乃是艺术精神的主体。"由老学、庄学所演变出来的魏晋玄学，它的真实内容与结果，乃是艺术性的生活和艺术上的成就。历史中的大画家、大画论家，他们所达到、所把握到的精神境界，常不期然而然的都是庄学、玄学的境界。"① 总之，道家思想在这一方面，不仅有历史的意义，也有现代的和将来的意义。

四、合论

唐、牟、徐各以自己的学术成就，共同对中国传统文化的发展，特别是对儒家道德心性之学的发展做贡献。他们都"强调存在的超越、无限、先验、无对性"，"强调道德主体的至上性"，"对人性和德性的发展取理想主义的态度"。② 他们的共同旨趣和学术个性在对道家思想在疏释与涵摄上也鲜明地表出来。

从共性方面看，主要有以下四个方面：

（1）他们都重视对道家思想价值的研究与抉发，都认识到研究道家哲学对建构他们的新儒学哲学具有重要意义。他们都各从自己的思

---

① 徐复观：《中国艺术精神》，春风文艺出版社 1987 年版，第 3 页。

② 郭齐勇：《熊十力思想研究》，天津人民出版社 1993 年版，第 365 页。

路，对老庄思想做了多层面、多维度的深入研究，不少诠释，持之有据，言之成理，识见精深，发所未发，无论在广度上还是深度上，超越前人之处很显明。如唐氏对老子之"道"做横纵两方面的贯释；牟氏从"无为"到"无"到"道"的思路；徐氏对庄子艺术精神的肯认，以及"忧患意识说"的提出；这些都是他们的独得之见。

（2）从研究方法上看，他们的道家思想研究基本上都是"六经注我"式的。他们都是用哲学的方法来阐发老庄思想，即以老庄哲学精神来构成各自的道家观，再引用老庄本身的章句来做各自道家观的注脚，当然被选用的不是老庄的全部，而是因其合用与否而有所取舍。不过，如果对老庄的章句没有精深的了解，没有训诂学上的工夫和西方哲学的素养，就很难有他们各自的深刻识见的。唐君毅曾明确地说，老庄之学，文约义丰，古今中外之人，皆可有异释，这并无关系，关键是"唯论之得，总应自学其如何论之方式，所论之方面，与论列之程序，不能任情联想，汗漫无边；方可于论列之后，使读者于某一种思想之形态，跃然若见；则纵非《老子》之真，亦为天地间之一可能有之老学"①。牟氏和徐氏也都表示出类似的倾向。

（3）从对老庄学的总体把握看，他们都肯认"超越"义是道家思想的胜场。唐君毅所论老子法地、法天、法道、法自然之道，这种由低层面渐次上升，正是"道"具有超越性特征的表现，而庄子逍遥游，表达了灵台之心的一种超越向往。徐氏从人文精神角度论定，以老庄为代表的人文精神其实质正是一种超越的人文精神。应该承认他们把握住了道家思想的真精神。

（4）从对道家学派中老学和庄学的分别研究看，他们都普遍地认定老学有开创之功，但庄学最有价值，最具美感，层次最高。牟氏认为老子的形上学只是分解的形上学，而庄子的形上学则是纯境界形态

---

① 唐君毅：《中国哲学原论·导论篇》自序，中国社会科学出版社 2005 年版，第 5 页。

的形上学，层次要高于老子。徐氏认为老子对道德精神的新开辟主要还是形上学性格，是一种外在化的道德性，而庄子通过由外向内收，由上向下落的转化工夫，把道德性内在化，把老学发展到一个更高的境界。庄子的影响也远比老子所发生的影响有意义。唐氏认为老子哲学的实用层面，无善无恶，教人后退，学妇孺之道，卑下谦虚，而庄子则注意万物在无穷之天当中的伟大过程。庄子的生活方式较之老子的生活方式，更具美感。

从不同点看，主要有以下两个方面：

（1）他们对儒道两家在中国文化中的地位的评价不同。在中国文化中，道家与儒家的关系、地位如何确认，是理解道家的一个前提。在这一点上，牟氏对道家评价持最低调。他认为道家哲学始终不能把"个体性原则"和"道德性原则"协调起来。最终其个体性原则便成为虚悬的一格。道家文化是旁支，是文化生命的歧出，内不能挺立自我，外不能安顿社会。徐氏则认为，道家思想也是中国文化的骨干，道家中的庄学就很好地将自由、自然和道德结合起来了，老庄思想能够落实地成就人生，只不过他们所成就的人生是艺术的人生。唐氏虽然一方面认为中国文化是由儒道两家相摩相荡，相错相综为主流，但是在他的哲学体系中，仍然是儒主道辅，儒本道末，并且他认为道家思想只能培养出"宅心褊狭之士"，至高者不过独善其身，低者则增益其自私自利之心。这反映了唐氏理论体系上的不圆融之处。

（2）在对道家思想的把握与涵摄上也有不同之处。唐、牟两人囿于体系的需要和为了实现弘扬儒学的愿望，他们强调道德主体的唯一性，把道德义孤绝化，因而对道家思想就难免隔膜之论。徐氏则主张消解形而上学，其"思想重心是抉发中国思想史上由宗教到人文，由神性到人性的发展"[①]。徐氏既充分肯定道德主体性，又大力申张艺术

---

① 郭齐勇：《熊十力思想研究》，天津人民出版社1993年版，第359页。

主体。因而徐氏对道家思想有更多同情的了解，并对唐、牟所否定的
"自然""自由"和个体精神予以积极肯定。唐、牟研究道家思想是为
了更好地确立儒学正统的宗主地位，而徐氏研究道家则主要是继承了
道家忧患意识、反省精神和现实批判精神，并埋下了瓦解现代新儒学
的伏笔。唐、牟更多地借取西方哲学，特别是康德、黑格尔哲学来批判
道家，而徐氏则多借现代西方哲学，如现象学来肯定道家、弘扬道家。

　　总之，唐、牟、徐三先生的道家观有着十分丰富的内容，本文只
是管窥蠡测，对他们的有关思想还需要更深入地咀嚼和消化。

主要参考文献

（1）《韩非子》，顾广析识误，上海古籍出版社 1989 年版。

（2）《经法》，马王堆汉墓帛书，文物出版社 1976 年版。

（3）《老子》，马王堆汉墓帛书甲、乙本，文物出版社 1976 年版。

（4）《鹖冠子》，《道藏》本。

（5）《老子道德经》，旧题河上公章句，《四部丛刊》本。

（6）《南华真经》，《道藏》本。

（7）《尚书》《诗经》《周易》，《十三经》标点本，北京燕山出版社 1991 年版。

（8）《哲学研究》编辑部编：《老子哲学讨论集》，中华书局 1959 年版。

（9）《哲学研究》编辑部编：《庄子哲学讨论集》，中华书局 1962 年版。

（10）北京大学哲学系：《古希腊罗马哲学》，商务印书馆 1961 年版。

（11）北京大学哲学系编：《西方哲学原著选读》，商务印书馆 1992 年版。

（12）毕沅校：《墨子》，上海古籍出版社 1989 年版。

（13）曹础基：《庄子浅注》，中华书局 1982 年版。

（14）车载：《论老子》，上海人民出版社 1959 年版。

（15）陈鼓应：《老庄新论》，上海古籍出版社 1992 年版。

（16）陈鼓应：《老子注译及评介》，中华书局 1984 年版。

（17）陈鼓应：《庄子今注今译》，中华书局 1983 年版。

（18）陈鼓应主编：《道家文化研究》（第 1—10 辑），上海古籍出版社 1992—1996 年版。

（19）陈景元：《南华真经章句音义·庄子阙误》，《道藏》本。

（20）陈平原：《生生死死》，人民文学出版社 1992 年版。

（21）陈修斋、杨祖陶：《欧洲哲学史稿》，湖北人民出版社 1983 年版。

（22）陈柱：《老学八篇》，商务印书馆 1928 年版。

（23）成玄英：《庄子注疏》，《道藏》本。

（24）崔大华：《庄学研究》，人民出版社 1992 年版。

（25）崔大华：《庄子歧解》，中州古籍出版社 1988 年版。

（26）邓晓芒：《灵之舞》，东方出版社 1995 年版。

（27）邓晓芒：《人之镜》，云南人民出版社 1998 年版。

（28）邓晓芒：《思辨的张力》，湖南教育出版社 1992 年版。

（29）董光璧：《当代新道家》，华夏出版社 1991 年版。

（30）杜道坚缠义：《文子缠义》，上海古籍出版社 1989 年版。

（31）段德智：《死亡哲学》，湖北人民出版社 1991 年版。

（32）段玉裁注：《说文解字注》，上海古籍出版社 1988 年版。

（33）冯达文：《道——回归自然》，广东人民出版社 1996 年版。

（34）冯契：《中国古代哲学的逻辑发展》，上海人民出版社 1993 年版。

（35）冯友兰：《中国哲学简史》，北京大学出版社 1985 年版。

（36）冯友兰：《中国哲学史》，中华书局 1961 年版。

（37）傅伟勋：《死亡的尊严与生命的尊严》，台北正中书局 1994 年版。

（38）傅奕:《老子古本篇》,《道藏》本。

（39）伽达默尔:《哲学解释学》,夏镇平、宋建平译,上海译文出版社1994年版。

（40）高峰:《大道希夷》,辽宁教育出版社1997年版。

（41）高亨:《老子正诂》,古籍出版社1956年版。

（42）高华平:《玄学趣味》,湖北教育出版社1997年版。

（43）高明:《帛书老子校注》,中华书局1996年版。

（44）高诱注:《淮南子》,庄达吉校,上海古籍出版社1989年版。

（45）高诱注:《吕氏春秋》,毕沅校,上海古籍出版社1989年版。

（46）葛兆光:《中国思想史》(第一卷),复旦大学出版社1998年版。

（47）古留加:《德国古典哲学新论》,沈真、侯鸿勋译,中国社会科学出版社1993年版。

（48）郭齐勇:《熊十力思想研究》,天津人民出版社1993年版。

（49）郭庆藩:《庄子集释》,中华书局1961年版。

（50）郭象:《庄子注》,《道藏》本。

（51）海德格尔:《存在与时间》,陈嘉映、王庆节译,生活·读书·新知三联书店1987年版。

（52）海德格尔:《海德格尔诗学文集》,成穷等译,华中师范大学出版社1992年版。

（53）何建明:《道家思想的历史转折》,华中师范大学出版社1997年版。

（54）贺荣一:《老子之道治主义》,台北王南图书公司1988年版。

（55）胡厚宣等:《甲骨探史录》,生活·读书·新知三联书店1982年版。

（56）胡适:《胡适学术文集》,中华书局1991年版。

（57）胡哲敷:《老庄哲学》,中华书局1935年版。

（58）黄钊主编：《道家思想史纲》，湖南师范大学出版社 1991 年版。

（59）蒋锡昌：《庄子哲学》，上海商务印书馆 1937 年版。

（60）焦竑：《老子翼》，清刻本，排印本。

（61）金岳霖：《论道》，商务印书馆 1987 年版。

（62）卡西尔：《语言与神话》，于晓等译，生活·读书·新知三联书店 1988 年版。

（63）郎擎霄：《庄子学案》，上海书店 1922 年版。

（64）雷祯孝：《中国人才思想史》，中国展望出版社 1987 年版。

（65）李德永主编：《中国辩证法史稿》，武汉大学出版社 1994 年版。

（66）李定生：《文字要诠》，复旦大学出版社 1988 年版。

（67）李维武：《二十世纪中国哲学本体论研究》，湖南教育出版社 1991 年版。

（68）李学勤：《李学勤集》，黑龙江教育出版社 1989 年版。

（69）李约瑟：《中国古代科学思想史》，陈立夫主译，江西人民出版社 1990 年版。

（70）李泽厚：《美的历程》，文物出版社 1989 年版。

（71）李泽厚：《中国古代思想史论》，人民出版社 1986 年版。

（72）梁启超：《墨子学案》，上海书店 1922 年版。

（73）刘文典：《庄子补正》，云南人民出版社 1962 年版。

（74）刘小枫主编：《道与言》，上海三联书店 1995 年版。

（75）罗素：《西方哲学史》，何兆武等译，商务印书馆 1988 年版。

（76）吕思勉：《先秦学术概论》，中国大百科全书出版社 1985 年版。

（77）马叙伦：《老子校诂》，古籍出版社 1956 年版。

（78）南怀瑾：《禅宗与道家》，复旦大学出版社 1991 年版。

（79）南怀瑾：《老子他说》，国际文化出版公司 1991 年版。

（80）钱基博：《老子道德经解题及读法》，上海大华书局 1934 年版。

（81）卿希泰：《中国道教思想史纲》，四川人民出版社 1980—1985 年版。

（82）任继愈：《老子今译》，上海古籍出版社 1956 年版。

（83）任继愈：《中国道教史》，上海人民出版社 1990 年版。

（84）阮元：《经籍纂诂》，上海古籍出版社 1988 年版。

（85）孙周兴：《说不可说之神秘》，上海三联书店 1994 年版。

（86）唐兰：《古文字学导论》，齐鲁书社 1981 年版。

（87）涂又光：《楚国哲学史》，湖北人民出版社 1995 年版。

（88）王邦雄：《老子的哲学》，台北东大图书公司 1980 年版。

（89）王邦雄：《庄子道》，汉艺色研文化有限公司 1993 年版。

（90）王弼：《老子注》，中华书局 1954 年版。

（91）王德有：《道旨论》，齐鲁书社 1987 年版。

（92）王夫之：《老子衍》《庄子通》，中华书局 1962 年版。

（93）王夫之：《庄子解》，中华书局 1964 年版。

（94）王力：《老子研究》，商务印书馆 1928 年版。

（95）王明：《道家和道教思想研究》，中国社会科学出版社 1984 年版。

（96）王雱：《南华真经新传》，《道藏》本。

（97）王先谦：《庄子集解》，上海书店 1987 年版。

（98）维柯：《新科学》，朱光潜译，商务印书馆 1989 年版。

（99）维特根斯坦：《哲学研究》，汤潮、范光棣译，生活·读书·新知三联书店 1992 年版。

（100）闻一多：《庄子内篇校释》，生活·读书·新知三联书店 1982 年版。

（101）吴光：《黄老之学通论》，浙江人民出版社 1985 年版。

（102）夏瑞春编：《德国思想家论中国》，陈爱政等译，江苏人民出版社 1989 年版。

（103）萧萐父、李锦全：《中国哲学史》，人民出版社 1982 年版。

（104）萧萐父、罗炽主编：《众妙之门》，湖南教育出版社 1991 年版。

（105）萧萐父：《吹沙二集》，巴蜀书社 1999 年版。

（106）萧萐父：《吹沙集》，巴蜀书社 1991 年版。

（107）萧萐父：《吹沙纪程》，上海文艺出版社 1998 年版。

（108）熊铁基等：《中国老学史》，福建人民出版社 1995 年版。

（109）徐复观：《中国艺术精神》，春风文艺出版社 1987 年版。

（110）徐友渔、周国平等：《语言与哲学》，生活·读书·新知三联书店 1994 年版。

（111）许抗生：《帛书老子注译与研究》，浙江人民出版社 1982 年版。

（112）许啸天：《老子道德经》，群学社 1930 年版。

（113）玄峻：《联想与印证》，东方出版社 1994 年版。

（114）严北溟、严捷：《列子译注》，上海古籍出版社 1986 年版。

（115）杨安崙：《中国古代精神现象学》，东北师范大学出版社 1993 年版。

（116）杨伯峻：《列子集释》，中华书局 1979 年版。

（117）杨伯峻：《论语译注》，中华书局 1980 年版。

（118）杨倞注：《荀子》，卢文弨、谢墉校，上海古籍出版社 1989 年版。

（119）杨树达：《老子古义》，中华书局 1922 年版。

（120）杨兴顺：《古代哲学家老子及其学说》，科学出版社 1957 年版。

（121）叶秀山：《思·史·诗》，人民出版社 1988 年版。

（122）尹知章：《管子注》，《诸子集成》本。

（123）余明光：《黄帝四经与黄老思想》，黑龙江人民出版社 1989 年版。

（124）余英时：《士与中国文化》，上海人民出版社 1987 年版。

（125）张岱年：《中国哲学大纲》，中国社会科学出版社 1982 年版。

（126）张岱年：《中国哲学史方法论发凡》，中华书局 1983 年版。

（127）张光直：《中国青铜时代》（二），生活·读书·新知三联书店 1990 年版。

（128）张立文主编：《道》，中国人民大学出版社 1989 年版。

（129）张默生：《庄子新释》，上海济东书社 1948 年版。

（130）张舜徽：《周秦道论发微》，中华书局 1982 年版。

（131）张松如：《老子校读》，吉林人民出版社 1981 年版。

（132）张湛注：《列子》，唐殷敬顺释文，上海古籍出版社 1986 年版。

（133）赵明：《道家思想与中国文化》，吉林大学出版社 1986 年版。

（134）止庵：《樗下读庄》，东方出版社 1999 年版。

（135）朱谦之：《老子校释》，中华书局 1984 年版。

（136）朱熹注：《论语》，上海古籍出版社 1987 年版。

（137）朱熹注：《孟子》，上海古籍出版社 1987 年年版。

《先秦道家哲学研究》初版后记

本书是在我的博士论文的基础上扩充修订而成的。书中的第一、第二、第三、第五、第六章作为我的博士论文,于 1997 年春通过了答辩。第四章群己论则是在本文有幸列入上海人民出版社的国家"九五"重点出版工程"当代中国哲学丛书"后,依编辑的要求而增加的。书稿完成之际,应当感谢的人很多。虽然世上的感情人必须承载,不可能通过几声道谢来求得解脱。但在此,我还是要对这些年来辛勤指导我的萧萐父、李德永、唐明邦教授以及其他诸位师友表示感谢。我的博士论文,从选题的确定、提纲的拟就到最终完成,萧师萐父先生付出了大量劳动,写作过程中郭齐勇教授曾给予了具体的指导,其他师友也贡献了不少宝贵意见。论文能够顺利通过答辩,与他们分不开。此外,还要特别感谢武汉大学哲学系西方哲学教研室杨祖陶先生、邓晓芒、段德智教授,湖北省社科院许苏民研究员,广州市社科院哲学所所长李大华研究员,广西大学管理学院院长谢舜教授,他们在我这些年来的学习、工作和生活中或给我以智慧的熏陶,或给我以直率的批评,或给我以无私的帮助。师恩师德、友爱友情,使我永志难忘。一直以来,我的父母双亲、岳父岳母,他们默默地给我以精神和经济上的双重支持,我感到无限愧疚。我的妻子鹿丽萍君,在养育心儿、操持家务和繁重的编辑工作之余,经常地和我对话,帮我修改论文,查对资料,翻译文稿,可以说书中的每一部分都凝结着她的智慧、辛劳和爱。正是她的关爱促使我不断地超越自己。还有我那三尺顽童，在他需要爸爸与他游戏时，我却和《庄子》一道，伴大鹏作逍遥之游；在他想听故事的时候，我却沉浸在两千多年前的一位智慧老人"道不可言"的教诲中。慢慢地，他也知道让爸爸看书去，这让我颇有些愧疚和伤感。

人世间的事总有因缘，我能够从师于萧门之下，能够结识各位师友，能够有这样的亲人，这些都是因缘的和合。这些年来我一直是以感激、庆幸和歉疚来面对这些因缘：一方面，我感到幸运，幸运的是我能够得到诸位师友的指导、帮助，听到他们的具体教诲。他们的沃闻胜义、君子之德、真诚之爱，使我如沐春风，助我成长，使我在德业诸方面不敢有丝毫怠惰。另一方面，我感到十分歉疚，歉疚的是我的成果还不多，这本小书还显得稚嫩和单薄，没有能够达到与他们的期望和爱的程度相当的优秀与深刻。这只有期诸来日了。人生有限，知也无涯，但我愿以有涯之生逐无涯之知。

我要特别感谢中央民族大学博士导师牟钟鉴教授、北京大学哲学系博士导师朱伯崑教授、中国社会科学院宗教研究所博士导师余敦康研究员、中山大学哲学系博士导师冯达文教授、四川大学宗教所博士导师卿希泰教授，这几位老师是中国学术界、特别是中国哲学界的知名学者，令人尊敬的先生。作为我的博士论文的评阅人，他们的奖掖之辞给我以信心，是对我这些年来的工作的鼓励，而他们的中肯批评又给我以鞭策，促使我在学海书山中努力前游、奋勇攀登。应该说我的论文的入选与他们的评阅意见有着直接的关系。

限于篇幅，书末只列出了一些主要参考文献，实际上远不止这些，还有许许多多的作者和作品都给我以智慧的启迪和知识的营养。

这本小书确有这样或那样的不足，但它却是我一个时期以来在道家哲学领域学习和思索的真实结果。哲学是艰苦的，正如黑格尔所说的，必须历经概念的"严肃、痛苦、容忍、劳作"，才有所谓哲学。这种劳作的痛苦滋味，在博士论文的写作中可以说体会尤为"深刻"。也许人们觉得老庄使我远离了时代，而我不也使他们远离了他们自己吗！伴着冬夜的寒星，我的笔在一张张白纸上穿梭，书和纸在吞噬我的生命，而我不也正在吞噬着它们吗！

最后，对于此书的出版我要感谢出版社、丛书编委会，如果没有出版社的惠允出版，这本书也许会有另一番命运吧！

朱喆

1999 年 8 月于武汉工业大学荷花新村

新版后记

　　岁月如梭，光阴似箭。20 年前，承蒙张汝能、陈昕先生不弃，我的第一部学术专著《先秦道家哲学研究》得以入选国家"九五"重点出版工程"当代中国哲学丛书"。20 年来，我在海内外学术期刊如《哲学研究》《中国文化月刊》等发表了有关道家、道教的系列研究论文 20 余万字。经与编辑商榷，选出部分篇什，作为外篇和附录，原《先秦道家哲学研究》经修订作为内篇，结集为《道家哲学研究》出版。文字深深浅浅，风格不尽一致，算是对我所作的道家思想研究的一个阶段性总结。我知道道路的前面还是道路，天空的上面还是天空，学术研究是永无止境的过程，我期待学界同仁、一般读者诸君严肃真诚的批评。

　　感谢商务印书馆文津公司总编辑丁波先生、责任编辑魏雪平先生为拙著的出版给予的支持与付出的辛劳。

2020 年 9 月于武昌南湖玫瑰湾